资源环境科技发展报告

国际资源环境科技政策纵览

曲建升　熊永兰　张志强 等/编著

An Overview of International Science and Technology
Policy on Natural Resouces and Environment

科学出版社
北京

内 容 简 介

　　本书对自然资源与可持续利用、污染防治与环境安全、灾害预防与减灾工程、环境变化与可持续发展、海洋资源与环境五个领域自 20 世纪 70 年代以来的科技政策和行政管理政策进行了梳理，分析了这些领域的科技政策体系框架、科技政策推进特点模式及科技政策规划与趋势，同时，结合我国现有资源环境科技政策体系框架，对比分析了国内外资源环境科技政策的差异。然后在此基础上，总结归纳了科技大国资源环境科技政策的特点与趋势，分析了我国资源环境科技政策体系及其特点与需求。

　　本书可供地球科学、资源环境科学和可持续发展领域的战略研究人员、科研管理人员和科学研究人员参考。

图书在版编目 (CIP) 数据

资源环境科技发展报告：国际资源环境科技政策纵览/曲建升等编著 . —北京：科学出版社，2018.3

　　ISBN 978-7-03-056997-4

　　Ⅰ. ①资…　Ⅱ. ①曲…　Ⅲ. ①资源经济–科技发展–研究报告–世界 ②环境经济–科技发展–研究报告–世界　Ⅳ. ①F113.3 ②X196

中国版本图书馆 CIP 数据核字（2018）第 051672 号

责任编辑：刘　超／责任校对：彭　涛
责任印制：张　伟／封面设计：无极书装

科学出版社 出版

北京东黄城根北街 16 号
邮政编码：100717
http://www.sciencep.com

北京京华虎彩印刷有限公司 印刷
科学出版社发行　各地新华书店经销

*

2018 年 3 月第 一 版　开本：787×1092　1/16
2018 年 3 月第一次印刷　印张：21
字数：490 000
定价：256.00 元
（如有印装质量问题，我社负责调换）

前　言

　　自然资源和生态环境是人类社会生存和发展的自然物质基础，是人类生活资料和社会生产资料的基本来源。自工业化革命以来，人类社会的生产力水平与科技水平不断提高，人类开发、利用和改造自然的能力也快速提升，人类社会已经进入了"人类世"这一全新的地质时代。

　　科技政策是国家为实现一定历史时期经济社会发展任务而确定的科技事业发展方向、战略与准则。世界主要国家在发展的不同时期，会针对资源环境领域的专门化问题主动或被动地制定相关的科技发展与科技管理政策，以引导和扶持相关的科学技术活动。事实证明，通过有针对性的科技政策引导，相关的资源环境问题会在科学技术的支持下得到有效的遏制或缓解。

　　我国的资源环境科技政策总体上存在着起步晚、体制建设分散、政策落后于需求、重大优先方向有待加强、配套政策有待完善等一系列问题。资源环境科技政策在我国资源环境问题应对、协调环境与发展矛盾等工作中的作用亟待加强。为此，课题组开展了资源环境相关领域的科技政策研究，以期为了解该领域的科技政策历史及其发展趋势，找寻我国资源环境科技政策的问题与缺口，完善我国资源环境科技政策体系的路线设计，提供有益参考和借鉴。

　　从国际资源环境科技政策的制订主体来看，主要包括国际组织、国家与区域（地区）组织等，从国际资源环境科技政策约束或规范的对象来看，主要包括受到经济社会活动影响的自然资源与生态环境的诸多方面；从国际资源环境科技政策的形式来看，主要包括法律法规、科技规划、行动计划和具体的技术文件等。本书以自然资源开发利用、环境污染防治、自然灾害预防与减轻、环境变化与可持续发展、海洋资源与环境等各类资源环境问题为主线，调研分析主要发达国家的科技政策框架和政策路线，系统评估国外相关领域的科技政策实施效果及外部效益，并与我国对应领域的科技政策进行详细对比分析，以发现我国相关科技政策工作的不足与工作方向，进而提出相关建议与思考。

本书由中国科学院兰州文献情报中心资源环境战略情报团队分工负责完成。全书共9章，其中：前言和第1章引言由熊永兰、曲建升执笔完成；第2章自然资源与可持续利用由郑军卫、刘学、唐霞执笔完成；第3章污染防治与环境安全由张树良、廖琴执笔完成；第4章灾害预防与减灾工程由安培浚、赵纪东、裴惠娟、王立伟执笔完成；第5章环境变化与可持续发展由曾静静、董利苹、王宝、李恒吉执笔完成；第6章海洋资源与环境由王金平、牛艺博、刘燕飞执笔完成；第7章科技大国资源环境科技政策特点与趋势预测由赵纪东、张树良、曾静静执笔完成；第8章我国资源环境科技政策体系及其特点与需求由曲建升、刘文浩、熊永兰执笔完成。

全书框架设计由曲建升、熊永兰、张志强等完成，由曲建升、熊永兰、张志强等进行了全书的统稿，王金平、赵纪东、刘文浩等对本书进行了校对。

由于时间和水平所限，本书难免存在不足之处，敬请广大读者和专家批评指正。

编　者

2017 年 10 月

目 录

第1章
引 言

科学技术是第一生产力，已毋庸置疑。在第二次世界大战中，科技发挥了关键性作用，特别是美国在日本投掷的两颗原子弹，更是让全世界深刻认识到科技的巨大力量和科学研究事业的必要性和紧迫性。在这种背景下，1945年，万尼瓦尔·布什应罗斯福总统的要求撰写了题为《科学：无止境的前沿》的报告，首次明确提出政府要制定政策引导和支持科学发展（周东华，2011）。以此为正式起点，围绕科技的政策研究也就正式进入人们的视野。同时，随着科学技术的迅猛发展，科学日益社会化，社会日益科学化，从而使科技政策的研究和制定变得日益重要。

对一个国家而言，其科技事业要得到发展，既要处理好科技领域内部的各种关系，有利于科技事业的发展；又要处理好科技与经济社会的相互关系，促进它们的协调发展。因此，国家必须制定统一的基本行动准则，发挥政府的宏观调控作用，实施有效的政策管理（熊世育，2007）。科技政策即国家为实现一定时期科学技术发展任务而制定的指导方针和策略原则。科技政策协调控制着整个科技活动，保证科学技术朝着一定的目标、沿着正确的路线有序发展。

科技政策引领科技发展不乏先例。第二次世界大战之后，美国通过调整联邦政府科技政策、推动资源整合，建立了全新的科技政策体系，使大量的政府资金得以支持大学的科学研究，极大地促进了美国的科技实力不断进步，并最终超越欧洲成为世界第一科技大国。

世界各国已日益意识到科学技术在国家发展中的重要性和制定科技政策的必要性。科学技术不仅能帮助我们理解自然界及其与人类福祉之间的关系，也能使我们认识到如何利用有限的自然资源来促进人类更大的发展。

科技变革被认为是解决自然资源开发利用和重大环境问题，特别是如气候变化等大规模长期问题的重要因素（IPCC，1996；Weitzman，1997）。科技创新在提高资源利用效率、寻找替代资源、开发新资源和减少资源消耗方面发挥着越来越重要的作用。与此同时，破除生态环境瓶颈、解决环境污染、实现可持续发展必须依赖整体的科技革命。而科技政策正是科技革命的推动力。科技政策不但决定着科技发展的战略目标和战略方向，而且在调整科技在社会中的地位，决定社会对科学技术的重视程度方面发挥着引导作用。因此，完善配套的科技政策可推动科技创新乃至催生新的科技革命。

伴随我国经济社会的发展，我国对自然资源的依赖程度和开发利用程度在深度与广度上均日益扩大。同时，我国资源与环境领域的问题也日趋严峻，主要表现在自然资源供给不足，资源开发利用率有待提高；自然生态系统斑块化破坏严重，生态服务功能总体有所下降；城镇化发展迅速，人口聚集导致的资源供给与环境影响格局显著变化，自然灾害影响的潜在风险显著增强；环境污染影响范围不断扩大，一些污染问题表现为从河源到海洋的流域性、区域性问题，大气雾霾、水污染和土壤污染等问题日益受到关注。

作为经济社会发展副产物的资源环境问题，是我国快速工业化和城市化进程中所必须面对的新问题。尽管我们已经认识到这一问题的重要性与紧迫性，但"先污染、后治理"的影响与成本也已凸显。我们目前既要承担先前污染的治理与修复任务，也面对着通过提升工艺水平、实现增长模式的转变等措施，降低经济社会发展对自然生态与环境的影响。我们一方面需积极应对不容忽视的资源环境问题，另一方面要加快建设以生态文明为核心的经济社会发展新格局。但在这一重要转折期，我们仍然面临对资源环境问题机理认识不足与应对手段缺乏、资源环境投资比例偏低与资金使用效率有待提高、适应新需求的管理体制机制亟待优化调整等问题。持续加强设计及推出更有针对性和更有效的科技与管理政策，支撑资源环境问题解决方案的设计、政策制定和相关行动是当务之急。"他山之石，可以攻玉"，世界主要发达国家在治理资源环境问题方面已经积累了相对丰富的政策实践，其中不乏可以为我国解决此类问题所借鉴的教训与经验，本书各章节将从具体的资源环境问题切入，系统地梳理国际资源环境科技政策，并结合我国的政策需求进行探讨分析，以供相关工作参考。

参 考 文 献

熊世育. 2007. 我国高新技术产业发展循环经济的现状分析及政策研究. 合肥：合肥工业大学硕士学位论文.

周华东. 2011. 科技政策研究：嬗变、分化与聚焦. 科学学与科学技术管理, 32（11）：5-13.

IPCC. 1996. Economic and Social Dimensions of Climate Change, Vol. 2, Climate Change, IPCC Second Assessment Report. Cambridge ：Cambridge University Press.

Weitzman L M. 1997. Sustainability and Technical Progress. Scandinavian Journal of Economics, 99（1）：1-13.

第 2 章
自然资源与可持续利用

自然资源是指存在于自然界中能够被人类利用或在一定技术、经济和社会条件下能被利用作为生产、生活原材料的物质、能量来源。因所依据的标准不同，国内外对自然资源的分类方案众多。若按照类型来划分，当前人类可利用的自然资源主要包括能源资源、矿产资源、水资源、生物资源、土地资源、气候资源等；若按照可恢复性划分，自然资源可分为可再生资源和非再生资源；按照赋存的地理位置来划分，自然资源可分为陆地自然资源和海洋自然资源；若按照数量变化的角度来划分，自然资源可分为耗竭性自然资源、稳定性自然资源、流动性自然资源；若根据在经济部门中的地位，可以将自然资源分成农业资源、工业资源、交通资源、服务业资源等。

自然资源既是人类社会发展的物质基础，也是人类实现可持续发展的前提条件。纵观人类及人类社会的发展历史，任一时期人类的生存和发展都离不开自然资源的支撑。从本质上来说，人类经济社会的发展史就是人类对地球自然资源的认识、发现、开发和利用的历史，而且这一历史趋势仍将伴随人类社会的发展而长期存在。

人类社会的每一次重大进步都与人类对自然资源开发利用的变革性突破密切相关。原始人对石质、骨质工具的制造和使用，促进了人类自身的发展，直立行走和工具的使用彻底将人类与动物区别开来。随着对自然界认识的不断增强，人类逐步掌握了植物种植和动物养殖技术，实现了对生物、土地和水资源进行大规模的开发利用，从而结束了人类茹毛饮血的历史，人类社会进入了文明时代。而随着冶炼技术的发明与发展，对铜、铁等矿产资源的大量开发利用，造就了人类社会的古代文明。18 世纪中叶以来人类对煤炭资源的规模化利用，推动了欧洲的工业革命，开启了人类工业化和现代化的进程。20 世纪 40 年代以来对油气资源的大规模开发使用，使人类社会先后进入了工业时代和后工业时代。

自然资源对保障国家经济高速、稳定和持续发展，具有积极的现实意义和深远的历史意义。随着人类社会工业化、信息化进程的加快和经济的高速发展及全球人口数量的不断膨胀，自然资源的供需矛盾日益尖锐，确保对能源资源、矿产资源、水资源和生物资源等的持续、稳定、安全、经济供给，对经济社会的稳定发展至关重要。

人类对自然资源的开发利用过程中，科学技术起着关键性的作用。依靠科技的变革性创新，实现对自然资源的可持续利用，既是破解当前自然资源约束导致的经济社会可持续发展主要瓶颈的基本途径，也是彻底解决人类未来面临的自然资源短缺这一紧迫问题的根本之策。自然资源的可持续利用主要表现在以下方面：自然资源探明程度的提高、自然资源有效产出的提高和自然资源利用效率的提高等。在自然资源的可持续利用中，科技政策发挥了重要的推动作用。本章主要讨论与能源资源、矿产资源、水资源及其可持续利用相关的科技政策，对其余资源的相关政策则在其他相关章节中论述。

2.1　能源领域

能源资源是人类生存、经济发展、社会进步不可或缺的重要物质基础，是关系国家经济命脉和国防安全的重要战略物资。人类社会发展的历史与人类认识、开发和利用能源的历史密切相关。国内外经济发展的实践表明，能源资源及其开发利用会直接影响人类文明和社会经济的发展与进程。同时，能源资源（特别是石油和天然气）还是国际外交舞台上的重要筹码，是引发军事冲突和战争的重要因素。第二次世界大战后的"苏伊士运河战争""马岛之战""海湾战争""阿富汗战争""伊拉克战争""俄罗斯与乌克兰天然气争端""尼日利亚国内局势紧张"等都有大国争夺油气资源的背景。美国发动的"海湾战争""伊拉克战争"就存在着明显地争夺中东石油资源的目的，而"阿富汗战争"则隐藏着其控制中亚、里海油气资源及其出海通道的打算。

在人类开发和利用能源的历史上，先后经历了"柴薪时代""煤炭时代"和"石油时代"三次重大变革，目前正在步入"天然气时代"（史斗和郑军卫，2001），未来人类可能进入更为高效的"光电时代"或其他能源时代。每次能源变革都给社会生产带来了变革性的影响，引起经济发展的飞跃。自进入工业化时期以来，能源在任何国家的社会与经济生活中都起着无可替代的重要作用。为了满足不断增长的能源需求，世界各国大量开采煤、石油、天然气等化石燃料。但是，目前人类使用的能源，特别是不可再生能源却是有限的，甚至是稀缺的，其在某种程度上制约着人类社会的持续发展。与此同时，由于利用方式的不尽合理，与日俱增的能源消费对环境造成越来越严重的后果，在不同程度上损害着地球环境，甚至严重威胁到人类自身的生存和发展。

可持续发展是当今世界各国的一项长期发展战略，而资源是可持续发展的物质基础，能源是资源的重要组成部分，并与环境、经济、社会等要素密切相关。随着工业化和人口的增加，人类对能源的巨大需求和大规模开发使用，也产生了巨大的反作用，造成很大的环境问题。因此，安全可靠、价格适宜的能源供应是实现可持续发展的必要条件。可持续的能源支持系统和不危害环境的能源利用方式应是人类社会可持续发展战略的重要构成部分。人类必须寻求能源开发利用的合理方式，制定可持续的能源发展战略和相关政策，并以此来保障社会经济的健康、稳定、持续发展。

2.1.1　国际能源领域科技政策框架

能源安全一直是各国政府和社会各界长期高度关注的战略问题。以高效、环保、价格可承受的方式为社会经济发展提供充足的能源资源是所有国际能源研究组织和国家政府部门及众多研究者进行能源资源战略和政策研究的最终目的。

除国际能源署（International Energy Agency，IEA）、石油输出国组织（Organization of the Petroleum Exporting Countries，OPEC）、美国能源信息署（Energy Information

Administration，EIA）、英国石油公司（BP）、埃克森美孚公司（Exxon Mobil）等机构长期从事能源战略与政策研究外，世界上一些能源生产和消费大国也都非常重视能源资源的可持续利用，较早就开展了能源发展战略和相关政策研究，并据此制定相应战略和政策以促进对能源的可持续利用。目前，一些发达国家普遍加强了对其国家能源安全的研究并针对当前国际新形势制定了相应的国家能源发展战略和政策。例如，美国2001年布什总统上台伊始，就下令制定了新的国家能源政策，并将为美国提供可靠的、经济的和有利于环境的能源作为布什政府的能源政策的总体目标（National Energy Policy Development Group，2001）；2012年实施的新CAFE（corporate average fuel economy，公司平均燃油经济性）标准要求2025年前新车燃油经济性平均值需达到54.5mile①/gal②，比当时水平提高了近1倍（Mihalascu，2011）；2014年1月，奥巴马基于美国蓬勃发展的页岩气产业，在国情咨文中正式提出以继续增加天然气供应为主，发展低碳经济的战略（The White House，2014）。日本抛出了"亚洲能源安全"论，从全亚洲的角度考虑其本国的能源安全和能源发展战略；2012年，福岛事件后，日本为降低其对核电的依赖，通过了可再生能源上网电价方案，要求日本公共事业部门20年内需按照约定的价格购买太阳能、风能、地热能等可再生能源发出的电力（赵硕刚，2013）。俄罗斯更是制定了面向2035年能源战略，并对其能源行业转型、节能技术、油气资源的出口等问题进行了考虑（刘乾，2014）。欧盟将保障能源安全作为其能源政策的重要目标，要求其成员方至少要有90天的战略石油储备，同时在能源利用效率方面欧盟将一些主要家电产品的能源标识在最高级别以上增加了3个新等级，并首次将工业设备等能源相关产品列入能源标识范畴（EU，2010a）。加拿大在能源立法和相关条例中明确提出了增强国家能源安全的措施等。

2.1.1.1　主要国际政策

国际能源政策主要体现在国际能源法和国际能源战略两个方面。

（1）国际能源法

随着国际社会对能源问题关注度的不断升温，国家间的能源外交与能源对话变得日益频繁，构建有序的国际能源新秩序和出台相应的国际能源法或国际能源战略逐步成为时代需求。国际能源法是现代政治、经济、文化、科技等各种因素错综复杂的变革与博弈的产物（赖超超，2012），是国际法的发展和完善。国际能源法主要通过建立、维持或认可主体之间在能源相关方面的权利和义务关系来实现其对国际能源关系的调整。

国际能源法主要体现在国际组织或国家间制定签署的全球性或区域性条约、章程等方面。1991年12月17日制定并于1998年4月生效的《能源宪章条约》（*Energy Charter Treaty*）是最早和最具代表性的国际能源法，也是迄今为止唯一一部将环境规范纳入其中的多边法律文件。其作为国际能源领域具有法律约束力的多边条约，对推动和促进能源领

---

① 1mile≈1069.34m。

② 1gal≈4.51L。

域的贸易、投资和运输活动具有重要意义。《能源宪章条约》主要由投资保护、能源贸易和运输保护、能源效率及争端解决等 8 个正文部分和附录构成（The International Energy Charter，2016）。据能源宪章网站信息，截至 2016 年底，全球已有 50 多个国家或国际机构签署《能源宪章条约》。另外一部典型能源法是 1980 年 7 月 23 日 IEA 理事会通过的《国际能源署争议解决中心章程》，其是解决国际能源领域中争议的一个重要法律依据。随着人们对能源利用相关环境问题的关注，一些学者将《京都议定书》《联合国气候变化框架公约》《巴黎协定》等视为广义的国际能源法。

目前，与其他传统的各类国际法相比，国际能源法的理论基础有待加强，理论体系尚需完善，需要进一步开展研究和加强发展。

（2）国际能源战略

1）国际能源署的世界能源展望系列报告。IEA 在 1973～1974 年石油危机期间成立，是经济合作与发展组织（Organization for Economic Co-operation and Development，OECD）下属的一个政府间组织，总部设在法国巴黎，截至 2016 年有成员方 29 个。IEA 主要承担其成员方的能源政策顾问，为成员方及其他国家提供确保可靠、廉价的清洁能源供应方法的权威研究和分析（IEA，2017a）。IEA 最初作用是负责协调成员方应对石油供应的紧急情况，但随着能源市场的变迁，其使命也随之改变并扩大，逐步纳入了基于提高能源安全、经济发展和环境保护（"3E"）均衡能源决策概念。IEA 现阶段的工作重点依然是研究应对气候变化的政策、能源市场改革、能源技术合作，以及开展与世界其他地区的合作，特别重视与中国、印度、俄罗斯和 OPEC 国家展开合作（IEA，2017a）。

自 1994 年开始，IEA 每年发布《世界能源展望》（World Energy Outlook）对全球能源现状、未来发展趋势及选择某个或某几个国家的能源战略和政策进行评述。例如，在 2017年 11 月发布的《世界能源展望 2017》（IEA，2017b）除对全球 2016 年能源状况及至 2040年能源利用情景进行关注外，还重点对中国能源展望和天然气进行了分析。选择中国作为研究对象的原因是中国除在煤炭、石油、天然气和核能方面具有根深蒂固的影响力外，目前已被确认为是全球可再生能源、能源效率和能源创新的领导者。选择天然气作为剖析案例的原因则是美国领导的页岩气革命及对传统天然气商业和价格模型提出挑战的液化天然气革命。

此外，IEA 每年还会发布一些其他的报告，如能源技术路线图、能源勘探开发相关的环境问题等专门研究报告。

IEA 自 2008 年开始发布《能源技术展望》报告，此后每年发布一次。2017 年 6 月 12日，IEA 在中国上海发布了《能源技术展望 2017：加速能源技术变革》（Energy Technology Perspectives 2017：Catalysing Energy Technology Transformations）报告（IEA，2017a），指出全球能源市场正在发生迅速的变化，能源行业依然是经济可持续发展的关键，未来能源的发展可能存在多种模式，并对至 2060 年的 3 种能源发展情景进行了预测分析。技术的进步和不断涌现的政治、经济和环境问题，促使能源行业正在经历一个历史性的转型。该报告着重分析了在能源领域纳入和加快大规模部署清洁能源技术的前景和潜力，首次在推向所有行业最大实际限制的情景下，分析了清洁能源技术能够在多大程度上帮助我们实现

《巴黎协定》的目标。《能源技术展望 2017：推动能源技术的变革》还涵盖了 IEA《清洁能源进展 2017》（*Tracking Clean Energy progress* 2017）（IEA，2017c）年度报告的部分内容，显示当前全球清洁能源技术发展和部署只处于次优状态。

2）美国能源信息署的国际能源展望系列报告。EIA 成立于 1977 年，是隶属于美国能源部的一个统计机构，主要为美国政府能源决策提供支持服务。其使命是向决策者提供独立的数据、预测、分析，以促进健全决策、建立有效率的市场，让公众了解有关能源及其与经济环境的相互作用。

EIA 自 2006 年开始每年发布一次《国际能源展望》（*International Energy Outlook*）报告，对近期和未来一段时间内全球能源按不同类型、不同国家和不同行业对产量与消费等情况进行统计和预测。2016 年 5 月发布的《国际能源展望 2016》（*International Energy Outlook* 2016）报告（EIA，2016a）对 2012~2040 年全球能源生产和消费情况进行统计和预测，提出了全球能源利用的前景，在未来 30 年需求水平仍然呈现上涨的趋势，OECD 以外的国家增长较快，特别是在亚洲。亚洲非 OECD 的国家，包括中国和印度，在预测期内能源需求增长将超过世界能源消费累计涨幅的一半以上。该报告还预测了这段时期世界二氧化碳的排放量，指出全世界与能源有关的二氧化碳排放量从 2012 年的 322 亿 t，到 2020 年增加到 356 亿 t，到 2040 年增加到 432 亿 t，在整个预测期内增长 34%。大部分碳排放量的增长归因于发展中的非 OECD 国家，其中许多国家仍严重依赖化石燃料来满足其能源需求的快速增长。

此外，EIA 还发布主要针对美国的《年度能源展望》（*Annual Energy Outlook*）报告、不定期的《短期能源展望》（*Short-Term Energy Outlook*）报告等能源统计和展望类产品。

3）石油输出国组织世界石油展望系列报告。OPEC 成立于 1960 年，宗旨是协调和统一成员方的石油政策，维护各自和共同的利益。截至 2016 年底 OPEC 有沙特阿拉伯、伊拉克、伊朗、科威特、阿拉伯联合酋长国、卡塔尔、利比亚、几内亚、尼日利亚、阿尔及利亚、安哥拉、厄瓜多尔、委内瑞拉、加蓬共 14 个成员方。

2016 年 10 月，OPEC 发布《2016 年世界石油展望》（2016 *World Oil Outlook*）报告（OPEC，2016），对 2040 年以前的世界石油需求趋势及石油需求和供应前景进行了分析，强调全球石油市场存在不确定性和复杂性，各国需更深入理解市场的驱动因素、挑战和机遇。该报告预计，2021 年全球石油需求量将超过 9900 万桶/d[①]，未来四年油价预期为 60 美元/桶。报告还指出，由于发展中国家需求持续旺盛，预计 2040 年全球石油需求将增加至 1.09 亿桶/d，其中发展中国家石油需求约为 6600 万桶/d。

OPEC 的出版物还有《石油市场月度报告》《石油输出国组织公报》《石油输出国组织评论》《统计年报》等。

4）俄罗斯科学院能源研究所世界能源展望系列报告。2014 年 4 月 21 日，俄罗斯科学院能源研究所（Energy Research Institute of the Russian Academy of Sciences，ERI RAS）和俄罗斯联邦政府分析中心（Analytical lentre of the Government of the Russian Federation，

---

① 7.33 桶油约合 1t 油。

ACG RF）联合发布《至 2040 年全球和俄罗斯能源展望》（*Global and Russian Energy Outlook to* 2040）报告（ERI RAS and ACGRF, 2014），分析了改变全球经济和能源的传统趋势近期变化及未来 25 年世界能源发展前景。该报告认为亚洲发展中国家和非洲国家是全球能源消费增长的重心，2010~2040 年年均增长率分别为 2.2%、2.2%；全球能源低碳化发展趋势明显，欧盟、美国和亚洲发达国家能源碳强度将出现零增长或负增长；在全球一次能源消费构成中，非水电可再生能源发电增长最快，预计年均增长将高达 8.5%，但到 2040 年总量仍不会超过一次能源的 5%，未来可再生能源快速发展仍需要有新的技术突破。2016 年，ERI RAS 和 ACG RF 在考虑到新的全球经济、能源市场、地缘政治、能源优先政策和能源相关技术变化的情况下发布新的能源展望报告——《全球和俄罗斯能源展望 2016》（*Global and Russian Energy Outlook* 2016）（ERI RAS and ACGRF, 2016）对一些具体预测数据进行调整，但全球趋势与 2014 年报告并无明显变化。

5）英国石油公司能源展望报告。除每年公布世界能源生产和消费统计数据外，近年来英国石油公司还开展世界能源展望研究并发布报告对未来能源转型和全球能源市场趋势进行分析。2017 年 1 月发布的《BP 能源展望（2017 年版）》（*BP Energy Outlook* 2017 *Edition*）报告（BP, 2017），根据对未来政策、技术和经济变化的假设和判断，描绘出未来 20 年全球能源市场"最有可能"的发展路径。报告还探讨了能源转型所带来的一些关键问题和议题，并设计出替代案例来探讨一些关键的不确定性。报告认为未来 20 年全球经济地增长将带动能源需求地增长，尽管能源效率的快速提升会在很大程度上抵消这种增长的趋势，但能源需求仍将增长约 30%，天然气的增长将明显快于石油和煤炭；尽管石油、天然气和煤炭仍是主体能源，但能源结构保持持续调整；2035 年以后，可再生能源、核能和水电将提供半数以上的额外能源需求。

6）埃克森美孚公司能源展望报告。埃克森美孚公司是又一个对全球能源趋势开展研究的大型跨国能源公司。在其最新发布的《2017 年能源展望：对 2040 年的观点》（2017 *Outlook for Energy*：*A View to* 2040）报告（ExxonMobil, 2017）中，对至 2040 年的全球能源发展趋势进行了分析，报告指出能源支撑了经济增长，非 OECD 国家主导了未来资源增长的方式，全球能源结构正在演化，石油仍然是世界最主要的能源，天然气是增长最快的能源，2030 年全球与能源利用相关碳排放将达到峰值，技术发展的步伐不断加快可能会出现新的能同时实现能源目标和环境目标的方法。

2.1.1.2　主要国家和地区政策

由于能源资源禀赋不同，各国的能源政策亦存在很大差异。例如，美国国内能源资源丰富，但由于消费量巨大，在北美页岩气革命发生之前，长期以来仍需要从国际市场进口大量的油气资源来满足其国内需求，因而其能源政策的重点是提高能源供应的自主性；日本国内能源资源匮乏，其能源来源（特别是石油）主要依赖进口，其能源政策的要点是节能和提高能源效率、发展新能源和可再生能源，逐步摆脱对石油的过度依赖；加拿大、俄罗斯等国家国内能源资源丰富，其能源政策的核心是确保本国能源资源得以优化利用，注重对能源勘探开发效益和资源管理、加强能源开发过程中的环境保护等问题。

（1）美国

美国既是世界上能源生产大国，又是能源消费大国。美国一次能源消费构成以化石能源为主，石油、天然气和煤炭为当前美国能源消费的主体。2015 年，美国一次能源消费总量达 22.81 亿 t 石油当量，约占当年全球能源消费总量的 17.3%，居全球第二位，其中：消费石油为 8.52 亿 t，占世界石油消费总量的 19.7%；消费天然气为 7780 亿 m³，占世界天然气消费总量的 22.8%；消费煤炭为 3.96 亿 t 石油当量，占世界煤炭消费总量的 10.3%；石油、天然气和煤炭三者之和占美国能源消费总量的 86% 以上，其余约 14% 则由核能、水电和可再生能源供给（BP，2016）。2006～2015 年，美国年石油消费量基本徘徊在 8.17 亿～9.30 亿 t，但由于国内石油产量的下降，美国石油对外依存度增加，由 2006 年的 67.3% 下降到 2015 年的 33.4%（BP，2016）。美国的石油进口主要来自加拿大（1.86 亿 t，2015 年）、委内瑞拉（0.88 亿 t，2015 年）、中东地区（0.75 亿 t，2015 年）和墨西哥（0.38 亿 t，2015 年），其中，来自北美地区的石油进口量超过 60%（2015 年为 61%）。美国历届政府都十分重视能源问题，并根据本国的利益需要，不断地对其能源政策进行修正和调整。

2001 年，美国制定《国家能源政策》（*National Energy Policy*）（National Energy Policy Development Group，2001）致力于"为美国的将来提供可靠、价格合理和环境友好的能源"。明确提出要利用先进技术，加强其国内油气资源的勘探与开发，并将北极国家野生动物保护区和美国西部地区列为油气开发的重点区域。同时强调在油气资源科技领域要加强以下技术研发：复杂（深水）地表环境下油气勘探技术、先进的具较高能源效益的油气钻采方法、改进油气开发性能和效益、先进的钻井设备、三维地震勘探技术、深水钻探技术、高能激光钻井技术、水平井技术等（郑军卫等，2012）。

2005 年美国发布《2005 能源政策法案》（*Energy Policy Act of* 2005）（United States Congress，2005）鼓励其对国内油气资源的开发，保证国内石油稳定供应，降低对进口石油的依赖。

2007 年 12 月美国发布《2007 能源独立和安全法案》（*Energy Independence and Security Act of* 2007）（United States Congress，2007）期望从根本上改变美国使用能源的方式。根据该法案，美国政府计划在 2022 年前将可再生能源产量提高到 360 亿 gal/a，并为轿车和轻型卡车设置更高的燃料经济性标准，即到 2020 年，轿车和轻型卡车平均油耗应为 35mile/gal，较目前的水平提高 40%。该法案也为联邦政府和商业大厦的电气用具制定了能源效率标准，要求将电灯泡的能效提高 70%，并加速研究二氧化碳的管理及储存问题。

2005 年《美国地质调查局能源资源 5 年计划》（*The U. S. Geological Survey Energy Resources Program* 5-*Year Plan*）（USGS，2005）中提出要对油气资源进行系统的科学研究和评价，研究油气的生成、演化、聚集和分布，持续改进对非常规油气（如盆地中央气、油页岩等）的储量评价方法等。

2007 年美国能源部（Department of Energy，DOE）基础能源科学办公室发布《适应 21 世纪能源体系的地球科学基础研究需求》（*Basic Research Needs for Geosciences*：*Facilitating* 21*st Century Energy Systems*）（DOE，2007）战略报告，指出在未来能源科学基础研究领域

应加强地质介质中多相流体传输、地质介质中化学运移、地下特征、地质系统建模和模拟等研究。

2007 年美国国家石油委员会（National Petroleum Council，NPC）发布《直面严峻的能源现实——纵观 2030 年全球石油和天然气前景》（*Facing the Hard Truths about Energy：A Comprehensive View to 2030 of Global Oil and Natural Gas*）报告（NPC，2007），指出：在 2030 年以前，煤炭、石油和天然气在美国和世界能源结构中仍将不可或缺，未来油气供应前景不容乐观，需要不断扩增所有的经济可行能源资源来降低由于常规油气短缺所带来的风险。除了要通过科学技术的进步加强对常规油气资源的勘探和提高现有油气田的采收率外，还要加强对深水油气及致密砂岩气、页岩油气、油页岩、重油、天然气水合物等非常规油气的研发（郑军卫等，2012）。

2007 年，美国地质调查局（United States Geological Survey，USGS）《直面明日挑战——美国地质调查局十年科学战略 2007—2017》（*Facing Tomorrow's Challenges—U. S. Geological Survey Science in the Decade* 2007—2017）报告（USGS，2007），提出了反映 USGS 根本使命的 7 项科学目标，同时对未来发展前景进行了展望（USGS，2007）。2012 年，美国地质调查局在已有战略规划基础上优化、调整提出《美国地质调查局能源和矿产资源科学战略（2013—2023 年)》，用于指导未来 10 年能源与矿产资源的研究。该战略涉及认识能源与矿产资源形成的基础地球过程、认识能源与矿产资源及其废弃物的环境行为、提供能源与矿产资源清单及评估、了解能源与矿产资源开发对其他自然资源的影响、认识能源和矿产资源供应的有效性与可靠性 5 个相互关联的科学目标，以及各目标下的主要问题和将采取的战略行动（Ferrero et al.，2012）。

美国能源部新的战略规划（2014—2018 年）确定的美国能源部的新使命是：借助变革性科学技术创新和市场化解决方案应对能源与环境挑战，以此强化国家安全并促进经济发展。战略规划设定了三大主体任务，共 12 项具体的战略目标，内容涉及科学研究、国家安全和机构运营管理。在科学研究方面，该规划所聚焦的未来重点领域包括气候变化、物理学前沿领域、新一代计算技术和先进科学基础设施（DOE，2014）。

此外，美国还很注重对非常规油气资源的研究，如 2000 年，美国通过《甲烷水合物研究与开发法案》（*Methane Hydrate Research and Development Act*），以促进甲烷水合物资源研究、评价、勘探和开发，从法律制度上保证规划目标如期实现；2006 年发布《甲烷水合物研发机构间路线图》（*An Interagency Roadmap for Methane Hydrate Research and Development*）（DOE，2006）和特别规划报告《开发美国战略性非常规资源》（*Development of America's Strategic Unconventional Resources*）（Task Force on Strategic Unconventional Fuels，2006）等，促进对天然气水合物、油页岩、重油、油砂等的研究；2008 年，美国地质调查局率先对阿拉斯加天然气水合物资源量进行了系统的评价（USGS，2008），为以后开发奠定了基础；2016 年 9 月 15 日，美国能源部宣布，已遴选出 6 个新的甲烷水合物研究项目，共计将资助 380 万美元，开展甲烷水合物在受到自然变化、环境变化及开发相关诱发变化时的反应和行为变化，这将帮助确定这一巨量天然气资源的开发可行性，并进一步评估天然气水合物在全球气候循环中的作用（Office of Fossil

Energy，2016）。提高资源利用效率、注重油气资源节约和替代也是美国油气发展战略的一个特色。

（2）欧盟

欧盟是欧洲联盟的简称，截至 2016 年底拥有德国、法国、意大利等 28 个成员方。2015 年，欧盟一次能源消费总量达 16.31 亿 t 石油当量，约占当年全球能源消费总量的 14.4%，是居中国、美国之后的全球第三大能源消费主体，其中：消费石油为 6.00 亿 t，占世界石油消费总量的 13.9%；消费天然气为 4021 亿 m^3，占世界天然气消费总量的 11.5%；消费煤炭为 2.62 亿 t 石油当量，占世界煤炭消费总量的 6.8%；可再生能源在欧盟一次能源消费构成中所占比例相对较大，达 8.34%，远高于世界平均值的 2.88%（BP，2016）。虽然欧盟成员方注重发展核能、可再生能源，但 2015 年其能源消费构成主体仍然是化石能源，石油、天然气和煤炭三者消费之和占其能源消费总量的 75% 以上。欧盟属于区内能源生产量小而消费量大，不能满足能源自给的典型代表，与其庞大的能源消费量相比，其 2015 年石油、天然气和煤炭生产量仅占全球的 1.6%、3.4% 和 3.8%。2006～2015 年，虽然随着能源效率提升和可再生能源供应增加，欧盟石油年消费量从 7.27 亿 t 下降到 6.00 亿 t 左右，但由于区域内石油产量有限，2015 年其石油对外依存度依然高达 80% 以上（BP，2016）。

虽然欧盟各成员方早已认识到保障国家能源安全的重要性，并已不同程度地建立了能源生产、运输、分配和科研等一整套体系，基本保证了其自身的能源安全供给，但以油气为主的化石燃料资源的逐渐枯竭、人们生活质量的不断提高、环境保护对能源生产和利用更加苛刻的限制、能源市场国际化的加剧等诸多的因素正在威胁着欧盟能源的安全供给。随着自身能源生产能力的不断下降，欧盟对能源进口依赖性不断增加，预计到 2020 年其能源对外依存度将由现在的 50% 左右增加到 70% 左右，这点在石油和天然气方面表现得更为突出。为了改善这种局面，欧盟除积极促进发展核聚变、可再生能源、氢能等能源技术外，还大力加强油气基础设施建设和发展非常规油气资源（郑军卫等，2012）。2005 年欧盟委员会（European Commission，EC）发布《世界非常规石油（油砂、油页岩以及煤和天然气液化的非常规燃料）供应前景分析》（*Prospective Analysis of the Potential Non-conventional World Oil Supply：Tar Sands，Oil Shales and Non-conventional Liquid Fuels from Coal and Gas*），对全球油砂、油页岩及煤和天然气液化得到非常规燃料等非常规石油资源的储量、开发技术、供应前景等进行了较系统的分析，为欧盟和全球非常规石油资源开发和保障全球石油供应提供参考。

为应对欧洲能源体系所面临的风险对欧洲能源安全、气候安全和经济风险抵御能力的威胁，2015 年 2 月 25 日，欧盟正式发布关于建立欧洲能源联盟（Energy Union）的战略框架，通过落实"能源安全战略"以加强成员方之间的团结和信任、建立高度整合的内部能源市场、制定充分提升能源效率的政策、推动低碳经济发展、提升研究与创新能力和竞争力等措施，全面提升欧洲能源体系抵御能源安全、气候安全及经济安全风险的能力，最终建立安全、可持续性的、有竞争力的和经济性的低碳能源体系（EC，2015）。

（3）加拿大

加拿大是能源生产大国，也是北美地区传统的能源输出国。2015 年，加拿大一次能源消费总量达 3.30 亿 t 石油当量，约占当年全球能源消费总量的 2.5%，其中：消费石油为 1.00 亿 t，占世界石油消费总量的 2.3%；消费天然气为 1025 亿 m³，占世界天然气消费总量的 2.9%；消费煤炭为 0.20 亿 t 石油当量，占世界煤炭消费总量的 0.5%；加拿大一次能源消费构成中，石油、天然气和煤炭三者之和占消费总量的 64.3%，水电占 26.3%，核能占 7.2%，可再生能源占 2.2%（BP，2016）。加拿大的石油和天然气主要出口国为美国。

作为传统的矿产和能源生产大国与出口大国，加拿大相关政策和战略的出发点就是实现资源价值最大化和保护好相关的环境，实现对资源的可持续利用。2014 年 3 月，加拿大地质调查局（GSC）发布《加拿大地质调查战略计划 2013—2018》（*Geological Survey of Canada Strategic Plan* 2013-2018）报告，确定了 2013 ~ 2018 财年的 5 项优先工作，即运用地学知识发掘加拿大资源潜力、开展环境地学研究服务于负责任的资源开发、服务于公共安全和降低风险的地学、开放的地学、提高队伍素质和科学质量，以及支持这些工作实施的相关战略（GSC，2014）。

加拿大也重视对可再生能源的开发。2011 年 11 月，加拿大海洋可再生能源组织（Ocean Renewable Energy Group，OREG）公布《加拿大海洋可再生能源技术路线图》（*Canada's Marine Renewable Energy Technology Roadmap*），目标是建立并保持加拿大在国际海洋可再生能源领域的领先（领袖）地位。该路线图设置了建立并充分利用加拿大共享基础设施、确立满足实际需求的解决方案、维持加拿大现有的水力发电技术、发展关键技术、充分利用其他领域的技巧和经验、制作工程设计开发指南六大技术途径来降低成本和风险、增强系统可靠性、扩大加拿大经验的推广和影响力，力保加拿大在海洋可再生能源领域的引领地位。为了在实际操作中能具体实现这六大技术途径目标，该路线图还将各个途径按照 2011 ~ 2016 年、2016 ~ 2020 年、2020 ~ 2030 年 3 个时间段分解为短期、中期和长期目标，并提出了具体的多项关键行动措施和优先行动计划。六大技术途径同时进行、相互补充、共同促进"加拿大优势"目标的实现（OREG，2011）。

（4）俄罗斯

俄罗斯是世界能源（特别是石油和天然气）生产大国，2015 年石油产量为 5.41 亿 t，约占全球总产量的 12.4%；天然气产量为 5733 亿 m³，约占全球总产量的 16.1%，2009 年以前俄罗斯连续多年来一直是世界上最大的天然气生产国，2009 年以后因页岩气产量的快速增长被美国取代，成为世界第二大产气国。俄罗斯一次能源消费构成亦以化石能源为主，石油、天然气和煤炭为其当前能源消费的主体。2015 年，俄罗斯一次能源消费总量达 6.67 亿 t 石油当量，约占当年全球能源消费总量的 5.1%，其中：消费石油为 1.43 亿 t，占世界石油消费总量的 3.3%；消费天然气为 3915 亿 m³，占世界天然气消费总量的 11.2%；消费煤炭为 0.89 亿 t 石油当量，占世界煤炭消费总量的 2.3%（BP，2016）；在俄罗斯一次能源消费构成中，天然气占比较大，达到 52.8%，其次为石油和煤炭，核能排第四，占比为 13.3%（BP，2016）。俄罗斯国内能源生产明显大于自身消费需求，因而能源出口是其对外贸易的重要方面。2015 年，俄罗斯石油主要出口欧洲、中国和其他原苏联加盟共和国，天然气则主要出口向欧洲和其他原苏联加盟共和国。

自 1991 年苏联解体以来，俄罗斯的能源战略大致经历了叶利钦时代的能源调整阶段和普京时代的能源强国阶段。1992 年，俄罗斯政府启动市场导向的经济体制改革，相应在能源行业也推行股份制改革。1995 年，俄罗斯制定《俄罗斯能源战略基本原则》从宏观层面对能源行业调整做出指导。2000 年，普京当选俄罗斯第二届总统以后，开始有序对国家能源战略进行调整。2003 年，出台《俄罗斯 2020 年前能源战略》，确定了其国家中长期的能源发展战略，核心是扩大国家对能源的控制力（韩冬雪和王雨，2016）。2009 年，俄罗斯通过《2030 年前能源战略草案》，提出要加大对核能、太阳能和风能的开发利用，最大限度地提高自然资源利用率（陈小沁，2010）。2014 年初，俄罗斯公布《2035 年前俄罗斯能源战略草案》，要点是：加强能源改革、完善国内能源市场、加强政府监管、引入新技术标准、促进节能技术发展（韩冬雪和王雨，2016）。与我国类似，俄罗斯虽然也没有全国性的能源法，但俄罗斯也先后出台了《矿产资源法》（1992 年）、《俄罗斯联邦大陆架法》（1995 年）、《产品分成协议法》（1995 年）、《地下资源利用许可证发放程序条例》（2002 年）、《环境保护法》（2002 年）、《天然气出口法》（2006 年）等相关法律对能源的开发和利用行为进行了规范（卢海清，2014）。

2013 年，IEA 应俄罗斯政府要求对其能源政策进行了独立评估，完成专题研究报告《俄罗斯 2014——IEA 以外的能源政策》（*Russia 2014–Energy Policies Beyond IEA*）。该报告深度评估确定了俄罗斯能源部门的改革措施，这些措施将推动俄罗斯经济的持续强劲发展。俄罗斯的能源行业正处在一个转折点，其老旧的基础设施、技术等需要更新和升级，同时能源效率亦需要大幅提升，俄罗斯每单位 GDP 能耗是 IEA 成员方平均水平的 2 倍甚至更高。IEA 建议俄罗斯政策制定者优先考虑地区供热部门的改革，并使其与能源效率政策相结合。同时，在逐渐取消补贴、交叉补贴及价格管制的情况下，俄罗斯的能源部门将更具竞争力。此外，为维持俄罗斯油气生产和出口的领先地位，俄罗斯必须重点开发最具成本效益的石油和天然气资源，同时促进市场竞争。鉴于俄罗斯的石油、天然气和煤在全球能源供应中占有相当比例，IEA 建议俄罗斯优先提高石油采收率，加强致密油开发，并进一步挖掘出口潜力（如面向亚洲市场的出口）（IEA，2014）。

2014 年，英国牛津能源研究所（Oxford Institute for Energy Studies，OIES）发布《未来俄罗斯石油生产和出口的关键因素》（*Key Determinants for the Future of Russian Oil Production and Exports*）报告指出，俄罗斯原油和石油产品的生产和出口对其国内经济和全球能源市场是至关重要的。2013 年，俄罗斯石油出口占总商品和服务出口的近 50%，占总预算收入的 45%；在全球范围内，2013 年俄罗斯石油产量占全球 12% 的市场份额（仅次于沙特阿拉伯），俄罗斯石油出口占全球原油出口总量的 12.5%，以及全球石油产品出口总额的 17%。因此，俄罗斯石油生产和出口的变化可能对全球供需平衡和石油价格产生重大影响（OIES，2014）。2015 年 OIES 又发布《俄罗斯天然气出口战略的政策和商业动态》（*The Political and Commercial Dynamics of Russia's Gas Export Strategy*）报告，从俄罗斯的天然气出口新环境、天然气"重返亚洲"战略、在欧洲市场的新天然气战略 3 个方面分析了俄罗斯天然气出口战略的政策和商业动态及对全球天然气市场未来走向的影响（OIES，2015）。

此外，俄罗斯北极地区的油气资源勘探开发也是国际社会关注的热点。

（5）日本

日本是一个国内能源资源严重不足的国家，除生产少量的煤炭外（2015 年产量约为 60 万 t 石油当量），石油和天然气的产量几乎可以忽略不计，其国内化石能源消费主要来自进口。2015 年，日本一次能源消费总量达 4.49 亿 t 石油当量，约占当年全球能源消费总量的 3.4%，其中：消费石油为 1.90 亿 t，占世界石油消费总量的 4.4%；消费天然气为 1134 亿 m³，占世界天然气消费总量的 3.3%；消费煤炭为 1.19 亿 t 石油当量，占世界煤炭消费总量的 3.1%；石油、天然气和煤炭三者之和占日本能源消费总量的 91.7%，日本是一个高度以化石燃料消费为主的国家（BP，2016）。2006～2015 年，主要得益于能源效率的提升，日本能源消费总量从 2006 年的 5.22 亿 t 石油当量下降到 2015 年的 4.49 亿 t 石油当量，但能源对外依存度改变不大（BP，2016）。日本的石油进口主要来自中东和俄罗斯，天然气进口则主要来源于中东、澳大利亚、印度尼西亚和俄罗斯的液化天然气。

日本油气资源主要依靠进口，是世界上第二大石油净进口国。保障国内能源供应安全一直是日本能源政策的核心，除鼓励提高能源效率、加强节能、积极推进新能源（如氢能）和可再生能源及采取各种措施降低对油气资源的依赖外，日本积极鼓励本国石油公司参加国际油气资源的开发，提高自主开发的比例。2017 年，日本在沙特阿拉伯油气勘探开发领域的直接投资已居该国国外投资之首，同时日本还不断加大在中东其他油气生产国的投资，为了分散投资风险，非洲、中南美、俄罗斯等地区和国家也逐步成为日本油气公司投资的热点。除积极投资世界常规油气资源勘探开发外，日本油气公司还将目光投向加拿大的油砂、页岩气资源和本国的海洋天然气水合物资源等非常规油气资源的勘探与开发（郑军卫等，2012）。早在 1997 年以前日本就提出了开发天然气水合物的技术研发计划，规划了不同阶段的天然气水合物研发目标。此后，并积极参与到加拿大、美国等在加拿大马更些地区开展的冻土区天然气水合物开采试验研究，以及在本土海域开展天然气水合物试采。2013 年 3 月 12 日，日本宣布日本国家石油、天然气和金属公司（Japan Oil, Gas and Metals National Corporation，JOGMEC）成功从爱知县附近深海可燃冰层中提取出甲烷，成为世界上首个掌握海底可燃冰采掘技术的国家（phys. org，2013）。在 2006 年日本经济产业省（Minister of Economy, Trade and Industry，METI）发布的《新国家能源战略》（*New National Energy Strategy*）中，对当时的日本能源环境和到 2030 年前可能面临的挑战进行了分析，以路线图的方式描述对各种能源技术的阶段发展目标，并将加强本土外常规和非常规油气资源勘探开发作为重点强调的内容之一（METI，2006）。在继 2003 年版、2007 年版和 2010 年版后，2014 年 4 月日本内阁会议再次审核通过的最新版（2014 年版）《能源基本计划》将核电定位为"基荷电源"，提出核电仍将是日本未来能源结构的重要组成部分，在保障安全的情况下，重启 2011 年福岛核事故以后处于停堆状态的在运核电机组；此外，该计划还提出要致力于发展清洁能源（张季风，2015）。

（6）印度

受地质条件的限制，印度极度贫油、天然气储量不高、煤炭储量相对丰富（约占全球 6.8%），油气资源不足是制约印度经济发展的重要不利因素之一。2015 年，印度国内石油产量为 0.4 亿 t，而石油消费量却达到 1.96 亿 t，绝大部分石油消费需要依靠进口来满足。2015 年，印度一次能源消费总量达 7.01 亿 t 石油当量，约占当年全球能源消费总量的 5.3%，是居中国、美国之后的世界第三大能源消费国，其中：消费石油为 1.96 亿 t，占世界石油消费总量的 4.5%；消费天然气为 506 亿 m³，占世界天然气消费总量的 1.5%；消费煤炭为 4.07 亿 t 石油当量，占世界煤炭消费总量的 10.6%；石油、天然气和煤炭三者之和占印度能源消费总量的 92.5% 以上，煤炭更是占到消费总量的 58.1%（BP，2016）。2006~2015 年，印度年石油消费量为 3.60 亿~4.29 亿 t，整体呈缓慢增长趋势（BP，2016）。2015 年，印度石油进口主要来自中东、西非和中南美洲，天然气进口则主要来自中东和澳大利亚的液化天然气。

印度将保证能源公平（让所有人都有能源可用）、能源安全（国内能源安全供给）和能源低碳（促进经济低碳增长）作为其能源战略的核心。2005 年，印度政府发布了《印度国家能源地图：2030 年技术远景》（*National Energy Map for India: Technology Vision 2030*）战略报告（Government of India，2005），提出印度油气资源主要依靠进口，但同时要最大限度地挖掘和利用其国内的油气资源，加强对印度东、西海岸地区深水区段的油气勘探力度，致力提升现有和未来可能开发的油气田的采收率，摸清其国内油气资源的家底并尽可能提高资源探明率和利用率（郑军卫等，2012）。印度政府采取措施鼓励国外公司和私营企业参与印度本国的油气资源勘探与开发。另外，建立石油资源战略储备和实施能源供应多元化也是印度政府未来解决国内油气资源严重不足所采取的措施。

印度能源相关法律相对较少，21 世纪以来，仅颁布 2 部相关法律，分别是《能源保护法》（2001 年）和《电力法》（2003 年），其中《能源保护法》的主要贡献是提出在中央政府设立能源效能局，专门负责能源政策的制定和能源法律的起草，负责中央政府能源政策的执行；2003 年版《电力法》最大的特点就是引入竞争机制，实现电力购买企业和销售企业多元化（杨翠柏，2008）。

2.1.1.3　国际政策路线图

自 20 世纪 70 年代至今，主要国家能源政策变迁路线图如图 2-1 所示。从目前全球主要国家的能源立法和相关政策的制定和修订调整趋势来看，鼓励提高能源效率和发展新能源与可再生能源逐步成为主流，发展低碳能源、减少温室气体排放、加强能源开发和利用过程中的环境保护问题亦成为近年来能源政策的关注重点。

2.1.1.4　政策体系分析

能源政策具有较强的空间性与时间性。世界各国政府一般根据本国资源情况、能源供求情况、国际政治经济环境等条件，在一定时期内实施特定的能源政策和战略，以促进经济增长和发展。总的来说，能源资源领域科技政策包括能源勘查政策、能源开发政策、能源利用政策、能源储备政策、能源保护政策等。

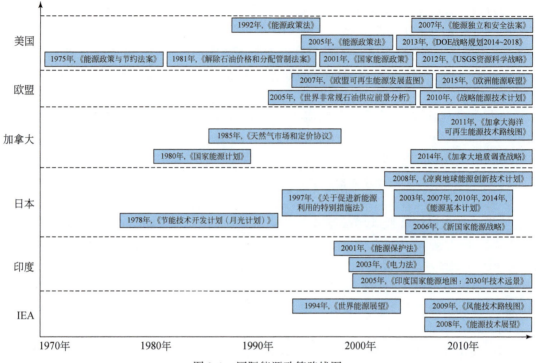

图 2-1　国际能源政策路线图

　　全球石油、天然气、煤炭等能源资源分布存在很大的不均一性，导致各国能源资源禀赋的差异，因而各国有关保障能源供应和发展能源科技的策略也存在很大差异。目前，石油、天然气和煤炭依然是全球最主要的一次能源，其消费量占全球能源消费总量的80%以上，其中2015年所占比例为86.00%（BP，2016）。受能源资源自身特质限定，在目前开展的国际能源贸易中，石油和天然气资源是绝对的主角。因此，按各国（地区）油气能源的自给程度，可将世界上的国家（地区）分为三类：油气净出口国、油气生产与消费大国、油气纯进口国。其中各类策略分别如下所示。

　　1）油气净出口国的策略是：制定能源枯竭战略，发展石油天然气技术服务，以实现油气枯竭时的可持续发展；确保油气工业有足够的投资和新增储量促进石油产业在国内的均衡发展；通过以对话为主的多种手段稳定国际油气价格；鼓励私有资本参与油气基础设施建设；关注油气勘探开发新技术及非常规油气资源的勘探与开发。这类国家有挪威、加拿大、俄罗斯、大部分中东国家等。

　　2）油气生产与消费大国的策略是：消除进行石油、天然气勘探的主要障碍，增加国内油气的储量和产量；采用新技术增加老油气井的产量；鼓励油气基础设施建设；推进油气市场的自由化；建立国家战略石油储备；发展新能源和石油替代能源等。这类国家的典型代表有美国、中国等。

　　3）油气纯进口国的策略是：鼓励本国公司积极投资海外油气勘探与开发；推进国内市场石油产品的自由化；通过关税结构保护国内炼油业的竞争能力；加强非常规油气资源

（如天然气水合物、页岩气等）的勘探开发技术研发；推动能源效率，特别是油气资源利用效率地提升；发展新能源，促进油气替代能源地研发和使用。日本、韩国等是该类国家的典型代表。

2.1.2　国际能源科技政策成效分析

保障能源安全一直是美国历届政府的工作重点。自 1973 年 OPEC 首次实施石油禁运措施以来，出于对进口石油依赖和能源安全的担心，使自尼克松以来的历届美国总统无不将追求能源独立作为其能源政策的最重要目标之一。自尼克松提出能源独立目标至今，美国政府已陆续出台多部《能源政策法案》（如 2007 年发布的《能源独立和安全法案》）及其他相关立法，来促进美国的国内能源供应安全。与美国类似，英国、法国、德国、日本、韩国、瑞典、挪威等国家也都出台了相应的法律或政策来保障本国的能源安全并取得相当显著的效果。

2.1.2.1　能源科技政策特色

综观世界主要发达国家的能源战略、政策和法规，可以概况出以下 5 个方面特征。

（1）高度重视能源安全，实施"多源化"能源供应战略

尽管各发达国家的能源资源禀赋及能源生产和消费状况不同，但维护国家能源安全、保证油气供应、保障经济发展，却是他们的共同原则，是建立国家能源战略的首要目标。由于石油资源所特有的与世界政治、经济密切相关的特性，石油安全成为能源安全的最突出体现。世界各国，尤其是发达国家，都一直把保障石油安全作为其能源战略的核心内容。除开发和利用好本国的油气资源外，发达国家不断在全球范围内寻找油气资源勘探、开发机会，加紧对世界石油资源的争夺和控制。发达国家推行"多源化"石油战略的目标是促使其石油供应来源的多渠道化或石油进口源的分散化。美国"多源化"石油安全战略的目的之一就是在不减少石油进口的前提下减少对中东地区石油的依赖。为此美国采取了以下 4 条战略措施。①与加拿大、墨西哥建立北美地区石油伙伴关系，扩大从周边国家的进口份额；②积极开辟新的海外油气资源基地，实施中亚石油战略，角逐里海油气资源，通过经济援助、军事合作、高层互访等措施，在经济、政治和地区安全上削减俄罗斯在里海地区的影响力；③促进非常规油气开发，增强国内的石油供给能力，并将阿拉斯加自然保护区的油气资源开发适时列入计划；④逐步减少对不稳定地区，尤其是中东地区的石油依赖。

（2）建立和加强国内石油储备体系

发达国家的石油战略储备体系始建于 1973 年。当时，随着第一次"石油危机"的结束和 IEA 的成立，发达国家开始储备一定数量的石油，以应付突发事件造成的石油供应中断。战略石油储备是石油消费国在石油危机时所能动用的最重要手段，所以西方国家都把建立石油战略储备作为保障石油供应安全的首要国家战略。IEA 要求其成员至少保持相当于其 90 天进口量的石油储备。美国、日本是当今世界建立战略石油储备最早、储备量最

多的国家。美国的石油储备起始于 20 世纪 70 年代"石油危机"，1975 年颁布的《能源政策和储备法》中，最重要的一条就是决定建立美国的战略石油储备。1977 年底，美国石油战略储备仅为约 100 万 t，此后逐年增加，到 2011 年达到储备峰值约 9900 万 t，此后随着美国国内油气产量的增加及国际油价的调整，储备量有所减少，2015 年底石油战略储备量约为 9480 万 t（EIA，2016b），约是 2015 年美国日均净原油进口量的 122 倍，再加上大量的商业石油储备，美国石油储备总量远大于 90 天。日本也是拥有 40 多年石油储备历史的国家，其在 1975 年和 1978 年先后颁布《石油储备法》和《国家石油储备法》奠定了日本官民共举的能源储备格局，到 2011 年"3·11 大地震"前夕日本石油储备已达 170 多天（尹晓亮，2016），目前日本的石油储备仍保持在 150 天以上。此外，日本还将液化石油气储备作为石油储备的重要补充之一，如 2010 年时其储备计划为 150 万 t，预计可使用50 天。目前许多国家的石油战略储备可用天数已经远超欧盟一般要求其成员至少要有 90天的石油战略储备。显然，发达国家的战略石油储备已超出一般认为的商业周转库存的意义。

（3）厉行能源节约政策

发达国家为减少对世界不稳定地区石油供应的过分依赖和出于环境保护的要求，都把提高能源系统的效率、节约能源作为其能源战略的重要目标和措施。美国早在 1998 年 4月推出的《国家综合能源战略》（*Comprehensive National Energy Strategy*）中就分别从电力、工业、交通等领域对至 2010 年前的能效目标提出了具体要求，如在工业领域，要求到2010 年林业与造纸、钢铁、炼铝、金属锻造、玻璃和化学这 6 个最主要的能源密集型工业部门的能源消费总量将比现在减少 25%（DOE，1998）。2005 年发布的《美国能源政策法案 2005》亦是将鼓励石油、天然气、煤气和电力企业等采取节能、洁能措施作为重要内容。由于国内能源短缺，日本非常重视节能，早在 1979 年就发布《关于合理使用能源的法律》（也称《节能法》），明确规定节能工作主管部门是日本的经济产业省，负责人为经济产业大臣。自颁布以来，《节能法》已经过多次修订，最近一次修订在 2014 年完成。《节能法》共计 8 章 99 条，从总则、基本方针、行业（工厂、运输、建筑物、机械器具）具体措施、处罚规定、附则等方面对节能做出了明确规定。在节能措施方面，日本大力推行重点用能单位指定制度、"能源管理师"制度、"领跑者"制度、能效标识制度、运输业和建筑业用能管理制度、能源节约财税支持制度和节能宣传与教育等措施（于文轩，2015）。

（4）积极开发新能源和可再生能源

新能源的开发利用，不仅代表着一个国家科学技术发展水平，更是关系到占领未来能源科技和能源利用制高点、保障国家能源安全的重要举措。日本政府早在 1974 年就制定并实施了"新能源开发计划"即"阳光计划"。其核心内容是太阳能开发利用，同时也包括地热能开发、煤炭液化和气化技术、风力发电和大型风电机研制、海洋能源开发和海外清洁能源输送技术。1993 年，日本又提出了"新阳光计划"。该计划涉及可再生能源技术、化石燃料应用技术、能源输送与储存技术、系统化技术、基础性节能技术、高效与革新性能源技术及环境技术。为了保证"新阳光计划"的顺利实施，日本政府每年为该计划拨款570多亿日元，其中362亿日元用于新能源技术开发，预计这项计划将延续到2020年。2015年，非水电可再生能源已占到日本一次能源消费构成的3.2%（BP，2016）。亚洲开发银行（Asian Development Bank，ADB）发布《能源供给多样化：新能源展望》指出，2020～2030年亚洲的风能和光伏发电平均成本将低于进口的天然气和煤炭成本，低于一部分高成本水电和核电（ADB，2014）。在美国《国家综合能源战略》中也提出发展先进的可再生能源技术，开发非常规的甲烷资源，发展氢能的储存、分配和转化技术。

（5）注重环境保护，大力推广使用清洁能源

自1997年京都环境会议以来，世界各国以尊重健康、改善区域及全球环境质量为目标，大力推广使用清洁能源。为了重视环境保护，日本政府制定了能源"3E"目标，即能源安全（energy security）、经济增长（economic growth）、环境保护（environment）。日本政府则指出，要进一步降低石油在整个能源中所占的比例，大力发展核电。虽然受2011年"3·11大地震"福岛核事故影响，日本一度关停了所有运行的核电站，但在对核电站的作用进行重新认识后，于2014年日本通过的最新版（2014年版）《能源基本计划》中将核电定位为"基荷电源"，提出核电仍将是日本未来能源结构的重要组成部分，在保障安全的情况下重启处于停堆状态的在运核电机组。在世界风能利用大国丹麦，风能发电总装机容量已相当可观，2002年其风能发电量已达其发电总量的12%以上，据丹麦政府规划2030年风能发电在丹麦总发电量的比例要达到50%。2015年美国政府宣布正式启动总额为40亿美元的清洁能源投资计划，旨在推动美国私营机构清洁能源技术创新，以巩固美国在实现低碳经济转型中的引领地位，主要措施包括设立新的清洁能源影响投资中心、促进慈善组织对清洁能源技术的投资、扩大创新型清洁能源技术企业的资本获取途径、增加面向清洁能源创新的联邦政府资助的透明度等（The White House，2015）。

2.1.2.2 能源科技政策实施效果

在能源科技政策实施效果方面，美国的一系列促进能源独立和非常规能源开发的政策（法案）效果明显。为促进对国内非常油气资源的开发及吸引中小企业投资能源生产行业，美国联邦政府分别于1978年和1980年颁布了《能源税收法案》和《能源意外获利法》。《能源税收法案》对1979～1993年钻探的非常规油气进行税收减免，此后此法的适用时段又经过2次延续，直到2003年以前生产和销售的天然气都可以享受此法案规定的税收减免优惠。《能源意外获利法》第29条明确提出对非常规能源开发给予税收补贴政策，此项政策也被延续到2003年1月1日前开采的非常规油气。正是在这些优惠政策的推动下，引发了以美国为首的北美页岩油气革命，使美国的能源独立政策真正迈出坚实的一步。

2014年，IEA曾对欧盟2008年以来能源科技政策的实施效果进行了评估。欧盟已经向实现其2020年能源和气候目标，并将分散的电力和天然气市场纳入一个单一能源市场迈出了重要一步。欧盟的能源政策旨在实现三个目标：保持经济竞争力、保障能源安全供应和环境的可持续性。2008年，可持续性（尤其是缓解气候变化）是欧盟能源科技政策的关键驱动因素。然而，欧盟能源科技政策的内容发生了巨大变化。今天，对能源安全的关切和提升工业竞争力的问题已变得更为迫切。在内部，欧盟一直遭受重大的经济和金融

危机，这导致了能源需求的减少。欧盟内部石油和天然气产量、炼油能力一直在下降，甚至比欧盟的需求下降得更快。能源进口的持续增加，隐含着对能源安全的影响。欧盟非常规天然气和石油的勘探前景仍不明朗。2008～2013年，欧盟一直受到全球能源发展的影响：新兴经济体能源需求大增；北非、中东和乌克兰的动荡，威胁石油和天然气的生产及供应；北美地区非常规石油和天然气产量的大幅增加；充足而又低成本的国际煤炭供应；福岛第一核电站事故带来对核能使用的担心等。所有这些，造成了全球液化天然气供应的压力大增。

2.1.3　国际能源科技政策的需求与发展趋势

2.1.3.1　国际能源科技政策需求

能源是现代社会建立和发展的基础和动力。能源供应安全是事关全球现代化建设全局的关键因素。21世纪以来，国际能源科技发展成就显著，能源供应和保障能力稳步增长，新能源和可再生能源快速发展，全球一次能源消费结构不断得到优化，节能减排取得重要成效，有效保障了经济社会持续发展。

当前国际经济社会的持续发展及世界政治、经济格局的深刻调整，促使了能源供求关系和世界能源供应版图的巨大变革。大多数发展中国家已经陆续进入工业化阶段，对能源的消费和需求不断增加，虽然一些发达国家通过提高能源效率和加强能源节约使其本国的能源消费总量增长减缓或下降，但由于中国、印度、巴西等新兴国家能源消费量的持续、快速增长，造成全球能源消费总量依旧保持缓慢增长的趋势。随着全球对陆上中浅层、易开发的常规油气资源的不断开发利用，深层、深水、非常规油气资源将在未来的油气生产中占据重要位置。同时，受全球变化和温室气体减排等因素影响，未来的能源生产与利用将更多地受到气候和环境等因素的限制，高效节能、绿色环保已经成为必然趋势。能源战略、法规和政策是指导和确保实现这些关键转变的重要保障，只有根据国际发展趋势和本国国情制定合理的能源科技发展政策，才能促进能源行业健康稳定发展，支撑经济社会的协调发展。

2.1.3.2　能源科技政策发展趋势

未来国际能源科技政策呈现以下趋势。

（1）鼓励能源勘探开发、科技研发及提高能源利用效率

围绕能源高效、便捷、环保、低碳、智能发展的战略方向，许多国家的能源政策中将保障能源安全、优化能源结构和实现节能减排等作为长期发展目标，并结合本国国情提出相关保障和支持措施。

（2）能源资源国纷纷调整政策，加快本国非常规能源资源开发进程

美国的页岩油气革命正在持续引发世界主要页岩气国家的页岩气开发热潮和战略布局，许多油气资源国开始调整政策加快本国非常规油气资源的勘探和开发进程。近年来，

日本、中国的海洋天然气水合物试采成功，也为停滞多年的天然气水合物商业开发带来新的曙光。沙特阿拉伯、俄罗斯、乌兹别克斯坦、阿根廷等国纷纷提出开发本国非常规油气资源的计划。

（3）可再生能源依然是能源科技发展的重要方向

虽然受欧洲经济不景气的持续影响，欧洲多国削减对可再生能源的投资额度和补贴，但美国的可再生能源政策却保持了相对稳定。在2013年5月布鲁塞尔举行的欧盟峰会上，欧盟领导人表示，欧盟打算优先考虑负担得起的能源。2014年初，西班牙、意大利、罗马尼亚等国家削减或设定了对可再生能源的补贴限额，但目前全球仍有50多个国家对可再生能源实施补贴政策。巨额的补贴曾促进了欧盟国家可再生能源的繁荣，而近几年欧盟国家对可再生能源补贴的削减虽然可能减缓这种可再生能源快速发展的步伐，但并不会改变促进可再生能源发展的趋势，反而会促进提高可再生能源效率和降低单位能源成本的科技研发。

（4）推进清洁能源基础设施建设将成为重要发展趋势

出于减缓全球变暖和控制温室气体排放目的，美国、欧盟、南非等国家或地区一直致力于发展清洁替代能源和相关基础设施。在美国联邦政府近年的年度经费预算中，向清洁能源领域倾斜的减税措施都是一项重要内容，同时，奥巴马政府时期还曾提议设立专项基金支持清洁技术的研发。2013年1月，欧盟公布《清洁燃料战略》着手在欧洲推行符合统一设计和使用标准的替代燃料站点，主要推进包括充电站、加氢站、液化天然气加注站、其他清洁燃料（如生物燃料、压缩天然气等）加注站等在内的清洁能源基础设施建设，并规定了2020年前的建设目标。

2.1.4 我国能源科技政策与国际比较

我国是能源资源比较丰富的国家，能源资源总量约为世界资源总量的1/10。据全国水力资源普查成果，2001年底我国水能蕴藏量为1万kW以上的河流有3000多条，水能蕴藏量达6.76亿kW，居世界首位（何璟，2002）。2016年底，我国煤炭探明储量为24 401亿t，仅次于美国，居世界第3位；石油探明储量35亿t，约占世界的1.5%；天然气资源也相当丰富，探明储量达到5.4万亿m^3，占世界的2.9%（BP，2017）。此外，我国还有超过10万t的铀储量，可以满足国家核电较长期的需要。

但是，随着我国经济规模的不断扩大和人们生活水平的不断提高，能源需求量越来越大，未来我国能源工业能否支撑我国经济的高速增长便成为国内外普遍关心的问题。能源工业仍然是制约我国国民经济发展的瓶颈，制约经济和社会发展的主要因素之一。中华人民共和国成立60多年，特别是改革开放30多年来的发展，我国社会经济取得了长足进步。2009年，我国能源消费总量首次超过美国，成为世界第一大能源消费国，并一直持续至今。2015年，我国的能源消费总量已达到30.14亿t石油当量，占世界能源消费总量的比例已达22.9%（BP，2016）。同时，我国还是世界上迄今尚未完全实现能源结构优质化的国家之一，煤炭消费占一次能源消费的近三分之二（2015年煤炭占我国一次能源消费总量的 63.72%)(BP, 2016), 能源消费产生的污染物造成了严重的城市大气污染, 我国约 40% 的地区受到酸雨的威胁。传统的生物质能源依然是广大农村居民的重要生活用能, 这是造成许多地方的生态破坏和水土流失的重要原因。能源生产和利用过程中产生的温室气体, 是我国温室气体排放的主要来源, 目前我国已成为全球最大的温室气体排放国, 这对我国经济社会的持续发展带来很大困扰。

对我国这样一个人口众多的发展中国家, 如何既要以较低的能源消费支持较高的经济发展, 又要保护好生态环境, 这是一个值得不断研究的问题。可持续发展既要解决人口高度密集、人均资源相对匮乏、自然生态环境比较脆弱的问题, 又要实现经济的持续稳定发展, 这是一个史无前例的社会实践问题。中国共产党第十六次全国代表大会提出了我国全面建设小康社会、实现现代化建设的第三步战略目标, 即"在优化结构和提高效益的基础上, 国内生产总值到 2020 年力争比 2000 年翻两番"的国民经济发展目标。要实现这一目标, 未来 20 年我国经济需要保持较高的增长速度, 如何保障能源供应和实现可持续能源发展成为迫切需要研究解决的问题。

据《中国科学发展报告 2010》分析, 我国实现经济发展目标必须实现三个"零增长", 即 2030 年实现人口规模"零增长", 2040 年实现能源消耗"零增长", 2050 年实现生态环境退化"零增长"(中国科学院, 2010)。21 世纪我国要适应形势发展的新要求, 必须在经济保持较高发展速度的同时, 加强环境生态资源保护, 有步骤地朝着三个"零增长"战略目标推进。能源是经济发展的重要物质基础, 寻求一条能源可持续发展的道路, 与我国实现三个"零增长"战略目标、经济可持续发展息息相关。

2.1.4.1 我国能源科技政策体系与特点

我国的能源科技政策主要包括相关法律和规划 2 个大类, 既有综合的能源科技政策也有针对某种特定能源品种的政策。

(1) 相关法律

目前, 我国已经颁布了《中华人民共和国煤炭法》《中华人民共和国电力法》《中华人民共和国节约能源法》和《中华人民共和国可再生能源法》及与之配套的行政法规、规章和地方法规, 能源法规体系的框架雏形已基本构建。但目前我国的能源立法主要是调整能源某一领域关系, 还缺少全面体现能源战略和政策导向、总体调整能源关系和活动的能源基本法, 而且相关法律法规之间也不尽协调, 保障能源安全和加强国际合作的法律法规还很不完善, 不能适应新形势对能源规制的要求。

《中华人民共和国煤炭法》自 1996 年 12 月 1 日起施行, 主要目的是推动合理开发利用和保护煤炭资源, 规范煤炭生产、经营活动, 促进和保障煤炭行业的发展。

《中华人民共和国电力法》自 1996 年 4 月 1 日起施行, 主要目的是保障和促进电力事业的发展, 维护电力投资者、经营者和使用者的合法权益, 保障电力安全运行。

《中华人民共和国节约能源法》自 1998 年 1 月 1 日起施行, 主要目的是推进全社会节约能源、提高能源利用效率和经济效益、保护环境、保障国民经济和社会的发展、满足人民生活需要。2007 年 10 月 28 日第十届全国人民代表大会常务委员会第三十次会议修订, 将"提高能源利用效率和经济效益，保护环境，保障国民经济和社会的发展，满足人民生活需要"调整为"提高能源利用效率，保护和改善环境，促进经济社会全面协调可持续发展"。

《中华人民共和国可再生能源法》自 2006 年 1 月 1 日起施行，主要目的是促进可再生能源的开发利用、增加能源供应、改善能源结构、保障能源安全、保护环境，实现经济社会的可持续发展。该法在 2009 年 12 月 26 日第十一届全国人民代表大会常务委员会第十二次会议进行修订。

（2）相关规划

《能源发展战略行动计划（2014—2020 年）》。2014 年 6 月 7 日，国务院办公厅以文件形式发布了《国务院办公厅关于印发〈能源发展战略行动计划（2014—2020 年）〉的通知》，从总体战略、主要任务、保障措施 3 个方面对 2014～2020 年，我国全面建成小康社会关键时期的能源发展战略进行了表述。行动计划提出，2020 年以前，我国应坚持"节约、清洁、安全"的战略方针，加快构建清洁、高效、安全、可持续的现代能源体系，重点实施节约优先、立足国内、绿色低碳、创新驱动四大战略。

《可再生能源发展"十二五"规划》。国家能源局组织制定的《可再生能源发展"十二五"规划》和水电、风电、太阳能、生物质能四个专题规划于 2012 年 8 月 6 日正式发布。针对水能、风能、太阳能、生物质能、地热能和海洋能等，阐述了 2011～2015 年我国可再生能源发展的指导思想、基本原则、发展目标、重点任务、产业布局及保障措施和实施机制。"十二五"时期可再生能源发展的总体目标是：到 2015 年，可再生能源年利用量达到 4.78 亿 t 标准煤，其中商品化年利用量达到 4 亿 t 标准煤，在能源消费中的比例达到 9.5% 以上。2015 年，各类可再生能源的发展指标是：水电装机容量为 2.9 亿 kW，累计并网运行风电为 1 亿 kW，太阳能发电为 2100 万 kW，太阳能热利用累计集热面积为 4 亿 m²，生物质能利用量为 5000 万 t 标准煤。

《天然气发展"十二五"规划》。为扩大天然气利用规模，促进天然气产业有序、健康发展，2012 年 10 月 22 日，国家发展和改革委员会同有关部门研究制定了《天然气发展"十二五"规划》。该规划以天然气基础设施为重点，兼顾天然气上游资源勘查开发和下游市场利用，涵盖了煤层气、页岩气和煤制气等内容，是"十二五"时期引导我国天然气产业健康发展的重要依据。

《煤层气（煤矿瓦斯）开发利用"十二五"规划》。为加快煤层气（煤矿瓦斯）开发利用，保障煤矿安全生产，增加清洁能源供应，促进节能减排，保护生态环境，2011 年 11 月 26 日国家发展和改革委员会、国家能源局组织编制了《煤层气（煤矿瓦斯）开发利用"十二五"规划》。

《页岩气发展规划（2011—2015 年）》。为加快我国页岩气发展步伐，规范和引导"十二五"期间页岩气开发利用，2012 年 3 月 13 日，国家发展和改革委员会、财政部、国土资源部、国家能源局以发改能源〔2012〕612 号印发《页岩气发展规划（2011—2015 年）》。该规划期限为 2011～2015 年，展望到 2020 年，提出的总体目标是：到 2015 年，基本完成全国页岩气资源潜力调查与评价，掌握页岩气资源潜力与分布，优选一批页岩气远景区和有利目标区，建成一批页岩气勘探开发区，初步实现规模化生产。规划提出 2015

年页岩气产量为 65 亿 m³，力争 2020 年产量达到 600 亿~1000 亿 m³。

2.1.4.2 我国能源科技政策路线图

我国矿产能源资源科技政策变迁如图 2-2 所示。

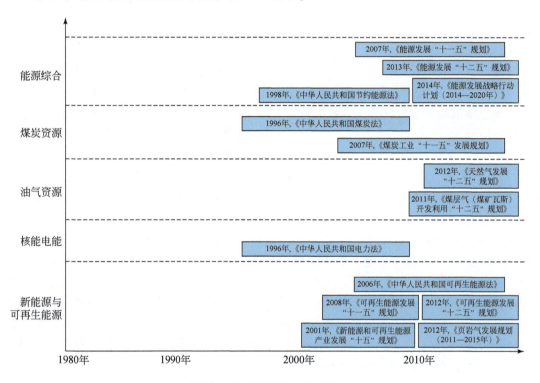

图 2-2 我国能源政策路线图

2.1.4.3 与主要国家的比较分析

与美国、日本等国家相比，虽然我国也制定了一些能源法，但目前我国的能源立法主要是调整能源某一领域关系，还缺少全面体现能源战略和政策导向、总体调整能源关系和活动的能源基本法，而且相关法律法规之间也不尽协调，保障能源安全和加强国际合作的法律法规还很不完善，不能适应新形势对能源规制的要求。为此，我国应尽快推出《能源法》。由于《能源法》将涵盖国家发展能源经济战略方针，能源开发利用规划、规制、管理，能源安全及节能等内容，所以《能源法》的制定实施，将解决我国能源消费增长与经济增长、能源供应与能源消费及能源供给与能源安全等制约能源发展的三大矛盾，对提高能源利用效率起重要作用。有利于调整基于能源开发、加工、储运、供应、贸易、利用的能源物质利益关系。待《能源法》颁布实施后，应对其他已颁布的配套法律法规进行相应的调整，并尽快制定其他配套法律，如《石油法》《天然气法》《原子能法》《能源储备法》等。

2.1.5　我国政策建议

（1）完善国家能源开发利用政策及相关法律法规体系建设

健全的国家政策和法律法规体系是国家对能源行业实施有效管理的依据，也是保障国家能源安全和实现国家能源发展目标的基础。目前我国已颁布涉及煤炭、电力、节约能源、可再生能源等领域的专门性法律，规范了相关行业的能源生产与利用行为，在能源管理方面取得了显著效果。但与欧美等国家相比，甚至是与我国当前和未来能源管理需求相比，我国的能源法律体系还存在许多需要改进和完善的地方，急需制定全面性的国家《能源法》及相关配套法律来规范能源的规划、勘探、开发、加工、储运、供应、配送、贸易、利用等各个环节，妥善解决能源增长与经济增长、能源供应与能源消费、能源供给与能源安全、能源利用与环境保护等相关问题。

（2）健全国家能源科技研发激励政策

能源科技发展是促进能源生产和提升能源利用效率的关键。科技发展需要持续稳定的投入，特别是基础研究和关键技术研发具有投入大、周期长、见效慢等特点，因此，必须制定和出台专门的投资优惠政策或税收减免政策，鼓励能源企业或相关机构和个人投资能源科技研发，建立产学研相结合的能源科技创新体系，大幅度提高我国能源科技的自主创新能力，推进我国的能源科技研发和能源装备研制与生产。虽然目前我国在一些新能源和可再生能源开发利用方面取得很大进步，但在页岩油气开发、天然气水合物开发、长距离输电、核聚变发电、氢能及能源生产关键装备制造等方面仍需继续加强国家政策扶植。

（3）出台相关政策和法规加强国家战略能源储备体系建设

欧盟国家的实践证明，建立国家战略能源储备体系是调节能源供给、均衡能源供需关系、抑制能源涨价波动、保障国家能源安全的重要手段。国家需出台专门的政策或法规，促进国家能源战略储备体系建设，并确定参与国家能源战略体系建设的组织者、实施者、管理者及相应的职责和权力，同时对动用国家能源战略储备条件及审批程序等进行规范。

（4）将能源科普工作纳入相关能源政策和法律

能源的利用涉及每个人工作、生活和娱乐等许多方面，国家能源战略和能源政策的实施，不仅需要政府、企业和科研机构等的努力，更需求广大普通大众的参与。公众绿色消费和节约能源意识的形成及对国家能源政策和法规的全力支持，将在整个社会形成一个有利的能源消费氛围。因此，在研究和制定相关能源政策和法规的时候，应当增加促进科学普及和公众宣传的条款，树立正确的消费意识，自觉规范自身行为，减少能源浪费，进而促进国家整体能源消费目标的实现。

2.2　矿产资源领域

从20世纪50年代至今，国际矿业政策与立法经历了第二次世界大战后到20世纪70年代的国有化期、80~90年代的自由开放期，以及21世纪理性发展期等几个阶段（陈丽萼，2009）：

第二次世界大战后工业化进程加快。由于对工业和原材料的需求增加，各国开始逐渐重视对矿业的控制。矿业国有化于 20 世纪 70 年代达到顶峰。

20 世纪 80 年代开始，全球矿业国有化趋势发生逆转，吸引私人投资成为主流。这一时期矿业全球化加速，主要体现在越来越多的国家采取对外资开放、国际矿业公司数量增加、矿业资本市场全球化及各国政府、非政府组织与企业之间的合作加强（孙春强和陈丽萼，2010）。进入 21 世纪，矿业呈现多元化，发展中国家关注可持续发展，各国矿业政策理性成分增加。多个国家对矿业法进行了新一轮的修改，旨在调整利益分配和促进可持续发展。

2.2.1　国际矿产资源领域科技政策框架

为社会经济发展提供足够的矿产资源、使矿业在国际市场上具有竞争力和保持矿业的可持续发展是一国矿产资源政策的根本目的。国家矿产资源政策的主要功能如下：①从政府的立场为矿业提供指导；②为政府部门、管理者、法律制定等相关部门提供指导；③在政府、企业和私人之间就利益分配关系达成一致。根据国家矿产资源政策的目标和任务，国家矿产资源政策的内容包括目标、主权、经济因素、管理机构和立法机关等（殷俐娟，2005）。

2.2.1.1　主要国际政策

联合国大会是国际自然资源产品贸易的重要论坛。1974 年通过的建立国际经济新秩序宣言，是关于自然资源产品贸易的重要文件。国际经济新秩序行动纲领包括了有关自然资源产品贸易的主要措施如下：①实施自然资源产品综合计划，发展发展中国家自然资源产品的国际贸易条件，减小价格波动，稳定发展中国家矿产创汇的购买力，保证破产的市场进入等；②签订自然资源产品国际协议，调整产品价格和出口，确保销售、超产补贴和补偿发展中国家出口创汇损失；③将发展中国家的自然资源产品出口价格与工业品进口价格联系起来；④建立自然资源产品生产者协会。

欧洲共同体（简称欧共体）（European Communities，EC，1993 年，欧洲共同体正式易名为欧洲联盟）是欧洲部分工业化国家为实现经济、政治一体化而建立的区域性组织。欧洲共同体为确保矿产供给、提高矿产自给能力，除对采矿工业予以积极的资金和技术支持外，还与非洲、加勒比海和太平洋国家组织（APC）建立长期的矿产开发合作关系。洛美协定便是这种合作的成功范例。该协定始签于 1975 年，至 1999 年已签订 4 期，参加国达到 86 个。其主要内容包括：①引入稳定矿产品出口收入的机制，以保证非洲、加勒比海和太平洋地区国家向欧洲共同体出口矿产品的稳定收益；②在自然灾害等紧急情况下，提供专项援助。欧洲共同体国家认为，洛美协定实现了它的政策目标，即稳定了有关发展中国家的出口创汇，促进了它们的矿业现代化与产量增长，保证了欧洲共同体国家对矿产的需求。

2.2.1.2　主要国家和地区政策

由于矿产资源分布情况不同，各国的矿业政策亦存在差异。日本、美国和大多数欧洲工业化国家的重要矿产供给主要依赖进口。一般而言，这些工业化国家主要通过以下措施来保证矿产的供给：①优化本土资源的使用；②拓宽供给渠道；③发展技术以降低消耗；等等。矿产资源丰富的工业化国家，如澳大利亚、加拿大、南非等国家的矿业政策则全然不同。这些国家矿业政策的核心目标是使本国矿产资源得以优化使用。具体目标有：持续勘探、稳妥的资源管理；优化开发与开采；环境保护等（陈建宏和古德生，2007）。

发展中国家的矿产资源是其经济发展的重要基础。这些国家在矿业发展中，面临双重目标：一是维护国家对矿产资源的主权，以获取最大的经济效益；二是从工业化国家取得矿产资源开发所需要的技术与资本。这些目标的实现，在很大程度上依赖于各种政策因素，包括一般投资政策、采矿与资源政策和鼓励政策，如资金转移、税收减免、关税优惠、金融支持等政策（陈建宏和古德生，2007）。

（1）美国

目前，美国土地管理局管理陆上矿产资源所依据的 5 个最重要的法律是：《国内矿产项目扩展法》（1953 年）、《采矿和矿产政策法》（1970 年）、《联邦土地政策和管理法》（1976 年）、《国家材料和矿产政策、研究和开发法》（1980 年）和《能源政策法 2005》（2005 年）。

20 世纪 50 年代初期，即冷战开始以后，美国矿物原料政策开始从过去的国家资源自给主义转变到"以可能的最低成本从国外获得美国所需要的矿产品"。1970 年 3 月，美国总统尼克松签署了成立国家物资政策委员会的法令。1973 年，该委员会提出，对于国内资源短缺的品种，应避免过分依赖少数国家。1980 年，美国国会通过《物资和矿物原料国家政策、调查和开采法》。该法规定，美国推行这一政策的目的是，确保国家拥有足够的原料以维护国家安全、人民福祉和工业生产水平（王家枢等，2000）。1982 年，美国国会批准了一项内容广泛的国家材料和矿物原料的计划纲要。里根总统在将该文件提交国会时，强调了矿物原料对美国经济、美国国家安全和维护美国国民高水平生活质量的决定性意义（郑秉文，2009）。1991 年，也就是苏联解体，冷战结束，布什总统公布了国家能源新战略。同时决定，矿物原料政策基础由矿物原料政策委员会（总统直辖）与国家资源和环境委员会（美国内政部部长为首）制定，着眼点是力求从全球范围审视矿物原料问题。美国内政部发表的一份报告中指出，为了制定国家安全计划，必须从全世界来看待战略和紧要物资的分布。而且指出，矿物原料丰富的国家，如加拿大、澳大利亚、南非等，对美国供应相应的矿物原料具有特殊意义。1992 年，为了对现行法律进行补充，美国通过了国家地质填图法，该法律再次强调了美国的经济繁荣与国家安全在很大程度上取决于拥有矿产资源、能源资源和水资源（王家枢等，2000）。

自进入 21 世纪以来，美国矿业管理政策未发生根本性变化，仅关注重点略有调整。其矿业管理的基本政策走向贯穿在以下各方面：①以全球化为背景；②确保国家能源安全；③以科技创新为主导；④强调生态与环境保护；⑤强化发展可再生能源和新能源（何金祥，2014）。

（2）日本

日本矿业相关的现行法律包括《矿业法》《矿山保安法》《深海底矿业暂定措施法》等。2011 年 3 月 11 日，日本政府在内阁会议上敲定了《矿业法》修正案（曹治国和王威驷，2012）。

日本的矿产资源极为贫乏，能源矿产和重要金属矿产的对外依存度均超过 90%。因此，一直以来日本推行"海外投资立国"战略，主要措施包括：政府、企业、事业共同努力，各自发挥作用并形成三者之间的良性互动，建立矿产资源全球供应系统，培育具国际竞争力的矿业跨国经营队伍，形成一大批海外矿产资源基地，确保其矿产的稳定、长期和安全供应（王家枢等，2000）。

2007 年，日本文部科学省发起了"元素战略计划"（*Elements Strategy Project*），该计划是日本《第三期科学技术基本计划》中《战略重点科学技术项目》中的一个子项目。新项目是日本为推动研制稀有元素替代物、适应逐渐扩大的市场需求、减少对外依存度所进行的一种尝试。2008 年，日本经济产业省正式启动"稀有金属相关替代材料研发计划"（*Development Project on Rare Metals Substitution*）。

2009 年，日本颁布了《海洋能源及矿物资源开发计划（草案）》，预示着日本可能通过对海底矿产资源的开发以确保资源的供给。同时，日本政府制定了完善的全球资源战略和利用国外资源长期规划。

2010 年，日本经济产业省发布《2010 科学与技术白皮书》（*White Paper on Science and Technology* 2010），优先研发项目包括开发稀有金属（包括稀土金属）的替代材料的研究及开发稀有金属（包括稀土金属）的高效回收系统等。

（3）澳大利亚

澳大利亚联邦（简称澳大利亚）和各州均制定有相关的矿业法。由于各州（领地）资源状况的禀赋差异和实际情况不同，各州（领地）矿业立法情况也有所差异。

澳大利亚联邦与矿产资源开发利用有关的法律主要包括：1967 年《石油（下沉陆地）法》、1993 年《原住民权利法》、1994 年的《海上矿产法》、1999 年《环境和生物多样性保护法》（Environmental Protection and Biodiversity Conservation Act，EPBC）、2006 年《海上石油法》、2006 年《海上石油（权利金）法》等。每个州（领地）也有相应的法律。例如，西澳大利亚州的 1967 年《石油法》和 1978 年《西澳大利亚州矿业法》，南澳大利亚州的《1971 矿业法》，昆士兰州的 1989 年《海洋矿产法》和 1989 年《矿产资源法》，维多利亚州的 1990 年《矿产资源（可持续发展）法》，新南威尔士州的 1992 年《矿业法》，塔斯马尼亚州的《矿产资源开发法 1995》，北领地 2011 年生效的《矿产法》和 2012 年《矿业管理法》等（宋国明和胡建辉，2013）。

澳大利亚的矿产资源种类繁多、品质优良，且储量巨大，是世界上矿产资源最丰富的国家之一。长期以来，澳大利亚十分重视矿产资源的勘查开采。自 20 世纪 60 年代开始，澳大利亚发现了许多重要矿床，该时期正值世界市场对金属矿物原料需求的高增长期，澳大利亚政府大量引进国外资本和技术，开采本国的铁矿和铝土矿，使澳大利亚成为世界上铁矿、铝土矿和氧化铝的最大生产国和出口国之一。70 年代末至 80 年代初，澳大利亚大力开发能源并发展耗能量大的炼铝工业。最近 20 多年里，澳大利亚是世界各国矿产勘查费用投入最多的国家，结果是不断发现新矿床，矿产储量不断增加。

近年来，发现新矿床变得更加困难，并且成本也更高。为了突破困境，并让澳大利亚矿业能够运用革命性的技术进行产业升级，澳大利亚联邦科学与工业研究组织（Commonwealth Scientificand Industrial Research Organisation，CSIRO）制定了地下矿产旗舰计划（*Minerals Down Under Flagship*）。该计划的研究主题包含：①勘探发现澳大利亚的矿产资源；②提高未来矿业的开发技术；③确保澳大利亚未来的矿产储量；④通过系统创新驱动澳大利亚矿业的可持续发展。

2012 年 8 月 8 日，澳大利亚资源与能源部长马丁·福格森公布了《地球深部探测：澳大利亚地球科学勘探远景》报告（*Searching the Deep Earth：A Vision for Exploration Geoscience in Australia*），该报告号召澳大利亚科学家在一个创新的、结构化的和全国协调的战略联盟中开展合作，为澳大利亚矿产资源勘探创造竞争优势，并提出建立一个新的勘探地球科学领域的研究网络（UNCOVER）和 4 项重要举措。

2014 年 7 月 1 日，澳大利亚政府宣布正式启动为期 3 年总预算达 1 亿澳元的勘探开发刺激计划（Exploration Development Incentive，EDI），旨在刺激澳大利亚"绿地"矿产资源开发，以此带动澳大利亚新一轮的经济增长（AMEC，2014）。

（4）加拿大

加拿大联邦政府制定和公布了一系列矿产政策文件。例如，1973 年公布的《矿产政策目标》，1974 年制定 1975 年公布的《加拿大矿产政策问题：机会选择》及《加拿大有色金属工业和矿产政策》，1981 年的《矿产政策》，1984 年的《加拿大有色工业：镍和铜》，1987 年的《加拿大矿产和金属政策》，1991 年的《矿山与环境》及 1996 年的《加拿大政府矿产和金属政策：为可持续发展而合作》。目前，加联邦政府主要通过《领区土地法》（*Territorial Lands Act*）和《加拿大采矿条例》（*Canada Mining Regulation*）对育空、西北和努内瓦特三个少数民族地区国有土地的矿产勘探和开发活动进行管理，各省和地区也制定了自己的矿产政策，如《北方矿产政策》和不列颠哥伦比亚省的《矿山复垦：政策回顾》等。2009 年 10 月 28 日，加拿大联邦新矿业法正式签署生效（王威，2010）。

实现矿产资源的可持续发展是加拿大总的矿产资源政策。第二次世界大战后，各国重建家园对矿产品的巨大需求，为加拿大矿业发展提供了契机。到了 20 世纪 60 年代末，一味求增长的主旨才引起了质疑，取而代之的是强调产品质量和更高的收益。1970 年，加拿大国家能源矿业资源部长格林，提出了国家矿产资源政策要点，其中包括改善矿业政策管理、保护与利用资源并重、综合利用资源等。

1987 年 5 月，加拿大国家能源矿业资源部长杰拉德·麦瑞林提出了矿业政策纲要，包括为矿业提供一个合理和平稳的财政、税制、行政管理的运行环境、保持加拿大在开发矿产和加工矿产品领域中具有先进工艺水平的地位等（徐泰，1991）。

1996 年，加拿大政府发布《加拿大政府矿产和金属政策：为可持续发展而合作》，阐明了联邦政府在其管辖范围之内，关于加拿大矿产资源与金属资源可持续发展的作用、目的及战略。这份官方文件奠定了实现矿产与金属可持续发展的思想基础（国土资源部政策法规司，2000）。

《加拿大政府矿产和金属政策：为可持续发展而合作》包括 6 个主要目标：①将可持续发展的概念融入联邦政府有关矿产和金属工业的决策中；②在一个开放与自由的全球贸易和投资框架内，确保加拿大矿产和金属工业的国际竞争能力；③通过与其他国家及多边机构和组织、各利益有关方面的合作，在国际上推广有关矿产和金属的可持续发展概念；④在鼓励矿产和金属及其有关产品的安全使用方面，确立加拿大在世界上的地位；⑤鼓励土著居民参与有关矿产和金属方面的各种活动；⑥提供一个科学技术发展和应用的框架，以提高矿业的竞争力和环境监管能力。

《加拿大政府矿产和金属政策：为可持续发展而合作》对联邦政府将开展有关矿产和金属方面的科学技术活动进行了详细阐述，包括：①提供全面的地球科学知识基础设施；②支持矿产与金属工业的可持续发展；③提高加拿大国民的健康和安全水平；④增强加拿大矿业的竞争能力；⑤开发矿产和金属的增值产品。

2008 年 8 月，加拿大自然资源部启动了"能源与矿产资源地质填图计划"（GEM：Geo-mapping for Energy and Minerals），旨在为指导投资决策提供地学信息，以期发现和开发新能源和矿产资源（熊永兰等，2009）。2009 年 5 月，加拿大正式启动了"绿色矿业"倡议（Green Mining Initiative，GMI），该倡议拟通过创新方法，尽量减少采矿产生的废物，将其转化为其他用途的环保资源，并保留下干净的水，恢复景观和健康的生态系统。该项倡议包含 4 个研究和创新的主题：①减少污染物排放；②启动废物管理；③生态系统风险管理；④矿井闭坑与复垦。

（5）南非

20 世纪 90 年代，南非颁布《矿产法》。2002 年 10 月 4 日，南非总统姆贝基签署了新的《矿产与石油资源开发法》，并于 2004 年生效，同时，原《矿产法》废止。2002 年 10 月 9 日，南非内阁通过了《南非矿业提高弱势群体社会经济地位基本章程》。

2004 年 2 月，南非在开普敦召开的非洲采矿投资大会上，公布了修改后的《采矿法》。2008 年，南非颁布了《矿产与石油资源开发法修正案》，该修正案于 2009 年获总统批准，2013 年 6 月 7 日生效，南非的矿业权由该法进行确定，并出台了相配套的《矿业与石油资源开发条例》，是南非矿业基本法（王华春等，2014）。2014 年 3 月，南非国会通过《矿产与石油资源开发法》修订案，授权矿业部长发布矿产资源战略，并可以强制矿业公司对矿产资源进行加工，而且必须将部分产品出售给当地制造企业。

除了以上几个政策法规之外，南非政府还颁布了一系列相关的法律法规，包括《矿业宪章》《矿业宪章修订》《南非矿业政策白皮书》《矿山健康与安全法》（1996 年）、《国家环境管理法》（1998 年）、《矿山闭坑财政拨款评估准则》《矿区土地复垦准则》《钻石法》（1986 年）、《钻石法修订案》（2005 年）、《贵金属法》（2005 年）及《南非矿业行业选矿战略》（王华春和郑伟，2013）。

（6）印度

印度目前的矿业政策及法规主要有《矿山与矿产法》和《矿山法》，以及根据这 2 部法律制定的《矿产开采权条例》《矿产保护和开发规定》等，构成了管理印度陆上采矿部门的基本法律。2003 年颁布的《近海水域矿产（开发和管理）法》，对水域、大陆架、专属经济区及印度的其他海域的矿产管理进行了规范（刘丽君，2006）。印度政府 1957 年制定了《矿山和矿产法》。1990 年 8 月，印度政府出台了国家矿产政策，规定附录中列出的基础矿产和战略性矿产的开采与加工应完全或主要由国家承担。

1991 年，印度开始进行经济改革，出台新的工业政策。为与新的工业政策一致，1993 年 3 月其国家矿产政策也进行了修订，矿业向国内外的私人投资者开放。印度《国家矿产政策 1993》概述了从地质调查、勘查、开采和选矿，直至最终利用的矿产开发权的战略；还规定了勘查海床矿产，矿产开采与下游产业的发展之间的关系，开发小规模矿产，保护森林、环境和生态等内容。为使《国家矿产政策 1993》生效，印度政府在 1994 年对《矿山与矿产（管理和开发）法》进行了修改，以法律的形式使矿产资源政策中修改的内容生效。继 1994 年后，印度政府又于 1999 年 12 月对《矿山与矿产（管理和开发）法》作了进一步修订，完善了矿业开发管理制度，使有关规定对投资者更加便利。

2006 年，为使现行的《矿山与矿产（管理和开发）法》更加符合国际惯例，印度矿业部宣布制定新的国家矿产政策，以加强矿业的基础地位，改善矿业投资环境，促进印度矿业部门的投资。2008 年，印度新的《国家矿产政策》终获通过。新政策旨在鼓励大规模投资和促进就业机会（鲁如东，2010）。2010 年，印度对《印度矿山与矿产（管理与开发）法》做了进一步修订并起草了《印度矿山与矿产（管理与开发）法（2011）》草案，矿业政策也有了调整，矿业投资环境有了一定的改善（许珂等，2012）。2013 年 4 月 26 日，印度"十二五"矿产勘查与开发规划建议突出将确保国家矿产资源得到最高效和可持续的开采与利用、优先开发本国矿产资源等。

近年来，印度的矿业立法和政策呈现如下一些变化（宋国明和胡建辉，2013）：①矿业外资准入政策不断放开；②设立利润分享机制，让当地居民更多地分享采矿项目的收益；③增加矿业权使用品种以促进矿产勘查；④提高矿业管理的透明度；⑤加强环境保护监管力度。

2.2.1.3　国际政策路线图

自 1970 年至今，国际上主要的矿业政策与立法如图 2-3 所示。从目前全球矿法修改和政策调整的趋势来看，鼓励矿产开发占据主流，以发展中国家最为典型，许多原先与国际标准不一致的内容将得到进一步修订。

2.2.1.4　政策体系分析

矿业政策具有较强的空间性与时间性。世界各国政府一般根据本国资源情况、矿产供求情况、国际经济环境等条件，在一定时期内实施特定的矿业政策，以促进经济增长和发展。总的来说，矿产资源领域科技政策包括矿产储备政策、矿产勘查政策、矿产开发政策、矿产保护政策等。

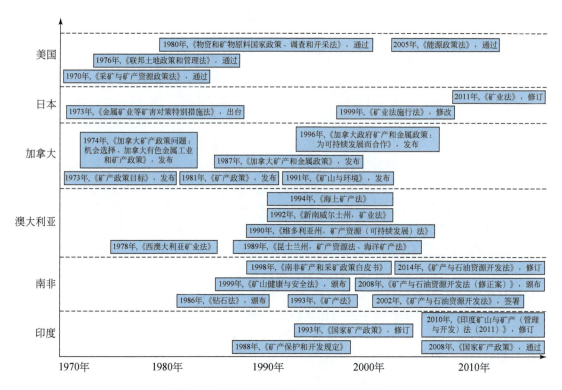

图 2-3　国际主要国家的矿业政策与立法

（1）矿产储备政策

美国最早建立战略矿产储备。早在第二次世界大战前，美国就制定了《战略矿产法》
（*Strategic Minerals Act of* 1939），实行了重要矿产的战略储备。1946 年，美国国会通过了
《战略与关键材料储存法》，标志着美国矿产储备制度和矿产储备政策的正式形成和实施。
1950 年，朝鲜战争爆发，矿产品消耗急剧增加，美国国会通过了《战略与关键矿产生产
法》，要求储存足够数量的矿产，确保在紧急情况下维持美国至少 3 年的供给（何金祥，
2007）。据日本 2008 年"稀有金属"数据库的统计，日本已成功完成 50 年稀土储备。
1983 年，日本政府制定了《金属矿业事业团法》，规定国家和部分有关企业必须储备一定
数量的钴、锰、钒等 7 种稀有金属。2006 年，日本经济产业省宣布将铂、铟及稀土等稀有
金属也列为必须储备的战略物资。2009 年 7 月，日本经济产业省发布"确保稀有金属稳
定供应战略"，并确定由 JOGMEC 和"特殊金属储备协会"牵头分别在官民两界实施稀有
金属储备相关战略。储备目标是国内消费 60 天的用量，其中国家储备量 42 天，民间储备
量 18 天。对稀有金属资源，韩国也是积极进行储备。2008 年 3 月，韩国将铟、钨、钼、
锗等在内的 12 种稀有金属列为"国家极为稀缺的战略资源"，同时强调这只是国家加大战
略资源储备力度的第一步，另外 19 种战略资源也将是韩国一直关注的目标。同年 7 月，
韩国知识经济部决定增加稀有金属储备，将采取官方（韩国公共采购服务中心和韩国矿物
资源公社）和民间企业合作的方式，不断提高稀有金属储备规模，将稀有金属储备种类由

2008 年的 12 种增加到 2012 年的 22 种，规模由 2008 年的满足国内 19 天使用量，增加到满足国内 60 天使用量。2010 年，韩国知识经济部发布《稳定确保稀有金属方案》，同时指出将不断提高锑、铬、钼、铌、稀土、硒、钛、钨 8 种稀有资源的储备规模，2009 年上述资源的储备量已达到 9563t，至 2016 年计划将储量增加到 7.6 万 t。

（2）矿产资源勘查政策

德国政府在 1971～1990 年，实施过矿产资源勘探补贴政策。该勘探资助计划为国内外矿产勘探项目提供高达 50%～66.6% 的投资。若勘探项目成功则需要偿还，若不成功则该资助是无偿的。补贴可以用于勘探或者地质调查结果的获取，勘探方法与设备的开发试验，预可行性研究或者可行性研究，开采权的获得及高风险矿床开发投资等方面。日本也建立了海外矿产资源风险勘查补助金制度：日本政府承担草根勘查工作的全部经费，选点后进行矿床勘探时，政府对企业的钻探和坑探工程补贴 50%，其他工程补贴 60%（王家枢等，2000）。澳大利亚矿产资源丰富，历来十分重视矿产勘查。为应对 21 世纪以来该国的矿床勘查发现率下降的局面，澳大利亚联邦科学与工业研究组织（CSIRO）制定了地下矿产旗舰计划。为刺激澳大利亚"绿地"矿产资源开发，以此带动澳大利业新一轮的经济增长，2014 年 7 月 1 日，澳大利亚政府宣布正式启动为期 3 年总预算达 1 亿澳元的勘探开发刺激计划。

（3）矿产资源开发政策

日本、韩国的矿产资源极为贫乏，大多需要进口，开发利用国际矿产资源是确保矿产资源安全的主要做法。日本 1963 年专门成立的金属矿业事业团负责日本海外矿产资源勘查开发事务。建立全球矿产资源信息网络，以便了解和掌握其他国家的矿产资源情况，为本国公司参与海外矿产资源的开发工作提供帮助。在海外开展基础地质调查，承担项目前期风险，引导企业选点，在找到了矿或圈定了远景区后，再由日本企业申请取得矿业权（王海燕，2013）。

1977～1979 年，韩国连续 3 年陆续颁布了《海外矿产资源调查事业规定》《海外资源开发事业法》和《海外矿产资源开发基金的运用、管理规定》。

（4）矿产资源保护政策

美国建立起了完备的保护本国矿产资源的法律体系。该体系最早可追溯至 1923 年 2 月 27 日，美国总统哈丁颁布的第 3797A 号行政命令，将阿拉斯加列入国家石油储备基地并禁止开采。1964 年，美国国会通过《荒原法》，建立了国家荒原保护体系。1982 年起，美国对战略性矿产资源实行了严格的开采管理，对那些即使美国能够自给的矿产也在设法增加储存量。美国的稀土储量居全球第二位，但从 1999 年就已逐步停止开采本国的稀土资源，并不断增加稀土等战略性资源的储备规模。澳大利亚铀矿资源十分丰富，但为了避免过度开采和造成国际铀价下跌，澳大利亚联邦政府规定在同一时期内，全国至多只允许三个铀矿开采，只有其中一个铀矿停止开采后，才可再开一个铀矿。1988 年印度制定了《矿产保护和开发规定》，该规定从矿产保护的角度，从勘查到开发、从人员雇用到环境保护、从检查到处罚都做了详细规定，适用于除石油、天然气、煤、放射性矿产及一些次要矿产之外的所有矿产。

2.2.2　国际矿产资源科技政策成效分析

自美国 1939 年制定《战略矿产法》、1946 年国会通过《战略与关键材料储存法》、1950 年国会通过《战略与关键矿产生产法》后，国际上至少有法国、英国、瑞典等十几个国家，仿照美国的模式，建立了相应的以保障国防安全（后延伸到经济安全）为目标的矿产品战略储备制度。

自 1996 年加拿大政府发布《加拿大政府矿产和金属政策：为可持续发展而合作》后，美国、加拿大、欧盟等都制定了相应的矿业可持续发展战略，带动了国际社会对矿业可持续发展的重视。2005 年，欧盟开始实施自然资源可持续利用主题战略，2009 年加拿大政府启动 "绿色矿业行动计划"，在《澳大利亚地下矿产旗舰计划（2006—2020）》中，其研究主题之一为 "通过系统创新驱动澳大利亚矿业的可持续发展"。

2.2.2.1 ~ 2.2.2.3 节就以《加拿大政府矿产和金属政策：为可持续发展而合作》为例具体分析该政策的执行机制、实施效果等。

2.2.2.1　管理机制与特色

1996 年，加拿大政府发布的《加拿大政府矿产和金属政策：为可持续发展而合作》中第 8 部分的重点即是关于政策的有效实施。政策肯定，要对它产生的结果不断进行评估和责任检查。为此，加拿大自然资源部将与联邦政府其他各部和有关机构合作，定期发表有关政策实施的进展报告。自政策推出后，加拿大矿业协会（Mining Association of Canada，MAC）、国际金属和环境委员会（International Council on Metals and the Environment，ICME）、加拿大矿业公司等都积极响应。加拿大 MAC 承诺加入《加速消减/消除有毒物质计划》［the Accelerated Reduction/Elimination of Toxics（ARET）program］，该计划目标是到 2000 年使 30 种持久性、生物累计性和有毒物质削减 90%，使 87 种其他有毒物质削减 50%。

2.2.2.2　政策实施效果

Hilson（2000）指出，《加拿大政府矿产和金属政策：为可持续发展而合作》的 6 个主要目标虽然为采矿业的可持续发展提供了坚实的基础，但是该政策却没有详细解释这些目标如何实现。例如，是否有一些相关指导用来帮助利益相关方以实现他们的国家目标？此外，如果已经为此采取了行动，又有哪些评估手段？因此，非常有必要形成一个实践指导集以用来衡量可持续的进展，或许更为重要的是该政策并没有解释矿业公司的具体角色。个体矿业公司必须做出哪些行动以实现该行业的可持续发展？虽然还有以上的这些不足，但是 Hilson 认为该政策仍然是不朽的杰作，因为它是加拿大政府在自然资源领域的政策文件中融入可持续发展概念的首次尝试。此外，它明确了加拿大政府的作用，其责任就是帮助促进该行业的可持续发展。加入《加速消减/消除有毒物质计划》的采矿和冶炼领域的企业承诺降低 12 种有害物质的排放，包括铜、砷、镉、铬、钴、氰化物、铅和汞等。采矿和冶炼业最初承诺，至 2000 年底将污染物年排放量在 1988 年的基础上降低 70%。而这一目标已在 1998 年提前完成。

2.2.2.3　政策的外部效益

2004 年，MAC 启动了"矿业可持续发展计划"（Towards Sustainable Mining，TSM）。TSM 计划是针对行业参与者提出的一整套指导原则和绩效要素，旨在帮助整个行业保持其加拿大经济领跑者的地位，同时做好环境保护工作，并继续积极响应加拿大人的呼声。加拿大的 TSM 计划旨在提高矿业绩效、降低风险、提高加拿大矿业的声誉。对加拿大矿业协会成员公司的 TSM 计划实施结果每 3 年进行一次外部检验，外部检验轮流进行，即每年大致有 1/3 的成员公司要接受外部检验，外部检验人员采用标准检验方法来评估加拿大矿业协会成员公司的绩效（张秋明，2011）。2014 年 11 月 7 日，加拿大矿业协会发布《矿业可持续发展计划 2014 进展》（*TSM Progress Report* 2014）报告。该报告主要涉及 MAC 成员在社区、环境和能效 3 个主要领域的绩效评价和进展情况（MAC，2014）。2014 年进展报告显示矿业公司的业绩稳步提升，并维持 2012 年实现的整个高绩效水平。

2.2.3　国际矿产资源科技政策的需求与发展趋势

2.2.3.1　国际矿产资源科技需求发展展望

矿产资源是重要的自然资源，是人类社会经济发展的重要物质基础。据统计，人类 95% 以上的能源、80% 的工业原料和 70% 以上的农业生产原料都来自矿产资源（中国科学院矿产资源领域战略研究组，2009）。矿产资源是一个国家或地区宝贵的自然财富，不仅是国民经济的基础产业，也是经济可持续发展的重要物质基础。

当前，占世界人口 80% 的发展中国家陆续步入工业化发展阶段，意味着未来矿产资源的消耗将更大量、更快速（王安建等，2002）。随着露头矿、浅部矿等容易找到的矿床越来越少，未来将不得不面对难以发现和识别的隐伏矿、深部矿。同时，未来的矿业将更多地受到环境因素的限制，绝不能不顾生态环境而无序发展，绿色矿业已经成为必然选择。在矿产资源利用方面，必须以综合开发、清洁利用和循环利用来尽可能地保障所需，提高利用效率并减少对环境的破坏。此外，与新能源等产业密切相关的稀有金属，以及海洋和极地的矿产资源已经成为世界各主要国家特别是发达国家矿产资源战略的重要组成，甚至还有企业已经在实施小行星采矿计划。

2.2.3.2　矿产资源科技政策发展趋势

（1）为实现矿业可持续发展，未来相关政策将非常注重矿产资源的综合、高效、清洁利用保护生态环境已成为全人类的共同要求，如何尽量避免矿业活动对环境的损害，实现

矿产资源的综合、高效、清洁利用，已成为迫切的重大科技与社会经济问题

2005年11月21日，欧盟开始实施自然资源可持续利用主题战略，提出了欧盟在未来25年更加有效和可持续地利用自然资源的行动方针（EU，2005）。该战略旨在满足经济增长和实现降低自然资源的使用对环境产生的负面影响（熊永兰等，2009）。2008年，联合国教育、科学及文化组织（United Nations Educational, Scientific and Cultural Organization, UNESCO）发起的国际行星地球年（International Year for Planet Earth，IYPE）将资源的可持续开发利用作为其科学主题，提出改进勘探方法、在生产中减少危险废弃物、开发新技术和新工具及更好地改善产品的功能是实现资源可持续利用的关键（IUGS，2007）。

美国能源部希望通过实施《选矿工艺技术路线图（2000—2020）》，提高选矿工艺水平，减少环境影响（US DOE，2000）。《澳大利亚地下矿产旗舰计划（2006—2020）》的研究主题之一即"通过系统创新驱动澳大利亚矿业的可持续发展"，重点是减少温室气体排放和淡水利用的技术及最大化资源利用率，实现零污染和零排放（CSIRO，2005）。

在加拿大自然资源部的积极努力下，2009年5月GMI提出，旨在减少采矿足迹，改善采矿业的环境绩效，并为绿色采矿技术的使用提供机会，该计划提出的绿色矿业的四大支柱分别是：减少污染物排放、废弃物管理创新、矿井关闭及修复、生态系统风险管理（NRC，2010）。

（2）找矿勘探向隐伏和深部拓展，地球深部探测计划逐渐增多

随着矿产资源勘查工作的深入，发现地表矿、浅部矿的概率日益减少。因此，当前找矿的目标主体被迫转变为隐伏矿和深部矿。目前，已知矿床深部和覆盖区（包括植被、土壤戈壁、岩层覆盖区和沼泽区等）的资源预测，也就是通常所说的"攻深找盲"，已经成为找矿预测的新方向。从成矿理论来看，地球内部有利的成矿空间主要分布在地下5～10km的深度范围，因为这个空间是地壳内部物质与能量强烈交换及其动力作用的汇集地域，也是成矿要素发生突变和耦合的转换地带，适宜于成矿元素在内外动力作用下的聚集与大量矿床的产出（中国科学院，2013）。

大陆动力学与成矿关系的研究也已成为当今地学和成矿学研究的前沿（胡瑞忠等，2008），国际地学界掀起了深部地质与成矿作用联系研究的热潮。1993年，澳大利亚专门成立了地球动力学研究国家中心（AGCRC），实施了地球动力学与成矿作用研究计划。欧洲科学基金会（European Science Foundation，ESF）1998～2003年实施了由14个国家参与的"欧洲地球动力学与矿床演化"计划。2005年，美国科学基金会发起的"深部地下科学与工程计划"旨在研究地球深部流体流动与成矿之间的动力机制（NSF，2005）。

为了找寻深部矿产资源，自20世纪70年代以来国际上陆续发起了众多地球深部探测计划，董树文等（2010）对这些计划的主要内容进行了详细阐述，包括《美国大陆反射地震探测计划》（The Consortium for Continental Reflection Profiling，COCORP）、《地球透镜计划》（EarthScope）、《欧洲地球探测计划》（EU ROPROBE）、《德国大陆反射地震计划》（DEKORP）、《英国反射地震计划》（The British Institutions Reflection Profiling Syndicate，BIRPS）、《意大利地壳探测计划》（Crosta Profonda，CROP）、《俄罗斯深部探测计划》、《加拿大岩石圈探测计划》（LITH OPROBE）、《澳大利亚四维地球动力学计划》

（AGCRC）、《澳大利亚玻璃地球计划》（*Glass-Earth*）和《澳大利亚大陆结构与演化计划》（AuScope）等。

（3）稀有金属等战略矿产的研发得到高度重视

稀有金属（主要包括稀有轻金属、稀有难熔金属、稀有分散金属、稀土金属等）在新材料、新能源和信息等产业中具有十分关键的作用，其地位相当于石油在现代社会中的地位。因此，稀有金属也被誉为下一代战略性矿产资源。随着科技的发展和工业化水平的提高，在可预测的未来全球对稀有金属的需求将呈爆发性增长趋势，未来的供需矛盾将越来越严重，而主要国家将会为稀有金属的持续供应进行不懈努力和全球性争夺。

日本 Yano 研究所预测未来 10 年，日本 10 种高消费增长率的稀有金属都将快速增长。欧盟预测，对稀有金属的需求预计在未来 20 年内将翻 3 番（表 2-1）。

表 2-1　到 2030 年欧洲由新技术导致的原材料矿物需求量预测

原材料	2006 年新技术的需求量（t）	2030 年新技术的需求量（t）
镓	28	603
铟	234	1 911
锗	28	220
钕（稀土）	4 000	27 900
铂	很小	345
钽	551	1 410
银	5 342	15 823
钴	12 820	26 860
钯	23	77
钛	15 397	58 148
铜	1 410 000	3 696 070

资料来源：EU，2010b。

自我国 2009 年开始逐步加大对稀土资源出口限制以来，美国、日本、欧盟等发达国家和地区针对一些高新技术产业发展亟须的矿产，提出了新的战略。美国政府先后组织召开了专门针对中国相关政策的听证会，并责成美国地质调查局对美国及全球稀土资源形势展开全面调研，并于 2010 年和 2011 年先后启动"美国清洁能源研究战略"和"关键原材料战略"，目前美国国防部和能源部已经将扩大稀土资源的供应渠道列为高度优先的战略部署。日本政府于 2009 年紧急出台"确保稀土金属稳定供应战略"，试图通过扩大国际合作稳定稀土资源供应，并连续追加有关稀土资源开发、稀土金属提取及可替代材料技术研发的政府投入。日本经济贸易产业省 2013 财年预算中涉及稀土原材料的预算额高达 111.9 亿日元，涉及稀土金属开采先进技术、稀土材料回收与循环利用技术及稀土金属替代材料研发等（METI，2013）。2010 年，欧盟委员会发布题为《对欧盟生攸关的原料》的报告，将锑、铍、钴等 14 种重要矿产原料列入"紧缺"名单，这些原料在移动电话、锂电池、光纤光缆和太阳能面板的制造工艺中至关重要。

(4) 海洋和极地地区矿产资源开发相关战略与政策将备受关注

海洋是巨大的资源宝库，蕴藏着丰富多样的矿产资源。按照海洋矿产资源形成的海洋环境和分布特征，从滨海浅海至深海大洋分布有：滨海砂矿（包括钛铁矿、磁铁矿、独居石等各类滨海砂矿）、石油与天然气、磷钙土、多金属软泥、多金属结核、富钴结壳、热液硫化物及未来的替代新能源——天然气水合物（高亚峰，2009）。同样，极地地区也蕴藏着丰富的矿产资源，如科拉半岛和查尔斯王子山的世界级大铁矿、诺里尔斯克的全球最大铜镍钚复合矿、阿拉斯加朱诺石英脉型金矿等。此外，钍、钚和铀等稀有矿藏在极地地区也有分布。

随着社会的不断发展，陆上资源和能源因消耗剧增而日趋减少，人类的生存与发展必将越来越依赖于海洋和极地地区，开发这些区域的矿产资源将是未来的重要战略选择之一。因此，虽然海洋和极地地区是人类的共有区域，但世界各国尤其是发达国家对这些区域的考察研究都或多或少的存在着领土和资源占有意识。

2006 年，澳大利亚发布了全球首张国家沿海矿产详查地图，为该国开展深海矿产勘探开采打下了良好的基础（CSIRO，2006）。2011 年，太平洋共同体秘书处（Secretariat of Pacific Community，SPC）和欧盟资助 440 万欧元启动了为期 4 年的太平洋深海矿产开发项目，该项目旨在制订太平洋岛国地区深海矿产资源开发的法律和管理框架（SPC，EU，2011）。2013 年 8 月，挪威贸易与工业部（NMTI）发布了《挪威矿业发展战略》，提出了挪威矿业的几个战略优先领域，包括海底矿产资源等（NMTI，2013），战略指出挪威的海底区域可能含有重要矿床，特别是所谓"黑烟囱"的火山金属矿床。沿大西洋中脊发现了这类沉积物，但其成矿程度尚未被测绘。同时，挪威石油和天然气行业的一些与海底和深水技术有关的公司在全球具有较强竞争力，这些专业知识提供了开采、勘探海底矿产资源的机遇。但是，挪威海底矿产资源勘探和开采的现有规定是不完整的，需要进行改革。2013 年 10 月，据媒报道挪威科技大学（挪威语：Norges Teknisk-Naturvitenskapelige Universitet，NTNU）、挪威国家石油公司 Statoil 和矿业公司 Nordic Mining 正在合作开展研究项目，绘制沿大西洋中脊的海洋矿产资源地图。

2.2.3.3　未来矿产资源科技政策重点领域

(1) 矿产资源形成机理与勘探技术

传统的矿产资源评价体系和成矿预测，在预测和评价深部与覆盖区矿产资源方面明显乏力。因此，现在及未来的大量基础科学工作不得不聚焦以下几个方面：矿床形成的最大理论深度及其控制因素、成矿时的古地貌特征与矿床的保存条件、矿化垂直分带与元素共生分异规律、不同尺度的矿床成矿模型和成矿规律等。与此同时，在勘探技术方面，3 类技术亟须得到发展，一是从近地表环境中获取深部矿化信息的技术（如高精度深穿透地球化学理论和方法）；二是深部矿产的间接探测技术（如覆盖区矿化信息航空物探和遥感探测技术、电磁法大深度三维立体探测技术、重磁电震联合反演等）；三是直接取样技术（如空气钻探、定向钻探和钻孔中原位测试技术）。最终，在深部成矿理论和深部成矿规律研究成果的指导下，集合地质、物探、化探、遥感等找矿信息，逐步建立起综合勘查理论与技术方法体系，实现覆盖区和深部矿产资源的精确定位（中国科学院矿产资源领域战略研究组，2009）。

对海洋和极地地区矿产资源而言，揭示其重要矿产资源的分布规律，发展用于海底资源调查研究的海底观测、探测和钻探技术，建立立体观测网及配套的陆基和海基实验观测平台，提高对海底矿集区的预测能力，将为维护国家权益提供强有力的科技支撑（中国科学院，2013）。

（2）矿产资源清洁与循环利用

矿产资源开发利用过程中产生的大量"三废"（废气、废水及固体废弃物）对生态和环境造成了严重污染。因此，为确保资源开发与生态环境保护和建设的协调发展，世界各国特别是西方发达国家对该领域的研究给予了高度关注。通过技术创新和集成，针对低品位矿石、复杂共生矿石、传统矿石和量大面广的尾矿、废渣等，有效解决矿产资源利用及废料资源化利用的关键技术和装备难题，将是当前和未来降低"三废"排放量，提高矿产资源利用水平的必由之路（中国科学院矿产资源领域战略研究组，2009）。

因为所有的金属，无论是黑色金属还是有色金属，均可回收再生利用，并且回收过程中的能耗水平远低于原生金属，产生的污染也少，所以金属矿产的循环利用也得到了全球的广泛关注。2008年，全球钢产量的45%和铜产量的40%均是通过对废钢和废铜的冶炼实现的（中国科学院矿产资源领域战略研究组，2009）。据国际铜研究组织的统计材料显示，在欧洲国家二次回收提炼的铜已经占到了全部铜消耗的41%。随着高温高压反应釜技术、酸（碱）溶液中的分离技术等的不断发展，循环利用将在破解资源短缺难题中发挥更大作用。

2.2.4 我国矿产资源科技政策与国际比较

2.2.4.1 我国矿产资源科技政策体系与特点

矿产资源法律法规体系建设是我国社会主义法制建设的重要构成部分，但相对于国际社会，我国矿产资源立法起步较晚。1950~1978年，我国先后颁布《矿产暂行条例》《矿产资源保护试行条例》《小煤矿管理试行办法》；直到1986年10月1日，我国第一部《中华人民共和国矿产资源法》颁布施行，填补了矿产资源管理法律的空白。此后，矿产资源法律法规体系不断充实和完善，我国现行的矿产资源法律体系可以分为4个层级，即《宪法》、矿产资源管理单行法律（即《中华人民共和国矿产资源法》）、矿产资源行政法规和地方性法规、矿产资源部门规章和地方规章，此外，还包括对矿产资源法律的立法解释、司法解释、行政解释等。至2011年已形成了以《中华人民共和国矿产资源法》为核心，包括《中华人民共和国矿产资源法实施细则》《矿产资源勘查登记管理办法》《矿产资源开采登记管理办法》等14部行政法规；《地质资料管理条例实施办法》《矿山地质环境保护规定》等13部部门规章，以及众多地方性法规、地方政府规章共同组成的不同法律效力层级、内容丰富、相对完备的法律法规体系（中华人民共和国国土资源部，2011）。2012 年，国土资源部发布《矿产资源规划编制实施办法》（国土资源部令第 55 号）等 3 部涉及矿产资源管理的部门规章，矿产资源法律法规体系逐步完善（中华人民共和国国土资源部，2013）。

矿产资源规划是我国矿产资源勘查和开发利用的指导性文件，是依法审批和监督管理矿产资源勘查、开采活动的重要依据。当前我国建立了四级三类矿产资源规划体系（图 2-4），已发布实施《全国矿产资源规划（2008—2015 年）》《全国地质勘查规划》《国土资源调查评价"十二五"规划》《全国矿山地质环境保护与治理规划（2009—2015 年)》和《矿产资源节约与综合利用"十二五"规划》等多个重要规划。

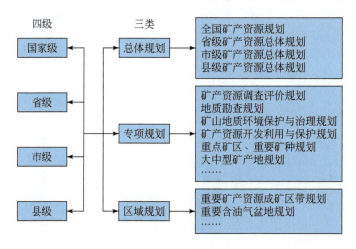

图 2-4　我国矿产资源规划体系

我国高度重视可持续发展和矿产资源的合理利用，把可持续发展确定为国家战略，把保护资源作为可持续发展战略重要内容。1992 年，联合国环境与发展大会后，我国政府率先制定了《中国 21 世纪议程——中国 21 世纪人口、环境与发展白皮书》，2001 年 4 月批准实施了《全国矿产资源规划》，2003 年 1 月开始实施《中国 21 世纪初可持续发展行动纲要》（中华人民共和国国务院新闻办公室，2003）。

"十一五"期间，我国矿产资源规划体系逐渐完善，《全国矿产资源规划（2008—2015 年)》和《全国地质勘查规划》等重要规划发布实施。这些规划的目标是加大矿产资源勘查力度，实现找矿重大突破；矿产资源开发有序规范，资源开发利用效率显著提高，矿产资源持续供应能力不断增强等（中华人民共和国国土资源部，2011a）。

2010 年 4 月 11 日，工业和信息化部、科学技术部、国土资源部和国家安全生产监督管理总局共同印发了《金属尾矿综合利用专项规划（2010—2015）年》。该规划着重提出了尾矿综合利用的重点领域、重点技术和重点项目。重点领域包括铁、有色金属和黄金的尾矿综合利用（工业和信息化部等，2010）。

"十二五"以来，第二轮矿产资源规划实施工作全面推进，同时《国土资源调查评价"十二五"规划》《全国矿山地质环境保护与治理规划（2009—2015 年）》和《矿产资源节约与综合利用"十二五"规划》等一批重要专项规划相继发布实施。《国土资源调查评价"十二五"规划》明确了6项任务：加强矿山地质环境调查，健全矿山地质环境监测体系，加快矿山地质环境治理恢复，加强矿山地质环境保护，完善矿山地质环境管理制度，加强技术职称体系建设（中华人民共和国国土资源部，2012）。

《矿产资源节约与综合利用"十二五"规划》提出，"十二五"期间我国矿产资源节约与综合利用工作将围绕全面调查资源节约与综合利用现状及潜力、开展先进适用关键技术研发和推广、建设综合利用示范基地和示范工程及构建资源节约与综合利用长效机制四大任务展开（中华人民共和国国土资源部，2011b）。

2.2.4.2 我国矿产资源科技政策路线图

我国矿产资源科技政策变迁如图 2-5 所示。

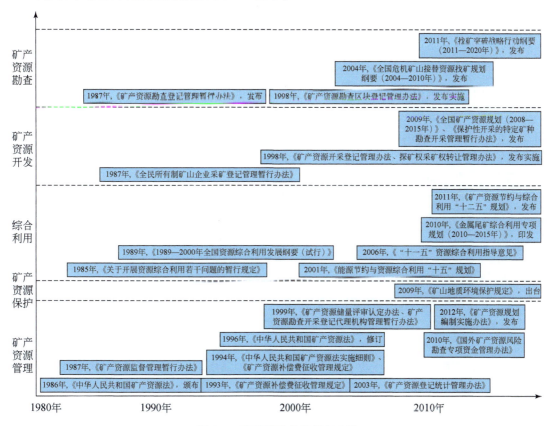

图 2-5 我国的矿业政策与立法

2.2.4.3 与主要国家的比较分析

相对于国际社会，我国矿产资源立法起步较晚。直到 1986 年 10 月 1 日，中国第一部《中华人民共和国矿产资源法》颁布施行。从我国颁布的众多规划和立法来看，我国的矿产资源政策存在"重行政管理、轻权利保护"等问题。在矿产资源管理方面，现行的《中华人民共和国矿产资源法》已不适应当前经济社会的发展需要，新一轮的《中华人民共和国矿产资源法》修订工作进展缓慢；在矿产资源储备方面，国际上已有十几个国家建立了完善的储备制度，而我国在该领域还处于起步阶段，目前还没有制定矿产资源战略储备法律体系或条例，也没有相应的储备制度；在矿产资源保护方面，美国、澳大利亚、印度等国都从矿产资源保护的角度制定了矿山开发管理规定，我国在 2009 年出台了《矿山地质环境保护规定》，但是对环境影响评价、矿产资源监督等领域还存在缺失。

进入 21 世纪以来，很多国家进入新一轮矿业法修改周期，修改重点主要集中在强调环境、经济、社会的可持续性。2004 年 2 月，南非在开普敦召开的非洲采矿投资大会上，公布了修改后的《采矿法》。2006 年，印度矿业部宣布制定新的国家矿产政策，2008 年其新的《国家矿产政策》终获通过，新政策旨在鼓励大规模投资和促进就业机会。而我国的《中华人民共和国矿产资源法》从 1996 年第一次修订至今已过去约 20 年，期间我国的经济社会形势、矿业形势和法制环境已发生了重大的变化，而现行矿产资源法律和法规未能适时对现实情况做出回应和调整。虽然目前国土资源部正在抓紧研究起草修改《中华人民共和国矿产资源法》，但几经修改未能取得有效进展。

当前已有多个国家建立了相应的矿产品战略储备制度，建立了相应的矿产品战略储备制度。长期以来，我国的大部分矿产资源基本上能自给自足，矿产资源战略储备问题没有引起充分的重视。直到 2004 年中央正式批准开始石油战略储备，2006 年 8 月，我国第一个石油储备基地镇海基地完工，标志我国的国家矿产资源战略储备进入一个新阶段。2009 年，国土资源部发布《全国矿产资源规划（2008—2015 年)》中指出，逐步建立适合我国国情的矿产资源储备体系，实行战略矿产资源储备制度，建立紧缺矿产资源的矿产品储备机制。但我国目前还未指定出台相应的矿产资源战略储备法律体系或条例。

2.2.5　我国政策建议

基于上述对国际矿业政策的分析及我国矿业政策发展的现状，提出如下建议：

1）不断完善矿产资源管理法律体系，为矿产资源管理提供制度保障。加快《矿产资源法》的修订及相应配套法规的建设，加强矿业权管理，优化和规范矿业市场，配套矿产资源储量、矿产资源补偿费征收、地质勘查资质、地质资料、矿产资源监督、矿产资源综合利用、矿山地质环境保护等方面的行政法规。

2）成立全面系统的专门储备管理机构，构建具有动态调整的储备机制，建立健全相关矿产资源战略储备法律体系。首先，成立战略性矿产资源研究机构，科学评估矿产资源储备品种、储备规模、储备方式等；其次，构建具有动态调整的储备机制，以快速应对储备外部环境的变化，保障储备管理体系的效率和功能；最后，建立健全相关矿产资源战略储备法律体系，法律和政策的执行可确保矿产资源储备战略的顺利实施，也是各国实施矿产资源储备制度的通例。因此，应尽快建立我国战略性矿产资源储备的相关法律体系。

3）加快制定海洋和极地地区矿产资源开发相关战略与政策。随着社会的不断发展，陆上资源和能源因消耗剧增而日趋减少，人类的生存与发展必将越来越依赖于海洋和极地地区，开发这些区域的矿产资源将是未来的重要战略选择之一。国际上深海矿产资源开发活动日趋活跃，一些企业深海采矿计划正在或已经付诸行动，深海采矿产业端倪显现。我国应制定深海采矿的计划和项目，提升海洋资源开发能力。

4）配套制定矿产资源勘查、开采和利用的技术创新的激励政策与措施。地球深部、海洋及外星球矿产资源的勘查开发，矿产资源的综合利用，绿色矿业的发展都离不开技术的创新与发展。应加大科技投入、鼓励推广先进开采技术、强化矿产资源的综合利用等。

2.3　水资源领域

从目前来看，水资源管理才是解决全球水资源危机的根本所在。水资源管理的重点，包括加强水资源保护立法、强调水资源的公共性、实行流域水资源统一管理、突出节水和水资源保护工作、实行水权登记及采用先进的技术手段等（UNESCO，2006）。水资源管理不仅需要认识水文循环和物理规律，更需平衡社会与自然各方面的需求，其根本目的是实现水资源的可持续利用（张晓林，2014）。自然科学、社会文化和政策法规是支撑水资源管理的基本因素，三者的相互作用是促进水资源管理创新的主要动因（Norgaard，1994）。自然科学研究可以逐步认识水资源对生态系统的影响方式与程度，为制定可持续的水资源政策提供结构化的理论依据和技术方法。社会文化改变着人类的发展方式，思想解放、理念革新可突破自然资源及技术能力的限制而实现人类的可持续发展。政策法规是水资源管理的重要保障，其创新使水资源管理更加法治化。

针对全球水资源状况的发展趋势，继 1992 年里约热内卢大会后，联合国机构、世界银行等国际组织分别成立了世界水理事会、全球水伙伴等机构，以促进水资源管理政策沿着更加集成、综合、适应发展变化的战略方向前进（唐霞等，2016）。其中，1993 年世界银行制定了水资源管理政策，推动了水资源计划与管理中多个部门合作方式的实现，随后提出了有关水战略、水基础设施建设的建议。2003 年，全球水伙伴发表的水行业战略提出了水资源综合管理（integrated water resources management，IWRM）的概念，该战略将环境用水视为水资源利用的主要部分，还考虑了将环境管理作为水资源管理的关键要素。

2.3.1　国际水资源领域科技政策框架

2.3.1.1　主要国际政策

（1）国际水法的演变

专门针对国际水资源安全问题的法律——国际水法，是在解决国际水资源冲突、维护国际水资源安全的实践中产生和建立起来的。经过多年的实践发展，国际水法已经形成了比较完善的法律条文和原则体系，增强了对国际水资源安全的保障作用（唐霞等，2016）。

据联合国粮食及农业组织（Food and Agriculture Organization，FAO）的统计，公元805～1984年共有3600多个国际水条约，在解决国际水资源争端和冲突、促进国际水资源相互合作中发挥了重要的作用（胡兴球等，2015），也为国际水法的基本原则和内容的形成奠定了文本和实践的基础。从现代国际水法的发展历程来看，经历了由慢到快、由小到大、由零散到系统的过程（张泽，2009）。该过程以1966年第52届国际法协会通过的《国际河流利用规则》（即著名的《赫尔辛基规则》）和1997年联合国大会通过的《国际水道非航行使用法公约》为标志（唐霞等，2016），可分为三个时期（表2-2）。

表2-2 国际水法的发展历程

发展阶段	时间	主要特征
1966年《赫尔辛基规则》以前的国际水法发展	1815～1965年	1856年《巴黎和约》、1919年《凡尔赛和约》、1923年《日内瓦公约》等都包含国际河流自由航行的条款和国际河流开发利用的协议。第二次世界大战后，缓解水资源开发利用和经济发展的矛盾，欧、亚、非、美各洲签订利用和保护国际水域的条约，仅对水道污染的防治做出实质性规定的就有几十项，如《乍得湖流域开发公约和规约》
从《赫尔辛基规则》到《跨界水道和国际湖泊保护和利用公约》国际水法发展	1966～1995年	国际法协会通过《赫尔辛基规则》对国际河流利用规则进行了系统的编纂，适用于整个欧洲及美国和加拿大，目标是保护包括地下水在内的跨界水道和国际湖泊不受跨界环境损害的影响，保护生物多样性等；1992年联合国欧洲经济委员会（United Nations Economic Commission for Europe，UNECE）通过的《跨界水道和国际湖泊保护和利用公约》，要求缔约方遵循风险预防原则，避免有害物质造成跨界水道影响的措施等
《国际水道非航行使用法公约》及其后的国际水法发展	1997年以来	1997年《国际水道非航行使用法公约》，对国际水道非航行使用的内容、原则、方式和管理制度等作了较全面的规定，是世界上第一个专门就跨国水资源的非航行利用问题缔结的全球性公约。2000年，欧盟通过《欧盟水框架指令》、2004年《关于水资源法的柏林规则》等

资料来源：唐霞等，2016。

国际水法通过全球性条约、区域性条约和流域水条约等形式，在跨国水资源保护法的形成和发展过程中发挥作用。但是，目前解决水资源冲突的国际法还很不健全，涉及地理、气候、政治、经济、民族、社会等诸多方面（唐霞等，2016）。同时，国际水法本身的基本原则需要进一步界定和完善，如《国际水道非航行使用法公约》中强调的公平合理原则及不造成重大损害原则，目前学界还没有准确的定义，公约中所列不造成重大损害原则过于抽象，不同沿岸国可能会根据自己的利益赋予这些原则不同的意义。最关键的是国际水法不具有法律约束力，不能要求各沿岸国强制执行（张晓林和张志强，2012）。

（2）国际水资源研究计划与科技战略

1）联合国开发计划署与全球环境基金（United Nations Development Programme- Global Environment Facility，UNDP-GEF）的国际水资源计划。自1990年以来，UNDP-GEF在国际流域开展了与跨界环境及跨界水资源相关的工作（表2-3），涉及100多个国家。主要成就包括：①在部级层面通过了11个战略行动计划；②通过了4个区域性水体的法律协议，部分协议已生效实施，包括坦葛尼喀湖、太平洋渔业、里海等；③与世界银行、欧盟及其组织成功建立了战略伙伴关系，在多瑙河、黑海流域营养化及污染物防治方面做了大量工作（唐霞等，2016）。

表 2-3　与 UNDP-GEF 相关的跨界水资源计划

计划名称	时间	目标	内容
佩普西—楚德湖流域水管理计划	2006 ~ 2015 年	达到湖泊的良好状态，跨界水资源的可持续及保护性利用	维持并改善跨界水体的水质，并使其达到自然状态；跨界水体的可持续利用；渔业资源的可持续利用；流域野生物保护；利用流域管理方式管理跨界水资源
《里海环境计划》	第一阶段（1995 ~ 2002 年）	里海环境的可持续发展及环境管理，包括生存资源与水质，以期为区域人口获得最大的长期利益，同时要保护人类健康、生态完整及区域经济与环境可持续发展	开发区域合作机制，实现里海环境的可持续发展与环境管理；完成优先环境问题的跨界诊断分析（transboundary diagnostic analysis，TDA），以此指导优先的环境行动，规划并通过《战略行动计划》（Strategic Action Programme，SAP），同时实施国家里海行动规划
	第二阶段（2003 ~ 2007 年）		实施战略行动计划中的优先领域；实施《里海环境协议框架》，签署《里海海洋环境保护框架公约》（德黑兰公约）于 2006 年生效；实施小规模投资、沿岸社区可持续发展项目
	第三阶段（2007 ~ 2017 年）		战略行动计划设置了议程来加强区域环境的合作，计划将分成两个 5 年期计划来实施
《尼罗河跨界环境行动计划》	2004 ~ 2009 年	改善对水资源开发与环境关系的理解；提供论坛，讨论尼罗河的开发途径；改善流域合作，提高人们环境意识与管理能力	主要包括 5 个方面：①促进区域合作的制度建设；②社区层面的土地、森林与水资源保护；③环境教育与意识；④湿地与生物多样性保护；⑤水质监测

2）UNESCO 国际水文计划的 ISARM（Internationally Shared Aquifer Resources Management，国际共享含水层资源管理）计划。2000 年 6 月，UNESCO《国际水文计划》（International Hydrological Programme，IHP）第 14 次政府间理事会发起管理跨界含水层资源的国际倡议——国际共享（跨界）含水层资源管理计划。参与的组织包括国际地下水资源评估中心（IGRAC）、国际水文地质学家协会（International Association of Hydrogeologists，IAH）、FAO 等 10 多个机构。ISARM 的总体目标是：多方面开展跨界含水层的全球合作，努力促进世界环境、经济可持续发展以及社会和政治安全。具体目标是：①建立多学科专家网络，以便识别和阐明跨界含水层；②促进在科学、法律、经济社会、制度

和环境方面对国际跨界含水层的评估；③通过国际跨界含水层的案例研究，资助多学科专家小组进行跨界含水层详细调查，获取跨界含水层资源的优良管理经验并推广；④提高政策制定者和决策者对跨界含水层资源意义和重要性的认识；通过科学手段及适合于跨界含水层的水资源管理方案和方法，促进各国专家开展合作研究（何静，2011）。

ISARM 的第一阶段是在 2000～2010 年，主要工作为出版跨界含水层地图和图册（唐霞等，2016）。从 2011 年开始的第二阶段计划将在人力、资金或体制框架方面资源不足的地区开展活动，帮助各国落实联合国决议提出的建议。现已完成全球跨界含水层清单和图集，并为跨界含水层可持续管理提出了建议。在有关的法律和制度方面，已经建立了国际专家小组，编制新的跨界含水层法律文书方面为联合国国际法委员会（International Law Commission of the United Nations，UNILC）特别报告员提供科学支撑①。

3）联合国环境、生命和政策水文学（HELP）计划（UNESCO，2010）。为了改善水文学与社会需求之间的联系，UNESCO 于 1999 年开始实施 HELP。HELP 作为一种问题驱动和需求响应的创新计划，它以流域为基本单元，给科学家、管理者和政策专家提供了工作的平台，以解决 5 个方面的水问题：水与气候、水与粮食、水质与人类健康、水与环境、水与冲突。

HELP 的预期目标是：建立全球领先的流域试验网络，收集大型流域的资料（水文学、气象学、生态学、社会、经济、法律）；建立水资源法律、水资源管理者、水资源科学家和政策专家共同处理水资源相关问题的框架；制定综合的长期计划，开展更大尺度的流域水文过程研究，为土地、水资源管理者提供更具实践价值的数据；通过利益方的参与，关注科学成果，以及开发基于综合的方法与数学模型，更多地考虑生态、社会经济和政治的约束与成分，以便更好地进行水资源管理，实现可持续发展。

4）IHP。IHP 是 UNESCO 成立关于水资源研究、水资源管理、教育和能力建设的国际科学合作计划，是联合国系统在该领域唯一由世界各国政府组织参与的大型科学研究计划。自 1965 UNESCO 实施第一个国际水文十年（International Hydrological Decade，IHD）计划以来，IHP 至今已经完成了 7 个阶段的研究计划，目前正在进行第八阶段（2014～2020 年）计划。综观 IHP 各阶段的研究主题和重点领域，表明水安全、生态水文学、综合水资源管理及人水关系等领域是国际水文学研究的重点内容（唐霞等，2016）（表 2-4）。

表 2-4　IHP 各阶段战略计划研究主题与重点领域

阶段	时间	阶段主题	研究主题与重点领域
第一阶段	1965～1974 年	实验流域、世界水平衡和全球水资源	①评估现代水文科学的状况，确定其主要空白点；②水文测验仪器、观测方法、技术名词的标准化；③设置基本水文站网，整编水文基本资料；④在不同地区进行代表性流域水文实验研究；⑤特殊自然条件下专门水文问题的研究；⑥水文科学理论与实践的教育和训练；⑦情报交流出版

---

① http://www.isarm.org/publications/294.

续表

阶段	时间	阶段主题	研究主题与重点领域
第二阶段	1975~1980年	水资源与人类活动、自然环境的关系	①改进水量平衡及其各项要素的计算方法；②区域、洲和全球的水量平衡；③水文情势和编制水利规划需要的各项水文要素的计算方法，包括短缺资料的情况；④推广代表流域和实验流域的研究；⑤人类活动的水文效应、生态效应及其评价；⑥水质污染的水文学问题及生态学问题；⑦城市化对水文情势及水质的影响
第三阶段	1981~1983年	水文研究及水资源的综合利用	水文过程、水利工程参数
			人类对水循环的影响
			水资源评价与管理
			教育和培训
第四阶段	1990~1995年	变迁环境中水文学及可承受开发的水资源	变迁环境中水文学研究
			可承受开发的水资源管理
			教育、培训、技术转让
第五阶段	1996~2001年	脆弱环境中的水文与水资源发展	资源过程与管理研究
			区域水文资源研究
			知识、信息和技术的转化
第六阶段	2002~2007年	水的相互作用：处于风险和社会挑战中的体系	全球变化与水资源
			集成的流域和含水层动力学
			陆地生境水文学
			水与社会
			关于水的教育和培训
第七阶段	2008～2013年	水：压力下的系统与社会响应	河流和含水系统对全球变化影响的适应性研究
			加强水资源管理，提高水资源利用的可持续性
			面向可持续性的生态水文学
			淡水与生命支撑系统
			面向可持续发展开展水资源保护教育
第八阶段	2014~2020年	水安全：应对地方、区域和全球挑战	河流和含水系统对全球变化影响的适应性研究
			变化环境中的地下水
			解决水短缺和水质问题
			水和人类的未来发展
			生态水文——面向可持续世界的协调管理
			水资源教育——水安全的关键

5）国家及地区的跨界水资源规划。

A. 国际联合委员会（International Joint Commission，IJC）的《国际流域计划》（*International Watersheds Initiative*，IWI）

IJC（美国与加拿大）根据 1909 年的边界水条约来避免和解决美国与加拿大两国之间的纠纷。在 2009 年的 IWI 中，确定了流域工作计划的框架，主要包括：①生态系统方法；②行动的优先领域——水文地理数据的一致性和新出现的问题包括气候变化与脆弱性、水质与健康；③国际流域计划运行原则；④更加清晰、战略的组织管理过程及项目资助机制（IWI，2009）。

B. 非洲乍得湖流域委员会（Lake Chad Basin Commission，ICBC）的战略行动规划

非洲 ICBC 的乍得湖综合管理项目，由 GEF 资助，其主要目标是对乍得湖流域的国际河流与自然资源进行协作、综合、可持续的管理，并保护乍得湖的土壤退化与水资源染污（唐霞等，2016）。因此议定了 6 个试验性的项目：①恢复与管理 Waza-Logone 洪泛平原的水文与生态资源；②Komadougou-Yobe 子流域潮湿地区综合管理；③抗砂淤塞的跨界项目；④菲特里湖（Lake Fitri）管理计划；⑤Chari 河上游流域跨界湿地的综合管理；⑥乍得湖地区《拉姆塞尔湿地公约》场地清单。

2.3.1.2　主要国家和地区政策

（1）美国

美国是水资源比较丰富的国家，淡水拥有量为 3 万亿 m^3。美国水资源管理也处于世界的领先水平，主要原因是政府不断加强水资源管理的国家级战略决策，逐渐完善了水资源的综合管理。经过 200 多年来的发展，美国水资源政策和法令的变化特点见专栏 2-1（水利水电快报，2011）。

专栏 2-1　美国水资源政策演化的特点

（1）从早期的防洪、运输、发电和灌溉转为强调河流、湖泊、池塘生态环境对水资源的需求。

（2）强调流域生态系统的整体功能：化学指标和生态指标（栖息地质量、生物多样性和整体性）。

（3）由重治理转为重预防。

（4）重视非工程措施在水资源管理中的应用。

（5）重视湿地的保护与利用。未经批准擅自破坏湿地，轻则罚款、重则判刑入狱。

（6）面源污染控制。政府投入了大量人力、物力从事面源污染的研究、控制和管理。

（7）强调政府、企业和公众在水资源管理上的协作。

（8）重视水资源数据和情报的利用及分享，加强水资源数据库的信息建设。

（9）重视水资源教育。

（10）强调流域范围内水、空气和生态资源的综合管理。

美国水资源开发与战略概括为 4 个阶段：①单目标发展阶段（1930 年以前）；②多目

标开发及流域综合治理发展阶段（1930～1970年）；③水质优化发展阶段（1970～1990年）；④可持续及回归自然式的再发展阶段（1990年以后）。在发展过程中不断地调整发展战略，与国家的社会经济发展水平保持同步，以水资源的可持续利用支持了社会经济的可持续发展（陈楚龙，2006）。

美国水资源环境保护立法在水资源环境保护中发挥了巨大的作用。最主要的联邦水法是《安全饮用水法》和《清洁水法》。两部法律虽有重合之处，但所辖范围不同：前者关注与饮用水安全相关的公共健康，如饮用水水源地、地下水及输送饮用水的供水系统等；而后者的目标则较为宽泛，包括饮用水、养殖用水和娱乐用水等。如表2-5所示，通过不断调整水资源环境保护立法的内容，明确了《清洁水法》的立法目的——恢复和维护国家水域化学的、物理的、生物的完整性。

表2-5 《清洁水法》和主要的修订案

年份	法案	内容
1948	《联邦水污染控制法》	国会的政策是承认、保持，并保护州在控制水污染问题上的基本责任和权利，联邦政府为水处理厂设计并完善处理手段提供支持和技术研究上的帮助，向州及州际机构，以及市的河流污染降低项目的规划和执行提供财政支持，将危害公共健康或福利的州际水域污染宣布为公共侵害行为
1956	《水污染控制法》	仅规定联邦政府负责发起"执行会议"处理跨州污染问题和对市政污水处理进行财政支持
1965	《水质法案》	联邦正式将水质作为水污染控制的重要内容之一。明确了国家政策，即提高水资源的质量和价值，建立防止、控制和降低水污染的国家政策。为保障水质标准的设定，该法授予了州设定水质标准的权力
1970	《水质改进法》	再一次扩张了联邦的权利，并设立了州证明程序以防止水质低于申请标准。拥有不动产或设备或从事任何联邦公共工程的联邦机构，必须与总统决定的美国最高利益一致，遵守适用的水质标准
1972	《联邦水污染控制法修正案》	对水污染控制的权限进行重整，恢复并保持国家水体的化学、物理、生物完整。此法为联邦水污染立法确定了基本框架
1977	《清洁水法》	规定由联邦政府制定全国统一的水质目标、政策和排放标准，并由州政府实施新管理体制，州可制定更为严格的环境标准
2002	《清洁水法修订案》	将《北美五大湖遗产法》的有关内容纳入该框架，规定了五大湖沉积污染修复工程及其投入资金的使用情况

为了控制饮用水质和保护地下饮用水源，弥补《联邦水污染控制法》在地下水污染控制方面的缺陷，美国国会于1974年制定了《安全饮用水法》。该法通过公共供水系统的饮用水质标准规定了初级饮用水和二级饮用水中的各种污染物的最大水平。1996年，美国国会通过最大规模的饮用水改造项目，计划在未来20年，每年投入500亿美元进行供水系统改造，总投入达1万亿美元（陈楚龙，2006）。同时，为了协调水源保护计

划,美国开展了一系列的国家行动计划:水质标准计划、《清洁水法》监测与数据管理计划及州循环基金、非点源计划(NPS)、最大日负荷量计划、国家河口计划、清洁湖泊计划、湿地计划、国家污染物排放削减制度计划、唯一水源含水层保护计划、大湖计划、有毒物质控制计划等(唐霞等,2016)。同时,美国已实施的以下最新科学研究计划值得关注。

1)国家水质评价计划。1991年,美国国会开始实施 USGS 国家水质评价(National Water-Quality Assessment,NAWQA)计划,其目标是评价美国的水质状况与影响因素及其变化趋势,还包含了美国全国范围内的河流、地下水和水生生态系统的长期水质信息。第一个十年(1991~2001年),NAWQA 计划专注于建立全国统一的水质数据集,作为趋势评价和模拟研究的基准。第二个十年(2002~2012年),NAWQA 计划基于基准调查和资源管理者可使用的模型工具,通过报告水质状况如何随时间变化和开发区域范围水质模型推断未取样区域的结果,评估了不同管理实务和政策情景的可能结果。2013年2月,USGS 推出第三个十年计划——《跟踪和预测2013—2023年国家水质优先领域和战略》(*Tracking and Forecasting the Nation's Water Quality Priorities and Strategies for 2013–2023*)。该计划延续了 NAWQA 的长期战略,但调整了监测设计、数据分析和报告,以解决 NAWQA 利益相关者和美国国家研究理事会(National Research Council,NRC)(2012)对监测和科学信息的需求,更加及时地报告水质信息和决策支持工具的发展(唐霞等,2016)。

2)NRC 推出美国地下水污染站点管理的调整方案。2012年,NRC 推出《美国地下水污染站点管理的调整方案》(*Alternatives for Managing the Nation's Complex Contaminated Groundwater Sites*),指出至少有12.6万处站点的地下水受到了污染,而关闭污染物站点将花费1100亿~1270亿美元,约10%的站点是复杂的(唐霞等,2016)。该方案建议对这些站点的长期管理转向毒性物质的长期监测,并防止其暴露,同时降低其恢复成本(表2-6)[①]。

表2-6　美国地下水污染站点管理的调整方案

主题	内容
有目标有选择关闭污染站点	探讨关于补救目标和措施:美国环境保护署(Environmental Protection Agency,EPA)采取行政措施以确保在适当情况下推行现有的规范,并充分考虑可能会随时间而改变的风险,受污染的地下水站点的风险评估要与对整个周期中每一个替代的补救措施"不作为"的风险相比较
目前消除(遏制)污染的能力	目前可用的补救技术依然存在重大局限性,仅仅使用了有限的数据,而关于补救技术性能的科学比较正是基于这些数据。对源区技术的额外独立审查需要总结他们在大范围站点的特征

---

① http://www.nap.edu/catalog.php?record_id=14668#toc.

续表

主题	内容
存留的污染问题的解决	EPA 的《综合环境污染响应、赔偿和责任认定法案》（*Comprehensive Environmental Response, Compensation and Liability Act*，CERCLA）五年期审查指南修订版将允许基于 EPA 的毒性因子、饮用水标准或其他风险标准进行更迅速的补救措施评估，在所有站点仔细考虑存在于土壤和地下水含水层的挥发性有机化合物
技术开发以支持长期的管理	现有评估监控的协议和其他修复技术应该发展到整合特定化合物同位素分析和分子生物学方法与传统的生物地球化学特征和地下水测年方法
长期管理复杂的地下水污染站点的决策	EPA 的五年期审查技术指导应该及时更新，以提供一个统一的协议用于分析在评论中收集到的数据及研究结果，有明确的政策维持长期管理过程中的公众参与

3）美国《水的可获得性和流域管理国家计划 2011—2015 年行动计划》。2011 年，美国农业部农业科学研究院（United State Department of Agriculture- Agriculture Research Service，USDA-ARS）提出了有关农业水管理的行动计划《水的可获得性和流域管理国家计划 2011—2015 年行动计划》（*Water Availability and Watershed Management National Program* (211) *Action Plan FY 2011–2015*）。该计划的目的是有效安全地管理水资源，同时保护环境及人类和动物的健康。该计划针对 4 个研究主题提出了 45 个项目（表 2-7），并于 2011 年 10 月 1 日开始实施（USDA-ARS，2011）。

表 2-7　美国农业部农业科学研究院（USDA-ARS）的 NP 211 的研究主题

主要问题	研究需求
有效的农业水管理	提高水资源利用效率的灌溉制度和技术；多尺度上的水资源生产效率；提高灌溉水利用率的方法；旱地（雨养）农业的水管理；排水管理与控制；退化水域的利用
水土流失、泥沙淤积和水质保护	控制农业生产过程中的污染物及其运输；量化和预测河流内部过程；水质改善的生态响应；开发和测定面向农业、城市和草坪系统的具有成本效益的控制措施
提高保护的有效性	更好地理解流域尺度保护活动的累积效应；提高我们的能力来选择和实施景观保护活动，以实现效益最大化；完善保护措施，以更好地保护水资源；在气候和土地利用不断变化的背景下，维持保护活动的有效性；理解保护活动如何影响生态系统服务；更好地理解农业流域采取的保护活动所产生经济影响和社会驱动
提高农业区的流域管理和生态系统服务能力	开发工具以改进水文评估和流域管理；通过短期观测及农业流域和农业景观的表征来完善流域管理和生态系统服务；在全球环境变化的背景下，保持水的可获得性；开发工具以提高对变化的景观和环境下的水文过程和水预算参数的定量化分析；理解生物燃料生产对水资源的影响；采用降尺度方法分析气候变化的影响，以提高水的可获得性和流域管理的能力

4）美国维持可供水量和水质的联邦科技战略。2009 年，美国国家科技理事会可供水量和水质小组委员会（SWAQ）提出了保证国家充足供水须面对三大类科技挑战：①水资

源的界定与测量；②制定增加淡水供应方案，更有效地利用现有供水；③开发和完善用于水资源管理的预测工具（唐霞等，2016）。为了应对当前面临的水资源挑战，特提出 7 项联邦合作实施的科技战略：开展全国水资源普查；开发新一代水资源监测技术；开发并推广可增强供水稳定性的技术；开发能够被广泛接受的水资源利用新技术和新方法；为水利基础设施解决方案开发协作工具和方法；增进对水利生态系统服务及生态系统用水需求的了解；改善水文预测模型及其应用（唐霞等，2016）。

未来，美国政府将不断更新水资源管理政策并采取相应的措施，从而应对不断变化的水资源情况，并反映新的知识。美国已认识到国家水资源的成功管理不仅仅要求科学和工程满足水资源管理机构的需求，还需要水资源管理机构能够根据新的信息采取行动，共同努力维护赖以生存的水资源。

（2）澳大利亚

在澳大利亚联邦体制下，原则上水资源及相关事宜属于各州或者地区管辖的事项。但是，环境保护的日益重要，鉴于水资源的特殊性，社会与经济发展及市场的迫切需要，亟须存在原则上统一的全国性水资源法律与政策（唐霞等，2016）。通过不同管辖范围的政府之间的一系列非法定的协商、协调和合作程序机制，形成了以政策为主的全国性水资源法律与政策（表 2-8）。

表 2-8　澳大利亚水资源保护的立法

年份	法案	主要内容
1994	《1994 水事改革框架》	实施综合性的水资源配置制度
1996	《关于生态系统用水供应的国家原则》	确定生态环境用水的 12 项原则
2004	《关于国家水资源行动计划的政府协议》	统一市场、监管和规划为基础的城乡水资源利用的地表和地下水管理制度
2007	《水资源安全国家规划》	灌溉基础设施与技术，墨累—达令流域的水资源管理
2007	《2007 年水法》	建立联邦环境用水机构、水权交易、水市场监管、增加水信息

资料来源：唐霞等，2016。

从 1994 年起，澳大利亚逐步启动协调水需求为主的水改革，实施了一系列行之有效的水政策，大大缓解了国内的水资源危机。同时，澳大利亚政府启动了一系列国家水资源管理计划，具体如下。

1）澳大利亚国家水资源政策计划。澳大利亚国家水资源行动计划（National Water Initiative，NWI）是联邦政府与所有州和地区（除了后来签署的西澳大利亚州和塔斯马尼亚州以外）于 2004 年 6 月 25 日共同签署的。该计划建立在 1994 年实施的澳大利亚政府理事会（the Council of Australian Governments，COAG）水资源改革框架计划之上（唐霞等，2016）。该 NWI 表达了澳大利亚联邦、州、地区政府间关于水改革的共识，强调对澳大利亚水价、水交易策略、计划的一致性，以及政府间更深层次的合作。为推动国家水资源改革议程，并为 COAG 提供关于国家水资源问题的建议，澳大利亚成立了国家水资源委员会，它是总理内阁的独立的法定团体。NWI 的主要目标是：维护城乡者的利益，提高水资源利用的生产力和效率；确保河流和地下水系统的健康（唐霞等，2016）。

澳大利亚政府给水资源基金会划拨了 20 亿澳元，用于基础设施建设，改进水资源管理，以及为了提高水资源的使用效率和达到环境目标而从事更好的实践工作。水资源基金会将在 5 年间共拨给《国家水标准提高计划》(Raising National Water Standards Programme) 2 亿澳元，旨在推进国家水资源计划的实施：①改进监控、评价及报告国家、区域和流域层面上水资源的能力；②改进更好管理水资源所必需的知识、信息和技术；③提高在农村和城市水利用效率方面的创新能力（唐霞等，2016）。澳大利亚政府还拨给《澳大利亚水资源灵敏计划》(Water Smart Australia Programme) 16 亿澳元，旨在加速发展并理解澳大利亚水资源利用的灵敏技术和实践，受资助时间为 5 年。另外，《区域水资源资助计划》(Community Water Grants Programme) 将给区域提供资金达 25 万澳元，以促进水资源的合理利用（唐霞等，2016）。

2）澳大利亚水产业路线图。《澳大利亚水产业路线图：水产业可持续发展的战略蓝图》(Australian Water Industry Roadmap-A Strategic Blueprint for Sustainable Water Industry Development) 是 2005 年 5 月在 Barton Group 主导下，澳大利亚多个政府部门、企业及公众共同参与制定的路线图。按照需求、主要科技策略与产业发展愿景三个层面设计，达到"可持续的水循环"框架（图 2-6）。

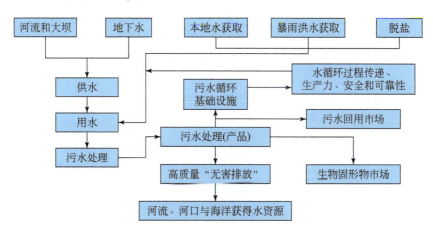

图 2-6 澳大利亚"可持续的水循环"框架

资料来源：唐霞等，2016。

（3）日本

日本明治维新成功后，政府就模仿欧、美等先进国家的法律制度，公布并实行了《河川法》。从此，日本开始了依法开发利用江河水资源的历史。为了有效地开发、利用、保护好有限的水资源，日本政府制订了较完善的水资源法律体系，各中央直属机构按照法律赋予的权限，依法行政，多家管理，但有条不紊。例如，建设省负责治水，城市下水道及污水处理厂的建设；国土厅负责水资源的管理；农林水产省负责灌溉排水工作；通商产业省负责工业用水；厚生省则负责生活用水等（唐霞等，2016；万劲波和周艳芳，2002）。

为改善水资源管理，第二次世界大战后的日本大力加强法制建设，构建了比较完整的法律体系，见表 2-9。日本水法体系中最基本的是《河川法》，其立法目的在于以流域为单元对河流进行综合管理，在防止河流受到洪水、高潮灾害影响的同时，维持流水的正常功能，并在国土整治和开发方面发挥应有作用，以利维持公共安全、增进公共福利。为了保证法律的可操作性，《河川法实施令》将《河川法》规定的内容加以细化，对绝大多数条款作了具体解释与规定，使执法可以遵循统一的标准。

表 2-9　日本水资源管理的立法

类型	年份	法案	主题
保护水质	1958	《公共水域水质保护法》	保护公共水域的水质安全
	1958	《工厂排水限制法》	防止工厂排污对水质的污染
	1958	《下水道法》	控制下水道的排污
	1970	《水质污染防治法》	将 1958 年的 2 个法律合并
	1994	《促进水道原水水质保护法》	自来水的水源地进行保护
流域水管理	1957	《水道法》	保护水源与水道设施，保障水质
	1961	《水资源开发促进法》	河流水系水资源综合开发利用
	1961	《水资源开发公团法》	针对实施水资源开发项目立法
	1964	《河川法》	统一各项分部门法规大纲，以流域为单元进行综合管理
	1973	《水源地域对策特别措施法》	水库周边地区居民进行利益补偿

（4）欧洲

20 世纪 60 年代末开始，UNECE 和欧洲理事会制定了保护国际河流的文件，但一般没有拘束力。90 年代，这些文件中提出的原则转成条约。例如，早在 1968 年 5 月，欧洲理事会就通过了《欧洲水宪章》，其中提出的大多数原则都是公认的事实。UNECE 发布保护水资源的建议，其中包括 1970 年关于保护地表水和地下水免受石油和石油产品污染的建议。1980～1990 年，UNECE 的水问题小组起草了一系列关于水方面进行合作的文件。总之，欧洲及政治、经济、文化高度一体化的欧盟在淡水资源的区域保护方面为世界做出了榜样。

1）保护和利用跨界河流和国际湖泊公约——《赫尔辛基公约》。1992 年 3 月 17 日，UNECE 在赫尔辛基主持通过了《保护和利用跨界河流和国际湖泊公约》，又称《赫尔辛基公约》，适用于整个欧洲及加拿大、美国。该公约已经生效，成为以后关于多瑙河和及其他欧洲地区性河流的协定的典范。在某种程度上，它综合了两类国际法规则：关于跨界污染的规则和专门防止河流污染的规则。《赫尔辛基公约》缔约国于 1999 年 6 月通过了关于水与健康的伦敦议定书。议定书的目标是在可持续发展的框架下，推动各个层次的人类健康保护，改善水管理，包括保护水生态系统，保证所有人可以得到可饮用水和清洁卫生的水（淡水互动百科，2015）。

2）《欧盟水框架指令》（*EU Water Framework Directive*）。2000 年，欧盟颁布实施《水框架指令》（*Water Framework Directive*，*WFD*），其主要目的是通过完善长期水资源和流域

管理，提高水质，恢复退化的生态系统。WFD 以流域为单位进行水资源管理，要求各成员方进行跨区域合作，制定并实施流域管理规划。到 2009 年，成员方必须公布每个流域区的流域管理规划及相关措施，并保证到 2012 年将规划付诸实施，到 2015 年实现水质达到良好的目标。截至 2012 年，欧盟委员会共收到 124 份流域管理规划，其中 75% 涉及跨界河流。为了更好地推动流域管理规划的实施，欧盟委员会提出了以下建议：加强监测与评估；完善法律框架和管理结构；促进水资源管理中定性和定量方面的结合；促使 WFD 之前的法案发挥重要作用；通过适当的水价机制促进水资源的合理利用；保障规划实施的资金支持；综合运用其他管理政策（如共同农业政策）（European Commission，2012）。

3）欧盟提出未来水资源可持续管理的新策略。2012 年 11 月 26 日，欧盟委员会发布了——《欧洲的水域——现状与未来挑战》（*European Waters-Current Status and Future Challenges*）报告，首先概述了欧洲水域当前的状况和作用于这些水域的压力；详细地分析了驱动这些压力的经济和社会因素，并提出了水资源可持续管理面临的社会和政策挑战。2012 年 12 月欧盟发布了《欧洲水资源保护蓝图》（*Blueprint to Safe Guard European Waters*），在提高水效率的同时，实现水资源生态系统和与水资源相关的生物多样性达到良好的状况。欧洲水信息系统（Water Information System for Europe，WISE）作为欧洲数据的交换平台，提供欧洲的水信息。欧洲环境署（European Environment Agency，EEA）正在进一步完善 WISE，以建立一个全面的环境信息系统。

专栏 2-2　案例解析——欧洲跨界流域的管理

（1）莱茵河是跨国河流治理的典范：①国际协议及各国法律法规提供了基本保障，欧盟的加入赋予更大权利；②管理策略以预防为主，防治结合；③监测系统建设，强化监督；④政府之间及政府与公众之间的互补合作，公众参与流域管理。

（2）多瑙河流域管理：1994 年签署了《多瑙河流域保护公约》并建立跨国监测网络，1998 年成立多瑙河保护国际委员会。2000 年 WFD 的出台是流域跨界管理的里程碑，提供了有效的法律框架。多瑙河公约流域管理充分体现出多方面的综合决策。

2.3.1.3　国际政策路线图

按照水资源领域科技发展的趋势对上述的国际水资源管理政策进行分类（图 2-7），一般来说，国际组织提出的水资源领域科技研究计划包罗万象，涉及水资源领域的多个方面。随着时间的推移，各国对水资源环境与水资源生态问题的关注不断增加，相关的水资源管理法规不断健全。

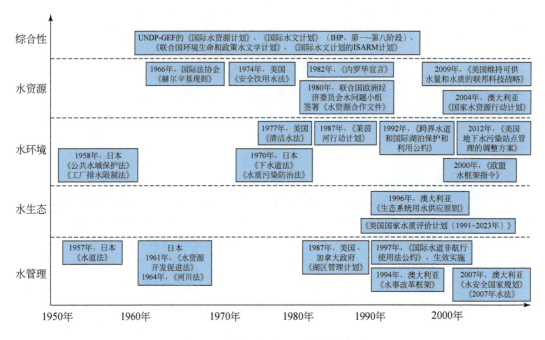

图 2-7　水资源领域国际政策路线图

2.3.2　国际水资源科技政策成效分析

随着人口增长和社会经济的发展，淡水资源的需求量不断增加和水质不断恶化，使水资源生态系统和水资源环境遭受破坏，全球水资源问题日益严重。20 世纪 80 年代，水资源短缺的问题开始显现，特别在中东国家和部分发达国家出现用水紧张的问题，如澳大利亚和美国东南部地区。同时，欧美等发达国家在工业化的进程中采取"先发展经济、后治理环境"的发展模式，对水循环过程及水资源环境和水资源生态的影响越发强烈。随着水资源危机感的增强和国际社会对水资源安全的关注，各国寻求利用科技的力量治愈社会经济发展对水资源问题留下的创伤。为了避免水资源问题的进一步恶化，需要根本性地转变发展模式实现水资源的可持续利用。发达国家的科技政策高度重视水资源管理，试图在水资源可再生利用、污染防治技术和流域创新管理等方面引领世界潮流。在此，以北美五大湖流域水资源环境综合治理为例，介绍具有代表性的水资源治理成功案例。

北美五大湖（伊利湖、苏必尔湖、安大略湖、密歇根湖和休伦湖）是世界上最大的淡水湖水系，储存了全球 20%、北美 95% 的淡水资源（贺晓英和贺缠生，2008）。20 世纪 50 年代，北美五大湖湖区出现了湖泊富营养化现象，水污染严重。美国、加拿大政府历经半个世纪开展水环境综合治理（表 2-10），基本恢复了流域生态良性循环。从重点污染源头和长效机制上来彻底解决污水流入北美五大湖的问题；另外，加大资金投入和对农民的损失补偿，建设污水处理厂和提高污染排放标准、征收城市垃圾和污水处理费、实施

SO₂排污权、水权交易、提高公众环保意识与社会责任等政策出台，有效地控制了水污染。同时，美国组织实施一系列环境保护与生态修复研究计划对北美五大湖环境污染进行综合治理，构建湖水清美与鱼类重生的宜人美景，治理成效十分明显。

表 2-10　北美五大湖流域水环境综合治理的历程

年份	实施的政策	针对的主要环境问题及采取的措施
1909	《美国与加拿大关于界水及相关问题的条约》	主要集中于水量问题，该条款的履行却不尽如人意，北美五大湖仍然被严重的污染所困扰
1972、1978	《美加大湖水质协定》	水质管理采取生态系统的方法；这部国际条约是美国、加拿大两国实施北美五大湖水环境治理与保护的最高法律依据
1987	修订《美国加拿大大湖水质协定》，引入《严格控制排放物的全湖管理方案》新的水管理方法	恢复并维持北美五大湖流域生态系统的水域在化学、物理和生物方面的统一性
1987	美国、加拿大政府在大湖地区联合实施了《救治行动计划》，又称为《湖区管理计划》	在化学污染控制指标的基础上，增加鸟类和鱼类生态学指标，提出了恢复北美五大湖生态的关键步骤和措施
1988	美国、加拿大政府联合实施大湖监管计划、资源管理计划、环境管理计划、友好大湖行动等治理项目	北美五大湖区附近的工农业生产对水环境的污染及资源的合理利用
1996	美国制定《基于流域的交易草案框架》	开启流域污染物（排污权）交易之先河
2003	北美五大湖委员会启动了《确保大湖环境与经济繁荣计划》（2004—2008 年）	清除毒源、防止物种入侵、控制非点源污染、恢复和保护湿地与湖岸栖息地、保障水资源可持续利用
2005	美国政府部门和非政府组织联合提出的《五大湖恢复行动计划》，总预算达 200 亿美元	加快保护和恢复全球最大的地表淡水系统，并为实现淡水生态系统最关键的长期目标提供附加资源
2009	奥巴马竞选期间做出"拟在未来 10 年斥资 50 亿美元用于北美五大湖恢复"的承诺	2010 年财政预算中，安排4.75 亿美元用于北美五大湖湖滩清理、湿地恢复、北美五大湖附近河床有毒底泥清除
2010	正式推出《五大湖恢复行动》（Great Lakes Restoration Initiative，GLRI）	资助的项目达 2000 多个，改善水质、保护和恢复自然栖息地和物种、预防和控制外来入侵物种问题
2014	新一轮的《五大湖恢复行动计划》（2015—2019 年）	5 年内实现北美五大湖流域的水质保护、控制物种入侵、世界上最大的淡水湖水系栖息地恢复的目标

北美五大湖流域通过先污染后治理的模式，由单一治理发展到综合治理，最终形成了流域综合管理模式，其中的经验教训值得我国流域治理借鉴：①组建流域综合管理机构，机构要责权分明并分工协作；②加大依法治理力度，建立健全具有高度权威的法律体系；

③重视湖泊流域和水源水质的长期性规划，制订综合治理长期纲领；④实施环境信息公开，提高公众环保意识，建立有效的监测和惩处机制；⑤增加政府资金投入，多种融资手段引入市场机制；⑥加强水环境技术进步和水环境产业发展。目前，流域管理机构通过多渠道提高其科技支撑能力，美国设立140多个资金管理项目针对五大湖区的恢复与保护，用于科技信息共享与交流平台建设为流域管理提供了保障，环境监测、预报与预警系统大大降低了管理损失与风险（陈洁敏等，2010）。

2.3.3 国际水资源科技政策的需求与发展趋势

在社会经济快速发展和庞大人口压力驱动下，水资源供需矛盾日益突出，导致河流过度开发、流域生态环境恶化等问题，对水资源科技发展提出了更高的要求。目前，水资源安全问题已引起科技界广泛关注，结合当前国际水资源问题的诸多关注热点，重点围绕水资源监测、水资源转化、水资源开发利用与综合管理等方面制定的规划、计划、展望报告进行分析。

2.3.3.1 国际水资源科技需求发展展望

（1）水文水资源监测和模拟技术

伴随 GPS（global positioning system，全球定位系统）、遥感（remote sense，RS）、GIS（geographic information system，地理信息系统）、雷达、同位素示踪、定点观测仪器、现代通信等高新技术的兴起，水资源监测领域将会得到长足发展。未来全球水循环变化监测研究，将重点发展同化方法以实现卫星观测数据与地面观测数据的融合，将水量和水质监测结合起来，发展具有可方便存取节点的高性能的数据分发管理系统和存档系统（夏军等，2011）。在水文模拟技术方面，参数信息获取与表达、时空尺度扩展与转换、时空分辨率的提高等方面取得了显著的进步，在其基础之上的污染物扩散模型、土壤侵蚀模型、土地利用/覆被变化模型、水生生态系统模型等得到迅速发展。

（2）大尺度及环境变迁影响下的水资源转化研究

不仅研究陆面地表水、土壤水和地下水量的转换机制，而且利用高分辨率遥感卫星等更先进的空间观测手段研究陆面–海洋–大气界面上的水分和能量的交换过程。全球能量与水循环实验（Global Energy and Water Cycle Experiment，GEWEX）现已在5个实验区（密西西比河流域、亚马孙河流域、马更些河流域、波罗的海区域、亚洲季风区）完成了观测和试验，获得了能量与水循环领域的研究成果。近年来，UNESCO/IHP、《国际地圈生物圈计划》（International Geosphere-Biosphere Programme，IGBP）等大型国际科学研究计划研究中越来越注重气候变化和人类活动对水循环和水资源的影响，以期为水资源的形成转化及合理利用提供科学依据。

（3）水资源开发利用与综合管理方面

一方面是"开源"，重点关注海水和苦咸水淡化、农业节水、雨洪利用等非传统水资源的利用技术的应用和推广。另一方面是"节水"，重点研究开发工业用水循环利用技术和节水型生产工艺；开发灌溉节水、旱作节水与生物节水综合配套技术，重点突破精量灌溉技术、智能化农业用水管理技术及设备；加强生活节水技术及器具开发，建设水资源实时监控与管理信息系统。目前，水资源需求管理成为国际研究的热点，以全球（地区）水足迹为参考依据，兼顾人文-经济-生态-环境效应，重点研究如何将市场机制（如水价和水权）引入到水资源管理和分配过程中，通过发挥价格杠杆和激励机制到达调节水资源需求的目的（夏军等，2011）。

2.3.3.2 水资源科技政策发展趋势

水资源的短缺，除自然环境影响之外，人类不合理地开发利用是重要因素。因此，鉴于科学技术在化解水资源短缺危机能力有限的条件下，运用制度手段来解决水资源短缺问题是一个可行的选择。突破水资源短缺危机的制度瓶颈，关键是进行水资源管理制度创新，通过改善制度安排，从而改变人类行为，化解水资源危机（唐霞等，2016）。今后，水资源创新政策的陆续出台将推动全球水资源管理的改革。

（1）开发水权交易的新算法，政策引导进一步规范水权交易

为了方便买卖双方进行水权交易，美国内布拉斯加大学和伊利诺伊大学的科学家已经开发出一种算法。这种算法可使潜在的买家与卖家配对，还能够详查当地复杂的自然和监管系统并使双方达成公平交易。另外，该算法还可保密交易双方在交易过程中提供的信息。该研究受美国国家科学基金会（National Science Foundation，NSF）《创新团队计划》（*Innovation Corps program*，I-Corps）的资助，研究重点是借助经济分析理解自然资源系统，尤其是水资源系统。研究人员设计并评估了那些能够维持或改善自然资源条件的管理政策。此外，该研究项目成立了 Mammoth Trading 公司，为那些对水权或其他资源利用权利感兴趣的买卖双方提供一个中立的、集中的地方，考虑当地社区的需求及个人特定的因素，从而精心策划每一笔水权交易（唐霞等，2016）。同时该公司还在开发其他系统，主要关于水质和水量及其他自然资源。

（2）亟须宏观政策指导水资源创新管理

布鲁金斯学会（Brookings）发布《水资源创新之路》（*The Path to Water Innovation*）研究报告指出，一个多世纪以来，美国的水资源系统一直是世界上最稳定的国家之一，如今水务部门面临着越来越大的压力。针对美国国家水资源面临的挑战，指出了政府机构解决水资源问题在管理和政策方面存在的障碍，并为美国解决水资源创新提出了相关建议：①定价政策，将其更好的与供水成本和税收相结合；②监管框架，创建一个开放、灵活、友好、创新的管理环境，鼓励有价值的新技术；③融资和筹资机制，如公益水，可以帮助筹集足够的资金来实现创新的解决方案（唐霞等，2016）。实践证明，实施这些政策改革将有助于水资源行业的更大创新。此外，Bookings 提出建立一个国家级的水资源创新构想，将确定国家特有的创新机遇和政策，以及国家创新办公室，以帮助实现跨机构和相关行业企业的愿景。水资源管理作为涉及土地利用、水资源和生态系统的综合性问题，就必须促进科学家、决策者和利益主体之间的交流。

2.3.4 我国水资源科技政策与国际比较

2.3.4.1 我国水资源科技政策体系与特点

自 20 世纪 80 年代以来，我国在水资源管理领域出台了一系列法律法规文件，包括 4 部法律（表 2-11）、7 个行政法规、10 个部门规章及地方规章、19 个规范性文件（林洪孝，2012）。并且，已从 2007 年开始对各大小流域进行综合规划修编，目前国务院已批复了《长江流域综合规划（2012—2030 年）》和《辽河流域综合规划（2012—2030 年）》。为解决日益复杂的水资源管理问题，我国正在从过于依赖政府作为决策和管理主体的传统体制转向现代水治理。

表 2-11　我国水资源管理的主要立法

年份	颁布法律法规	特征
1988	《中华人民共和国水法》	确立水管理体制和基本制度，国家对水资源实行统一管理与分级，以及分部门管理相结合的制度；按照国务院规定的职责分工，协同水行政主管部门，负责水资源管理工作；明确水资源所有权；通过征收水费等经济手段加强对水资源利用的管理
2002	《中华人民共和国水法》修订案	以建立节水防污型社会、实现水资源的可持续利用，保证社会经济的可持续发展为目标，以提高用水效率为核心，着重强调水资源的节约、保护、合理配置，促进资源与社会经济、生态环境协调发展，适应依法行政的要求，强化了法律责任
1984、2008	《中华人民共和国水污染防治法》	加强饮用水的法律保护；规定国家实行水环境保护目标责任制，明确考核评价制度 4 大特点；处罚力度加大，认定违法行为简化，可操作性强，直接处理责任人
1997、2009	《中华人民共和国防洪法》	明确立法目的；防洪工作应当遵循的基本原则和基本制度；政府应当将防洪工程设施建设纳入国民经济和社会发展计划；政府防治洪水工作的基本职责；明确防洪工作的职责分工及任何单位和个人参与防洪活动的法律义务
1991、2010	《中华人民共和国水土保持法》	规定水土流失重点预防区和重点治理区，实行地方各级人民政府水土保持目标责任制和考核奖惩制度；强化了水土保持规划的法律地位；增加了"规划"专章，明确水土保持规划的编制依据与主体、规划类别与内容、编制要求及组织实施等

2011 年，中央 1 号文件和中央水利工作会议，确立了水利发展的指导思想、目标任务和基本原则，制定了一系列治水兴水的新政策、新举措。在《国务院关于实行最严格水资源管理制度的意见》（国法〔2012〕3 号）中，明确提出要"抓紧完善水资源配置、节约和保护等方面的政策法规体系"，要求加强水资源开发利用控制红线管理，严格实行用水总量控制；加强用水效率控制红线管理，全面推进节水型社会建设；加强水资源功能区限制水污染红线管理，严格控制入河湖排污总量。

2014 年 10 月，由水利部牵头已筹备两年的国家级水权交易所实施方案上报国务院。

同时，有关水域流转、水资源价格改革等方面的举措也将陆续出台。预计今后，相关部门将提出《水资源确权登记方案》《水资源使用权用途管制办法》和《取水权转让管理办法》，为我国实施水权交易制度提供制度保障。而2014年7月，水利部在系统内部印发了《水利部关于开展水权试点工作的通知》，提出在宁夏、江西、湖北、内蒙古、河南、甘肃和广东7个省区开展水权试点，具体内容包括水资源使用权确权登记、水权交易流转和开展水权制度建设三项内容，试点时间为2~3年。

2.3.4.2　我国水资源科技政策路线图

如图2-8所示，对我国已颁布的主要政策措施大致分为3类：水灾害管理、水资源环境管理、水资源管理，涵盖了取水许可和水资源费征收使用、水量调度、城市节约用水、水资源功能区管理等方面。这些政策的实施，将对我国水资源的开发利用、水资源管理制度建设产生深远影响。

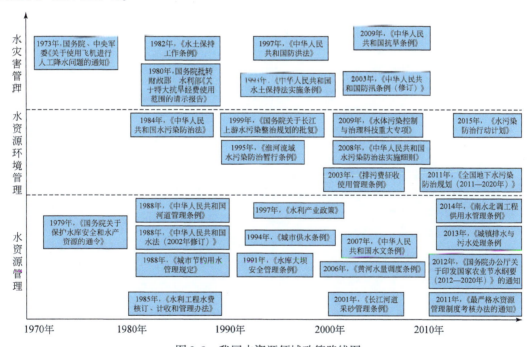

图2-8　我国水资源领域政策路线图

2.3.4.3　与主要国家的比较分析——以国际典型流域水资源管理为例

流域是水资源管理最适用的单位，所以流域管理已成为国家（地区）水资源管理的一种行之有效的模式。在此，选择莱茵河、田纳西河、墨累—达令河和黄河作为典型河流分析其在水资源管理政策的特点。通过比较，各国政府达成共识将水资源作为相对独立的水系并结合本国的实际情况，实行以流域为单元的统一规划，实施了一系列的流域政策与计划，对流域管理进行改革和创新（表2-12）。

表2-12 四个典型流域管理比较

流域	成立背景	管理机构	流域管理目标	管理体制	流域管理法律法规	流域政策与计划	优点
欧洲莱茵河	洪水频发、水质恶化、生境破坏	莱茵河保护国际委员会 (International Commission for the Protection of the Rhine, ICPR)	莱茵河生态系统可持续发展	平等协商机制（国家之间和地区之间），本国流域利益与流域效益综合结合	制定属于国际法范畴的协定由各国签署审核实施，如《莱茵河保护协定》《欧盟水框架指令》	《2020年莱茵河流域可持续发展计划》（2001年）、《高品质饮用水计划》、《莱茵河防洪行动计划》、建立预警机制、制定水质标准等	对水资源进行综合规划、全流域综合管理
美国田纳西河	流域经济落后，生态环境退化	田纳西河流域管理局 (Tennessee Valley Authority, TVA)	以河流系统每一滴水中提取最大的利益	"地区资源管理理事会"与"政企合一"体制结合	《田纳西河流域管理法》《安全饮用水法》《岸带保护法》	《净水计划》《区域洪泛区管理援助计划》《TVA空气计划》《密西西比河水管理计划》	国营为主，政府大力支持能源生产、经济发展与环境保护
澳大利亚墨累—达令河	土地退化、环境恶化、水资源冲突	墨累—达令河流域委员会 (Murray-Darling Basin Authority, MDBA)	促进并协调有规划与管理，以实现水、土与环境资源平等、高效、可持续利用	流域与区域管理结合，社会与民间组织参与，水权为基础的协商管理	《墨累河水管理协议》（1914年）、《墨累—达令水资源协议》（1992年）、《联邦水法》（2007年）	取水限额政策、自然资源管理政策、水交易政策（流域综合管理战略）、《墨累—达令河流域行动》（1987年）；《墨累—达令河流域行动》（2001年）	重视公众的参与
中国黄河	中上游集水区生态破坏，点源污染、水资源供需矛盾尖锐	水利部黄河水利委员会 (Yellow River Conservancy Commission of the Ministry of Water Resources, MWK YRCC)	基本目标"堤防不决口、河道不断流、污染不超标、河床不抬高"，终极目标"维持黄河健康生命"	流域管理与行政区域管理相结合	《中华人民共和国水法》《黄河水量调度条例》《黄河流域防洪规划》	《黑河干流水量调度管理办法》《甘肃省石羊河流域水资源管理条例》《青海省湟水流域水污染防治条例》	《黄河水量调度计划》

从管理体制机制来看，首先是要建立流域管理机构，确定其应履行的指责和权限。其次，建立相应的法律制度来保障流域管理的实施。例如，澳大利亚《墨累—达令流域协定》立法理念的转变，也表明政府高度认识到流域是一个不可分割的整体。田纳西河流域分别围绕河流的水污染和水资源保护制定了一系列的法律，如《水污染控制法》《净水法案》《资源恢复法》等；流域资源开发利用过程中制定了《岸带保护法》《北美湿地保护法》等，通过完善法律制度来协调好整体与局部，干支流与上下游、左右岸之间的利益关系。

综观各国流域管理的政策实施，主要有 3 个显著特征：①不断完善流域管理的法律和制度体系；②更加广泛地利用经济手段进行流域管理，如水价、水权和水交易等；③充分发挥科技在水资源管理中的作用，开源节流。

2.3.5 我国政策建议

通过水资源领域国际政策的梳理及我国水资源相关现行政策的回顾，就我国的水资源科技政策提出以下几点建议。

（1）逐步完善水资源管理的政策和法律框架

水资源管理运用法律法规是最有效且最重要的手段。近年来，我国在改善水资源管理的法律框架方面取得了很大进展，但其有效性还有待提高。尽管新水法明确了水资源实行流域管理与行政区域管理相结合的管理体制，但是没有明确界定地方政府和流域管理机构的权限（唐霞等，2016）。目前，我国的水资源管理体制表现为地表水、地下水分割管理；水量与水质分割管理，制度在实施过程中亟须完善相关的协调机制。同时，针对水资源的区域差异性，采取差别政策，政策的选择具备灵活性和适应性。

（2）加强科学研究与技术开发，适应新形势下的水资源管理工作

科学研究是水资源管理与政策制定的基础，是推动水资源可持续发展的核心要素。水污染控制与生态恢复仅仅依靠水科学的理论知识是无法满足实际需求，运用多学科背景的研究才能揭示水污染机理，制定科学有效的治理方案，并据此组织有针对性的科学攻关与技术研发工作，支撑相关规划、制度和行动的科学决策。同时，流域科学研究的知识创新机制突破水资源管理研究的纯技术范畴，促进科学与政策之间的信息流动，有效解决科学政策错位的问题（Wei et al.，2012）。

（3）保障科技的投入，加强对水资源创新管理的政策研究

"水足迹""虚拟水""需求管理"等创新管理理念，彻底改变了水资源管理的制度设计和管理框架。但是，我国在水资源管理的理念创新上还有待提高。仅从水权制度来看，2002 年我国修订的水法没有涉及水权初始分配、水权交易、水权管理等（唐霞等，2016）。另外，水权分配时，由于缺乏测量和监测设备，很难实施。确立支持省（自治区、直辖市）内和跨省（自治区、直辖市）的水权交易及水市场的政策框架、技术和工程的条件及市场环境还需要较长时间。因此，在流域层面上加强水权与水权交易制度的研究，如何利用政策保护水资源公共物品属性价值等。在水价方面，应研究如何提高供水定价的

效率和公平性，如何采取以市场为导向的生态补偿手段来保护水生态系统等。

参 考 文 献

曹治国，王威驷 . 2012. 日本《矿业法》修改简析 . 中国矿业，（1）：20-24.

陈楚龙 . 2006. 美国水资源发展的过程与战略 . 人民珠江，5：53-55.

陈建宏，古德生 . 2007. 矿业经济学 . 长沙：中南大学出版社 .

陈洁敏，赵九洲，柳根水，等 . 2010. 北美五大湖流域综合管理的经验与启示 . 湿地科学，8（2）：189-192.

陈丽萍 . 2009. 国际矿业政策与立法的变迁 . 地质通报，28（2-3）：297-299.

陈小沁 . 2010. 解析《2030 年前俄罗斯能源战略》. 国际石油经济，（10）：41-45.

成建国，杨小柳，魏传江，等 . 2004. 论水安全 . 中国水利，（1）：21-23.

淡水互动百科 . 2015. http://www.baike.com/wiki/% E6% B7% A1% E6% B0% B4 ［2015-11-20］.

董树文，李廷栋，高锐，等 . 2010. 地球深部探测国际发展与我国现状综述 . 地质学报，84（6）：743-770.

高亚峰 . 2009. 海洋矿产资源及其分布 . 海洋信息，13：13-14.

高瑜 . 2008. 矿产资源安全法律保障的研究 . 昆明：昆明理工大学硕士学位论文 .

工业和信息化部，科学技术部，国土资源部，等 . 2010. 金属尾矿综合利用专项规划（2010—2015 年）. http://www.cnmn.com.cn/ShowNews.aspx? id=172463 ［2016-11-02］.

国土资源部政策法规司，国土资源部信息中心编译 . 2000. 国外矿产资源和土地新政策 . 北京：地震出版社 .

韩冬雪，王雨 . 2016. 俄罗斯国家能源发展战略评析 . 当代世界与社会主义，（1）：138-143.

何金祥 . 2007. 美国矿产储备政策的简要回顾 . 国土资源情报，（4）：9-12.

何金祥 . 2014. 美国近年来矿业发展与矿产资源管理基本情况 . 国土资源情报，（5）：2-7.

何璟 . 2002. 中国水资源的开发 . 中国水利水电工程学会国内外水轮机抗磨蚀深层研讨会 . http://www.doc88.com/P-9039798364403.html ［2017-01-06］.

何静 . 2011. 澜沧江—湄公河流域跨界含水层研究 . 北京：中国地质大学（北京）：48-50.

贺晓英，贺缠生 . 2008. 北美五大湖保护管理对鄱阳湖发展之启示 . 生态学报，28（12）：6235-6242.

胡瑞忠，毛景文，毕献武，等 . 2008. 浅谈大陆动力学与成矿关系研究的若干发展趋势 . 地球化学，37（4）：344-352.

胡兴球，张阳，郑爱翔 . 2015. 流域治理理论视角的国际河流合作开发研究：研究进展与评述 . 河海大学学报哲学社会科学版，（2）：59-64.

赖超超 . 2012. 论国际能源法的发展趋势 . 南京工业大学学报（社会科学版），11（1）：33-37.

林洪孝 . 2012. 水资源管理与实践（第 2 版）. 北京：中国水利水电出版社：104-105.

刘丽君 . 2006. 印度矿产资源管理及政策 . 国土资源情报，（7）：47-49.

刘乾 . 2014. 俄罗斯能源战略与对外能源政策调整解析 . 国际石油经济，（4）：30-38.

卢海清 . 2014. 俄罗斯能源法的现状、特点及对中俄能源合作的影响 . 南京工业大学学报（社会科学版），13（2）：30-35.

鲁如东 . 2010. 印度国家矿产政策变迁 . 中国金属通报，（32）：36-37.

美国的水资源管理政策 . 2011. 水利水电快报，（32）9：4.

史斗，郑军卫 . 2001. 天然气：21 世纪我国国民经济新的增长点 . 地球科学进展，16（4）：533-539.

水利部国际经济合作交流中心编译 . 2013. 跨界河流、湖泊和含水层流域水资源管理手册 . 北京：中国水电水利出版社 .

宋国明，胡建辉．2013．澳大利亚矿产资源开发管理与政策．世界有色金属，(3)：31-33．

宋国明，胡建辉．2013．印度矿业管理与政策．世界有色金属，(7)：20-23．

孙春强，陈丽萍．2010．世界主要国家矿业涉外政策的历史演变及现状．国土资源情报，(4)：15-17．

唐霞，熊永兰，王勤花．2016．国外水资源科技政策发展历程及对我国的启示．世界科技研究与发展，38 (1)：217-223．

万劲波，周艳芳．2002．中日水资源管理的法律比较研究．长江流域资源与环境，11 (1)：16-20．

王安建，王高尚，等．2002．矿产资源与国家经济发展．北京：地质出版社．

王海燕．2013．日本、韩国保障资源安全政策机制研究——以保障有色金属资源安全政策机制为例．行政管理改革，(8)：71-75．

王华春，郑伟，王秀波，等．2014．从南非矿法修改看其矿业政策发展变化．中国国土资源经济，(5)：50-53．

王华春，郑伟．2013．南非矿业投资法律制度概述．中国国土资源经济，(7)：57-62．

王家枢，张新安，张小枫．2000．矿产资源与国家安全．北京：地质出版社．

王威．2010．加拿大矿业政策动态．中国金属通报，(20)：38-40．

Wei Y，郑航，Langford J，等．2012．论变化环境下流域管理的知识创新．地球科学进展，27 (1)：52-59．

夏军，翟金良，占车生．2011．我国水资源研究与发展的若干思考．地球科学进展，26 (9)：905-915．

熊永兰，张志强，张树良，等．2009．矿产资源领域国际科技发展趋势分析．世界科技研究与发展，31 (6)：1162-1168．

徐焘．1991．加拿大矿业政策的历史沿革．中国地质经济，(3)：38-43．

许珂，任文利，王广强，等．2012．印度新矿业法规的修订特征及投资政策．国土资源情报，(8)：16-25．

杨翠柏．2008．印度能源政策分析．南亚研究，(2)：55-58．

殷俐娟．2005．国家矿产资源政策的目标与作用．国土资源科技管理，(1)：31-33．

尹晓亮．2016．经验与教训：日本石油储备战略的再认识．现代日本经济，(1)：22-31．

于文轩．2015．典型国家能源节约法制及其借鉴意义——以应对气候变化为背景．中国政法大学学报，(6)：122-133．

张季风．2015．日本能源形势的基本特征与能源战略新调整．东北亚学刊，(5)：25-32．

张秋明．2011．浅析加拿大矿业可持续发展计划．国土资源情报，(4)：28-32．

张晓林，张志强．2012．国际科学技术前沿报告 2012．北京：科学出版社．

张晓林，张志强．2013．国际科学技术前沿报告 2013．北京：科学出版社．

张泽．2009．国际水资源安全问题研究．中共中央党校博士学位论文．

赵硕刚．2013．发达国家能源政策及对我国的启示．宏观经济管理，(9)：87-89．

郑秉文．2009．纵观美日两国全球矿产资源战略．新远见，(2)：42-53．

郑军卫，张志强，孙德强，等．2012．油气资源科技发展特点与趋势．天然气地球科学，23 (3)：407-412，468．

中国科学院．2010．中国科学发展报告 2010．北京：科学出版社．

中国科学院．2013．科技发展新态势与面向 2020 年的战略选择．北京：科学出版社．

中国科学院矿产资源领域战略研究组．2009．中国至 2050 年矿产资源科技发展路线图．北京：科学出版社．

中国科学院水资源领域战略研究组．2009．中国至 2050 年水资源领域科技发展路线图．北京：科学出版社．

中华人民共和国国土资源部．2011a．中国矿产资源报告 2011．北京：地质出版社．

中华人民共和国国土资源部 . 2011b. 矿产资源节约与综合利用 "十二五"规划 . http://www. mlr. gov. cn/zwgk/zytz/201201/P020120116436982675507. pdf［2016-11-08］.

中华人民共和国国土资源部 . 2012. 中国矿产资源报告 2012. 北京：地质出版社 .

中华人民共和国国土资源部 . 2013. 中国矿产资源报告 2013. 北京：地质出版社 .

中华人民共和国国务院新闻办公室 . 2003. 中国的矿产资源政策 . http://www. hprc. org. cn/wxzl/zfbps/zhengf/200906/t20090628_12250. html.［2016-11-8］.

ADB. 2014. Diversification of Energy Supply：Prospects for Emerging Energy Sources. http://www. adb. org/sites/default/files/pub/2014/ewp-403. pdf.［2014-09-20］.

AMEC. 2014. Exploration Development Incentive. http://www. amec. org. au/policies/corporate- regulation- and-taxation/exploration- development- incentive.［2016-11-15］.

AMEC. 2014. Operational details for the Exploration Development Incentive. http://www. amec. org. au/download/Operational% 20Details% 20for% 20the% 20Exploration% 20Development% 20Incentive% 20EDI% 2002072014. PDF.［2016-11-15］.

Barraqué B. 2008. Integrated and participative river basin management：a social sciences perspective. Paper presented at the Conference River Basins：from Hydrological Science to Water Management，UNESCO，Paris，June 6-7，2008.

Biswas A K. 2004. Integrated water resources management：a reassessment. Water International 29（2），248-256.

BP. BP Energy Outlook 2017 Edition. http://www. bp. com/en/global/corporate/media/speeches/energy- outlook-2017- opening- remarks. html［2017-02-01］.

BP. 2016. BP Statistical Review of World Energy 2016. http://www. bp. com/en/global/corporate/energy-economics/statistical- review- of- world- energy/downloads. html［2016-12-01］.

Cap- Net. 2008. Indicators for Implementing IWRM at River Basin Level. http://www. cap- net. org/node/1494［2015-06-24］.

CSIRO. 2005. Light Metals Flagship. http://www. csiro. au/org/LightMetals. html.［2016-10-20］.

CSIRO. 2006. Australian offshore mineral locations map. http://www. csiro. au/~media/CSIROau/Flagships/Wealth% 20from% 20Oceans% 20Flagship/OffshoreMineralMapBrochure_WfO_PDF% 20Standard. pdf［2016-10-20］.

Mihalascu D. 2011. VW attacks proposed CAFE standards，goes to White House. http://www. inautonews. com/vw- attacks- proposed- cafe- standards- goes- to- white- house#. ULQP8aO1w1I.［2011-11-17］.

DEKORP Research Group. 1990. Result s of deep- seismicreflection investigations in theRhenishmassif. Tectonophysics，173：507-515.

DOE. 1998. Comprehensive National Energy Strategy. DOE/S-0124. Washington D. C. ：U. S. Department of Energy.

DOE. 2014. Strategic Plan（2014—2018）. http://energy. gov/sites/prod/files/2013/12/f5/Draft% 20DOE% 20Strategic% 20Plan% 2012-4-13% 20for% 20Public% 20Comment% 20FINAL. pdf［2014-03-02］.

DOE. 2006. An Interagency Roadmap for Methane Hydrate Research and Development. Washington D. C. ：U. S. Department of Energy.

DOE. 2007. Basic Research Needs for Geosciences：Facilitating 21st Century Energy Systems. Washington D. C. ：U. S. Department of Energy.

EC. 2015. Energy Union Package. http://ec. europa. eu/priorities/energy- union/docs/energyunion_en. pdf［2015-03-01］.

EC. 2005. Prospective Analysis of the Potential Non-conventional World Oil Supply: Tar Sands, Oil Shales and Non-conventional Liquid Fuels from Coal and Gas. http://ec. europa. eu [2007-08-10].

EIA. 2016a. International Energy Outlook 2016. https://www. eia. gov/outlooks/ieo/. [2016-10-12].

EIA. 2016b. U. S. Strategic Petroleum Reserve. https://www. eia. gov/dnav/pet/pet_stoc_typ_d_nus_SAS_mbbl_ m. htm. [2016-08-26].

Elsevier. 2011. Confronting the Global Water Crisis Through Research. http://info. scival. com/UserFiles/Water% 20Resources_WP_lr. pdf [2016-03-16].

ERI RAS, ACG RF. 2016. Global and Russian Energy Outlook 2016. https://www. eriras. ru/files/forecast_ 2016. pdf. [2016-12-28].

ERI RAS, ACG RF. 2014. Global and Russian Energy Outlook to 2040. https://www. eriras. ru/files/2014/ forecast_2040_en. pdf. [2014-04-21].

Ethical Markets. Globescan Sustainability Survey. 2009. http://www. ethicalmarkets. com/2010/01/28/globescan-sustainability-survey-2009-2/. [2016-1-18].

EU. 2010a. Directive 2010/30/EU of the European Parliament and of the Council. Official Journal of the European Union, (L153): 1-10. http://eur-lex. europa. eu/LexUriServ/LexUriServ. do? uri=OJ: L: 2010: 153: 0001: 0012: EN: PDF.

EU. 2010b. Critical raw materials for the EU. http://ec. europa. eu/enterprise/policies/raw-materials/files/docs/ report_en. pdf [2016-10-22].

EU. 2005. Strategy on the Sustainable Use of Natural Resources. http://ec. europa. eu/environment/natres/ [2016-10-22].

Europen Commission. 2012. http://www. europa. eu/rapid/press_release_MEMO_12_866_en. htm. [2018-1-3].

EEA. European waters current status and future challenges a synthesis. 2012. http://www. eea. europa. eu/ publications/european-waters-synthesis-2012 [2015-11-16].

Exxon Mobil. 2017. 2017 Outlook for Energy: A View to 2040. http://corporate. exxonmobil. com/en/energy/ energy-outlook/download-the-report/download-the-outlook-for-energy-reports. [2017-05-28].

Ferrero R C, Kolak J J, Bills D J, et al. 2012. U. S. Geological Survey Energy and Minerals Science Strategy. U. S. Geological Survey Open-File Report 2012-1072. Virginia: U. S. Geological Survey.

Gajewski D, Rabbel W. 1999. Seismic exploration of the deep cont inental crust methods and concepts of DEKORP and accompanying projects. Pageoph Topical Volumes, Birk us er, Basel. 1-376.

Hilson G. 2000. Sustainable development policies in Canada's mining sector: an overview of government and industry efforts. Environmental Science & Policy (3): 201-211.

Gilbert N. 2010. How to avert a global water crisis. Nature: doi: 10. 1038/news. 2010. 490Globescan. [2016-01-28].

Government of India. 2006. National Energy Map for India: Technology Vision 2030. http://www. psa. gov. in/pub-lications-reports/national-energy-map-india-technology-vision-2030-summary-policy-makers. [2008-09-12].

GSC. 2014. Geological Survey of Canada Strategic Plan 2013-2018. http://publications. gc. ca/collections/ collection_2014/rncan-nrcan/M184-3-2014-eng. pdf. [2014-04-26].

IEA. 2017a. Energy Technology Perspectives 2017: Catalysing Energy Technology Transformations. http:// www. iea. org/bookshop/758-Energy_Technology_Perspectives_2017. [2017-06-12].

IEA. 2017b. World Energy Outlook 2017 to include focus on China's energy outlook and the natural gas revolution. http://www. iea. org/newsroom/news/2017/march/world-energy-outlook-2017-to-include-focus-on-chinas-energy-outlook-and-the-natu. html. [2017-03-23].

IEA. 2014. IEA releases review of Russian energy policies. http://www. iea. org/newsroomandevents/news/2014/june/iea-releases-review-of-russian [2016-07-02].

IUGS. 2007. International Year of Planet Earth (2007-2009): Resource Issues-Towards Sustainable Use. http://www. yeaxofplanetearth. org [2016-10-24].

IWMI. 2009. Strategic Plan 2009—2013—Water for a Food-Secure World. http://www. iwmi. cgiar. org/About_IWMI/PDF/Strategic_Plan_2009-2013. pdf. [2016-1-8].

MAC. 2014. Towards Sustainable Mining Progress Report 2014. http://mining. ca/sites/default/files/documents/TSM_Progress_Report_2014. pdf [2016-10-13].

METI. 2006. New National Energy Strategy (Digest). http://www. enecho. meti. go. jp/en/reports/pdf/newnationalenergystrategy2006. pdf [2016-06-28].

METI. 2013. FY2013 Budget Request. http://www. meti. go. jp/english/aboutmeti/policy/fy2013/pdf/121115 budget. pdf. [2016-10-18].

METI. 2013. Emergency Economic Measures for the Revival of the Japanese Economy. http://www. meti. go. jp/english/aboutmeti/policy/fy2013/pdf/130131budget. pdf. [2016-10-18].

Mississippi River/Gulf of Mexico Watershed Nutrient Task Force. 2008. Gulf Hypoxia Action Plan 2008 for Reducing, Mitigating, and Controlling Hypoxia in the Northern Gulf of Mexico and Improving Water Quality in the Mississippi River Basin. Washington, DC.

National Energy Policy Development Group. 2001. National Energy Policy: Reliable, Affordable, and Environmentally Sound Energy for America's Future. Washington D. C. : U. S. Department of Energy.

NMTI. 2013. Strategy for the Mineral Industry. http://www. regjeringen. no/pages/38262123/strategyforthemineralindustry_2013. pdf [2016-10-20].

Norgaard R B. 1994. The process of loss: exploring the interactions between economic and ecological systems. Integrative & Comparative Biology, 34 (1): 145-158.

NPC. 2007. Facing the Hard Truths about Energy-A Comprehensive View to 2030 of Global Oil and Natural Gas. https://www. osti. gov/scitech/biblio/21085148-hard-truths-facing-hard-truths-about-energy-comprehensive-view-global-oil-natural-gas [2007-07-01].

NRC. 2010. Green Mining Initiative. http://www. nrcan-rncan. gc. ca/media/newcom/2010/201066a-eng. php. [2016-10-25].

NSF. 2005. Deep Science: A Deep Underground Science and Engineering Initiative. http://www. deepscienece. org/ [2016-10-27].

Office of Fossil Energy. 2016. DOE Announces $ 3. 8 Million Investment in New Methane Gas Hydrate Research. http://energy. gov/fe/articles/doe-announces-38-million-investment-new-methane-gas-hydrate-research [2016-09-20].

OIES. 2015. The Political and Commercial Dynamics of Russia's Gas Export Strategy. http://www. oxfordenergy. org/wpcms/wp-content/uploads/2015/09/NG-102. pdf [2015-10-02].

OIES. 2014. Key Determinants for the Future of Russian Oil Production and Exports. http://www. oxfordenergy. org/wpcms/wp-content/uploads/2014/07/Executive-Summary-Key-Determinants-for-the-Future-of-Russian-Oil-Production-and-Exports. pdf [2015-04-26].

OPEC. 2016. 2016 World Oil Outlook. http://www. opec. org/opec_web/en/publications/340. html. [2016-11-02].

OREG. 2011. Canada's Marine Renewable Energy Technology Roadmap. http://www. oreg. ca/web_documents/mre_roadmap_e. pdf [2011-11-12].

Parliament of Australia. 2006. National Water Initiative. http://www. aph. gov. au/Senate/committee/rrat_ctte/rural_water/report/report. pdf. ［2015-12-18］.

PHYS. ORG. 2013. Japan extracts 'fire ice' gas from seabed. http://phys. org/news/2013-03-japan-ice-gas-seabed. html ［2013-03-27］.

NSF. 2014. Selling and Buying Water Rights. http://www. nsf. gov/discoveries/disc_summ. jsp? cntn_id = 133173&org=NSF&from=news ［2014-10-20］.

SPC，EU. 2011. The Deep Sea Minerals Project. http://www. sopac. org/dsm/ ［2016-10-12］.

Task Force on Strategic Unconventional Fuels. 2006. Development of America's Strategic Unconventional Resources. Washington D. C. ： U. S. Department of Energy.

The International Energy Charter. 2016. Consolidated Energy Charter Treaty. http://www. energycharter. org/fileadmin/DocumentsMedia/Legal/ECTC-en. pdf. ［2016-01-17］.

The White House Office of the Press Secretary. 2014. President Barack Obama's State of the Union Address. http://www. whitehouse. gov/the-press-office/2014/01/28/president-barack-obamas-state-union-address. ［2014-01-28］.

The White House. 2015. Mobilizing ＄4 Billion in Private-Sector Support for Homegrown Clean Energy Innovation. https：//www. whitehouse. gov/the-press-office/2015/06/16/fact sheet-obama-administration-announces-more-4-billion-private-sector ［2015-06-18］.

UNESCO. 2006. Water，a Shared Responsibility - The United Nations World Water Development Report 2. http://unesdoc. unesco. org/images/0014/001444/144409e. pdf ［2015-03-22］.

UNESCO. 2010. HELP：Hydrology for the Environment，Life and Policy. http://unesdoc. unesco. org/images/0021/002145/214516E. pdf ［2016-01-15］.

United States Congress. 2005. Energy Policy Act of 2005. http://aceee. org/topics/energy-policy-act-2005 ［2006-01-12］.

United States Congress. 2007. Energy Independence and Security Act of 2007. http://aceee. org/topics/energy-independence-and-security-act-2007 ［2008-03-01］.

USDA ARS. 2011. Water Availability and Watershed Management National Program （2011）Action Plan FY 2011-2015. http://www. ars. usda. gov/research/programs/programs. htm? NP_CODE=211 ［2015-10-27］.

USGS. 2008. Assessment of Gas Hydrate Resources on the North Slope，Alaska. Fact Sheet 2008-3073. Virginia：U. S. Geological Survey.

USGS. 2007. Facing Tomorrow's Challenges—U. S. Geological Survey Science in the Decade 2007-2017. U. S. Geological Survey Circular 1309. Virginia：U. S. Geological Survey. http://pubs. usgs. gov/circ/2007/1309/. ［2008-07-08］.

USGS. 2005. The U. S. Geological Survey Energy Resources Program 5-Year Plan. Virginia：U. S. Geological Survey.

WHO. 2013. Water Quality and Health Strategy 2013-2020. http://www. who. int/water_sanitation_health/publications/2013/water_quality_strategy. pdf ［2015-4-13］.

第 3 章
污染防治与环境安全

工业革命在实现社会重大变革、将人类带入发展"快车道"的同时，也造成了严重的环境问题。20 世纪 30 年代以来，在欧洲、美洲、日本等工业发达国家和地区重大环境污染事件频频发生，如 1930 年的比利时马斯河谷事件、1943 年美国洛杉矶烟雾事件、1952 年英国伦敦烟雾事件和 1953～1968 年日本四日市哮喘病事件、20 世纪 70 年代北美死湖事件、1989 年雅典"紧急状态事件"等（秦悦，2013）。近年来，随着我国经济持续快速发展及工业化、城市化进程的加快，我国所面临的环境压力日益加剧，目前我国已经进入环境污染事件的高发期。在全球范围内，各界对环境污染事件的广泛关注使环境安全问题不断被提上日程，许多国家纷纷采取措施应对环境污染挑战。

由于环境安全问题的敏感性和重要性，国际污染防治与环境安全政策主要以相关法律、法规及制度为主，包括法律、行政法规、环境标准及其他规范性法律文件。本章内容根据国际污染防治与环境安全领域的特点，在构建该领域总体的科技政策体系框架的基础上，重点以大气污染领域和土壤污染领域为例，系统分析和阐述该领域科技政策的发展现状。

3.1 国际污染防治与环境安全领域科技政策框架

国际污染防治与环境安全领域科技政策体系如图 3-1 所示。整个政策体系的构建依据

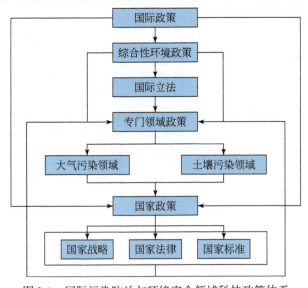

图 3-1 国际污染防治与环境安全领域科技政策体系

两条脉络：首先，从区域层面来看，国际污染防治与环境安全相关科技政策包括国际政策和国家政策；其次，从政策层面来看，国际污染防治与环境安全相关科技政策由总体环境政策和专门污染防治政策组成。同时，就政策的具体类型而言，在国际层面，主要以国际立法（如国际公约、国际协定等）为主；在国家层面，则主要包括国家战略（规划计划）、国家法律及国家标准等。

3.2　综合性国际污染防治与环境安全科技政策

自 1972 年以来，为推动全球共同应对环境安全挑战，联合国始终致力于在环境领域建立统一的、有普遍指导意义的准则及方针政策，主要包括《人类环境宣言》（1972 年）、《世界自然宪章》（1982 年）、《里约环境与发展宣言》（1992 年）、《21 世纪议程》（1992 年）、《千年宣言》（2000 年）及《约翰内斯堡可持续发展声明》等，这一系列的宣言、公约及相关文件共同形成了具有普遍约束力的、纲领性的国际污染防治与环境安全总体政策体系，反映了全球保护环境的共同信念和就环境问题达成的基本共识（薄燕，2007）。

3.2.1　《人类环境宣言》

1972 年 6 月，斯德哥尔摩联合国人类环境会议达成包括《人类环境宣言》在内的 3 份关于国际环境保护问题的重要决议，并于同年 10 月获得第 27 界联合国大会批准通过。《人类环境宣言》及其配套计划决议的出台是国际污染防治与环境安全科技政策发展的里程碑事件，是首次全球在真正意义上的针对日益严峻的环境问题所作出的共同努力（许乃丹，2012）。

《人类环境宣言》共分为两大部分。第一部分阐释了有关环境问题的 7 项共识，包括关于"人既是环境的产物，又是环境塑造者"的人与环境关系的认识、关于"保护和改善环境对世界各国人民的幸福和发展具有重大意义"的责任和能力认识、关于为改善和解决环境问题而开展国际合作的认识等。该宣言同时强调：尽管人口自然增长会导致一系列的环境问题，但人类保护环境的能力也会随社会进步和科技发展而不断增强。第二部分明确了用于指导人类环境保护事业的 26 项基本原则（UN，2012）。

作为《人类环境宣言》的配套实施细则，全球环境保护《行动计划》则进一步明确了有关建立环境评价与管理机制及制定相应的支持政策等事宜，并强调了国际合作的重要性。而《关于机构和资金安排的决议》则确立了全球共同开展环境保护行动的组织协调机制即成立联合国环境保护专门机构联合国环境规划署（United Nations Environment Programme，UNEP），为与环境污染、环境安全相关的国际法和国际公约的制定及各国在环境保护方面的相互协调、统一行动提供了组织保障。

3.2.2 《里约热内卢环境与发展宣言》

1992 年 6 月 3~14 日，在巴西里约热内卢召开的"联合国环境与发展大会"成为国际环境保护和国际污染防治与环境安全科技政策发展进程中的又一里程碑事件。此次大会是在全球环境问题及所面临的发展挑战日趋严重的背景下召开的，旨在重申《人类环境宣言》所达成的重要共识和原则，总结自首次人类环境会议召开 20 年来全球环境保护行动的经验教训，敦促各国积极行动并加强国际合作，扭转环境污染持续恶化的趋势。会议最终通过了《里约环境与发展宣言》《21 世纪议程》和《关于森林问题的原则声明》3 份决议文件，并签署了 2 项条约即《联合国气候变化框架公约》和《生物多样性公约》（许乃丹，2012；UN，2012）。

《里约环境与发展宣言》（简称《里约宣言》）从"发展权"的角度，明确了各国公民参与环境保护决策的权利和环境知情权不仅对促进国际环境立法具有积极的推动作用，而且成为各国制定和完善本国环境法律法规的重要指导。《里约宣言》在《人类环境宣言》的基础上，再次将全球共同应对环境问题的认识和行动水平提升至新的高度（许乃丹，2012；UN，2012）。

3.2.3 《21 世纪议程》

《21 世纪议程》是为全面落实《里约宣言》而制定的行动计划，是继 1972 年联合国人类环境会议制定的《行动计划》之后又一项有关全球应对环境和发展问题的联合行动计划。它详细阐释了人类在环境保护与可持续发展之间应当做出的选择和行动方案，涉及与可持续发展有关的所有领域，不仅是首个"全球可持续发展行动方案"，而且也是 21 世纪人类解决环境问题的综合行动蓝图。《21 世纪议程》不仅对强化应对环境问题的全球合作及关于环境保护的国际及国家立法具有重要的推动作用，而且对环境政策发展而言，开辟了"将环境、经济和社会关注事项纳入统一政策框架"的新时代（许乃丹，2012）。

作为《21 世纪议程》重要内容，其制定了有关资源合理利用与环境保护的详细行动方案，包括控制大气污染、水、土等自然资源保护与可持续利用、生物多样性保护、防治土地荒漠化、防灾减灾、强化固体废物无害化管理等（UN，2002）。

3.3 大 气 污 染

大气污染是各国工业化进程中普遍遇到的问题，也是全球最严峻的环境问题之一。自工业革命以来，欧美发达国家最先经历了大气污染问题，发生了以英国伦敦烟雾事件、美国洛杉矶烟雾事件等为代表的震惊世界的大气污染事件。目前，发展中国家也面临着严重的大气污染问题。尤其是，我国近年来频繁出现的区域性霾天气，引起了全社会对大气质量问题的高度关注。大气污染已严重影响着自然环境和人类健康，全球大气污染治理迫在眉睫。

纵观发达国家的大气污染防治历程，严重大气污染事件的发生使发达国家开始重视大气污染的治理。发达国家通过采取一系列的政策举措，经过几十年的努力，有效控制了大气污染问题，显著改善了环境空气质量（焦志强等，2014），其相关科技政策发展的成功经验无疑为我国加快空气质量改善提供了借鉴。

3.3.1　国际大气污染防治领域科技政策框架

3.3.1.1　主要国际政策

（1）消除跨界空气污染的国际立法

欧洲国家为控制、削减和防止远距离跨国界的空气污染，1979 年联合国欧洲经济委员会（United Nations Economic Commission for Europe，UNECE）主持签订了《远距离越境空气污染公约》，并于 1983 年 3 月 16 日生效。该公约除规定了减少空气污染国家合作的一般原则外，还建立了结合研究和政策的制度框架。在机构设置方面，公约的执行机构由各缔约国的代表组成，每年召开一次会议，会议内容主要包括回顾正在进行的工作、未来的政策计划及第二年的工作计划。其中，效应问题工作组、欧洲空气污染物远距离传输的监测和评价合作方案指导机构、策略和检讨问题工作组三个附属机构及会议的执行委员会，每年都要向执行机构做汇报。在公约的主要内容方面，公约对空气污染和远距离跨界空气污染作了界定，规定了控制远距离跨界空气污染的基本原则，制定了有关空气质量管理、研究和开发、信息交换、监测和评价欧洲远距离跨界空气污染合作方案等内容（UNECE，1979；World Encyclopedia of Law，2012；蔡先凤，2004）。

目前，该公约共签订了 8 项议定书（Air Pollution Information System，2014），包括：①1984 年《关于欧洲远距离越境空气污染物监测与评价合作方案长期融资的议定书》（42个缔约方，1988 年 1 月 28 日生效）；②1985 年《关于至少减少 30% 硫排放或其跨界流动的议定书》（24 个缔约方，1987 年 9 月 2 日生效）；③1988 年《关于控制氮氧化物及其跨界流动的议定书》（1991 年 2 月 14 日生效）；④1991 年《关于控制挥发性有机化合物排放及其跨界流动的议定书》（23 个缔约方，1997 年 9 月 29 日生效）；⑤1994 年《关于进一步减少硫排放的议定书》（28 个缔约方，1998 年 8 月 5 日生效）；⑥1998 年《关于重金属的议定书》（29 个缔约方，2003 年 12 月 29 日生效）；⑦1998 年《关于持久性有机污染物的议定书》（29 个缔约方，2003 年 10 月 23 日生效）；⑧1999 年《关于减少酸化、富营养化和地面臭氧的议定书》（25 个缔约方，2005 年 5 月 17 日生效）。

（2）臭氧层保护的国际立法

20 世纪 70 年代末期，UNEP 和世界气象组织（World Meteorological Organization，WMO）等国际环境和科学组织将臭氧层破坏问题提上了议程（Wettestad，2001）。1977 年3 月，UNEP 在美国华盛顿召开了政府和非政府组织的联席会议，会议通过了第一个"关于臭氧层行动的世界计划"。1977 年 5 月，UNEP 和 WMO 设立了臭氧层国际协调委员会（CCOL），以氯氟烃（Chloro-Fluoro-Carbon，CFCs）为调查对象，开始协调对这些物质生产和使用的国际控制措施。1981 年 5 月，UNEP 建立了全球臭氧层保护框架公约的法律和技术特别工作组，以起草保护臭氧层的一项全球性公约。1985 年 3 月，UNEP 在奥地利维也纳举行的会议上通过了《保护臭氧层维也纳公约》。1987 年 9 月，UNEP 在加拿大蒙特利尔召开会议，通过了《关于消耗臭氧层物质的蒙特利尔议定书》（简称《蒙特利尔议定书》）（Sand，1985；UNEP，1985；UNEP，1987）。

《保护臭氧层维也纳公约》于 1988 年 9 月 22 日生效，旨在通过臭氧层保护，防止人类健康和环境受到潜在的不利影响，并要求缔约方通过系统的观察、研究和信息交流进行合作，以更好地理解和评估人类活动对臭氧层的影响；采取适当的立法或管理举措控制、减少或预防人类活动破坏臭氧层；共同制定公约实施的措施、程序和标准；配合国际组织有效实施公约及其协议。虽然公约未要求各国采取具体行动来控制臭氧消耗物质，但为后续采取控制 CFCs 的国际性措施做了必要的准备。公约要求缔约方每 3 年召开一次会议。公约还包含了 2 个信托基金：①《维也纳公约》信托基金，主要为公约提供财政支持；②研究和系统观察信托基金，主要资助与公约有关的发展中国家和经济转型国家开展某些研究和观察活动（UNEP，1985；国家环境保护总局国际合作司，2007；黄洪涛，2004）。

《蒙特利尔议定书》于 1989 年 1 月 1 日起生效，旨在减少臭氧消耗物质的生产和消费，以减少其在大气中的含量，从而保护臭氧层。议定书具体规定了各缔约方减少 CFCs、哈龙、其他全卤化氯氟烃、四氯化碳、甲基氯仿、氢氯氟烃和甲基溴等消耗臭氧层物质的生产和使用应采取的管制措施。议定书自通过以来，已举行了 26 次缔约方会议，并进行了 6 次调整，即缔约方第 2、第 4、第 7、第 9、第 11 和第 19 次会议对某些受管控物质的生产和消费量进行了调整。缔约方第 2、第 4、第 9 和第 11 次会议还通过了议定书的 4 项修正案，即伦敦修正案（1990 年）、哥本哈根修正案（1992 年）、蒙特利尔修正案（1997 年）和北京修正案（1999 年）。从整体上看，议定书得到了较好的执行，有关国家在臭氧保护方面确实采取了实质性行动（UNEP，1987；王蕾，2010）。

（3）国际大气污染控制相关标准

世界卫生组织（World Health Organization，WHO）于 1987 年首次提出了《欧洲空气质量准则》，并于 1999 年进行了更新。2006 年，WHO 基于空气污染物健康影响研究的最新科学证据，发布了适用全球的最新《空气质量准则》（Air Quality Guidelines，AQG），对颗粒物（Particulate Matter，PM）、臭氧（O_3）、二氧化氮（NO_2）和二氧化硫（SO_2）4 种典型污染物的空气质量指导值进行了修订（表3-1），旨在就减少空气污染对健康的影响提供全球性指导，为世界各地制定适合当地的目标和政策提供信息与选择。考虑到部分污染较严重的国家在短期内实现修订的准则值可能非常困难，除准则值外，WHO 还给出了这几种污染物的过渡时期目标值。但逐步达到准则值仍应该是所有地区空气质量管理和降低健康风险的最终目标（WHO，2006）。

表3-1 WHO 对于颗粒物、O_3、NO_2 和 SO_2 的空气质量准则和过渡时期目标

（单位：$\mu g/m^3$）

污染物	PM$_{10}$		PM$_{2.5}$		O$_3$	NO$_2$		SO$_2$	
	年平均浓度	24h 浓度	年平均浓度	24h 浓度	8h 平均浓度	年平均浓度	1h 平均浓度	24h 平均浓度	10min 平均浓度
过渡时期目标-1	70	150	35	75	160	—	—	125	
过渡时期目标-2	50	100	25	50	—	—	—	50	
过渡时期目标-3	30	75	15	37.5	—	—	—		
空气质量准则值	20	50	10	25	100	40	200	20	500

3.3.1.2 主要国家和地区政策

（1）欧盟

20 世纪 80 年代开始，欧盟开始发展环境保护相关的政策，其中空气污染是其重点关注的领域之一。欧盟大气污染防治的主要政策手段包括环境空气质量指令和国家排放上限指令。具体来说，分为 5 类：环境空气质量方面的指令、固定源大气污染排放方面的指令、易挥发有机化合物（Volatile Organic Compounds，VOCs）方面的指令、国家排放上限方面的指令以及运输工具与大气环境方面的指令（刘洁等，2011；胡必彬和孟伟，2005）。表3-2 列出了欧盟主要的环境空气质量立法和污染物排放立法。《关于欧洲空气质量及更加清洁的空气指令》（2008 年）为常见的空气污染物设定了最新的标准（表3-3）。

表3-2 欧盟环境空气质量立法和污染物排放立法

分类	名称	指令号	主要内容
环境空气质量立法	关于环境空气质量评价与管理指令（又称空气质量框架指令）	96/62/EC 指令	对 12 种污染物进行了规定（SO$_2$、NO$_2$、Pb、PM、O$_3$、苯、CO、多环芳烃（polycyclic aromatic hydrocarbons，PAH）、Cd、As、Ni 和 Hg）
	关于 SO$_2$、NO$_2$、NO$_x$、颗粒物和 Pb 在环境空气中的限值指令	1999/30/EC 指令	规定了 5 种污染物的年均限值，以及 SO$_2$ 在 1h、24h 和冬季 NO$_2$ 在 1h、PM 在 24h 的平均限值
	关于苯和 CO 在环境空气中的限值的指令	2000/69/EC 指令	苯的年均值和 CO 的每天 8h 平均的最大值
	关于 O$_3$ 在环境空气中的目标值的指令	2002/3/EC 指令	该指令的目的在于避免、预防或减少 O$_3$ 对人体健康和环境的伤害；该指令分别规定了保护人体健康和植被的中期（2010）和长期的 O$_3$ 目标值

续表

分类	名称	指令号	主要内容
环境空气质量立法	关于砷、镉、汞、镍和多环芳烃在环境空气中的限值的指令	2004/107/EC 指令	规定了 As 等污染物 2012 年的目标浓度值
	关于欧洲空气质量及更加清洁的空气指令	2008/50/EC 指令	合并了以前的空气质量指令，规定了 $PM_{2.5}$ 2010 年的目标浓度值。建立了区域空气质量监测与评价制度
污染物排放标准立法	关于限制大型焚烧厂空气污染物排放限值的指令	2001/80/EC 指令	规定了成员方各自现有大型焚烧厂 SO_2 和 NO_x 在 2003 年的最高年排放量和在 1980 年基础上的减少率
	关于废物焚烧的指令	75/439/EEC 指令	经多次修订，规定了窑废物焚烧时的多种污染物的排放限值
	关于 VOCs 排放限值的指令	94/63/EC 指令	94/63/EC 指令的目的是预防对减少加油站汽油储藏和加油时 VOCs 对大气污染的规定
	关于协调成员国机动车内燃发动机空气污染控制的指令	70/220/EEC 指令	规定了不同质量、不同燃料（汽油和柴油）机动车的 CO、HC、NO_x 和 PM 的排放量
	关于协调成员国非道路可移动机器气态和颗粒物污染物排放控制措施的指令	97/68/EC 指令	规定了非道路可移动机器的 CO、HC、NO_x 和 PM 排放限值
	关于汽油和柴油质量的指令	93/12/EC 指令	为汽油和柴油的硫污染物排放制定了技术规范
	关于成员国某些大气污染物的最高排放量的指令	2001/81/EC 指令	规定了成员国在 2010 年前应实现的 SO_2、NO_x、VOC 和 NH_3 的排放量。
	工业排放（污染综合预防与控制）指令	2010/75/EC 指令	对各成员国依据该指令制定排放标准的最佳可行技术（BAT）原则做了详细的规定

资料来源：EC，2015a；胡必彬和孟伟，2005。

表 3-3　欧盟环境空气质量标准

污染物	浓度	平均周期	法律性质	每年允许超标天数
$PM_{2.5}$	$25\mu g/m^3$	1 年	目标值于 2010 年 1 月 1 日起生效；限制值将于 2015 年 1 月 1 日起生效	不允许超标
SO_2	$350\mu g/m^3$	1h	限制值于 2005 年 1 月 1 日起生效	24
	$125\mu g/m^3$	24h	限制值于 2005 年 1 月 1 日起生效	3
NO_2	$200\mu g/m^3$	1h	限制值于 2010 年 1 月 1 日起生效	18
	$40\mu g/m^3$	1 年	限制值于 2010 年 1 月 1 日起生效	不允许超标
PM_{10}	$50\mu g/m^3$	24h	限制值于 2005 年 1 月 1 日起生效	35
	$40\mu g/m^3$	1 年	限制值于 2005 年 1 月 1 日起生效	不允许超标
Pb	$0.5\mu g/m^3$	1 年	限制值于 2005 年 1 月 1 日起生效	不允许超标

续表

污染物	浓度	平均周期	法律性质	每年允许超标天数
CO	10mg/m³	每日最高8h平均	限制值于2005年1月1日起生效	不允许超标
苯	5μg/m³	1年	限制值于2010年1月1日起生效	不允许超标
O₃	120μg/m³	每日最高8h平均	目标值于2010年1月1日起生效	连续3年平均不超过25天
As	6ng/m³	1年	目标值于2012年12月31日起生效	不允许超标
Cd	5ng/m³	1年	目标值于2012年12月31日起生效	不允许超标
Ni	20ng/m³	1年	目标值于2012年12月31日起生效	不允许超标
PAH	1ng/m³（以苯并[a]芘浓度表示）	1年	目标值于2012年12月31日起生效	不允许超标

资料来源：EC，2015b。

欧盟在大气污染防治的立法中，除了构建相关的环境影响评价制度、排污申报登记制度、排污许可制度、排放权交易制度、大气污染环境税费制度外，还创立了区域空气质量监测与评价制度、国家排放上限与核查制度、区和块管理与监督制度、环境空气计划与联控制度4个重要法律制度（武欣鹏，2010）。

2001年3月，欧盟委员会启动了《欧洲清洁空气计划》（*the Clean Air for Europe programme*，CAFE），旨在制定长期的、战略性和综合性政策，以防止空气污染对人类健康和环境的负面影响。CAFE的目标包括：①开发、收集和验证有关空气污染影响的科学信息（包括排放清单的确认，空气质量评价、预测、成本效益研究和综合评估模型）；②支持现有立法的正确实施和成效回顾，并在必要时制定新的建议；③确保在相关层面上采取必要的措施；④制定一项包含适当目标和成本效益措施的综合战略，第一阶段计划的目标是PM、O₃、酸雨及对文化遗产的破坏。科技投入是实施CAFE的关键（Commission of the European Communities，2001）。

2005年9月21日，欧盟委员会通过了《空气污染主题战略》（*Thematic Strategy on Air Pollution*），其主要目标是实现空气质量达到不显著影响人类健康和环境的水平。与2000年相比，该战略到2020年的具体长期目标为：因PM暴露导致的预期寿命损失减少47%；因臭氧暴露导致的急性死亡减少10%；在林区和表层淡水区分别减少74%和39%的过量酸沉降；使富营养化的区域或生态系统减少43%。为实现这些目标，SO₂的排放量需减少82%，NOₓ的排放量需减少60%，VOCs的排放量需减少51%，氨气的排放量需减少27%，直接排放到大气中的PM₂.₅需减少59%。这项主题战略的执行费用大约需要71亿欧元，但其带来的效益将超过420亿欧元，其中包括减少过早死亡人数、减少医疗费用和提高劳动力等带来的经济和社会效益（Commission of the European Communities，2005）。

2011～2013 年，欧盟委员会全面审查了欧盟在空气质量保护方面的现行政策，并于 2013 年 12 月 18 日通过了"清洁空气政策包"（the Clean Air Policy Package）。该政策包包括：①欧洲新的清洁空气计划与措施，以确保现有目标在短期内得以实现，并将规定到 2030 年的空气质量目标；②帮助减少空气污染的支持措施，重点是改善城市空气质量，支持研究和创新，促进国际合作；③修订后的国家排放上限指令，对 6 种主要空气污染物制定了更为严格的排放上限；④提议制定减少中型燃烧设备污染的指令。这是欧盟在清洁空气领域的最新进展。到 2030 年，"清洁空气政策包"估计能避免 5.8 万人的过早死亡；保护 12.3 万 km^2 区域的生态系统免遭氮污染；保护 1.9 万 km^2 的森林生态系统免遭酸雨的侵害；带来的健康效益就能为社会节省 400 亿～1400 亿欧元的成本（EC，2013a）。

（2）美国

美国对空气质量的管理过程主要涉及建立空气质量相关的目标、确定污染物排放的减少量、制定控制策略、实施污染控制策略、进行科学研究和评估。在环境立法方面，美国是较早制定空气污染防治法律的国家。1955 年，美国制定了《空气污染控制法》（Air Pollution Control Act，APCA），这是美国历史上第一部全国统一的空气立法。1960 年和 1962 年，美国国会对该法分别进行了修订。1963 年，美国颁布了《清洁空气法》1967 年，美国国会颁布了《空气质量法》（Air Quality Act，AQA）。1970 年，美国国会对《清洁空气法》进行了重大修订。修订后的《清洁空气法》成为固定和移动污染源排放监管的全面联邦法律。此外，该法还授权美国环境保护署（EPA）建立《国家环境空气质量标准》（National Ambient Air Quality Standards，NAAQS）、州实施计划、新源执行标准和有毒空气污染物的国家排放标准（王倩，2009；徐宝华，2008）。该法分别于 1977 年和 1990 年再次进行了修订。美国国家空气污染治理政策中的一些重要立法见表 3-4（EPA，2013；李欣，2012；沈慧，2014）。

表 3-4 美国大气污染防治重要立法

年份	立法名称	主要内容
1955	APCA	第一次联邦空气污染控制立法。州和地方政府仍是控制空气污染的主要责任人，但联邦政府可以通过提供调研、培训与技术援助的方式帮助州和地方空气污染治理机构。为各州研究空气污染来源和范围提供了专项资金。1960 年和 1962 年通过了其修正案
1963	《清洁空气法》	该法的主要内容有：①提高、强化并加速治理空气污染的各项计划。②要求联邦健康教育福利部（Health，Education and Welfare，HEW）处理跨州空气污染问题，以及在州和地方机构提出申请后处理州内或地方内部空气污染问题。③承认了机动车对空气污染的影响。该法鼓励为固定污染源与机动车污染源制定排放标准，并授权联邦政府采取措施减少因高硫煤燃烧而造成的跨州空气污染

续表

年份	立法名称	主要内容
1965	《机动车空气污染控制法》	授权 HEW 制定新型汽车排放标准（没规定最后期限），应对全球大气污染并呼吁开展更多研究调查。该法的主要内容包括：①HEW 部长应适当考虑技术与经济因素，为各类机动车或机动车发动机规定切合实际的标准，防治或控制空气污染。②HEW 通过试验、研究等手段检测机动车或发动机后，如果认为符合标准有权向制造商发放合格证书。③进口到美国的机动车或发动机如果违反该法要求，不得引进美国。④1966 年 6 月 30 日前，国会为该法拨款 47 万美元；1967 年 6 月 30 日前，国会拨款不得超过 84.7 万美元
1967	AQA	该法的主要内容包括：①在全国建立州内与跨州空气质量控制区，并以地区为准制订与实施空气质量标准。②州提交的空气质量标准得到批准后，必须向 HEW 提交一份具体达成目标的计划书。在该计划中，州需要指出达成地区空气质量标准所需的方法与时间安排。③该法指出联邦要对设立全国统一固定污染源排放标准的必要性及其所能带来的效果进行调查研究。④在机动车污染控制方面，该法指出要设立全国统一的联邦标准，并要对燃料添加剂进行登记。⑤联邦政府要加大研发空气污染治理问题活动的力度。⑥建立起一个由 15 人组成的空气质量顾问委员会，为总统提供必要的帮助及提供相关信息。同时还要建立一个顾问组，为 HEW 提供意见及建议。⑦国会授权联邦解决跨州空气污染问题，在州提出要求时联邦也可以介入解决州内空气污染问题。在紧急状态下，HEW 部长在接到法院命令时有权行动，直接介入空气污染治理工作。⑧国会在 1967 年 6 月 30 日前拨款不得超过 9900 万美元，在 1968 年 6 月 30 日前拨款不得超过 1.45 亿美元，在 1969 年 6 月 30 日前不得超过 1.843 亿美元
1970	《清洁空气法修正案》	①授权 EPA 为 6 种（CO、SO_x、NO_x、固体颗粒物、Pb 和 O_3）空气污染物设定两个级别的国家空气质量标准。②授权环保局全面负责新固定污染源排放标准的制定，现有污染源排放标准仍由州负责。③要求环保局严格控制机动车，特别是新机动车尾气排放污染。④要求各州必须提交州执行计划。⑤要求全国建立更多的监测点，以便得到更为准确与全面的空气质量信息数据
1990	《清洁空气法修正案》	酸雨控制；实施行政许可；扩大、确定有毒污染物清单（共 189 种）；修改部分条文达到 NAAQS；逐步淘汰损害臭氧层的化学品使用
2005	清洁空气州际法规	该法案旨在通过同时削减 SO_2 和 NO_x 帮助各州的近地面 O_3 和细颗粒物达到环境空气质量标准

制定并实施环境空气质量标准是美国控制大气污染的核心（王占山等，2013）。根据《清洁空气法》要求，1971 年 4 月 30 日，EPA 首次制定发布了《国家环境空气质量标准》（NAAQS）。到 2010 年，EPA 先后对 NAAQS 进行了十次修订。NAAQS 包括两种类型：一类是针对公众健康保护的一级标准，包括保护哮喘患者、儿童和老年人等敏感人群的健康；另一类是针对社会福利保护的二级标准，包括防止能见度降低和防止对动物、植物、农作物与建筑物等的损害。每类标准基本由污染物项目、平均时间、浓度限值和达标统计要求四部分内容构成。NAAQS 设置了 PM、NO_2、CO、Pb、O_3 和 SO_2 6 种重点污染物两种

类型的浓度限值（EPA，2014；纪翠玲和贾朋群，2008；李锦菊和沈亦钦，2003）。美国最新的 NAAQS 见表 3-5。

表 3-5 美国环境空气质量标准

污染物		一级标准/二级标准	平均时间	浓度限值	达标统计要求
CO		一级	8h	9ppm	每年不能超标 1 次
			1h	35ppm	
Pb		一级和二级	3 个月平均	$0.15\mu g/m^3$	不允许超标
NO_2		一级	1h	100ppb	3 年内不低于 98% 的 1h 日最大浓度不超过该限值
		一级和二级	1 年	53ppb	年平均
O_3		一级和二级	8h	0.075ppm	每年第四高的日最大 8h 浓度的 3 年均值不能超标
颗粒物	$PM_{2.5}$	一级	1 年	$12\mu g/m^3$	3 年内每年年均值不超过该限值
		二级	1 年	$15\mu g/m^3$	3 年内每年年均值不超过该限值
		一级和二级	24h	$35\mu g/m^3$	3 年内不低于 98% 的日均浓度不超过该限值
	PM_{10}	一级和二级	24h	$150\mu g/m^3$	3 年内每年不能超标 1 次
SO_2		一级	1h	75ppb	3 年内不低于 99% 的 1h 日最大浓度不超过该限值
		二级	3h	0.5ppm	每年不能超标 1 次

注：$ppm = 10^{-6}$；$ppb = 10^{-9}$。

1980 年，美国启动了国家酸沉降评价计划（National Acid Precipitation Assessment Program，NAPAP），研究期限为 10 年，是一个针对酸雨对环境和人体健康影响的科研、监测及评估计划，涉及 SO_2 和 NO_2 的来源、影响与控制。NAPAP 对 6 个联邦机构〔EPA、能源部、农业部、美国内政部、国家航空航天局（National Aeronautics and Space Administration，NASA）、国家海洋和大气管理局（National Oceanic and Atmospheric Administration，NOAA）〕起着协调的作用，促进其成员间的合作（Irving，1992；NOAA，2005）。NAPAP 于 1990 年进行了改组。根据 1990 年的《清洁空气法》修正案，美国国会提出了《酸雨计划》（Acid Rain Program，ARP），以重点减少电力行业的 SO_2 和 NO_x 排放。ARP 引入了基于市场激励措施的排污总量控制和交易制度，力图使电力行业 SO_2 排放总量在 1980 年的水平上下降 50%（关阳，2011）。ARP 分两个阶段实施。第一阶段开始于 1995 年，将东部和中西部 21 个州的重点燃煤机组排放源纳入计划；第二阶段开始于 2000 年，将扩大限制对象，包括将其他一些燃煤、燃油和燃气机组纳入计划，同时也收紧了 SO_2 的排放上限。自 1995 年以来，ARP 的实施显著减少了 SO_2 和 NO_x 的排放（EPA，2015；关阳，2011）。

（3）英国

立法是英国治理大气污染的主要措施。1952 年发生的伦敦烟雾事件推动了大气污染防治法律的出台。1956 年，英国颁布了《清洁空气法》，对英国的空气质量，特别是对解决烟尘与 SO_2 问题起到了重大作用，是英国防治大气污染最重要的法律。1968 年，英国颁布了《清洁空气法》修正案，进一步禁止黑烟排放。除《清洁空气法》以外，英国在 1956

年后针对大气污染防治颁布的法律还包括 1974 年的《污染控制法》、1981 年的《汽车燃料（汽油铅含量）条例》、1989 年的《空气质量标准条例》、1990 年的《环境保护法》、1991 年的《道路车辆条例》、1995 年的《环境法》等及欧盟有关的指令，一些相关的重要立法见表 3-6（UK Air Pollution，2015a；陈健鹏，2016；许建飞，2014）。

表 3-6 英国大气污染防治相关立法

年份	立法名称	主要内容
1956	《清洁空气法》	其主要内容包括：禁止排放黑烟，如烟囱、汽车等；制定无烟区；防止煤烟，对排放煤烟的设备，要安装除尘和除硫设备；规定烟囱的高度
1968	《清洁空气法修正案》	扩大 1956 年清洁空气法的煤烟控制规定，要求工业企业建造高大的烟囱，加强疏散大气污染物，进一步禁止黑烟排放
1970	欧盟 70/220/EEC 指令	采取措施应对机动车气体点燃式发动机相关的空气污染，限制来自汽油发动机的一氧化碳和碳氢化合物的排放
1972	欧盟 72/306／EEC 指令	采取措施应对机动车柴油发动机排放的空气污染物，限制来自重型车辆的黑烟排放
1974	《污染控制法》	允许对机动车燃料组成进行监管，规定了燃油中硫含量的限值
1975	欧盟 75/716／EEC 指令	关注某些液体燃料中的硫含量。定义了两种类型的瓦斯油（柴油和取暖油），分两个阶段限制这些燃料中的硫含量
1978	欧盟 78/611/EEC 指令	关注汽油中的铅含量，将汽油的最大允许铅含量限制在 0.4g/L 以下
1982	欧盟 82/884/EEC 指令	规定了铅在空气中的限值
1987	欧盟 88/77/EC 指令	规定应对车辆柴油发动机气态污染物排放的措施，控制重型车辆气态污染物排放
1988	欧盟 88/609／EEC 指令	限制来自发电站及其他大型燃烧厂的 SO_2、NO_x 和 PM 排放
1990	《环境保护法》	许多较小的空气污染排放源第一次由地方政府控制，为可能造成污染的工业过程建立综合污染控制系统
1991	《道路车辆条例》	制定汽油汽车和轻型货车在运输部测试中的 CO 和 HC 排放标准
1995	《环境法》	该法案对空气污染、水质污染和土地污染均制定了相应的对策。其中，特别对汽车尾气排放制定了具有针对性的控制措施。要求政府出台国家空气质量战略，制定主要污染物的空气质量标准和目标

1995 年英国的《环境法》要求政府制定一个在全国范围内对空气污染进行综合治理的长期战略。针对这一法案，英国政府于 1997 年颁布了《国家空气质量战略》，成为欧洲第一个制定空气质量战略的国家。该战略提出了英国面临的空气质量问题，规定了政府需要设置的目标，以及实现这些目标的政策。该战略旨在通过以下方面为空气质量改善提供清晰的框架：①一个简单清晰的政策框架；②符合实际而又具有挑战的目标；③帮助实现目标的监管和财政激励措施；④成本和效益分析；⑤监测和研究，以提高对污染的认识；⑥提高公众意识的信息。《国家空气质量战略》设定了 8 种主要污染物排放的空气质量标

准和目标（UK Air Pollution，2015b；蔡岚，2014），见表3-7。在《国家空气质量战略》的要求下，英国各地也相继发布了地方空气质量战略。2000年，英格兰、苏格兰、威尔士和北爱尔兰制定了空气质量战略。2001年，伦敦市发布了《空气质量战略草案》致力于进一步提高伦敦的空气质量。

表3-7 英国国家空气质量标准和具体目标

污染物	标准		目标达成日期
	浓度	统计方式	
苯	5ppb	年均值	2003年12月31日
1，3-丁二烯	1ppb	年均值	2003年12月31日
CO	10ppm	8h均值	2003年12月31日
Pb	$0.5\mu g/m^3$	年均值	2004年12月31日
	$0.25\mu g/m^3$	年均值	2008年12月31日
NO_2	105ppb 每年不超过18次	1h均值	2005年12月31日
	21ppb	年均值	2005年12月31日
PM	$50\mu g/m^3$ 每年不超过35次	24h均值	2004年12月31日
	$40\mu g/m^3$	年均值	2004年12月31日
SO_2	132ppb	1h均值	2004年12月31日
	47ppb	24h均值	2004年12月31日
	100ppb	15min均值	2005年12月31日
O_3（不适用于地方空气质量管理）	50ppb	每日最高8h均值	2005年12月31日

（4）日本

20世纪50～70年代，日本大气污染问题非常严重，为此，日本制定了不少专门针对大气污染的法律。1962年，针对烟尘排放，制定了《煤烟限制法》；1967年，制定了《公害对策基本法》；1968年颁布了《大气污染防治法》，后又进行了多次修订；1992年，为削减汽车氮氧化物排放，制定了《汽车氮氧化物法》，并于2001年进行修订，更名为《关于在特定地区削减汽车排放氮氧化物及颗粒物总量的物别措施法》（简称《汽车NO_x-PM法》）（The Good Air Lady，2005；环境省，2014；杨波和尚秀莉，2010；曲阳，2013；吴慧玲，2016；孙洪等，1995；傅喆和寺西俊一，2010）。表3-8列出了日本大气污染防治中的几部重要立法。

表3-8 日本大气污染防治相关立法

年份	立法名称	主要内容
1962	《煤烟限制法》	首次对煤烟（二氧化硫）、硫化氢、氨等有害物质进行了限制。但该法设立的限制标准极为宽松
1968	《大气污染防治法》	日本大气污染管制的专门法律。旨在实施空气质量监测系统，对固定污染排放源进行控制，制定汽车尾气的排放标准。1970年以后，对该法进行了多次修订，逐渐扩大对其他有害物质的限制，并引入总量控制制度等

续表

年份	立法名称	主要内容
1992	《汽车氮氧化物法》	为控制机动车尾气排放而制定的专项法律。制定的机动车尾气排放标准比《大气污染防治法》更加严格，对机动车辆进行分类管理
1993	《环境基本法》	在大气污染防治方面增加了针对气候变暖的法律对策、臭氧层保护，以及控制垃圾焚烧所引起的二噁英污染等内容
2001	《汽车 NO_x-PM 法》	在《汽车氮氧化物法》基础上进行了修订，增加了对尾气颗粒物排放的限制。实行污染物总量控制，强化对指定地区可使用车型的限制，普及更加环保的汽车、改善交通状况

在《大气污染防治法》要求下，日本于 1970 年开始制定环境空气质量标准，。1973 年，制定了 SO_2、CO、悬浮颗粒物和光化学氧化剂的环境基准。1978 年，制定了 NO_2 的环境基准。1997 年，制定了苯、三氯乙烯、四氯乙烯和二氯甲烷的环境基准。1999 年，确定了二噁英类物质种类（Ministry of the Environment Government of Japan，2009；陈平等，2012；今宫成宜和王昶，2010）。2009 年再次修订空气环境质量标准，引入了 $PM_{2.5}$ 的环境基准。各种污染物在空气中的浓度标准见表 3-9。

表 3-9　日本最新环境空气质量标准

污染物	取值时间	浓度限值
SO_2	1h 平均	0.1 ppm
	24h 平均	0.04 ppm
CO	8h 平均	20ppm
	24h 平均	10 ppm
悬浮颗粒物	1h 平均	0.20 mg/m³
	24h 平均	0.10 mg/m³
$PM_{2.5}$	24h 平均	35μg/m³
	年平均	15.0 μg/m³
NO_2	24h 平均	0.04～0.06 ppm
光化学氧化物	1h 平均	0.06 ppm
苯	年平均	0.003 mg/m³
三氯乙烯	年平均	0.2 mg/m³
四氯乙烯	年平均	0.2 mg/m³
二氯甲烷	年平均	0.15 mg/m³
二噁英（PCDDs、PCDFs、PCBs）	年平均	0.6pg-TEQ/m³

注：$pg=10^{-12}g$；TEQ 为 Toxic Equivalent Quantity，即国际毒性当量。

3.3.1.3 国际政策路线图

国际组织和各国针对大气污染制定的主要防治政策如图 3-2 所示。

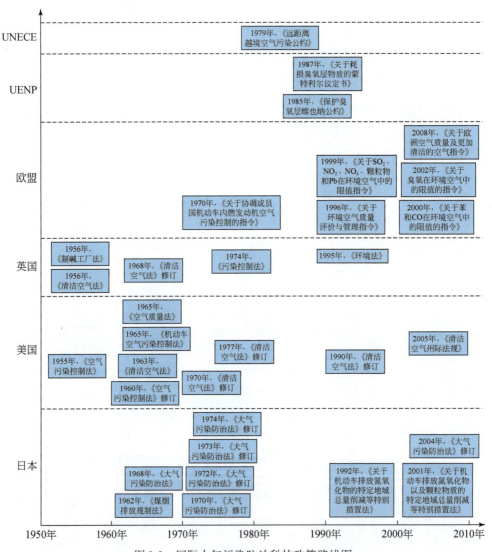

图 3-2 国际大气污染防治科技政策路线图

3.3.1.4 政策体系分析

大气污染防治政策主要以法律体系为主。国际层面上，国际立法包括国际公约和国际标准；国家层面上，国家立法主要包括国家法律、标准和战略等。

国际有关组织制定了国际大气质量标准和大气污染防治相关的政策，但国际上目前还没有执行大气污染控制的机构（申明，1989）。欧洲各国为应对大气污染物的远距离跨界污染问题，签署了《远距离越境空气污染公约》及一系列的相关议定书，确定具体的措施来控制硫氧化物、氮氧化物、VOCs、持久性有机污染物（persistent orgainc pollutants, POPs）等污染物质的排放（薛志钢等，2003；李玲，2014）。

欧盟大气污染防治方面的立法大多在20世纪90年代制定，其立法的内容主要包括环境空气质量立法和污染物排放立法。在空气质量立法中，欧盟《空气质量框架指令》（96/62/EC）对SO_2，NO_x，PM，Pb等12种污染物在限制值、测量和评估要求等方面进行了立法。在污染物排放立法中，欧盟大气污染物排放源分为固定污染源和移动污染源，其立法主要专注于给欧盟大气污染造成影响最严重的大型燃烧工厂排放和汽车尾气排放。除具有详细的法律规范外，欧盟还提出提升空气质量的欧洲清洁空气计划等政策，注重大气污染信息的公开，保障公众的知情权，并重视各成员方之间的区域合作（李欣，2014）。

英国被视为大气污染治理立法的先行者。英国颁布的《清洁空气法》是世界上第一部全面防治大气污染的专项法案，对烟煤的排放做了详细的规定，实现了显著的减排效果（刘鸿雁，2014）。英国政府颁布的《国家空气质量战略》（1997年）为提高空气质量提供了清晰的框架，提出政府治理大气污染的所有政策都必须建立在科学原则、预防原则、污染者付费原则和可持续发展原则的基础之上（蔡岚，2014）。该战略将WHO、欧盟的质量标准引入，明确制定了CO、NO_x、SO_2等8种污染物的控排放制目标，并强调中央机构与地方政府必须协同配合。它规定要对城市大气质量进行定期评估，对达不到国家标准的城市，当地政府必须要定位污染区域，针对性地制定有效的整改计划。在该战略的指导下，英国各地相应地发布了区域空气质量战略，如伦敦于2001年发布了《空气质量战略草案》。

美国也是较早制定大气污染防治的国家。美国大气污染防治的主要法律和政策由国会通过立法程序通过，然后由EPA在国会立法的范围内进一步制定相关法规和条例贯彻实施。美国1963年颁布的《清洁空气法》经过多次修订，构建了一套独特、完善、经济、高效的管理模式，成为美国空气污染治理的主要法律依据。在强大的立法支持下，美国联邦政府和州政府共同建立大气污染治理的有关制度和执行机制。在联邦层面，美国与大气防治有关的各项立法的主要执行者是EPA。EPA制定的NAAQS是美国大气质量保护体系的基本标准，它的实施建立了一个涵盖美国联邦内所有各州空气质量标准的框架（叶林，2014）。

在民间诉讼的推动下，日本于20世纪60年代后期真正开始了大气污染治理的道路。日本大气污染治理的法律主要包括了固定源污染治理、移动源污染治理、恶臭污染治理、气候变化对策和损害赔偿等方面（陈平，2013）。日本的《大气污染防治法》经过多次修订和完善，成为日本大气污染控制的专门法律，其规定了空气污染防治的标准、对策、惩罚措施等。

另外，设定大气质量标准也是各国大气污染防治的重要措施。各国均对主要的大气污染物进行了限定，但具体的治理对象及其限值存在一些差异。EPA设定了常规污染物的浓度限值，包括CO、NO_x、Pb、PM、SO_2、O_3等，同时也设定了特定危险性有害大气污染物的浓度限值，如氡气、汞、氯乙烯、核素、石棉、苯等。日本着重对 SO_2、CO、PM、NO_2、光化学氧化物及指定的大气污染物（苯、三氯乙烯、四氯乙烯、二噁英类等）进行限制（高明和廖小萍，2014）。各国大气质量标准也在不断地修订和完善。例如，随着人们对空气污染的认识和空气质量的要求不断提高，各国已开始将 $PM_{2.5}$ 列入空气质量监测体系中。

3.3.2　国际大气污染防治科技政策成效分析

大气污染是各国工业化进程中普遍遇到的问题。欧美等发达国家曾最先经历了严重的空气污染，如英国的伦敦、德国的鲁尔工业区、美国的洛杉矶等。为治理大气污染，这些国家的联邦政府和地方政府采取了一系列的政策措施，并取得了较好的治理效果（人民网，2014）。例如，在国际臭氧保护行动中，《蒙特利尔议定书》为减少 O_3 消耗物质的排放做出了巨大贡献，被国际社会认为是迄今为止实施最为成功的全球环境协议（UNEP，2014；史云锋，2013）。1952 年，"伦敦烟雾事件"发生后，英国经过数十年的努力，在空气污染治理方面取得了巨大的成绩，显著地改善了伦敦的空气质量。在此，我们以国际臭氧保护和伦敦烟雾治理为例分析国际大气污染治理所取得的成效。

3.3.2.1　管理机制与特色

（1）《蒙特利尔议定书》的管理机制

臭氧层保护领域取得的成功与《蒙特利尔议定书》的体系架构和实施机制息息相关。

1）组织管理方面，形成了管理–执行–监督的完整体系。《蒙特利尔议定书》就受控物质、数据汇报、评估审查、资金机制、技术援助等做了详细的规定。《蒙特利尔议定书》的最高决策机构是缔约国会议，缔约国会议审查《蒙特利尔议定书》的实施情况、技术援助请求和秘书处编制的报告，评估控制措施和情况，制定预算，讨论并修改《蒙特利尔议定书》必要的实施措施等。《蒙特利尔议定书》还设立了秘书处，为缔约国会议做出安排并提供服务，定期编制报告并向缔约国分发，鼓励非缔约国以观察员的身份出席缔约国会议，协调公约和《蒙特利尔议定书》的管理，履行缔约国为实现《蒙特利尔议定书》目标而委派的其他任务等。

2）科学评估方面，《蒙特利尔议定书》设立了科学评估小组、技术与经济评估小组和环境影响评估小组三个专家特别工作组。这三个工作组每四年发布一次综合评估报告，通过建立合理的数学模型对臭氧消耗物质的消耗量、大气臭氧浓度进行预测和评估，总结和评估目前的减排现状与环境现状，帮助各缔约国修正《蒙特利尔议定书》规定的控制措施，为臭氧消耗物质的减排工作提供了指导。

3）经济技术方面，多边基金项目为减少消耗臭氧层物质提供经济支持，同时帮助发展中国家按政策规定执行消耗臭氧层物质的减排目标。发展中国家在发达国家和多边基金的支持下，不断完善其减排技术。多边基金项目还会定期对其财务运作机制情况进行审查，不断完善其义务、合理其职权，保证《蒙特利尔议定书》资金的正常运转。

4）减排方面，根据各国消费能力和消费种类，缔约国年度会议对消耗臭氧层物质的排放量制定阶段性减排计划，并要求缔约国制定臭氧消耗物质的进出口管理制度。科学评估工作组在其他工作组的协助下完成消耗臭氧层物质的消耗臭氧潜能值（ozone depleting potential，ODP）评估，选择使用 ODP 值较小的消耗臭氧层替代物，以降低其对臭氧层的消耗水平（杜运亭，2002；庞瑜等，2016）。

（2）伦敦烟雾治理的管理机制

英国针对空气污染防治在不同时期形成了中央到地方的有效管理机制。"伦敦烟雾事件"后，英国政府在各方压力之下，成立了比佛委员会（The Beaver Committee），专门调查烟雾事件的成因和应对方案。在比佛委员会的推动下，英国于 1956 年出台了《清洁空气法》，提出：①在一些城市成立无烟区域或烟雾控制区；②家庭供暖来源由煤炭转向清洁煤、电力和天然气；③将电站从城市迁出，增加烟囱的高度。该法分别在 1968 年和 1993 年进行了修订，是英国空气污染治理的一部重要法律。此外，《污染控制法》《环境法》及欧盟相关法令等一系列法律的出台也为英国空气污染治理奠定了法律基础。《清洁空气法》颁布的同时，英国成立了清洁空气委员会，总体负责监督空气污染的改善情况。1997 年，英国环境部（Department of the Environment）发布《国家空气质量战略》，承诺到 2005 年实现整个英国的新空气质量目标。同时，地方政府负责在市区制定并执行相应的计划，控制来自市区的污染排放。表 3-10 列出了英国在烟雾治理的不同阶段所颁布的核心法规及相关管理机构的变化，以展示英国空气污染治理的进程（中国清洁空气联盟，2013；张璐晶，2014；Zhang，et al.，2014）。

表 3-10　伦敦烟雾治理政策措施

阶段	主要管理和政策法规
第一阶段（1953~1960 年）	1953 年，成立比佛委员会 1956 年，颁布《清洁空气法》；成立清洁空气委员会
第二阶段（1960~1980 年）	1968 年，修订《清洁空气法》 1974 年，颁布《污染控制法》
第三阶段（1980~2000 年）	1981 年，颁布《汽车燃料法》 1983 年，成立女王的工业大气污染督察部门（Her Majesty's Industrial Air Pollution Inspectorate，HMIP） 1989 年，发布《空气质量标准》 1990 年，颁布《环境保护法》 1991 年，颁布《道路车辆监管法》 1993 年，修订《清洁空气法》 1996 年，成立环保局（Environment Agency） 1997 年，发布《国家空气质量战略》 1999 年，颁布《大伦敦政府法案》 1999 年，颁布《污染预防和控制法案》
第四阶段（2000 年以后）	2000 年，发布《英格兰、苏格兰、威尔士和北爱尔兰国家空气质量战略》；公布新的国家空气质量战略 2001 年，成立环境、食品和农村事务部 2007 年，修订《英格兰、苏格兰、威尔士和北爱尔兰国家空气质量战略》

3.3.2.2 政策实施效果

（1）《蒙特利尔议定书》取得的效果

《蒙特利尔议定书》的执行已取得了预期效果。总体来看，发达国家臭氧消耗物质的生产和消费正在得到分阶段的削减和控制。2010 年之后，发展中国家也已经全部停止了 CFLs、哈龙、四氯化碳、甲基氯仿等主要臭氧消耗物质的生产和消费，实现了《蒙特利尔议定书》的控制目标。《2014 年臭氧消耗科学评估》报告指出，通过臭氧层保护行动，国际社会已削减 95% 以上的臭氧消耗物质。如果议定书能得到全面执行，到 21 世纪中期左右，臭氧层有望恢复到 1980 年以前的水平。《蒙特利尔议定书》为温室气体减排也做出了巨大贡献。1987 年，臭氧消耗物质每年导致 10 亿 t CO_2 当量的排放，如今，议定书已减少了 90% 以上的排放。《蒙特利尔议定书》的有效实施，带来了良好的健康效益，在全球范围内避免了数百万例致命性皮肤癌及数千万例非致命性皮肤癌和白内障的发生（UNEP，2014；史云锋，2013；肖学智，2016；何艳梅，2014）。

（2）伦敦烟雾治理取得的效果

1952 年伦敦烟雾事件发生时，其首要污染物 SO_2 的日均浓度超过了 WHO 标准的近 200 倍。伦敦空气中的污染物浓度在 1950~2000 年间显著下降。根据污染物浓度的变化趋势，伦敦 60 年"治霾"历史可以大致分为三个重要阶段：准备阶段（1953~1960 年），这一阶段二氧化硫浓度下降近 21%，黑烟浓度下降近 44%；显著削减阶段（1960~1980 年），这一阶段二氧化硫浓度下降 82%，黑烟浓度下降近 88%；平稳改善阶段（1980~2000 年），这一阶段二氧化硫浓度下降 84%，黑烟浓度下降 47%。2000 年之后，二氧化硫和黑烟都不再是伦敦的主要污染物。各阶段主要污染物浓度的变化水平见表 3-11。在此期间，英国的煤炭消耗也显著降低，逐渐被石油和天然气等相对清洁的能源所取代。能源结构的变化也为伦敦空气质量的改善做出了贡献（中国清洁空气联盟，2013）。

表 3-11　1953~2000 年伦敦空气中污染物浓度变化　　　（单位：$\mu g/m^3$）

污染物	1953 年	1960 年	1980 年	2000 年
二氧化硫	402	318	57	9
黑烟	280	158	19	10

3.3.3　国际大气污染防治科技政策的需求与发展趋势

3.3.3.1　国际大气污染防治科技需求发展展望

纵观发达国家的大气污染历程，严重大气污染事件的发生是发达国家开始重视大气污染治理的导火索，直接催生了相关立法的出台。在大气污染相关立法的推动下，逐渐形成和完善了一系列的管理机制，并通过调整产业结构和改变能源结构，促进技术进步与创新。然而，大气污染仍是全球面临的一项重大环境问题，也是最大的环境健康风险（UNEP，2016）。尤其是对发展中国家，大气污染防治任重道远，还需要不断完善相关的法律政策，深化大气污染基础研究，探索新的污染防治技术。

立法是大气污染防治的保障。大气污染治理越来越成为世界各国环境保护的焦点。国际和主要国家的大气污染控制以立法为主，并制定了相关的战略计划和实施分阶段治理等政策措施。欧盟在大气污染领域的立法一直走在世界的前列，制定了一系列的空气质量法和污染物排放法，欧盟能根据环境的变化现状和空气污染物减排技术的发展对相关立法进行适时地调整（李欣，2014）。英国的《清洁空气法》、日本的《大气污染防治法》及美国的《清洁空气法》等法律的制定为大气污染的治理提供了保障，也取得了很大的成绩。

科技是大气污染防治的支撑。空气质量的改善伴随着能源结构和产业结构的变化，同时科技的进步和创新使大气污染治理具有可行性。产业结构调整是大气污染治理取得成效的重要手段，这需要不断发展能源转化和清洁生产有关的技术。绿色能源技术包括 CO_2 捕获与封存技术、清洁能源发电技术、低或零排放技术、黑炭减排技术等，清洁生产技术包括清洁煤技术等。

3.3.3.2 大气污染防治科技政策发展趋势

综合分析主要国家与地区大气污染相关科技政策特点及动向，可知未来该领域科技政策发展呈现以下特点。

（1）末端处理的控制政策向预防政策转变

为实现环境与经济的协调发展，大气污染控制政策需要进行重大调整。从以"先污染后治理"为主要内容的污染控制政策向以实行"源头削减""清洁生产"和"过程控制"为主要内容的污染预防政策转变，是当前世界大气环境保护的新潮流（王明远，1999；黄琼，2007）。

（2）法律法规和大气质量标准将更加严格

严格的法律框架对空气质量的监管起到重要的作用，而排放标准的松紧直接影响着空气质量的好坏，从而影响着人群的健康。WHO、欧盟、美国、日本等国际组织和国家根据环境空气污染物的健康影响的科学证据，不断修订空气质量标准，以进一步保护生态环境和人类健康，修订的标准也将逐渐更加严格。

（3）从属地到区域和国际合作的防治机制

大气污染具有跨国界和跨区域的特点，其治理问题在区域与全球层面更为突出，仅仅依靠一国或一个地方的努力很难达到全面治理的效果。因而各国携手制定既符合本国国情，又利于全球发展的大气污染治理政策是大气污染防治的"新常态"。

（4）迈向气候友好的大气污染防治战略

目前，在各国大气污染防治的有关法律、标准和战略计划中，可吸入颗粒物、NO_2、O_3、SO_2、CO 等常规污染物是主要控制的对象，而二氧化碳（CO_2）、甲烷（CH_4）、一氧化二氮（N_2O）、黑炭等温室气体与这些常规污染物是"同根同源同步"。因此，控制常规大气污染物与应对气候变化需要采取一体化、协同性战略（王金南等，2010）。

3.3.3.3 未来大气污染科防治技政策重点领域

未来大气污染防治政策的重点领域主要包括：

1）区域性及跨界大气污染问题，包括区域及跨界大气污染立法及联合应对行动制度的制定等；

2）城市大气污染，特别是大规模城市群大气污染防治；

3）大气污染对人类健康的影响；

4）以霾、大气光化学污染等为代表的复合型大气污染的防治；

5）结合新的国际行动目标制定更为详细的污染物排放清单及约束标准。

3.3.4 我国大气污染防治科技政策与国际比较

3.3.4.1 我国大气污染防治科技政策体系与特点

我国大气污染防治政策体系主要包括法律、部门规章、规范性文件、标准和地方性法规。在大气质量的管理上，国家以空气质量标准与排放标准相结合为管理基础。与大气质量相关的国家法律由全国人民代表大会（简称全国人大）负责制定，行政法规由国务院配套制定。环境保护部、住房和城乡建设部、交通运输部、国家发展和改革委员会（简称发改委）等相关职能部门依据法律、法规和大气质量管理目标，制定相关的部门规章、规范性文件和标准。

我国于1987年制定《中华人民共和国大气污染防治法》，并于1995年、2000年和2015年分别进行了修订。《中华人民共和国大气污染防治法》确定了我国以工业点源治理为重点，防治煤烟型污染为主的大气污染防治基本方针，具体规定了大气污染防治的监督管理、燃煤及其他能源污染防治、工业污染防治、机动车船污染防治、扬尘污染防治及重点区域大气污染联合防治等的主要措施和法律责任（谢伟，2013）。随着 SO_2 和酸雨问题的日益突出，我国于1991年颁布了《燃煤电厂大气污染物排放标准》，并逐渐对电厂 SO_2 排放实行总量控制（云雅如等，2012）。近年来，我国的大气环境形势更加严峻，进入了多物种共存、多污染源叠加、多尺度关联、多过程演化、多介质影响为特征的复合型大气污染阶段（王金南等，2010）。我国也陆续颁布实施了一系列有关大气污染防治的法规和政策。我国大气污染防治的重要政策见表3-12。

表3-12　我国重要大气污染防治政策

年份	制定单位	政策名称	关键内容
1987	全国人民代表大会常务委员会	《中华人民共和国大气污染防治法》	确定了我国以工业点源治理为重点，防治煤烟型污染为主的大气污染防治基本方针，重点对烟尘污染防治，废气、粉尘和恶臭污染防治进行了规定

续表

年份	制定单位	政策名称	关键内容
2000	全国人民代表大会常务委员会	《中华人民共和国大气污染防治法》(修订)	对防治燃煤产生的大气污染、防治机动车船排放污染及防治废气、尘和恶臭污染进行了规定
2002	国家环境保护总局环〔2002〕153号	《两控区酸雨和二氧化硫污染防治"十五"计划》	到2005年,"两控区"*内SO_2排放量比2000年减少20%,控制在1053.2万t以内,酸雨污染程度有所减轻,硫沉降量有所减少,80%以上的城市空气SO_2浓度年均值达到国家环境空气质量二级标准,其他城市环境空气SO_2浓度明显降低
2008	国家环境保护总局环〔2008〕1号	《国家酸雨和二氧化硫污染防治"十一五"规划》	显著削减SO_2排放总量,控制NO_x排放增长的趋势,到2010年,有效降低硫沉降强度,减少重度酸沉降区面积,减轻区域大气细颗粒物污染,降低城市空气SO_2浓度。到2020年,基本消除重度酸沉降区域,区域大气细颗粒物浓度明显降低,城市空气SO_2年均浓度达标,致酸物质硫、氮沉降强度基本达到临界负荷要求,酸雨区受到损害的生态环境逐步恢复
2010	国务院令第573号	《消耗臭氧层物质管理条例》	国家对消耗臭氧层物质的生产、销售和使用、进出口进行管理
2010	国办发〔2010〕33号	《关于推进大气污染联防联控工作改善区域空气质量的指导意见》	确定了开展大气污染联防联控工作的重点区域(京津冀、长江三角洲和珠江三角洲地区)、重点污染物(SO_2、NO_x、PM、VOCs等)、重点行业(火电、钢铁、有色金属、石油化工、水泥、化工等)、重点企业以及需解决的重点问题
2012	环境保护部、国家发改委、财政部环发〔2012〕130号	《重点区域大气污染防治"十二五"规划》	到2015年,重点区域SO_2、NO_x、工业烟粉尘排放量分别下降12%、13%、10%,VOCs污染防治工作全面展开;环境空气质量有所改善,可吸入PM、SO_2、NO_2、细颗粒物年均浓度分别下降10%、10%、7%、5%,O_3污染得到初步控制,酸雨污染有所减轻;建立区域大气污染联防联控机制,区域大气环境管理能力明显提高
2012	环境保护部	《环境空气质量标准》(GB 3095—2012)	增加了$PM_{2.5}$的浓度限值和O_3 8h平均浓度限值,调整了PM_{10}、NO_2、Pb和苯并[a]芘等的浓度限值

续表

年份	制定单位	政策名称	关键内容
2012	科学技术部、环境保护部 国科发计〔2012〕719号	《蓝天科技工程"十二五"专项规划》	总体目标是：以改善空气质量和保障公众健康为核心，大幅提升大气环境保护自主创新能力，基本形成适合国情的涵盖大气环境科学理论、污染控制技术、监测预警技术、决策支撑技术的大气污染防治技术创新体系，基本建成蓝天科技创新人才培养与技术成果转化服务体系。其优先领域与重点任务是：大气环境监测与预警技术；重点排放源污染预防和控制技术；环境空气质量改善技术；大气环境管理决策支撑技术；大气复合污染防治理论研究；人才培养与创新能力建设
2013	国发〔2013〕37号	《大气污染防治行动计划》	到2017年，全国地级及以上城市可吸入PM浓度比2012年下降10%以上，优良天数逐年提高；京津冀、长江三角洲、珠江三角洲等区域细颗粒物浓度分别下降25%、20%、15%左右，其中，北京市细颗粒物年均浓度控制在$60\mu g/m^3$左右。具体制定了十条行动计划
2015	主席令第31号	《中华人民共和国大气污染防治法》（修订）	对燃煤和其他能源污染防治、工业污染防治、机动车船等污染防治、扬尘污染防治、农业和其他污染防治、重点区域大气污染联合防治、重污染天气应对等进行了规定

* "两控区"指酸雨控制区和SO_2染污控制区。

3.3.4.2　我国大气污染防治科技政策路线图

我国大气污染防治大体经历了4个阶段，其相关的政策也在不断升级（图3-3）。第一阶段（1970～1990年）：发布了《环境空气质量标准》和《大气污染防治法》，工业点源为主要控制的污染源，悬浮颗粒物为主要控制的污染物。第二阶段（1990～2000年）：修订《大气污染防治法》，增加酸雨和二氧化硫污染的控制，空气污染范围从局地污染逐渐向局地及区域污染扩展。第三阶段（2000～2010年）：大气污染防治政策逐渐增加，防治对象扩大到扬尘及机动车尾气排放，将SO_2、NO_x、PM_{10}列为主要控制污染物。第四阶段（2010年以后）：区域性、复合型大气污染特征凸显，污染防治政策密集出台，更加注重排放总量控制与环境空气质量改善相协调，多种污染源的综合控制和多种污染物的协同控制，实行区域联防联控管理（冯贵霞，2014；郝吉明等，2014）。

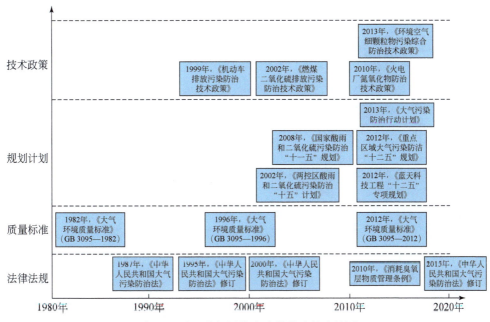

图 3-3 我国大气污染防治科技政策路线图

3.3.4.3 与主要国家的比较分析

（1）法律法规体系

美国的大气污染防治一直以来都以法律为基础，是较早制定保护大气法律的国家。"洛杉矶烟雾事件"直接推进了美国大气污染防治立法的进程，形成了大气污染防治的专门法律体系。1955 年，美国通过了第一部统一的联邦空气立法，即《空气污染控制法》；1963 年，美国国会颁布《清洁空气法》；1967 年，颁布《空气质量法》；1970 年，对《清洁空气法》进行重大修订，并建立起了沿用至今的基本空气质量管理体系，1977 年和 1990 年，进一步完善了《清洁空气法》。美国大气污染立法内容具体，操作性强，执行严格，并且根据实际需要及时调整（高明和廖小萍，2014；云雅如等，2012）。

欧盟从 20 世纪 70 年代初期开始相继颁布了几十条有关大气环境标准的指令，分别对 SO_2、NO_x、CO、$VOCs$、Hg 等有毒有害物质及固定和移动污染排放源进行了规定。欧盟大气污染防治立法具有鲜明的特点：首先，大气污染防治立法细致而详备，可操作性极强；其次，立法注重大气污染防治信息的公开，包括污染状况、数据、防治方案和计划及执行情况等；最后，欧盟各成员国之间在立法的执行上有着广泛地合作，有效地保证了欧盟整体环境空气质量的提高（李欣，2014）。

我国在大气污染防治方面的专门立法晚于欧美发达国家。1987 年，我国正式颁布《中华人民共和国大气污染防治法》，并于 1995 年、2000 年和 2015 年进行了三次修订。另外，我国陆续颁布了一系列配套的规划、政策，如《机动车排放污染防治技术政策》《重点区域大气污染防治"十二五"规划》《大气污染防治行动计划》《环境空气细颗粒物污染综合防治技术政策》等。但我国大气污染防治立法过于原则化，可操作性不强。

（2）标准体系

大气环境保护标准体系包括环境空气质量标准和大气污染物排放标准。在相关立法要求下，主要发达国家制定了空气质量标准，并不断修订，提出更加严格的空气质量标准。1971年，美国建立了国家环境空气质量标准体系，到2010年，一共进行了十次修订，对 PM、NO_2、CO、Pb、O_3 和 SO_2 6 种主要污染物的浓度进行了限制。美国还以最佳实用技术为依据，针对各行业或各类污染源的具体特点制定了大气污染物排放标准，更新频率也较高（云雅如等，2012）。

欧盟从1980年开始逐步颁布了一些污染物的浓度限值和建议值标准，如1999年发布关于 SO_2、NO_2、NO_x、PM_{10}、Pb 的限值；2000年发布关于苯和 CO 的限值；2002年发布关于 O_3 的限值；2004年发布关于 As、Cd、Hg、Ni 和 PAH 的限值；2008年发布关于欧洲空气质量及更加清洁的空气指令，规定了 $PM_{2.5}$ 的目标浓度限值，其2020年的目标值为 $18\mu g/m^3$。各成员方也制定了各自的空气质量标准，但其标准不得宽松于欧盟的统一标准（长城战略咨询，2013）。

我国于1982年颁布了首个《环境空气质量标准》，并于1996年和2012年进行了修订。最新的《环境空气质量标准》增加了 $PM_{2.5}$ 的浓度限值和臭氧 8h 平均浓度限值，并收紧了 PM_{10} 和 NO_2 浓度限值。我国于1996年颁布了《大气污染物综合排放标准》，规定了33种大气污染物的排放限值。在我国现有的大气污染物排放标准体系中，包括综合与行业两类、国家与地方两级排放标准。

（3）管理制度

为了使跨州、跨地区空气污染问题在联邦政府的统一监管下得到有效治理，美国于1970年成立 EPA，将对空气和环境污染的治理上升到国家战略层面。EPA 指定的国家空气质量标准实行州政府独立实施原则。美国在《清洁空气法》修正案中引入了市场机制和行政手段相结合的管理制度，包括排污权交易制度、许可证制度等，形成了相对完善的大气污染防治管理体系。1979年，美国开始在一些企业中试点执行空气污染的"泡泡政策"，并在部分地区推行排污权交易制度。美国排污权交易制度是酸雨计划实施的主要手段。

根据欧盟排放限值指令，欧盟成员国需系统计划污染物减排、排放总量和排放预测等，并向公众公开相关信息。欧盟还通过各种条约和指令来推进大气污染的联防联控，成员方之间保证数据、信息和技术的共享。欧盟实行了全面的总量控制及严格的惩罚机制，也建立了许可证管理制度、排污权交易制度及大气污染环境税费制度，此外，还制定了区域空气质量监测与评价制度、国家排放上限与核查制度、区、块管理与监督制度以及环境空气计划与联控制度。

我国大气环境管理工作坚持"预防为主，防治结合""谁污染谁治理"和强化监督管理的原则，逐步建立了一系列规划计划、标准体系、总量控制、价格政策、排污收费政策、排污权交易政策等管理制度。但是，我国当前的总量控制只是目标总量控制，对主要污染源的界定比较单一，排污许可和排污收费制度尚不完善，在征收方式及征收标准等规定方面还存在缺陷，企业缺乏大气污染治理的主动性。

（4）实施和执行

1980年，美国启动了NAPAP。1988年，EPA和其他机构开始监测大气能见度。1990年《清洁空气法》修正案颁布后，EPA开始在全国范围内执行ARP。修正案还授权成立臭氧输送委员会（Ozone Transport Commission，OTC），主要负责美国东北部各州的污染防治工作。2003年实施了氮氧化物州际执行计划。2005年出台《清洁空气州际法规》。另外，针对$PM_{2.5}$污染，EPA建立了国家监测网络和监测数据库，要求各州提交环境标准执行计划，并在2017年达到$PM_{2.5}$达标期限。

欧洲的大气污染防治主要以空气清洁计划为主要执行准则，采取达标管理原则。2001年通过的空气清洁计划要求各成员方之间建立统一的空气污染防治战略，建立详细的空气质量数据库，制定污染物排放限值。我国开展的大气污染防治工作首先以工业点源治理为主，20世纪90年代，我国大气污染防治从浓度控制向总量控制转变，从城市环境综合整治向区域污染控制转变。2000年之后，修订的《大气污染防治法》提出划定大气污染控制重点城市和规定达标期限。2011年发布的新《环境空气质量标准》（增加$PM_{2.5}$浓度限值），于2012年开始分期实施，至2016年，新标准在各个城市全面实施，并向社会公布监测结果。

我国与主要国家大气污染治理制度政策比较如表3-13所示。

表3-13　我国与主要国家大气污染治理制度政策比较

国家	法律法规	管理制度	监管手段
欧盟国家	1970年《关于协调成员国机动车内燃发动机空气污染控制的指令》；1999年《关于SO_2、NO_2、NO_x、颗粒物和Pb在环境空气中的限值指令》；2000年《关于苯和CO在环境空气中的限值的指令》；2001年《关于限制大型焚烧厂空气污染物排放限值的指令》；2002年《关于O_3在环境空气中目标值的指令》；2004《关于砷、镉、汞、镍和多环芳烃在环境空气中限值的指令》；2008年《关于欧洲空气质量及更加清洁的空气指令》	区域空气质量监测与评价制度；国家排放上限与核查制度；区、块管理与监督制度；环境空气计划与联控制度；环境影响评价制度；排污申报登记制度；排污许可制度；排放权交易制度；大气污染环境税费制度	设立基金和使用税收等经济手段
美国	1955年《空气污染控制法》（1960年修订）；1963年《清洁空气法》（1970年、1977年、1990年分别进行修订）；1965年《机动车空气污染控制法》；1967年《空气质量法》；2005年《清洁空气州际法规》	排污权交易制度；排放检测制度；大气污染物排放总量控制制度；许可证制度；污染物排放超标违法制度	以法律、指令、经济手段为主，辅以机构间协商
日本	1962年《煤烟限制法》；1967年《公害对策基本法》；1968年《大气污染防治法》（1970年、1972年、1973年、1974年、2004年修订）；1969年《公害受害者救济特别措置法》；1973年《公害健康损害补偿法》；1992年《汽车氮氧化物法》；2001年《汽车NO_x-PM法》	申报审查制度；总量控制制度和区域控制制度；排放限制措施；公害防治协议制度	法律手段为主，经济手段为辅

续表

国家	法律法规	管理制度	监管手段
中国	1987年《中华人民共和国大气污染防治法》（1995年、2000年修订）；2010年《消耗臭氧层物质管理条例》	总量控制制度；排污许可和收费制度；排污权交易制度；汽车尾气排放控制制度	行政手段为主，经济手段为辅

资料来源：高明和廖小萍，2014。

3.3.5　我国政策建议

近年来，我国密集出台了大气污染防治政策，严格规定了空气污染物限值，较为详尽地制定了环境保护部门的职责，但我国的城市空气质量仍然在继续恶化，大气污染治理形势仍然十分严峻。

WHO认为成功的大气污染治理政策应该包括以下几个方面。①工业发展：采用清洁技术，降低工业废气排放，提高工业废物管理效率；②交通运输：采用清洁的发电方式，提出快速公交、步行和自行车等城市交通方式，使用清洁柴油、低排放及低硫含量燃料的机动车辆；③城市规划：提高建筑物的能源效率，建设紧凑型城市；④发电方面：使用低排放燃料和可再生能源（如太阳能、风能或水能），热电联产以及分布式能源生产（如小型电网和屋顶太阳能发电）；⑤城市及农业废弃物管理：提倡废弃物减量、分类、回收和再利用或废弃物后处理等策略（WHO，2014）。

联合国对城市大气污染治理也提出了如下蓝图。①促进空气质量管理的信息和技术：包括对环境进行综合评价，保证各利益和行为主体充分参与，明确空气污染问题，制定有序改进措施；②优化空气污染治理的战略、行动计划和决策：联合多个主体的治理战略，充分考虑各项可能的治理措施，取得参与各方的统一意见，并与现行的治理政策充分协调，保证治理措施的连贯性和可行性；③强化政策的制度化及其实施：充分发挥各方资源，获得包括政治力量在内的最大支持，增强治理的系统性，使参与和合作成为制度化的措施，保证治理系统的新型反馈和持续改进（UN，2015；叶林，2014）。

中国清洁空气联盟也为完善大气污染治理提出了以下10项原则：①建立实施一个完善的空气质量管理结构；②确保充足的人员和资金；③应用最新的科学分析进行决策；④建立重污染应急响应机制；⑤制定空气污染防治措施并基于成本效益分析进行措施优选；⑥应用最佳可行技术；⑦协同控制空气污染物和温室气体；⑧采纳激励和处罚措施来确保实施和执法落实；⑨加强信息公开力度，鼓励公众参与；⑩开展定期的监测和评估，实现持续改善（中国清洁空气联盟，2015）。

基于各国大气污染治理经验及以上原则，提出我国应走一条"政府立法—技术创新—多方协同—公众参与"的大气污染治理道路，其具体建议如下。

（1）完善法律体系，加大管控力度

我国关于大气污染防治的法律和相关法规并未完善，现行的《大气污染防治法》也不能满足当前大气污染防治的需求。同时地方各级的相关立法也未建立起来。各国大气污染治理的重要法律法规，都经过了历次的修订和完善，才对空气污染治理起到了重要的推动作用。另外，法律规定只有具备了可操作性才能确保法律得到充分执行。而我国大气污染防治相关法律法规的一个突出问题是部分规定过于原则化和模糊，操作性不强，执行起来相当困难，进而导致监管力度不够。后续的法律制定及完善中应该提高标准、加大处罚力度、变更处罚方式，以建立切实可行的法律规范。

（2）提高能源质量，推进产业转型

在相关法案的支持下，发达国家已着力于发展高科技产业、服务业和绿色经济产业。我国的能源消耗以煤炭为主，这种高能耗、重污染的工业生产结构亟须改变。产业结构调整重要的措施之一是技术创新。在众多法律法规颁布实施后，应加快与空气污染防治有关的技术开发和应用，以提高空气污染治理的可行性。例如，在工业生产中开发清洁的原材料和工艺流程；开发回收利用技术等。在移动源污染处理中利用洁净能源，安装新型过滤装置等（刘锋，2014）。

（3）加快区域联动，加强国际合作

鉴于大气污染的流动性，跨部门和跨区域的政策联动至关重要，同时跨国家层面的治理手段也至关重要。发达国家十分注重区域的协调管理。例如，美国《空气质量法》划定了空气质量控制区，以协调各州间的大气污染问题；欧盟在《关于欧洲空气质量及更加清洁的空气指令》中规定了各成员方建立"区"与"块"，并实行跨界污染防治的合作机制。我国的大气污染治理在环保部及其他国家部门的管理下，应注重各省份和各地市的紧密协作。同时，我国可以和韩国、日本等周边国家建立合作机制，改善大气质量。

（4）提高信息公开，促进公众参与

公众参与大气污染防治已成为环境相关立法的一个基本制度（谢伟，2013）。欧盟为促进公众参与，专门立法，通过多种途径和渠道，免费为公众提供空气监测信息和执法报告。我国也充分意识到公众参与到大气污染治理和环境保护中的重要作用，但缺乏可操作性的具体规范来加以实施。我国应将空气监测和政府信息公开相结合，及时、透明、有效地发布空气质量指数和提示信息，促进环境信息公开制度的实施和完善。通过健全听证会制度、依据民意调查制定政策等，使公众参与到决策过程。此外，还应加强对民众的环保教育，促进公民的环保意识，以自身行动参与到大气环境保护中，如鼓励绿色出行等环保的生活方式。

3.4　土壤污染

受人口增长、全球变化及人为因素的影响，土壤资源作为人类赖以生存的不可替代的重要自然资源其所面临的环境与需求压力日益加剧，因此，土壤问题特别是土壤环境安全问题已成为目前全球备受关注的热点问题之一。2015 年 12 月，FAO 发布报告《世界土壤资源状况》，最新的调查结果显示，全球土壤资源状况不容乐观，土壤条件恶化的情况超过其改善的情况，33% 的土地因侵蚀、盐碱化、板结、酸化和化学污染而出现中度到高度退化。报告将"土壤污染"列为全球土壤功能所面临的 10 个最主要的威胁之一（FAO，2015）。根据 2014 年 4 月我国首次发布的《全国土壤污染状况调查公报》的数据，我国目前有 16% 的土壤环境超标，部分地方土壤污染严重，工矿业废弃地和农业耕地土壤污染问题突出，重点区域八大类土地（重污染企业用地、工业废弃地、工业园区、固体废物集中处置地、采油区、采矿区、污水灌溉区和干线公路两侧）均有相当程度的污染，遏制土壤污染已成为当前及今后时期我国维护环境安全、保障经济社会发展的重大战略需求。

3.4.1 国际土壤污染防治领域科技政策框架

3.4.1.1 主要国际政策

尽管自 20 世纪 70 年代开始，土壤污染问题就引起了各界的关注，但到目前为止国际性的有关土壤污染防治的政策尚较为缺乏。

2001 年 5 月，联合国通过《关于持久性有机污染物的斯德哥尔摩公约》，旨在遵照《关于环境与发展的里约宣言》所确立的预防原则，遏制 POPs 对人体健康及包括土壤在内的环境介质所造成的危害（UN，2004）。

国际社会首次就土壤污染问题达成相关共识始于 2004 年 11 月在泰国曼谷召开的世界自然保护联盟（International Union for Conservation of Nature，IUCN）第三届世界自然保护大会，会议通过了 100 项有关全球环境保护的决议，其中包括旨在促进土壤可持续利用的国际举措（李建勋，2007）。

2006 年 11 月，IUCN 环境法委员会制定了《土壤保护和可持续利用议定书（草案）》，成为目前唯一具有国际指导意义的土壤污染防治政策文件。该议定书旨在维护土壤的可持续及公正利用。基于《关于环境与发展的里约宣言》第 15 条原则即预防原则，该议定书规定，当土壤遭受严重退化或丧失生态完整性威胁时，协定缔约方不得以缺乏充分科学依据为由延迟采取防止或减少以上风险的措施。

该议定书认可土壤资源的多重价值，认为保护并实现土壤的可持续利用应当为全人类所共同关注，强调预测、预防和管理土壤严重退化或丧失生态完整性风险及通过保护土壤生态系统和生态群落来保护土壤资源的重要性。同时，协定还强调在保护土壤资源方面开展国际及区域合作，以及获取和共享相关科技知识与技术的重要性。为此，协定专门面向发展中国家设置了特别条款，包括为保护土壤资源提供额外的财政支持、合理获取相关技术以保护或改善土壤生态功能等。

《土壤保护和可持续利用议定书（草案）》所确定的有关土壤保护的 49 项法律条款主要涉及以下内容（李建勋，2007）。

1）协定的管辖范围：全球土地资源与可能影响土壤保护和生物多样性的任何利用土地的方法及目的，同时兼顾对土壤环境生态完整性和人类健康构成威胁的各种风险。

2）各缔约方应遵循的原则：根据《联合国宪章》和国际法原则，各国拥有按照本国环境政策开发本国土壤资源的主权权利，并负有确保在其管辖范围内或在其控制下的活动不损害其他国家或在各国管辖范围以外地区的土壤资源的责任。

3）缔约方应采取的一般措施：为保护并实现土壤资源的可持续利用制定国家政策、计划或规划；尽可能且适当地将保护生物多样性纳入相关计划、规划和政策中；各缔约方应确保国家有关保护和管理土地的法律包含建立适当的人力资源及制度支持体系。

4）组建土壤保护与可持续利用国际小组，强化与保护和可持续利用土壤资源有关的人力资源发展、制度及科学研究能力建设的国际合作；引导和协助各缔约方加强相关信息宣传，促进公众土壤保护意识的提升；推动各缔约方制定土壤资源战略并为土壤保护主管机构的运作提供依据；引导各缔约方开展土壤信息收集与分析、土壤评估、土壤保持研究、土壤状况监测等工作。

5）土壤保护与可持续利用的原则：首先应遵循《里约环境与发展宣言》第15条原则即预防原则；如现有的活动不能达到土壤保护标准或对现有活动的调整可能对土壤资源生态完整性造成严重破坏，则不能开展或调整现有活动；除非采取了一切合理的保护措施，否则任何可能导致土壤环境破坏的活动将不被允许；保护措施应基于可获得的最佳土壤保护技术。

3.4.1.2　主要国家和地区政策

（1）欧盟

1）涉及土壤污染防治的综合性环境政策。欧盟是较早开展土壤保护并将其纳入地区及国家战略的国家和地区之一。1973 年，欧盟启动环境行动计划（*Environmental Action Programme*，EAP）（Hey，2005），标志着欧盟环境保护统一行动规划制度的建立，自此，EAP 就成为欧盟及其成员方环境保护政策及其实施的指导框架，它确定了欧盟及其成员方环境保护政策的目标、原则及其落实举措，其中，有关土壤环境保护及土壤污染防治的内容是整个计划的重要组成部分。目前，EAP 已经进入第七轮执行周期，历次 EAP 的主要目标及内容如图3-4 所示（Hey，2005；EC，2013b）。

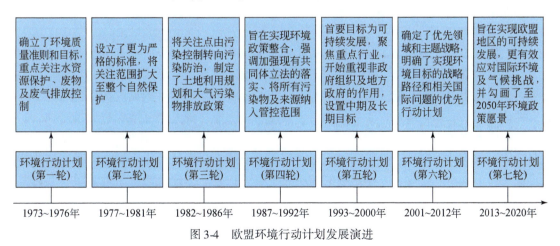

图 3-4　欧盟环境行动计划发展演进

2）土壤保护专题战略。为遏制土壤污染持续蔓延，欧盟在第六次环境行动计划框架下，自 2002 年开始特别启动"土壤保护专题战略"（*Thematic Strategy for Soil Protection*），至今已经实施两轮，即"土壤保护专题战略（2002—2006）"和"土壤保护专题战略（2006—2010）"。

"土壤保护专题战略（2006—2010）"：在首轮土壤污染保护专题战略实施的基础上，2006 年 9 月欧盟制定了新一轮"土壤保护的专题战略"即"土壤保护专题战略（2006—2010）"（EC，2006a）。

A. 总体目标

确保土壤的可持续利用。防止土壤进一步退化并保护土壤功能；以成本可控的方式恢复退化土壤至目前功能水平及可用状态。

B. 响应机制

针对可能出现的土壤问题，建立地方、国家及欧盟 3 级响应机制，规定当发生如下问题时，必须进行欧盟层面的干预：①土壤退化影响到其他环境领域；②土壤问题的跨界影响；③土壤污染危及食品安全；④推动与之相关的知识共享及开展国际技术援助等相关国际事宜。

C. 关键行动举措

关键行动举措主要包括：①建立土壤保护及可持续利用的立法体系；②将土壤保护纳入成员方制度及欧盟政策中；③通过设立欧盟及成员方层面的研究计划推动知识进步，弥补目前存在的土壤保护认识方面的显著空白；④促进公众土壤保护意识的提升。

该专题战略要求欧盟各成员方制订污染土地清单，并对已确定的污染土地采取积极的修复措施。此外，该专题战略还要求成员方采取措施，在提高公众意识的同时，促进与土壤可持续利用相关的知识和技术交流。欧盟的最终目标是通过土壤保护专题战略的实施，建立统一的土壤污染风险管理体系。

3）土壤保护框架指令。为保证"土壤保护专题战略"的有效落实，欧盟在"土壤保护专题战略"中特别以"土壤保护框架指令"的形式对欧盟成员方土壤保护举措予以明确，指令共包括 5 章 26 项条款，主要涉及以下几方面内容（World Bank，2010；EC，2006b）：①在维持土壤功能、防止土壤退化、修复退化土壤及整合其他相关政策原则的基础上，建立土壤保护的框架。②从保护土壤功能的角度出发，要求确认、描述、评估相关政策对土壤退化过程的影响。③当土地利用可能对土壤功能产生可预见的明显危害时，责令土地使用方采取预防措施。④为确保更合理地利用土地并最大限度地保护土壤功能，采取封盖阻隔土壤的方法。⑤查明存在侵蚀、有机质减少、盐碱化等各种土壤风险的区域，并制定应对风险的国家计划和措施。⑥在欧洲现有的约 350 万处污染土地中，采取措施避免可能妨碍土壤功能、危害人体健康的物质在土壤中积累。⑦建立污染土地清单，为修复遗弃土地建立融资机制，定期发布土壤状况报告，并制定污染土地修复的国家计划。

"土壤保护框架指令"第 3 章关于土壤污染的内容明确规定了有关土壤污染预防、污染场地清单编制、土壤状态汇报及污染土壤修复问题的具体要求。

4）土壤污染防治相关标准。目前，在国家层面，欧盟各成员方均针对土壤污染制定了相应的土壤质量控制标准，见表 3-14（World Bank，2010）。

表 3-14　欧盟 23 成员方土壤污染分类依据及修复标准

欧盟成员方	土壤污染分类依据及修复标准
英国	基于"污染源—暴露途径—受体"方法和"污染物关联"的定义进行场地风险评估。土壤指导值是从三种土壤用途的污染场地暴露评估模型中获得的
德国	基于风险管理的土壤筛选值（触发值）和行动值
法国	场地风险评估（分层次方法：初步场地调查；简单的风险评估；详细的风险评估）
意大利	原有的"限值"法已被纳入"基于风险管理"的多层次方法：第一层次——筛选值或污染阈值；第二层次——场地目标值或风险阈值
奥地利	场地风险评估
比利时	场地风险评估（暴露评估）
保加利亚	土壤中有害物质最大可接受标准
捷克	"ABC"限值：A——背景值；B——可能产生有害效果；C——对人体健康和环境构成重大风险。风险评估方法适用于 B 类
丹麦	基于风险管理的指导值
爱沙尼亚	目标值和指导值（基于公共健康风险）
芬兰	基于风险管理的指导值
匈牙利	土壤和地下水限值：A——背景值；B——污染阈值；C——衡量阈值；D——目标值（基于荷兰、德国、EPA 和加拿大准则）
拉脱维亚	参考荷兰阈值
立陶宛	污染土壤和地下水标准草案（与荷兰阈值一致）。简化的场地风险评估
挪威	多层次方法：第一层次——通用目标值（基于现有荷兰与丹麦准则的阈值"TVs"）；第二层次——场地风险评估（超过 TVs 时）；第三层次——详尽调查
波兰	环境保护标准通常基于确定的规定限值，但仍没有污染场地的通用值。在场地风险评估中常使用 EPA 的方法
葡萄牙	参考加拿大安大略指导值
斯洛伐克	目标值或许可值（1994 年起采用荷兰阈值）
斯洛文尼亚	土壤中危险物质限值、警告值和临界值
西班牙	筛选值（指导值）和场地风险评估
瑞典	场地风险评估（暴露评估）。瑞典环境保护署对于大多数敏感类型的土壤，规定了污染土壤的指导值
瑞士	场地风险评估和为渗滤液及气相设定的干预值
荷兰	基于风险管理的规范（标准）：目标值和干预值

（2）美国

美国有关土壤保护的政策均基于自 20 世纪 80 年代开始颁布的相关法案制定，同时制定了有关土壤污染界定的相关指导原则和标准。

1) 涉及土壤污染防治的综合性环境政策:《国家环境政策法案》(*National Environmental Policy Act*,NEPA)。针对日益严重的环境问题,为保证从国家层面上推动和落实相关环境保护措施,1969 年 12 月,美国 NEPA 获得国会批准,并于 1970 年 1 月 1 日正式生效。此后,该法案经过 2 次补充完善,将《环境质量提高法案》和《清洁空气法案》第 309 节内容纳入其中。NEPA 明确了美国联邦政府在环境问题方面的职责,成为美国环境政策体系发展和完善的基石(尹志军,2005)。

NEPA 主要内容包括 4 部分:第一部分为关于国家环境政策的"国会宣言",对国家环境政策及目标,以及联邦政府部门和公众的环境权利与义务进行的界定。宣言规定了联邦政府在保护环境质量方面的核心义务即联邦政府部门在其所有行政过程及对环境质量产生重大影响的其他行为中都必须考虑环境问题,对有关环境的影响进行详细说明。第二部分为有关设立环境质量委员会的规定,决定为落实 NEPA 而专门成立直接对总统负责的联邦政府行政机构环境质量委员会,负责制定旨在提高环境质量的国家政策、分析国家环境状况发展趋势、审查和评估联邦政府的相关行动、为联邦政府的相关决策提供建议等。环境质量委员会成员须由总统直接任命。第三部分为新补充的《环境质量提高法案》,旨在补充 NEPA 初始版本的不足,要求提高有关预防、减轻、控制环境污染、水及土地资源、交通、经济及区域发展的成文法所规范的环境质量,依据该法案成立环境质量办公室,负责就影响环境质量的政府政策及项目向总统提供建议,同时为环境质量委员会提供人力资源支持。环境质量办公室主任由环境质量委员会主席兼任。第四部分为新增的《清洁空气法案》第 309 节内容,赋予了 EPA 对所有联邦政府机构所有行政过程及相关行为的环境影响说明予以审查的权力(尹志军,2005)。

2) 土壤保护相关重要法案。为有效控制工业生产活动所导致土壤污染,美国于 1980 年通过了首部土壤污染防治法《综合环境污染响应、赔偿和责任认定法案》(*The Comprehensive Environmental Response, Compensation and Liability Act*,CERCLA),该法案对危险物质泄漏所造成的土壤污染的应急响应、污染处置、责任及补偿问题做出了详细规定,对明确土壤污染责任、提高土壤污染防治效率具有重要作用。依据该法案,美国设立了治理土壤污染的"超级基金"制度,为治理土壤污染的资金支持提供了法律保障,因而 CERCLA 通常又被称为《超级基金法案》。1986 年,美国国会对《超级基金法案》进行了第一次也是最为重要的修订,修订后的法案被称为《超级基金增补和再授权法案》(*Superfund Amendments and Reauthorization Act*,SARA)。CERCLA 和 SARA 共同构成了美国防治土壤污染的政策基础的依据(游彦霞,2008)。

《超级基金法案》:其提供了造成土壤污染的"潜在责任方"的认定方法,根据"污染者付费原则"明确了对污染土壤采取修复措施的经费来源。《超级基金法案》最重要和最具特色的条款之一即明确了土壤污染责任方须承担严格、连带且具有溯及力的法律责任。严格、连带且具有溯及力的责任是指不论潜在责任方是否实际参与或者造成了土地污染,也不论污染行为在发生之时是否合法,潜在责任方都必须为土地污染负责。连带责任是指,当存在两个或多个潜在责任方时,EPA(《超级基金法案》指定 EPA 负责监督和协调责任方落实土壤污染修复行动）有权要求任何一个或者全部责任方支付全部修复费用，即如果某一责任方无法支付应付的费用，则其他责任方必须替该责任方补偿其无力支付的经费差额。《超级基金法案》同时规定了针对土壤污染所应采取的响应行动（World Bank，2010），即①污染清除行动：为短期即时响应举措，是指从环境中清除已经泄漏或有泄漏风险的危险物质的应急行动。根据紧迫程度，将清除行动分为紧急性、时间紧迫性和非时间紧迫性3类。清除响应行动通常是针对局部的环境风险展开，如含有危险物质的废弃装置或容器、严重危及人体健康或环境的表层污染土壤等。②污染修复行动：相对于清除行动，修复行动通常是针对已经造成的土壤污染而采取的长期性的响应行动。修复行动旨在永久和显著地降低因危险物质释放或释放威胁所构成的环境及人体健康风险。修复行动包括阻止污染物迁移、防止有毒物质发生化学反应等措施。

超级基金修正与再授权法案：针对《超级基金法案》所存在的不足，美国政府于1986年10月通过了SARA，修正法案重新授权并扩大了超级基金，对超级基金计划做出了如下主要的调整与补充（World Bank，2010）。①强调了在污染土壤修复过程中，永久性修复与修复技术创新的重要性；②在实施超级基金计划时，应同时考虑联邦政府及各州的环境法律和标准；③明确了新的超级基金计划实施及争端解决机制；④增加了信托资金的投入；⑤更加关注污染土地所引发的人体健康问题；⑥鼓励各州政府参与超级基金计划及公众参与同土地修复相关的决策过程。此外，SARA更加明确了土壤污染的责任主体及其判定依据。

《棕地法案》：国外通常将受污染的土壤称为"棕色地块"，简称棕地。针对社会对修复土壤污染、解决棕地遗留问题的呼声日益高涨及鼓励对棕地的开发，美国政府于1997年发起制定了"棕地全国合作行动议程"（Brown Fields National Partnership Action Agenda），在该议程的促动下，美国国会于1997年8月通过了《纳税人减税法案》（Taxpayer Relief Act），出台税收优惠政策以刺激面向棕地修复与开发利用的投资。2002年，美国颁布实施《小型企业责任减免和棕色地块振兴法案》（Small Business Liability Relief and Brown Fields Revitalization Act）（简称《棕地法案》），对《超级基金法案》进行修订，针对超级基金制度在实施中存在的问题，对棕地治理计划予以重新界定，专门设立棕地评估与治理基金，对《超级基金法案》所规定的中小企业的相关责任予以减免以促进污染土壤的修复和再利用。

《棕地法案》所规定的责任减免条件及原则主要包括以下几方面（World Bank，2010）。

①小企业责任豁免：对于那些能证明其向污染场地排放的液态污染物少于110gal（约500L）、固态污染物少于200lb①（约90.7kg）的潜在责任方，以及处理生活固体废物的小企业，可以免除其相关土地修复责任；②免除承担联邦政府修复行动的责任：已在州政府的自愿修复计划框架下实施了修复行动的责任方，可以免除承担未来联邦政府执行的修复计划的责任；③污染迁移：如果场地污染是由于其他场地的污染迁移所致，则该场地的利益方可以免于承担修复场地污染的责任；④尽职调查：对不知情的土地购买者，法案允许其通过尽职调查以避免承担《超级基金法案》所规定的法律责任。尽职调查是指买方必

---

① 1lb≈0.454kg。

须在购买不动产之前就不动产的环境状况开展全面而适当的调查，并同时对土地污染潜在责任进行专业评价。调查所依据的标准是美国试验与材料协会（American Society for Testing and Materials，ASTM））所制定的"适当调查"标准。

3）土壤污染防治相关标准。土壤筛选标准：EPA 于 1996 年发布了《土壤筛选指南》（Soil Screening Guidance，SSG），其核心内容是制定了土壤筛选标准（Soil Screening Levels，SSLs）（EPA，1996）。制定该标准的目的并非建立土壤污染修复的国家标准，而是旨在在《超级基金法案》框架下，确定污染土地的面积、污染物种类和暴露途径，为是否启动土壤污染修复行动提供决策依据。根据规定，如果土壤中污染物含量低于 SSLs，则不需要采取进一步的行动。否则需要开展进一步的调查研究并据此决定是否进行土壤修复。SSG 不仅提出通用性的 SSLs，而且针对实际的 SSLs 的确定，提供了详细的计算原则和模型（World Bank，2010）。

2002 年 EPA 对 SSG 进行了修订，在保留原有土壤筛选框架的基础上，新增了有关暴露场景和暴露途径确定的内容，并扩充了模型数据（EPA，2002）。依据 SSG 美国各州及地方政府也制定了相应的地方指导文件和土壤修复标准。

第 9 区初步修复目标值和区域筛选标准：为指导土壤修复举措，EPA 专门制定土壤修复目标值即被广泛参照的第 9 区初步修复目标值（EPA Region 9 Preliminary Remediation Goals，PRGs），通常简称为 9 区修复目标值，该标准不仅以表格形式详细列出了土壤修复目标参照值，而且还提供了计算土地修复目标值的相关技术信息。9 区修复目标值会根据毒理学参数和物理化学常数的修正而实时更新。9 区修复目标值为确定土壤污染风险级别提供了依据，一旦超过 9 区修复目标值则需要对土壤污染风险进行进一步的环境风险评估（World Bank，2010）。

9 区修复目标值实际是与特定风险水平相对应的污染物质的浓度，如土壤中有害物质浓度达到百万分之一（即 10^{-6}）水平即为致癌风险（EPA，1996）。为便于管理和统一标准，2009 年，EPA 将包括 9 区修复目标值在内的 3 类不同风险标准值统一整合为"超级基金土地化学污染物的区域筛选标准"（Regional Screening Levels for Chemical Contaminants at Superfund Sites），简称"区域筛选标准"。最新的区域筛选标准值及其详细的说明可以直接通过 EPA 网站查询、获取。此外，EPA 网站还同时提供专门用于计算土壤筛选标准的计算工具"土壤筛选标准计算器"（Screening Level Calculator）。区域筛选标准分为居住用地土壤、工业用地土壤、居住用地空气、工业用地空气、饮用水及地下水 6 个类别，并将与不同暴露途径相对应的致癌和非致癌风险详细单列（World Bank，2010；宋静等，2011）。

（3）日本

日本是较早关注土壤污染问题并制定相关政策的发达国家之一，并且是亚洲地区相关政策体系最为完备的国家。

1）涉及土壤污染防治的综合性环境政策。《环境基本法》：日本先后于 1967 年和 1972 年颁布的《环境污染控制基本法》和《自然环境保护法》确立了日本环境政策的立法基础和基本框架，为日本遏制环境污染、促进经济与环境协调发展、提升公众环境保护意识与素养等发挥了巨大作用。进入 20 世纪 90 年代之后，为适应新形势要求和应对环境安全新挑战，日本废止了《环境污染控制基本法》和《自然环境保护法》，于1993年11月颁布实施新的《环境基本法》，从而标志着日本环境政策发展进入新阶段（杜群，2002）。

在《环境污染控制基本法》和《自然环境保护法》的基础上，《环境基本法》不仅明确了日本环境政策的理念即强调可持续发展和国际合作对环境保护的重要性，而且在内容和政策措施方面进行了重大调整与补充完善，使之成为真正意义上的涵盖环境污染控制、自然资源合理开发和利用及自然环境生态保护等问题的综合性、统一性的政策法规（杜群，2002；于博，2010）。

与日本已有法律制度相比，《环境基本法》在环境政策举措方面的重要补充包括：①设立环境基本计划；②建立环境影响评价；③采取经济性政策措施；④促进环保产品的利用；⑤强化环境方面的教育和学习；⑥支持民间自发的相关活动；⑦加强相关信息的共享与交流；⑧加强环境保护方面的国际合作。

环境基本计划：根据《环境基本法》，日本于1994年正式启动了"环境基本计划"，计划每轮周期为5年，目前即将进入第四轮计划实施阶段。

2006年4月，日本政府批准实施第三轮"环境基本计划"，本次计划的主题及总体目标为实现"环境、经济和社会的综合提升"，其所确定的6个主要政策方向包括（环境省，2007）：①提高环境效率，实现环境与经济的良性循环；②形成环保型和可持续的国土及自然环境；③加强技术研发，积极应对政策的不确定性；④推动"三位一体"的改革，促进国家、地方和公众的参与协作；⑤强化国际性战略举措；⑥勾画50年超长期战略目标。

在具体内容方面，日本第三轮"环境基本计划"确定了10个重点领域，包括6个专题领域和4个综合领域。6个专题领域分别涉及全球变暖、物质循环、大气污染、水循环、化学物质及生物多样性。其中，在物质循环方面，特别提出了构建低资源消耗、高能源效率的社会经济体系、加强生产环节资源的3R（减少用量、重复利用和循环再生）处理以及促进废弃物科学循环利用等举措。

2）土壤保护相关法律。日本于2002年新出台的《土壤污染对策法》（同时配套发布《土壤污染对策法实施细则》）是迄今为止日本有关土壤保护及污染防治最为完备，同时也是对日本土壤污染治理政策体系产生最重要影响的成文法。

《土壤污染对策法》的核心内容包括（朱静，2011；张天泽，2010）土壤污染状况调查、土壤污染区域的确定及污染区域管理与治理措施，同时明确了相应的运行管理机制，运行管理机制包括调查机构、支援体系、报告与监测制度及具体的责任和惩罚措施等。

《土壤污染对策法》的颁布实施对日本完善土壤污染治理政策体系起到了极大的推动作用，它不仅明确了日本进行土壤污染治理的污染调查、污染治理等基本制度，而且设立了确定土壤污染状况的基本标准，为系统开展土壤污染评估奠定了基础，并进而带动了相关环保产业的发展，有效促进了日本产业界土壤污染防治和治理意识的提升（霍洪宝，2009）。

针对《土壤污染对策法》在实施过程中所产生的问题，2009年4月，日本对该法进行了修订，新修订的《土壤污染对策法》于2010年4月正式实施。新修订的《土壤污染对策法》最主要的改进是在原来基础上给出了超出污染物限值的"指定区域"（指含有超过规定限值的物质（25 种）且对人体健康构成威胁的土地）清单，并对其进行明确分类（分为需要修复的区域和待被开发时必须通知主管当局的区域两大类），同时规定了相应的必须实施修复的措施及对污染土壤进行处置所必须遵循的规范和流程。此外新法还细化了土壤污染状况调查、土壤污染报告等基本制度的相关规定。

3）土壤污染防治相关标准。自 1970 年日本首次通过《农用地土壤污染防治法》建立农田土壤环境质量标准以来，日本已经形成了涵盖标准项目、标准限值、分析方法、监测方法、评价标准和表征方法等内容较为完善的土壤环境质量标准体系（陈平，2014），其具体构成见表 3-15。

表 3-15　日本土壤环境质量标准体系

基本构成	具体内容	法律依据
土壤环境质量标准	农田土壤污染物限定标准（3 项：Cd、Cu、As）、农田土壤污染治理措施	《农田土壤污染防治法》
	土壤污染物限定标准，包括含量标准和溶出标准（25 种：VOC 类物质 11 种、重金属类 9 种、农药和多氯联苯（poly chlorinated biphenyl，PCB）类 5 种）城市及工业用地土壤污染治理措施	《土壤污染对策法》
	有害化学物质（Dioxins）土壤污染控制标准（TEQ）Dioxins 土壤污染治理措施	《Dioxins 物质对策特别措施法》
	放射性污染物允许量暂行标准（Cs）土壤、肥料及栽培土放射性污染治理措施	《防治因 2011 年 3 月 11 日东北地方太平洋地震引发核电站泄漏事故排放的放射性污染物质对环境造成污染的特别措施法》
土壤环境质量监测技术规范	农田土壤常规监测基准（2010 年 7 月）	《农田土壤污染防治法》
	有毒有害化学物质（Dioxins）土壤监测技术手册（2000 年 1 月制定，2009 年 3 月最新修订）	《Dioxins 物质对策特别措施法》
	土壤中有毒有害化学物质（Dioxins）简易监测方法技术手册（2009 年 3 月）	《Dioxins 物质对策特别措施法》
	土壤污染调查及防治措施技术指南（修订第 2 版）（2012 年 8 月）	《土壤污染对策法》
	去除放射性污染物指南（环境省 2013 年最新修订）	《防治因 2011 年 3 月 11 日东北地方太平洋地震引发核电站泄漏事故排放的放射性污染物质对环境造成污染的特别措施法》
	《去除农田放射性污染对策技术书》（农林水产省 2013 年 2 月）	《防治因 2011 年 3 月 11 日东北地方太平洋地震引发核电站泄漏事故排放的放射性污染物质对环境造成污染的特别措施法》
	土壤油污染（燃油和润滑油）对策指南（2006 年 3 月）	《土壤污染对策法》

作为日本土壤污染控制的新基准，新修订的《土壤污染对策法》将土壤污染物质划分为三大类，共 25 种，并规定了相应的土壤含量及溶出标准限值（陈平，2014）（表 3-16）。

表 3-16 日本《土壤污染对策法》所确定的土壤污染物控制标准

污染物分类	污染物	标准限值	
		土壤中含量（mg/kg 土壤）	溶出量（以试样溶液计，mg/L）
第1类：VOC（11种）	四氯化碳		≤0.002
	1，2-二氯乙烷		≤0.004
	1，1-二氯乙烯		≤0.1
	顺式-1，2-二氯乙烯		≤0.04
	1，3-二氯丙烯		≤0.002
	二氯甲烷		≤0.02
	四氯乙烯		0.01
	1，1，1-三氯乙烷		≤1
	1，1，2-二氯乙烷		≤0.006
	三氯乙烯		≤0.03
	苯		≤0.01
第2类：重金属等（9种）	镉及其化合物	≤150	≤0.01
	六价铬及其化合物	≤250	≤0.05
	氰化合物	游离态氰≤50	不得检出
	汞及其化合物	≤15	≤0.0005（烷基汞不得检出）
	硒及其化合物	≤150	≤0.01
	铅及其化合物	≤150	≤0.01
	砷及其化合物	≤150	≤0.01
	氟及其化合物	≤4000	≤0.8
	硼及其化合物	≤4000	≤1
第3类：农业及PCB（5种）	西吗嗪		≤0.003
	秋兰姆		≤0.006
	杀草丹		≤0.02
	PCB		不得检出
	有机磷农药（对硫磷、甲基对硫磷、甲基1059 及 EPN）		不得检出

与大气污染领域相比，土壤污染问题较晚受到广泛关注（主要是因为土壤污染的累积性及其效应的相对滞后），因而到目前为止，政策体系尚有待完善。一方面，土壤污染问题的复杂性和相对较高的专属性，使出台更具统一法律效力和约束力的国际性法律或相关政策还需

时日；另一方面，由于各国所面临土壤污染问题差异化明显，同时受到经济发展的制约，在国家层面对土壤污染问题重视程度、相关政策的广度及相关标准的差异显著化还将继续存在。

3.4.1.3 国际政策路线图

自 20 世纪 60 年代至今，国际土壤污染防治相关科技政策发展情况如图 3-5 所示。

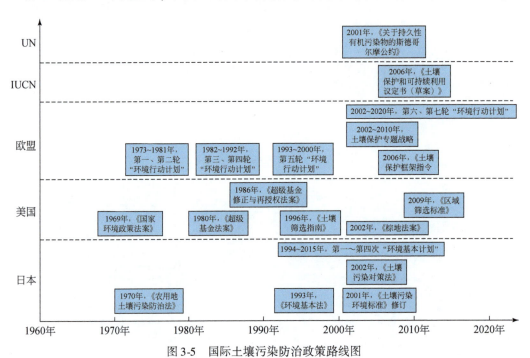

图 3-5 国际土壤污染防治政策路线图

3.4.2 国际土壤污染防治科技政策成效分析

通过连续 40 年的环境行动计划的实施，欧盟已经构建起包括土壤污染治理政策在内的系统性、建制化的环境科技政策评估体系，本部分内容以欧盟"土壤保护专题战略"为例对其环境政策成效进行分析。

3.4.2.1 管理机制与特色

为保证环境政策的有效落实，欧盟采取成员方和欧盟"两级"报告制度，以"土壤保护专题战略"为例，该战略下的《土壤框架指令》中有关土壤污染治理政策的具体实施过程如图 3-6 所示（Commission of the European Communities, 2006）。首先，根据《土壤框架指令》相关规定，各成员方建立本国污染地块清单，基于此形成本国土壤状况报告并审议通过，同时结合关于"孤儿地块"的相关规定，制定本国土壤污染国家修复战略，最终向欧盟委员会报告。

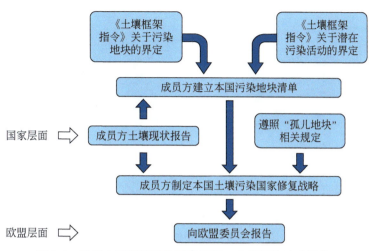

图 3-6　欧盟土壤框架指令落实机制（土壤污染治理部分）

3.4.2.2　政策实施效果

（1）政策实施的总体效应

欧盟"土壤保护专题战略"评估报告认为，"土壤保护专题战略"和《土壤框架指令》的施行所带来的总体收益包括：①推动建立了成员国土壤保护体系；②使应对土壤环境风险和土壤保护行动更为系统且有效；③使土壤环境评估更有针对性、更为高效；④推动了成员方中期至长期土壤保护战略的制定；⑤促进了土壤的可持续利用；⑥由于预防性措施的推行，大大降低了土壤保护成本。

（2）政策实施所产生的具体效益

在土壤污染控制方面，"土壤保护专题战略"实施所产生的环境、经济及社会效应见表 3-17。

表 3-17　欧盟"土壤保护专题战略"土壤污染控制政策所带来的效应

政策效应	积极效应	负面效应
环境效应	改进了土壤质量，使其功能得以保护； 改善了地表水、地下水及饮用水水质； 改善了土壤生物的生存环境、保护了生态系统功能； 降低了有毒物质所造成的人体健康风险； 恢复并扩大了土地利用范围	对污染土壤的处理导致自然景观破坏； 能源消耗问题
经济效应	降低了土壤污染对地价的影响； 增加了公共及私营部门就业岗位，促进了人力资本的形成； 促进了环境科技领域的技术创新与研发投入的增长； 为相关领域（如农业领域）企业、非营利机构带来了良好的微观经济效益	对尚未开展土壤污染治理的成员方而言，政策的实施导致其公共预算的增加； "谁污染谁治理"的原则导致企业运营成本增加并影响企业融资

政策效应	积极效应	负面效应
社会效应	降低了公众特别是小孩和老人直接或间接接触有害物质的风险，改善了受污染区域的工作环境； 促进了就业机遇的增加； 降低了受污染区域的食品安全风险，保护了消费者利益；	对污染土壤的处理导致文化遗产的破坏

3.4.2.3　政策的外部效益

在环境政策评估中，欧盟将政策的外部效益或"附加值"作为评估的重要维度，以考察政策实施对其他相关战略及行动的积极影响或促进作用，以此作为政策可持续性、完善性的判断依据，并为未来计划或后续政策的制定和实施提供决策支持。

首先，在整个战略层面，欧盟"土壤保护专题战略"系统评估结果（Commission of the European Communities，2006）表明，"土壤保护专题战略"实施所产生的外部效应主要包括：①推动了自然资源的可持续利用，因而对欧盟乃至全球可持续发展战略的实施具有积极的促进作用；②刺激了就业岗位的增长，因而有助于欧盟"里斯本战略"目标的落实；③土壤同其他环境要素密切关联，因而，"土壤保护专题战略"的实施同样有利于促进有关水质、自然保护及气候变化减缓等政策目标的达成。

其次，在专门政策层面，欧盟"土壤保护专题战略"土壤污染治理政策的实施所产生的外部效益集中体现在以下方面：①使受土壤污染影响区域的水质达到改善；②对生物多样性和生态系统保护有积极作用；③降低了有害物质对人体健康带来的风险；④对改善土地利用、提升土地价值及保证可利用土地资源的获取具有直接的促进作用。

最后，土壤污染治理政策的推行还有利于其他相关环境保护政策及立法的完善。

3.4.3　国际土壤污染防治科技政策的需求与发展趋势

3.4.3.1　国际土壤污染防治科技需求发展展望

纵观近半个世纪的国际土壤污染治理历程，尽管在社会各界的共同努力下，全球保护土壤资源、控制土壤污染的举措取得了一定成效，显著推动了土壤污染控制技术的发展，但是土壤污染现象仍普遍存在，土壤污染蔓延和恶化的势头并未得到有效遏制，不仅如此，受全球化和经济发展进程加快等因素的共同影响，全球土壤污染形势愈发复杂和严峻，土壤资源不可持续利用仍是全球共同面临的重大而紧迫的挑战。未来全球在应对土壤污染挑战过程中需要解决的关键科技问题集中于以下方面。

1）如何将国际统一行动建立在统一的科学共识之上，即如何为应对土壤污染的行动决策提供科学依据的问题。土壤的化学、生物和物理特性决定着土壤的特定功能及其对外部作用的响应机制，因此只有深入认识土壤的上述特性及其作用机理，了解自然和人为因素对土壤特性的影响，才能为未来土壤污染修复技术的进步和应对土壤污染的行动决策提供科学依据。

2）建立土壤污染相关研究的协调机制及土壤污染治理统一框架和土壤修复技术统一标准。目前在发达国家土壤污染相关研究与技术发展已较为成熟，而对土壤污染形势严峻的发展中国家而言，相关研究与技术研发则明显滞后，建立促进土壤污染相关研发信息与技术共享的研究协调机制和基于发达国家成功经验的土壤污染治理框架和土壤修复技术标准将显著促进全球土壤污染治理能力的提升。

3）在全球已有地球观测系统的基础上，建立全球土壤监测系统。为共同应对未来全球污染挑战，亟须将土壤状况监测纳入全球地球观测系统，以为全球土壤保护及土壤污染治理相关研究与政策制定提供实时数据支持。

3.4.3.2　土壤污染防治科技政策发展趋势

受土壤污染领域所涌现出的新问题、新挑战及社会经济发展新要求的驱动，未来该领域政策将呈现以下发展趋势。

1）从整个自然资源体系的视角，制定面向资源可持续利用的土壤保护与土壤污染治理政策，并将土壤污染防治纳入可持续发展及绿色、低碳经济发展政策框架；

2）将更加重视土壤保护与污染防治政策与其他环境安全相关政策的协同性及整个土壤保护与污染防治政策体系的全面性和一致性；

3）将强调开发多层面、跨领域的土壤保护与管理手段以促进土壤环境问题应对能力的提升；

4）将更为关注推动土壤保护与土壤污染治理政策发展及有效落实的外部要素，以及支持政策发展的资本投入；

5）将土壤保护和土壤污染治理置于国家战略层面，将可持续土壤管理原则、方法和实践纳入各级政府的政策与立法体系，全面完善国家土壤保护政策。

3.4.3.3　未来土壤污染防治科技政策重点领域

为应对未来土壤污染挑战，推动土壤资源的可持续利用，未来土壤污染科技政策将聚焦以下领域。

1）国家土壤污染立法体系与法律实施监督机制（特别对于发展中国家）。

2）土壤污染相关国际标准，包括土壤污染控制标准和土壤污染修复标准。

3）国家土壤监测机制及监测系统。

4）土壤污染状况报告制度和土壤污染应急响应机制。

5）工业与农业生产用地土壤管理制度。

6）土壤污染风险防控体系。

7）国家土壤污染相关基础研究及技术研发战略布局。

3.4.4　我国土壤污染防治科技政策与国际比较

3.4.4.1　我国土壤污染防治科技政策体系与特点

我国土壤污染防治科技政策体系建设尚处于探索和完善阶段，截至目前，初步形成了以宏观科技战略规划和综合性法律法规为主，以专门科技规划和相关单行法律法规为补充的政策体系格局。

在宏观科技战略规划方面，《国民经济和社会发展第十一个五年规划纲要》（2006 年 3 月 14 日）和《国民经济和社会发展第十二个五年规划纲要》（2011 年 3 月 16 日）均明确提出强化对包括土壤污染在内的环境污染的治理。2006 年 2 月 9 日正式发布的《国家中长期科学和技术发展规划纲要（2006—2020 年)》明确将发展能源、水资源和环境保护技术放在优先位置，大力推动以提高土壤肥力、减少土壤污染、水土流失和退化草场功能恢复为主的生态农业技术的发展。

在专门科技规划方面，2011 年 2 月，我国正式颁布首个污染防治专项规划《重金属污染综合防治"十二五"规划》，确立了重金属污染防治目标，对有效遏制我国土壤及水体重金属污染具有重要意义。2014 年 3 月，环境保护部审议通过《土壤污染防治行动计划》，确定了我国未来土壤污染治理方针：依法推进土壤环境保护、坚决切断各类土壤污染源、实施农用地分级管理和建设用地分类管控及土壤修复工程。其同时明确了土壤污染治理目标：到 2020 年，农用地土壤环境得到有效保护，土壤污染恶化趋势得到遏制，部分地区土壤环境质量得到改善，全国土壤环境状况稳中向好。《土壤污染防治行动计划》将于 2016 年正式颁布实施。

在立法方面，我国已经颁布施行的同土壤污染防治有关的综合性立法包括《中华人民共和国环境保护法》（1989 年）、《中华人民共和国环境影响评价法》（2002 年）、《中华人民共和国清洁生产促进法》（2012 年修订）、《中华人民共和国土地管理法》（2004 年修订）、《中华人民共和国农业法》（2002 年修订）、《基本农田保护条例》（1998 年）、《农产品质量安全法》（2006 年）、《土地复垦规定》（1988 年）等。同土壤污染防治有关的单行法主要包括：《中华人民共和国固体废物污染环境防治法》（2004 年修订）、《危险化学品安全管理条例》（2002 年）、《废弃危险化学品污染环境防治办法》（2005 年）、《中华人民共和国大气污染防治法》（2004 年修订）、《中华人民共和国水污染防治法》（2008 年修订）等。

此外，我国还曾于 1995 年颁布《土壤质量环境标准》，重点针对农业、自然保护区、城市及矿山土壤保护，设置了相应的土壤环境质量标准。

3.4.4.2　我国土壤污染防治科技政策路线图

自 20 世纪 80 年代以来，我国有关土壤污染防治的科技政策布局及发展情况如图 3-7

所示。

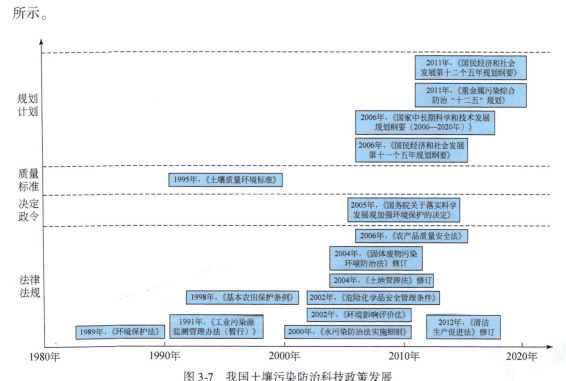

图 3-7　我国土壤污染防治科技政策发展

3.4.4.3　与主要国家的比较分析

与美国、日本等主要发达国家相比，我国的土壤污染防治科技政策体系建设存在以下主要问题。

（1）相关政策尚缺乏系统性和可操作性

美国、日本等主要发达国家通过制定和实施一系列相配套的法律法规，形成了较为成熟和完善的土壤污染防控与治理制度体系。

我国目前土壤污染防治科技政策体系建设尚处于宏观部署阶段，已经出台的相关规划和立法均是框架性的与概括性的，并未涉及有关土壤污染防治的具体措施。特别在立法方面，现有有关土壤污染防治的规定只是分散于相关综合性立法和专门立法中，且并不直接针对土壤污染而设定，我国在专门的土壤污染防治立法方面还处于空白状态，这是我国土壤污染防治科技政策体系建设的明显缺失和不足之处。

（2）缺乏污染责任界定和落实的明确法律规定

环境法的有效实施必须以环境责任认定为前提，明确具体的法律责任界定是美国、日本等主要发达国家相对完善的土壤污染防治政策体系的重要特征。以美国为例，美国通过制定《超级基金法案》《超级基金增补和再授权法案》《棕色地块法案》和《纳税人减税法》等法律，确立了污染土壤治理原则即"谁污染谁治理"的原则，形成了"严格的污染主体连带责任制度""资金筹集制度"及"严格的法律责任制度"等一系列的责任认定和落实法律规范，强化了法律的可执行性。而我国现行的相关法律法规仅仅对土壤污染防治做了原则性规定，缺乏对并对造成土壤污染的责任主体及其所应承担的法律责任等的具体明确界定，因而其对土壤污染相关责任方的法律约束力十分有限。

（3）缺乏配套制度和管理机制

为确保政策的实施成效，除了建立完善的法律保障外，美国、日本等发达国家还相应出台诸多相配套的政策措施，如建立土壤污染调查和信息公开制度、土壤污染风险评估制度、公众宣传教育制度、污染监督及奖励制度、污染防治基金保障制度等；在管理机制方面，依照相关法律设置职责明晰的管理流程、成立专门的工作组、建立建制化的污染应急相应机制及事后处理机制等。我国由于缺乏明确、系统性的法律法规的支持，相关制度和管理机制的建设尚处于探索阶段，权责明晰、统一规范的配套机制的形成还需时日。

（4）缺乏与国际接轨的土壤质量控制标准

美国、日本等发达国家均根据本国情况和国际发展趋势，制定了全面的土壤质量评估与控制标准，如日本的"土壤环境质量标准"、美国的"第9区初步修复目标值和区域筛选标准"及欧盟的"土壤分类及修复标准"，这些标准均覆盖从土壤质量评估、污染物筛选直至土壤修复标准等各个环节，形成了土壤环境评估的基本依据和土壤修复的操作规范。尽管，我国制定了《土壤质量环境标准》（1995年），但该标准无论是在适用范围（主要针对农业用地）的设定，还是在污染物界定与污染物清单设置及土壤环境分析方法规范制定等方面均已不能满足当前土壤污染防治需求，并且存在明显缺失和落后于国际发展水平。

3.4.5 我国政策建议

基于对我国土壤污染防治科技政策体系的分析及国际比较，针对我国目前土壤污染相关政策发展所存在的突出问题，特提出如下建议。

（1）完善法律体系，针对土壤污染防治专门立法

土壤污染防治相关法律缺乏体系，专门立法缺失已经成为推动我国土壤环境保护和遏制土壤污染工作的主要障碍，因此，应当在修订完善现有相关法律的基础上，出台类似"土壤污染防治法"的专门性法律。同时，还应根据我国土壤污染现状，借鉴发达国家经验，进一步分类制定"农村土壤污染防治法""城区土壤污染防治法"等更为具体的法律法规。

（2）制定符合我国国情的土壤环境质量控制标准

根据我国土壤污染现状，参照国际标准及国际成功实践，构建符合我国国情、切实可行的土壤环境质量控制标准，内容应覆盖从土壤环境及污染状况调查、土壤环境及污染评价、污染物清单制定、污染土壤修复规程等所有重要环节。同时，应该根据国际土壤污染控制标准发展趋势及国内土壤污染发展与控制情况，建立土壤环境质量控制标准及污染物清单定期修订与发布机制，以确保土壤环境质量控制标准体系的先进性、适用性和可操作性。

（3）加强配套制度的建设，设立土壤污染治理专项基金

依据相关法律并在此基础上，配套建设一系列的土壤污染防治制度，如土壤污染普查制度、土壤环境评价与风险评估制度、土壤环境功能区规划与开发利用制度、土壤环境监测与报告制度、土壤污染评估及责任认定与赔偿制度、土壤污染修复责任与监督制度等。应当积极借鉴发达国家的相关经验，推动设立土壤污染治理专项基金，制定完善的涉及基金筹措、基金管理、基金使用及基金审计等在内的土壤污染治理基金制度及管理体系，为土壤污染治理提供资金保障。

（4）建立健全土壤污染治理的管理机制

应以立法的形式，制定土壤污染治理的管理体系，明确土壤污染治理的管理责任部门及其组成、具体职能与责任及相应的管理流程和规范。这将为改变目前我国土壤污染治理"多头管理"、职责不清的现状，有效提高土壤污染治理水平和效率，提供有力的管理机制保障。

（5）完善政府职能，强化信息公开及宣传教育

建立土壤污染信息公开机制，一方面，使公众能够充分了解土壤污染现状及土壤污染治理相关政策举措，激发其参与土壤环境保护的主动性和积极性；另一方面，有利于完善土壤污染治理监督机制，充分发挥公众对土壤污染行为和相关治理行动的监督作用，促进相关政策的落实。同时，还应当建立从政府到地方的各级宣传教育机制，通过灵活多样的宣传教育措施（如在各教育阶段专门增加和补充有关土壤污染的教学内容）以利于公众获取土壤污染相关知识，推动公众土壤环境保护意识和知识素养的提升。

参 考 文 献

薄燕 . 2007. 环境治理中的国际组织——权威性及其来源 . 欧洲研究，（1）：87-101.

蔡岚 . 2014. 空气污染整体治理：英国实践及借鉴 . 华中师范大学学报（人文社会科学版），53（2）：21-28.

蔡先凤 . 2004. 试论国际生态安全法体系的形成和发展 . 环境资源法论丛，4：228-246.

陈健鹏 . 2016. 污染物排放与环境质量变化历史趋势国际比较研究 . 北京：中国发展出版社 .

陈平，赵淑莉，范庆 . 2012. 解析日本空气环境质量标准体系 . 环境与可持续发展，（4）：74-79.

陈平 . 2013. 日本空气环境保护法律法规探讨 . 环境与可持续发展，（3）：66-71.

陈平 . 2014. 日本土壤环境质量标准体系现状及启示 . 环境与可持续发展，39（6）：154-159.

杜群 . 2002. 日本环境基本法的发展及我国对其的借鉴 . 比较法研究，（4）：55-64.

杜运亭 . 2002.《关于消耗臭氧层物质的蒙特利尔议定书》及其实施机制研究 . 外交学院硕士学位论文 .

冯贵霞 . 2014. 大气污染防治政策变迁与解释框架构建，中国行政管理，（9）：16-20.

傅喆，寺西俊一 . 2010. 日本大气污染问题的演变及其教训 . 傅喆，译 . 学术研究，（6）：105-114.

高明，廖小萍 . 2014. 大气污染治理政策的国际经验与借鉴 . 发展研究，（2）：103-107.

关阳 . 2011. 追踪美国"酸雨计划" . 环境保护，（9）：65-67.

国家环境保护总局国际合作司编 . 2007. 国际环境公约选辑 . 北京：中国环境科学出版社 .

郝吉明，李欢欢，沈海滨 . 2014. 中国大气污染防治进程与展望 . 世界环境，（1）：58-61.

何艳梅 . 2014. 全球环境条约对发展中国家激励机制的实证分析与比较 . 武大国际法评论，（2）：108-138.

胡必彬，孟伟．2005．欧盟大气环境标准体系研究．环境科学与技术，28（4）：61-68．

黄洪涛．2004．国际贸易与环境保护协调发展的法律问题研究．大连海事大学硕士学位论文．

黄琼．2007．略论我国建立环境税制的可行性．商场现代化，（33）：382-382．

霍洪宝．2009．国外发达国家土壤污染防治立法及对我国的启示、法制与经济，（4）：58-60．

纪翠玲，贾朋群．2008．美国空气质量标准的制修订．中国标准化（12）：70-71．

焦志强，吴琳慧，谈兵．2014．我国大气污染的现状和综合防治对策．资源节约与环保，（4）：92-93．

今宫成宜，王昶．2010．日本环境法规的现状、动态及对策．国际造纸，29（3）：46-49．

李建勋．2007．论土壤污染防治法．环境法治与建设和谐社会——2007年全国环境资源法学研讨会（年会）论文集（第二册）．

李锦菊，沈亦钦．2003．中美两国环境空气质量标准比较．环境监测管理与技术，15（6）：24-26．

李玲．2014．国外如何治理空气污染．汽车与安全，（3）：40-45．

李欣．2012．环境政策研究．财政部财政科学研究所：博士学位论文．

李欣．2014．欧盟大气污染防治立法概况及对我国的启示．法制与社会，（25）：234-235．

刘锋．2014．发达国家是如何治理大气污染的．新重庆，（1）：47-48．

刘鸿雁．2014．我国大气污染防治法律与制度研究．华东政法大学硕士学位论文．

刘洁，万玉秋，沈国成，等．2011．中美跨区域大气环境监管比较研究及启示．四川环境，30（5）：128-132．

庞瑜，赵转军，廖琴．2016．《蒙特利尔议定书》中国际臭氧消耗物质控排政策效果评述．世界科技研究与发展，38（1）：211-216．

秦悦．2013．气候难民的前世今生：盘点世界重大环境灾害事件．协商论坛，（12）：58-59．

曲阳．2013．日本大气污染控制的法律路径．http://epaper.legaldaily.com.cn/fzrb/content/20130122/Articel10004GN.htm［2014-10-10］．

人民网．2014．洛杉矶、伦敦、巴黎等城市治理雾霾与大气污染的措施与启示．http://scitech.people.com.cn/n/2014/0303/c376843-24514255.html［2014-10-20］．

日本环境省．2007．环境基本计划简介．http://210.164.30.78/cn/policy/04.pdf［2014-10-08］．

日本环境省．2014．法令·告示·通达．http://www.env.go.jp/hourei/04/［2014-10-09］．

申明．1989．国际大气污染经济管理政策概况．国外环境科学技术，（4）：13-16．

沈慧．2014．社会管理创新视角下美国"伟大社会"中城市改革研究．东华大学硕士学位论文．

史云锋．2013．责任与承诺——从《蒙特利尔议定书》谈中国环境国际履约．世界环境，（2）：22-25．

宋静，陈梦舫，骆永明，等．2011．制订我国污染场地土壤风险筛选值的几点建议．环境监测管理与技术，23（3）：26-33．

孙洪，吴忠标，吴越佳，等．1995．日本的环境保护对策．中国人口·资源与环境，（3）：77-79．

王金南，宁森，严刚，等．2010．实施气候友好的大气污染防治战略．中国软科学，（10）：28-36．

王蕾．2010．臭氧层保护国际法律制度研究—兼论我国对相关国际义务的履行．中国海洋大学硕士学位论文．

王明远．1999．从"污染物'末端'处理"到"清洁生产"——发达国家依法保护环境资源的理论与实践．外国法译评，（3）：80-87．

王倩．2009．20世纪60-70年代美国治理空气污染政策探析．东北师范大学硕士学位论文．

王占山，车飞，任春，等．2013．美国环境空气质量标准制修订历程研究．环境工程技术学报，3（3）：240-246．

吴慧玲．2016．中国生态文明制度创新研究．东北师范大学博士学位论文．

武欣鹏 . 2010. 我国大气污染防治法律制度研究 . 黑龙江大学硕士学位论文 .

肖学智 . 2016. 保护臭氧层 30 周年成果显著 . 世界环境, (1)：36-37.

谢伟 . 2013. 欧盟大气污染防治法及对我国的启示 . 学理论, (12)：118-119.

徐宝华 . 2008. 长江中上游生态环境保护与经济发展研究——以三峡地区为例 . 中南民族大学硕士学位论文 .

许建飞 . 2014. 20 世纪英国大气环境保护立法研究——以治理伦敦烟雾污染为例 . 财经政法资讯, (1)：49-53.

许乃丹 . 2012. 国际环境法的发展与国家主权的冲突与协调 . 东北林业大学硕士学位论文 .

薛志钢, 郝吉明, 陈复, 等 . 2003. 国外大气污染控制经验 . 重庆环境科学, 25 (11)：159-161.

杨波, 尚秀莉 . 2010. 日本环境保护立法及污染物排放标准的启示 . 环境污染与防治, 32 (6)：94-97.

叶林 . 2014. 空气污染治理国际比较研究 . 北京：中央编译出版社 .

尹志军 . 2005. 美国环境法史论 . 中国政法大学博士学位论文 .

游彦霞 . 2008. 美国 CERCLA 及其对我国土壤污染防治立法的借鉴 . 中国海洋大学硕士学位论文 .

于博 . 2010. 日本环境政策分析 . 吉林大学硕士学位论文 .

云雅如, 王淑兰, 胡君, 等 . 2012 中国与欧美大气污染控制特点比较分析 . 环境与可持续发展, (4)：32-36.

张璐晶 . 2014. 伦敦：治霾 60 年任重道远 . 中国新闻网, http://www. chinanews. com/gj/2014/02-11/5820182. shtml［2015-04-15］.

张天泽 . 2010. 日本农用地土壤污染防治法律制度研究 . 江西理工大学硕士学位论文 .

长城战略咨询 . 2013. 欧美大气污染防治特点分析和经验借鉴 . http://www. gei. com. cn/ycwz/4122. jhtml［2015-4-12］.

长城战略咨询 . 2014. 全球大气污染治理创新资源地图 . 中国科技产业, (3)：86-88.

中国清洁空气联盟 . 2013. 空气污染治理国际经验介绍之伦敦烟雾治理历程 . http://www. cleanairchina. org/product/6350. html［2015-04-13］.

中国清洁空气联盟 . 2015. 空气质量管理的 10 项原则 . http://www. cleanairchina. org/product/6937. html［2015-04-13］.

朱静 . 2011. 美、日土壤污染防治法律度对中国土壤立法的启示 . 环境科学与管理, 36 (11)：21-26.

邹欣芯 . 2014. 日本汽车尾气排放标准演进的法律分析 . 法制与社会, (13)：194-195.

Air Pollution Information System (APIS). 2014. Convention on Long-Range Transboundary Air Pollution. http://www. apis. ac. uk/overview/regulations/overview_ CLRTAP. htm［2014-10-09］.

Commission of the European Communities. 2006. Impact Assessment of the Thematic Strategy on Soil Protection. http://ec. europa. eu/environment/archives/soil/pdf/SEC_ 2006_ 620. pdf［2015-03-20］.

Commission of the European Communities. 2001. The Clean Air for Europe (CAFE) Programme：Towards a Thematic Strategy for Air Quality. http://eur-lex. europa. eu/legal-content/EN/TXT/PDF/? uri＝CELEX：52001DC0245&from＝EN［2014-10-10］.

Commission of the European Communities. 2005. Thematic Strategy on air pollution. http://eur-lex. europa. eu/legal-content/EN/TXT/PDF/? uri＝CELEX：52005DC0446&from＝EN［2014-10-10］.

Environmental Protection Agency (EPA). 1996. Soil Screening Guidance：Fact Sheet. https://semspub. epa. gov/work/11/175229. pdf［2014-10-08］.

Environmental Protection Agency (EPA). 2002. Supplemental Guidance for Developing Soil screening level for Superfund Sites. http://nepis. epa. gov/EPA/html/DLwait. htm? url＝/Exe/ZyPDF. cgi/91003IJK. PDF? Dockey＝91003IJK. PDF［2014-10-08］.

Environmental Protection Agency（EPA）. 2015. Acid Rain Program. http：//www. epa. gov/airmarkets/acid-rain-program［2015-4-14］.

Environmental Protection Agency（EPA）. 2013. Over of the clean air act and air pallution. http：//www. epa. gov/air/caa/amendments. html［2014-10-08］.

Environmental Protection Agency（EPA）. 2014. National Ambient Air Quality Standards（NAAQS）. http：//www. epa. gov/air/criteria. html［2014-10-21］.

European Commission（EC）. 2006b. Proposal for a Directive of the European Parliament and of the Council establishing a framework for the protection of soil and amending Directive. http：//eur-lex. europa. eu/legal-content/EN/TXT/? uri=CELEX：52006PC0232［2014-10-14］.

European Commission（EC）. 2013a. The Clean Air Policy Package. http：//ec. europa. eu/environment/air/clean_ air_ policy. htm［2015-4-13］.

European Commission（EC）. 2013b. The 7th Environment Action Programme（EAP）. http：//eur-lex. europa. eu/legal-content/EN/TXT/? uri=CELEX：32013D1386［2014-10-14］.

European Commission（EC）. 2015b. Air Quality Standards. http：//ec. europa. eu/environment/air/quality/standards. htm［2015-4-13］.

European Commission（EC）. 2015a. Air Legislation. http：//ec. europa. eu/environment/air/legis. htm［2015-4-13］.

European Commission（EC）. 2006a. Thematic Strategy for Soil Protection. http：//eur-lex. europa. eu/legal-content/EN/TXT/? uri=CELEX：52006DC0231［2014-10-14］.

Food and Agriculture Organization（FAO）. 2015. Status of the World's Soil Resources Report（SWSR）. http：//www. fao. org/fileadmin/user_ upload/GSP/docs/PA_ III/presentations/Report_ SWSR. pdf［2015-04-08］.

Hey C. 2005. EU environmental policies：a short history of the policy strategies. http：//www. eeb. org/publication/chapter-3. pdf［2014-10-11］.

Ministry of the Environment Government of Japan. 2009. Environmental Quality Standards in Japan - Air Quality. http：//www. env. go. jp/en/air/aq/aq. html［2015-4-14］.

National Oceanic and Atmospheric Administration（NOAA）. 2005. National Acid Precipitation Assessment Program Report to Congress：An Integrated Assessment. http：//www. esrl. noaa. gov/csd/AQRS/reports/napa-preport05. pdf［2015-4-14］.

Irving P M. 1992. The United States National Acid Precipitation Assessment Program. Studies in Environmental Science，50（3）：365-374.

Sand P H. 1985. Protecting the ozone layer：the vienna convention is adopted. environment：Science and Policy for Sustainable Development，27（5）：18-43.

The Good Air Lady. 2005. Japan Air Pollution. http：//www. thegoodairlady. com/japan _ air _ pollution _ 000226. html［2014-10-09］.

United Kingdom（UK）Air Pollution. 2015a. History of Air Pollution in the UK. http：//www. air-quality. org. uk/02. php［2015-04-13］.

United Kingdom （UK） Air Pollution. 2015b. The UK National Air Quality Strategy. http：//www. air-quality. org. uk/20. php［2015-4-14］.

United Nations（UN）. 2015. United Nations Environment and Human Settlement Program：Urban Air Quality Management. http：//www. unep. org/urban_ environment/PDFs/handbook. pdf［2015-4-14］.

United Nations（UN）. 2012. 1972 年《联合国人类环境会议的宣言》（《斯德哥尔摩宣言》）和 1992 年《关于环境与发展的里约宣言》. http：//legal. un. org/avl/pdf/ha/dunche/dunche_ c. pdf［2014-09-20］.

United Nations（UN）.2004. 关于持久性有机污染物的斯德哥尔摩公约.http://www.un.org/chinese/documents/decl-con/popsp/introduction.htm［2014-09-20］.

United Nations（UN）.2002. 联合国可持续发展二十一世纪议程.http://www.un.org/chinese/events/wssd/chap1.htm［2014-09-20］.

United Nations Economic Commission for Europe（UNECE）.1979. The 1979 Geneva Convention on Long-range Transboundary Air Pollution. http://www.unece.org/env/lrtap/lrtap_ h1.html［2014-09-29］.

United Nations Environment Programme（UNEP）.2016. Healthy Environment, Healthy People. http://www.unep.org/about/sgb/Portals/50153/UNEA/K1602727％20INF％205.pdf［2016-05-28］.

United Nations Environment Programme（UNEP）.2014. Scientific Assessment of Ozone Depletion 2014. http://ozone.unep.org/Assessment_ Panels/SAP/SAP2014_ Assessment_ for_ Decision-Makers.pdf#sthash.RX-GoopVh.dpuf［2015-04-15］.

United Nations Environment Programme（UNEP）.1987. The 1987 Montreal Protocol on Substances That Deplete the Ozone Layer. http://ozone.unep.org/new_ site/en/montreal_ protocol.php［2014-09-29］.

United Nations Environment Programme（UNEP）.1985. The 1985 Vienna Convention for the Protection of the Ozone Layer. http://ozone.unep.org/new_ site/en/vienna_ convention.php［2014-09-29］.

Wettestad J. 2001. The vienna convention and montreal protocol on ozonelayer depletion. Sec Rcf, 42: 149-70.

World Health Organization（WHO）.2014. Ambient（outdoor）air quality and health. http://www.who.int/mediacentre/factsheets/fs313/en［2014-09-30］.

World Health Organization（WHO）.2006. 世界卫生组织关于颗粒物、臭氧、二氧化氮和二氧化硫的空气质量准则.http://whqlibdoc.who.int/hq/2006/WHO_ SDE_ PHE_ OEH_ 06.02_ chi.pdf?ua=1［2014-09-30］.

World Bank. 2010. 国际经验综述：污染场地管理政策与法规框架.http://www.er-china.com/uploadfile/2011/08/24/1355336152.pdf［2015-03-20］.

World Encyclopedia of Law. 2012. Convention on Long-RangeTransboundary Air Pollution. http://lawin.org/convention-on-long-range-transboundary-air-pollution/［2014-09-29］.

Zhang D Y, Liu J J, Li B J. 2014. Tackling air pollution in China—what do we learn from the Great Smog of 1950s in London. Sustainability, 6（8）: 5322-5338.

第 4 章
灾害预防与减灾工程

近年来，随着全球气候的变暖，极端天气导致强降雨的频繁出现，地壳活动进入一个相对活跃期，再加上重大工程开工建设等人类活动的影响，世界各国正在遭受前所未有的灾害威胁，呈急剧上升态势。特别是地震、滑坡、泥石流、洪涝、干旱等灾害的频发性、广泛性、破坏性都呈空前态势，并在不断地刷新历史纪录。

我国是一个自然灾害多发国家，灾害种类多、发生频次高、分布地域广、灾害损失重、社会影响大，给人民群众的生命财产安全和社会经济发展造成了严重影响，成为影响我国国民经济和社会可持续发展的一个重要制约因素。

世界各国政府都高度重视灾害管理，防灾和救灾已成为各国政府的重要任务，纷纷制定及颁布了一系列法规政策与科学计划，加强灾害预防与减灾工程的研究和管理。本章节梳理和总结了地震、滑坡、洪涝和干旱主要自然灾害类型，国外相关科技政策制定的成功经验与管理实施效果，分析了我国灾害科技政策制定与管理方面存在的一些问题和不足，并对今后的防灾减灾，从政策法规建设、灾害调查与风险评估、灾害知识普及与宣传、开展基础研究等方面提出了建议。

4.1　地　　震

科技政策是国家为实现一定历史时期的科技任务而规定的基本行动准则，是确定科技事业发展方向，指导整个科技事业的战略和策略原则（付景远和张廷新，2010）。通过简要梳理 20 世纪 70 年代以来国际上主要国家的地震科技计划的发展变化，发现其发展方向的变化主要体现在从地震预报到地震预警这一思路的巨大转变，这不仅在国际地震科技计划中有所体现，而且，在地震多发国家的科技计划中表现得更加明显（如日本的科技计划）。对中国而言，自 2008 年汶川地震以来，也开始重视地震预警系统的研究和示范。

4.1.1　国际地震领域科技政策框架

4.1.1.1　主要国际政策

（1）国际地震预报研究实验场计划

1979 年 4 月，UNESCO 在巴黎召开了"地震预报的科学、社会、经济问题"的专家小组会议，首次提出建立国际地震预报研究实验场的问题，目的在于提高地震预报研究的效率和促进其实用化（卢振恒，1986）。之后，1981 年 7 月在加拿大召开的国际地震学与地球内部物理学协会（International Association of Seismology and Physics of the Earth's Interior，IASPEI）会议上，专门召开了一次国际地震预报研究实验场特别工作组会议，讨论建立实验场的有关问题。1982 年夏季，又举行了由 UNESCO 与 IASPEI 组织的国际地震预报研究实验场特别工作小组会议，讨论了提高地震预报理论及技术水平的途径问题，并进行可能性研究和实施途径的研究，同时向联合国教科文组织提出关于建立实验场的科学意见和计划建议。联合国教科文组织根据建议，向有关地区派遣调查团，选定国际地震预报研究实验场的候选地。

在调查基础上，联合国教科文组织于 1983 年 8 月在西德汉堡召开选定实验场工作会议，听取各调查团的报告，初步拟定了三处为实验场的候选地区。建立实验场的基本思路是为参加国的不同专业的科研队伍提供研究和实验条件：①使他们能够广泛地参加同一地区的研究；②尽可能利用各种类型的可行性技术在实验场进行观测研究；③交流研究成果，促进预报技术的发展，使可行性预报技术及方法得以验证和应用，最后达到提高地震预报研究的效率和逐步实现地震预报的实用化。

（2）全球地震危险性评估计划（GSHAP）

1992 年，联合国《国际减轻自然灾害十年计划》（United Nations of International Decade for Nature Disaster Reduction，UN/IDNDR）国家科学技术委员会批准了作为国际示范项目的《全球地震危险性评估计划》（Global Seismic Hazard Assessment Program，GSHAP）。GSHAP 由《国际岩石圈计划》（International Lithosphere Program，ILP）提出，在国际大地测量和地球物理联合会（International Union of Geodesy and Geophysics，IUGG）与国际地质科学联合会（International Union of Geological Sciences，IUGS）的联合倡议下，由国际科学联盟理事会（International Council of Scientific Unions，ICSU）制定，由岩石圈联合会间委员会（International Union Scientific Commissionon the Lithosphere，ICL）进行协调（贾尔迪尼和马丽，1993）。该计划由 UNESCO 和 ICSU 提供全部资助。

GSHAP 的主要目标是保证国家机构能够以区域协调的方式和使用先进的方法来评估地震危险，其将填补许多国家为执行减少危险性的战略而对其领土的地震危险性进行适当评估时所缺少的重要空白。GSHAP 的战略是在所有的大陆上建立区域中心，以协调编制统一的地球物理和地质数据库，并评估地震危险。GSHAP 的全球目标是为每个区域中心制定有关地震危险性评估的公共准则，包括 4 个方面，分别是地震目录、地震构造和震源带、强震地面运动及地震危险性计算。各区域中心计算出的地震危险结果将为对比评价现有方法、危险误差和不确定性评估提供机遇。

GSHAP 第一阶段（1993～1995 年）的目标有 3 个（贾尔迪尼和马丽，1993）：①为每个区域或实验地区成立一个由各国专家组成的工作组，这些专家来自地震危险性评估工作所需的不同领域；②建立相同的区域地震目录和数据库；③评估区域地震危险性。GSHAP 第二阶段（1995～1998 年）的工作包括扩大这些区域的工作，评估全大陆及最终全球的地震危险性。

（3）全球地震模型（GEM）行动计划

自然灾害是一个全球性的问题，而地震是不分国界的。因此，需要有非常稳健的模型，以便做出更开明的风险决策。2009年3月9日，全球地震模型（global earthquake model，GEM）基金会正式成立，拉开了GEM行动计划的帷幕。GEM计划由OECD的全球科学论坛发起，旨在提供一个开源的透明标准，以便在全世界进行地震风险的计算模拟与沟通交流。GEM通过提供全世界范围内有关地震风险和地震影响的免费、可信、统一的信息来支持社会和经济的可持续发展（赵纪东和李旭东，2010）。

GEM的主要目的是建立计算和传递地震灾害与风险信息的独立、统一标准，进而成为世界范围内支持降低地震损失的决策与行动的关键工具（GEM Foundation，2009）。GEM通过以下两个主要战略实现其目标：①发展顶尖的开源软件和数据库，作为地震风险可靠性绘图、监测及信息传递的必要基础；②通过采取各种措施、动员世界各个地方的专家等方法提升风险意识，推动具有成本效益的减灾行动。GEM通过以下途径来减轻风险：①在全球背景下，整合地方专家意见，以最高的可利用性标准，统一计算世界范围内的地震风险；②提供社会损失、经济损失的计算工具；③用上述工具计算可能情景，对减灾行动（如建筑物系统性加固）进行成本效益分析，以便进行保险及具有选择性的风险传递；④清晰、准确地传递地震风险信息，为一个社区或组织提供关键信息，以支持其降低风险水平的社会经济能力，特别是发展中国家；⑤在那些没有可持续建筑标准的国家，积极推动可持续建筑标准的宣传或者加强（改进）现有的建筑标准。

4.1.1.2 主要国家和地区政策

（1）美国

1）美国国家地震减灾计划。美国联邦应急事务管理总署（Federal Emergency Management Agency，FEMA）、美国国家标准技术局（National Institute of Standards and Techology，NIST）、NSF和USGS 4个联邦机构于1977年首次启动了美国《国家地震减灾计划》（*National Earthquake Hazards Reduction Program*，NEHRP），旨在提高全社会的抗震减灾意识，减少地震风险，降低地震损失（NEHRP，2008）。NEHRP的使命是通过NEHRP相关机构及其利益相关者之间的联合性、多学科、机构交互性的伙伴关系，发展、传播和改善与降低地震风险相关的知识、工具及实践，以有效减轻地震给公众生命安全、经济发展和国家安全等带来的威胁。这些目标的实现需要：①发展并应用科学与工程方面的知识；②教育领导者和公众；③协助国家、地方政府和私有部门领导者们制定标准、政策和对策措施。

NEHRP有3个长期的战略目标，第1个长期的战略目标是改善对地震过程及其影响的认识，包括4个方面：①提高对地震现象及其发生过程的认识；②改善地震对建筑环境造成影响的认识；③提高对与公共和私有部门实施减灾战略相关的社会、行为及经济因素的认识；④促进震后信息的获取和管理。NEHRP第2个长期的战略目标是发展有效的措施来减轻地震对个人、建筑环境和社会造成的影响，也包括4个方面：①为研究和实际应用评估地震的危害；②发展先进的损失估算和风险评估工具；③发展提高楼房和其他建筑物抗震性能的工具；④发展提高重要基础设施抗震性能的工具。NEHRP第3个长期的战略目标是提高全美国的地震抗震性，包括 6 个方面：①改进地震信息产品的准确性、时效性及内容；②进行全面的地震风险预测和风险评估；③支持抗震标准和建筑法规的发展，并进行推广；④促进抗震措施在私有、公共政策和专业实践中的落实；⑤增强公众的地震灾害及风险意识；⑥壮大美国地震安全领域的人力资源基础。

2）黄石火山天文台火山与地震监测计划（2006～2015 年）。为了给黄石国家公园（Yellowstone National Park，YNP）及其周边地区提供一个现代化的、全面的火山与地震监测系统，USGS 于 2006 年制定了黄石火山天文台 2006～2015 年的监测计划（USGS，2007）。该计划可以提供地震、火山和热液活动的及时资料，并能在灾难事件发生之前进行预测。同时，监测网络还将为科学研究提供高质量的数据资料，以及对世界上最大的一个活火山群系统的监测。

黄石火山和地震监测系统的目标为：①探测指示黄石下部岩浆体系变化的地球信号。这些信号变化包括地震、变形的地面及增加的热量、气体或者水流；②为黄石公园及周边地区的地方当局提供具有破坏性的地震的位置、规模及在不同位置的破坏程度；③监测热盆地（thermal basin）的能力，这样就可以探测出水热爆炸的先兆，水热爆炸对黄石公园来说是一个主要的长期灾害；④确保对地震及火山灾害进行评估，这样它们所带来的影响就会得到缓解。

该计划提出了黄石火山观测站（Yellowstone Volcano Observatory，YVO）在建立和操作一个可靠的火山和地震系统的步骤，该系统能够满足社会确保公众安全的需要，并能够促进人们对黄石火山的理解。同时，它还意识到有必要谨慎地处理黄石生态系统，减少新的监测站点，并尽可能地维护其他站点的配备。通过部署创新型的配套仪器，YVO 努力保护公众安全，同时把黄石活跃的火山环境作为素材对公众进行教育。YVO 试图满足土地和城市管理者、公园游客、科学家及社会的各种需求。

（2）日本

1）日本地震预报计划。1962 年，日本政府提出"地震预报蓝图——地震预报现状及其推进计划"，目的是要弄清楚实现地震预报需要实施什么样的观测和研究。该蓝图提出，要在日本全国布设地震观测网和地形变观测网等，同时还提出要对震前出现的波速变化和电磁现象等进行观测。随后，于 1965 年开始，日本正式实施"地震预报研究计划"，及至 1970 年的"地震预报计划"，每 5 年为一个阶段，一直持续了 7 个阶段（龙海云，2009；谢雪芳和罗岚，2001）。

第 1 个地震预报 5 年计划（1964～1968 年）：建立可以全国规模地收集测地、地震等地震预报研究基础数据的体制。

第 2 个地震预报 5 年计划（1969～1973 年）：以预报实用化为目标加强观测研究，设置地震预报联络会等，形成了现在的地震预报体制框架。

第 3 个地震预报 5 年计划（1974～1978 年）：加强以观测强化地区为中心的地震预报体制，引进各种观测手段，实现地震观测遥测化，观测技术有显著的进步。

第 4 个地震预报 5 年计划（1979～1983 年）：以预测地震的"地点""震级"的长期预报手段为基础，建立探索地震发生"时间"的短期预报手段。

第 5 个地震预报 5 年计划（1984～1988 年）：以长期预报和短期预报方法思路为基础，加强以观测强化地区及特定观测地区为中心的观测研究，尤其是通过多项目高密度的观测与多方面的综合分析来捕捉各种复杂的前兆现象。

第 6 个地震预报 5 年计划（1989～1993 年）：加强长期预报有效的观测研究，加强对短期预报有效的观测研究，推进地震预报的基础研究和开发新技术，完善地震预报体制。

第 7 个地震预报 5 年计划（1994～1998 年）：沿袭长期预报、短期预报的方式；在确立地震预报方法、提高精度的观测研究方面，将"地震发生的可能性评价"列为重点。

2）地震调查研究计划。在认识到现阶段地震预报实用化相当困难的情况下，为避开国民对地震预报过分的期望，日本开始了地震调查研究计划。新研究计划的基本方针（谢雪芳和罗岚，2001）是：第一，通过大范围、长时期的地壳运动（地形变与地震活动等）的监测及预测模拟，呈现出地震发生准备过程的地点。第二，同时进行重点地区强化观测与构造调查，预测地震发生的最后阶段。

新研究计划的具体目标是：①通过推测长期地震发生概率，掌握日本列岛各场所处于地震发生准备过程的哪个阶段；②通过基础观测网探明地壳活动性状及其关联现象，提出地震发生的预测精度；③应用 GPS 等数据预测数年后地壳的状态；④处于地震发生最终阶段的场所，通过综合观测，检测出前兆现象及阐明其机制并达到地震发生预测的定量化。

新研究计划的特点是紧紧围绕透彻理解地震发生的全过程而展开基础性研究，但并不排除前兆现象的研究，而是更重视了解发震机制和条件，这对把握临震前的阶段很有用。同时，新研究计划也将基于地震发生后的速报（预警）系统推上前台。

3）预测地震与火山喷发的观测研究计划（2009～2013 年）。2008 年 7 月，日本文部科学省（Ministry of Education, Culture, Sports, Science and Technology, MEXT）提出了《预测地震与火山喷发的观测研究计划》（*Observation and Research Program for Prediction of Earthquake and Volcanic Eruption*（2009–2013））。该计划的实施内容主要包括预测地震发生和火山喷发的观测研究；能够解析地震与火山灾害现象的观测研究；以及新观测技术的开发（MEXT，2008）。

4.1.1.3　国际政策路线图

从国际和主要国家地震科技政策推出的时间来看，其发展路线图大致如下（图 4-1）。

4.1.1.4　政策体系分析

总体来看，20 世纪 90 年代之前，不论是国际还是主要国家（如日本和美国），其地震科技政策都十分重视地震预报，试图以提前预报来最大限度减少地震灾害损失，但是，90 年代之后，可能由于地震预报研究没有取得实用性突破，开始强调调查观测，关注风险评估，重视抗震性的提高。与此同时，地震预警系统也开始发展，并得到应用。

1）20 世纪 90 年代之前，强调预报。日本早在 60 年代就提出了地震预报计划，每 5

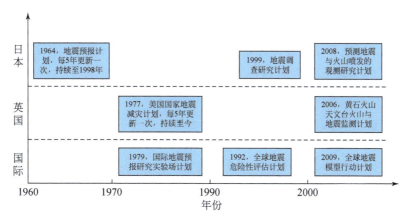

图 4-1 国际地震科技政策路线图

年更新一次，总共执行了 7 个 5 年地震预报计划，一直持续到 20 世纪末；美国在 70 年代提出美国国家地震减灾计划的时候，也十分重视地震预报工作；国际上在 70 年代更是提出了国际地震预报研究实验场计划。总体而言，在 90 年代中后期之前，地震预报一直是地震科技政策的最终目标。

2）20 世纪 90 年代之后，强调调查观测研究，关注风险评估，重视抗震性的提高。日本在进行长达 30 多年以地震预报为目的的科学研究之后，地震预报没有取得预期成果，科学家们开始反省，社会期望受到重创。因此，日本的地震科技政策转向基础调查和观测研究，以期掌握地震发生的机制和过程。尽管其相关政策涉及预测研究，但主要是以风险评估和警示为目的，而不再强调地震预报或预测的实用化。与此同时，全球地震危险性评估计划等也相继推出。此外，建筑物、基础设施等的抗震性分析和提高也开始引起重视。

3）20 世纪 90 年代后，地震预警系统开始发展。日本地震灾害频发，所以特别重视地震科技研究，其最早提出地震预报研究计划，但是没有取得实用性进展。尽管如此，在开展相关研究中建设的监测设施和观测网络，以及震级、位置等的预测评估方法等，却为此后日本地震预警系统的发展和应用奠定了坚实的基础。因此，日本很快就发展出了面向全国的地震预警系统，并在 2004 年开始试运行，2007 年正式投入使用。对美国而言，其也于 2014 年开始测试其西海岸地震预警系统 Shake Alert。

4.1.2 国际地震科技政策成效分析

4.1.2.1 管理机制与特色

多机构协调推进、各司其职是地震科技计划取得成效的关键。以 NEHRP 为例，美国有 4 个与 NEHRP 相关的机构，即 FEMA、NIST、NSF 和 USGS。这 4 个机构有着截然不同但又高度互补的责任和目标（NEHRP，2008）：①FEMA 将相关研究结果和从地震中得到的经验教训转化为面临灾害时的决策力，以及对大众的培训等，进而实现对减灾实践活动的支撑；②NIST 进行地震工程方面的研究，改进建筑标准，提高建筑物的抗震能力，并且还开发针对标准的测量方法和预测工具，以及对先进技术进行评价等；③NSF 支持与地震成因及影响相关的一系列科学研究，涉及地球科学、工程学、社会学、经济学等；④USGS 进行并支持与地震成因及影响相关的地学调查研究，评估地震灾害并制作国家及区域的地震灾害图，监测美国及全球范围内的地震活动等。

4.1.2.2 政策实施效果

地震科技计划的实施极大地推动了人们对地震这一自然现象的科学认识，同时，也改善了人们的防震减灾意识，推动了相关减灾技术的发展。总的来看，全球性及主要国家地震科技计划实施的最显著效果是：人类的地震减灾思路发生了重大变化，即由原来的地震预报、预测转向了对地震预警的重视。这一点在地震频发国日本表现得尤为明显，日本的地震预警系统，又称紧急地震速报系统（earthquake early warning，EEW）于 2004 年开始试运行，2007 年正式投入使用，是目前世界范围内第一个投入使用且性能最好的地震预警系统。2011 年，东日本大地震发生后，EEW 系统为预测烈度 4 度（日本地震烈度标准）以上的 37 个城市的民众提供了 8 ~ 30 s 的预警时间，为东京地区提供了 60 s 以上的预警时间，同时，由于预警系统的作用，东北新干线高速运行的列车没有一列出轨，也没有人员伤亡。

因此，目前美国也已开始测试其西海岸地震预警系统 Shake Alert。但对美国实施了 30 多年的 NEHRP 而言，其取得的显著成绩不仅在美国地震预警系统的研究、建设和发展应用过程中发挥了关键作用，同时，也为其他地震减灾措施的发展提供了重要科学基础。

专栏 4-1 美国国家地震减灾计划（NEHRP）取得的成效

（1）地震过程：基础研究和对地震的监测大大地改善了对地震发生的地质过程、地震断层特征、地震波的传播等的理解；

（2）地震灾害评估：美国国家地震灾害图在国家和区域尺度上得到很大改善；

（3）地震风险评估：地震灾害和风险评估技术的发展改善了大众对地震所造成影响的认识和理解；

（4）地震安全设计：通过抗震标准的执行，新建筑的地震安全性在整体和局部得到很大改善；

（5）现有建筑的地震安全：推出了针对现有建筑的评估和加固标准；

（6）伙伴关系：与国家、地方政府、专业组织等建立了良好的关系，以此改善公众对地震风险的认识，支持地震减灾政策；

（7）地震信息：现在可以为政府部门、私人部门以及普通公众提供大量的与地震相关的信息；

　　（8）地震警报：USGS 的国家地震信息中心以及地方网络、美国国家地震监测台网系统（ANSS）可以在地震发生几分钟后提供震级、震中等警报信息；

　　（9）先进的数据收集和研究工具：发展 ANSS 以及美国地震工程模拟网（NEES），并参与了全球地震台网（GSN）。这在美国地震预警系统的研究、建设和发展应用中发挥了关键作用，同时，也为其他地震减灾措施的发展提供了重要的科学基础。

　　资料来源：NEHRP，2008。

4.1.2.3　政策的外部效益

　　地震科技计划的实施不仅改善了人类对地震过程和防震减灾技术的认识，同时，也使人们认识到地震科技研究的重要性及其地震减灾任务的艰巨性。NEHRP 自从 1977 年启动以来，一直持续至今，其在诸多方面取得了巨大成就的同时，也认识到以下 4 个重要问题（NEHRP，2008）：①首先，也是最重要的保护公众的安全是政府的本职；②在预防和减灾措施方面有必要进行适当的激励及企业性投资等，这不仅能够保护经济财富，同时还会产生巨大的社会财富；③地震在区域尺度和国家尺度上产生巨大的影响及后果，并不局限于某一强烈摇晃的地区。在如今的经济中，袭击某些地区的破坏性地震将会严重影响国家的经济，也很可能会影响到国家安全；④为了解决美国面临的主要地震安全挑战，必须进行大量的研发活动，这就需要大量的投资，但是与建筑相关的商业很少能够有如此强大的实力。这些重要认识的取得将为美国未来的地震安全行动提供重要参考作用。

4.1.3　国际地震科技政策的需求与发展趋势

4.1.3.1　国际地震科技需求发展展望

　　1）继续推动地震基础科学研究。在防震减灾需求的推动下，地震科学技术在世界范围内持续发展。但是，地震孕育过程的复杂性、对地球内部观测的局限性、地震事件的突发性等，构成了地震预测的巨大难度。探索地震现象、减轻地震灾害的科学和社会需求依然推动着对地震科学核心问题——地震预测的深入研究。尽管当前还不能对某一次大地震做出准确的预测，也不能有效实现地震的短、临预报，但能够预报一些地震的中长期发展趋势，这对地震风险防范具有重要意义。近年来，随着研究工作的不断深入，特别是在多个地震预报实验场开展的地震预报研究，对地震发生过程的科学认识也不断深化。

　　2）加强地震减灾方法和技术的研发。防震减灾工作实践不断提出新的需求和新的科学问题，除持续提高地震监测能力、发展地震预测技术之外，地震灾害防御的需求推动了地震危险性区划、隐伏地震断层探测及危险性评价、地震强地面运动预测、工程抗震技术、地震预警技术等研究的深入开展，而地震应急救援的需求带动了地震速报、灾害预测与快速评估、地震救援技术等相关研究的发展。

4.1.3.2　地震科技政策发展趋势

1）强调学科交叉。地震科学技术不仅对防震减灾工作有直接的意义，而且对解决资源、环境等问题显示出巨大的应用潜力。因此，地震科技计划的参与人员不仅仅包括地震学家，也有地质工程学、建筑工程学、海洋学、交叉科学、水资源学、自然地理学、环境科学及计算科学等领域的专家。多学科研究使地震学家与其他领域专家之间的联系日益密切，学科交叉已经成为当代地震科学技术发展的主要特征。

2）重视合作与共享。地震科学具有地域性和国际性辩证统一的特征，借助一系列大型科学计划的实施，与地震科学和防震减灾有关的国际交流合作和国际组织越来越活跃。与此同时，地震的多分量监测、实时监测、网络化成为国际地球科学领域关注的焦点问题，而这则迫使地震科学相关数据的共享成为世界潮流，使合作和开放成为地震科学技术进步的加速器。

4.1.3.3　未来地震科技政策重点领域

1）不断发展地震分析的新技术。当代地球科学的学科交叉和集成，带动了地震科学技术的不断创新。地震科学经过一个多世纪的发展，已成为一个以观测为基础、理论体系较完整、紧密结合实际的科学领域。高新观测技术和实验技术，如宽频带和高分辨率地震观测技术、全球卫星导航系统（global navigation satellite system，GNSS）和合成孔径雷达干涉测量（interferometric synthetic aperture radar，InSAR）技术等空间对地观测技术、海洋地震观测技术、深钻技术、数值模拟与仿真技术等的发展和应用，正在也必将不断给地震科学技术的发展注入新的活力。

2）以长期观测推动科学问题的解决。由于实验概念的大大扩展，面向地球的大尺度可控实验与主动探测和密集观测之间的界限开始被打破，与此同时，大型计算成为科学数据处理和地球过程模拟的重要手段，这使许多新现象、新方法和新理论，如地震"触发"、确定性地震区划、时间相依的地震危险性评估、性态抗震设计、抗倒塌设防区划、灾害相容设定地震等相继被发现或提出，这些都推动了地震科学技术的进步。未来，随着地球过程观测的长期开展，将为很多久已提出和新发现的科学问题的回答提供机遇。

4.1.4　我国地震科技政策与国际比较

4.1.4.1　我国地震科技政策体系与特点

我国防震减灾工作机构大致可分三个层次：中国地震局是国务院地震工作主管部门；省（自治区、直辖市）地震局是辖区省级地震工作主管部门；地（市）、县（市）地震局（办）是辖区基层地震工作主管部门。中国地震局依据《中华人民共和国防震减灾法》赋予的职责，统一管理和协调全国防震减灾工作。省（自治区、直辖市）地震局在"以中国地震局为主与省（自治区、直辖市）政府双重领导"的管理体制下，统一管理和协调辖区防震减灾工作。地（市）、县（市）地震部门在"以地（市）、县（市）政府领导为主、上级地震部门指导"的管理体制下，管理辖区防震减灾工作。

长期以来，我国地震工作实行"预防为主、防御与救助相结合"的方针，地震工作主要任务是地震监测、地震预报、震害防御、地震应急。2006年12月6日，《国家防震减灾规划（2006—2020年）》发布，首次将"建立地震预警系统"纳入总体目标。在2008年之后，由于5·12汶川地震引起的广泛关注，地震预警在国内开始成为一个科技热点。在地震科技政策设计方面，亦开始重视地震预警技术的研究。此后，开始在首都圈、福建、兰州建设地震预警示范系统。

4.1.4.2 我国地震科技政策路线图

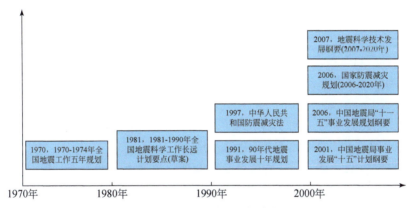

图4-2 中国地震科技政策路线图

4.1.4.3 与主要国家的比较分析

作为一个发展中国家，与国际先进水平、社会对地震科学技术的迫切需求相比，我国地震科学技术政策还存在明显差距。主要体现在以下几个方面（中国地震局等，2010）。

1）合作与开放不够。分散在不同部门的研究力量未能形成合力，相关支持主要来自政府，社会和企业在地震科学技术发展中的作用十分有限。观测、实验数据和成果共享程度较低，相应的科技平台和技术条件亟待改进。

2）基础工作被弱化。由于普查不够，我国防震减灾工作的科学基础不够坚实。我国大陆发育有可能产生强震的活动断层有400条以上，但目前仅对其中的十几条大型活动断层开展过1：50 000比例尺的填图与综合研究。对大多数地区地震安全性评价所需的多种基础信息，包括地表与隐伏活动断层展布的三维细结构，强震震害分布，地面运动与烈度衰减关系各类建筑物，生命线工程及人口、经济规模的分布等，还没有开展普查。

3）强调技术研发，但发展缓慢。由于起步较晚，我国地震应急救援的关键技术研发和相关基础研究极其薄弱，灾情快速获取、震害快速评估、救灾指挥决策和相关的地震应急平台建设难以满足地震应急救援工作的实际需要。与此同时，在国际地震仪器和产品市场中，除少数仪器外，我国不具备很强的竞争力，观测技术和仪器仪表方面的原创性成果不多。

4）重视监测能力建设，但仍不能满足需求。与国际先进水平相比，与我国的国土面积、震情国情和社会需求相比，我国在地震观测、探测和实验能力方面仍存在相当大的差距。地震和地形变观测台网分布不均衡，多地震的西部还存在着观测"盲区"，海洋地震观测刚刚起步。即使在地震重点监视防御区，监测系统仍不能很好地满足科学研究和震情监测的需求。与此同时，地震监测系统的质量也存在诸多问题。

4.1.5　我国政策建议

1）从国家对地震科学技术的需求、地震科学发展的水平和技术条件出发，提出地震科学技术中的关键科学问题和核心技术问题。围绕这些问题，并考虑地震科学技术和防震减灾工作的全面协调发展，确定今后一段时期内地震科学技术研究的重点领域和优先主题，引导我国地震科学技术研究的开展。

2）基于当代地震科学的"大科学"特征及我国地震科学研究课题分散、科学研究与基础设施建设脱节、缺少"龙头"项目的情况，在国家层面上设立并实施围绕重大科学问题的综合性科学研究计划，加快国家地震科技基础设施和基础条件平台的建设，强化基础性调查和研究工作，催化关键科学技术问题的突破。

3）国家地震行业主管部门、地震科技相关部门及地方之间加强合作，有机整合科技资源和人力资源，分工负责、协同配合，健全优势互补、资源共享的合作机制，共建地震科技创新体系，共同承担地震科学技术重点领域的研究任务和国家科学计划，推动我国地震科学技术和防震减灾工作又好又快地发展。

4.2　滑　　坡

自从人类利用、开发山地资源以来就自觉或不自觉地开始了与滑坡泥石流灾害的斗争，但有意识开展滑坡泥石流灾害研究，进行滑坡泥石流灾害的防治，只有几百年的历史。17 世纪阿尔卑斯山脉周边的国家，如奥地利、意大利、瑞士开始了泥石流灾害的防治研究，成立了一些相应的组织；有意识地开展滑坡的研究始于 19 世纪 20 年代北欧各国，尤其是瑞典。美国在 20 世纪初，西部山区移民后矿产资源开发和人类工程建设活动增多，逐渐遭到泥石流的严重危害，开始了较大规模的泥石流治理研究。20 世纪 30 年代，苏联开展了较广泛的滑坡研究，并于 1934 年召开了全国性的滑坡会议。60 年代后，苏联、美国和日本等国成立了全国性的滑坡方面的学术研究团体，召开了相应的学术会议。滑坡等山地灾害的研究不断趋向深入，基本上形成了滑坡学的框架。随着各国滑坡等山地灾害研究的深入和发展，以及灾难性滑坡事件不断发生，国际的滑坡研究和防治技术交流随之展开，滑坡等山地灾害的研究向更高层次发展。根据近几年国际学术会议的讨论主题（吴积善和王成华，2006）：滑坡活动的地带性与全球气候变化规律，滑坡起动机理、动力模型，滑坡灾害风险分析与发生时间预报，灾害性滑坡成灾机理与防治关键技术已成为当今世界关注的热点、研究的前沿领域（吴积善和王成华，2006）。

我国滑坡等山地灾害形成起步较晚，有近 50 年的历史，参与研究的部门、单位、人员之多是世界各国无法比拟的。研究的领域除滑坡基础理论外，涉及上述诸多方面。有中国特色的滑坡学框架已基本形成。与国外研究态势相比，国内研究仍存在一定差距。今后的研究仍是继续深入开展滑坡等山地灾害基础理论研究；探索其活动的地带性规律；完善我国滑坡数据库；加强滑坡形成、起动机理和运动力学模型研究；开展滑坡等山地灾害成灾机理、预测预报、减灾防灾的关键技术研究（吴积善和王成华，2006）。

国际滑坡风险分区研究前沿的国家和地区主要包括澳大利亚、意大利、中国香港和美国等，积累了土地利用规划中滑坡风险评估和管理的丰富经验，相继出版了指导实践的技术指南，颁布了限制和规范土地利用的法令，建立起由滑坡风险评估专业人员、土地利用规划决策者、业主、工程人员等组成的协同一体化的滑坡风险评估与管理系统，有效地缓解了潜在的滑坡风险。这也标志着滑坡风险研究从单纯的学术行为发展为以此为基础的服务公众的政府管理行为（王涛等，2009）。这些经验十分值得我国滑坡风险研究和管理借鉴与发扬。

滑坡灾害风险日趋严重，主要在于人类不合理的地土地利用。正如 2004 年联合国秘书长安南指出的那样：人类历史上从没有像今天这样，有那么多的人聚集在地震活动带和自然灾害易发区上的城市地区中。贫穷和人口压力也使更多的人生活在洪灾与滑坡灾害易发区。疏于土地利用规划和环境管理、缺乏调节机制都使突发性滑坡灾害的风险与日俱增。对滑坡灾害进行风险管理是落实可持续发展战略的必然选择（张丽君，2008）。

4.2.1　国际滑坡领域科技政策框架

4.2.1.1　主要国际政策

国际滑坡协会（International Consortium on Landslides，ICL）成立于 2002 年 1 月，其目标是促进滑坡研究和能力建设（特别在发展中国家），通过制定《国际滑坡计划》（*International Programme on Landslides*，IPL）使社会和环境受益。IPL 致力于滑坡监测和早期预警；灾害制图、易损性和风险评估；提升教育及机构的能力建设；开发新的、经济适用的滑坡减灾技术；灾后恢复。IPL 促进全球的合作以加强减轻滑坡及相关灾害风险方面的研究，特别是在那些在全球较受关注的地区，并于 2009 年 1 月组织召开第一次世界滑坡论坛计划。

滑坡风险管理的世界优秀中心（WCOE），主要是致力于"滑坡及其他地质灾害的风险降低"的机构，如大学、研究所、非政府组织及政府部门、地方政府都可以被评为 WCOE。

欧洲对滑坡等灾害进行了广泛的研究，其中研究滑坡灾害经验教训的欧盟合作项目（Natural and Environmental Disaster Information Exchange System，NEDIES），有助于欧盟成员方和新加盟方的民事保护专家进行对话，交流滑坡风险和灾害管理的经验。欧盟2007年发布了《欧盟滑坡风险区域制图规范》，对欧洲的滑坡潜在风险区域进行制图研究。同时欧盟实施了《欧盟土壤保护主题战略》计划，成立了欧盟滑坡专家组，专家组针对相关问题进行联合研究以支持欧盟考虑滑坡等灾害的土壤政策制定。

4.2.1.2　主要国家和地区政策

（1）法国滑坡风险管理政策

法国以法律手段支持滑坡风险防治政策。1935年启动了《淹没土地规划法》（PSS）。该法规定，在洪水易发区进行建设需要特别授权。1955年颁布的《城市发展法》中R111-2和R111-3条款规定，在自然灾害易发区禁止开发活动或对其加以特别限制。1982年颁布《自然大灾害受害者赔偿法》，该法律规定对可能受到自然灾害影响区编制开发规划，即《灾害暴露规划》（PER）（张丽君，2008；钱新，2008；钱程，2013）。1995年颁布了"95/101法"，即《风险预防规划》（PPR），标志着法国从真正意义上实现了自然灾害（包括滑坡灾害）管理从工程性措施向预防性非工程性措施的转变（张丽君，2008）。

法国制定的滑坡PPR涉及法国1万多个社区，要求到2005年底完成编制《1:10 000城市风险预防规划》和《1:25 000农村风险预防规划》，并将其纳入城市开发和规划中，具有法律约束功能。风险预防规划是赋予政府的一种职能（张丽君，2006）。此外，法国州政府还负责建立中央保险基金，执行自然灾害的强制保险（CAT-NAT）。法国风险预防规划的互联再保险机制主要是预防责任义务直接与赔偿挂钩（张丽君，2006；钱程，2012a）

（2）意大利滑坡风险管理政策

意大利受滑坡影响的范围很大，其全国超过10%的土地受到不同程度滑坡的影响。特别是在有脆弱岩石露头分布地区，95%的土地受到滑坡的威胁。意大利历史记载了不少灾难性的滑坡事件，在19世纪和20世纪，发生了不同类型的大规模的滑坡，造成了严重的人员伤亡（钱新，2013）。意大利关于减轻滑坡灾害的法律有：1989/183法令首次颁布土地管理和土壤保护法，建立河流盆地管理机构（BA），实施盆地土地规划和土地开发计划。局部地区开展了地灾调查；1998/180法令和1998/267法令启动了水文地貌背景规划，首次以国家法律的形式确定滑坡灾害的防治战略，在土地开发规程中考虑滑坡灾害风险（钱程，2012b）；1998年5月在Sarno地区发生大规模灾难性泥石流事件促使意大利政府颁布了1998/180法令，该法令要求意大利水利部两年内在全国领土上（30 1401 km^2）完成1:25 000的滑坡灾害风险填图和区划工作（HSP），但由于缺乏统一的程序进行滑坡风险区划，地质调查基础不一致，以及滑坡风险评价方法的不成熟，完成质量不理想。尽管如此，滑坡风险区划的成果被用于指导土地开发规划，降低了土地开发的滑坡风险（王涛等，2009）。虽然意大利的HSP计划的实施存在不足，但重要意义在于，它在世界上首次以法律的形式，确定了滑坡灾害风险土地区划的法律地位，并实际行动起来，而不是停留在研究阶段和口号上，这种国家政治倾向必将使滑坡灾害管理水平不断朝着改进的方向迈进（张丽君，2008；钱程，2013）。

（3）瑞士滑坡风险管理政策

瑞士大部分位于阿尔卑斯山脉，面临多种自然灾害（崩坍、滑坡和泥石流、地震、洪水、森林火灾、冰雹、雪灾和雪崩、风暴等）的威胁。不稳定的地质条件和冰川地貌是产生滑坡的背景条件，极端气象条件和人类工程活动及地震都会触发滑坡的发生（张丽君，2008）。

1987年，瑞士发生的洪水事件，促使瑞士联邦政府于1991年颁布了新的《森林和洪水保护法》。自然灾害管理政策从过去注重工程性硬措施转变为注重非工程性软措施（张帅，2010），要求各州编制自然灾害图并对土地进行灾害区划，以限制灾害易发区土地的开发活动，要求州政府在其总体规划中应标示出受自然灾害影响严重的地区。1994年，瑞士西部的Feiburg州发生了著名的Chlowena滑坡灾害事件，随后在1997年发布了在土地规划中考虑滑坡灾害的政策，要求在全国26个州全面开展滑坡灾害危险性填图，并在土地利用规划和开发中考虑限制条款。1997年，瑞士出版了《滑坡灾害指南》和《洪水灾害指南》，即《滑坡危险性与土地利用规划的实践规则》，用于指导滑坡危险性填图（张丽君，2008）。自1997年瑞士政府发布用于土地利用规划的滑坡危险性填图指南后，各州积极响应，在其全国大部分州广泛开展了滑坡危险性填图计划。瑞士1991年颁布的《森林和洪水保护法》确定了瑞士自然灾害管理战略的框架体系，指出社区是实施滑坡灾害管理的主体。在社区土地利用规划和建筑开发项目审批中考虑滑坡因素。瑞士滑坡管理政策多种多样，但政策的制定都是基于联邦政府的法律和预防方案提出的风险管理机制。瑞士的滑坡综合管理经验表明，降低地面运动的潜在损害风险首先应该通过规划手段。

（4）英国滑坡风险管理政策

近几年，滑坡已成为英国规划系统日益关注的问题。关注的重点从过去用工程措施解决场地尺度的滑坡问题转变到关注范围更大的地区滑坡对土地开发利用的约束（Clark et al.，1996）。管理滑坡的一系列措施包括：接受风险；避让脆弱地区；降低潜在损失事件的可能性；对潜在损失事件提供先进的预警；通过完善建筑设计和使用斜坡稳固措施来防止潜在损失事件的发生。英国不稳定土地规划管理引起了区域和地方政府及社会机构和公众的重视，将其作为减轻滑坡灾害影响的最有效的措施，主要包括野外调查解释和案头研究、地面调查和信息利用以解决受不稳定土地影响的健康、安全、经济和社会等问题。

英国怀特岛的滑坡管理战略为世界其他地区滑坡管理提供了很好的模式，可持续发展需要土地开发决策充分考虑过去和目前的地面稳定性条件，最有效的办法就是采用综合协调战略对不稳定地面进行管理。气候变化和海平面上升对未来的地面不稳定性管理提出了严重的挑战（张丽君，2008）。良好的规划系统、保险业的参与及新技术的应用都是滑坡管理战略的重要组成部分，更重要的是所有利益相关者（工程师、规划者、建筑业、保险业、房屋所有者、居住者等）要联合行动起来，中央政府起着规划指导作用，地方政府则在实施和协调滑坡综合管理战略中起着主导作用。

(5) 美国滑坡风险管理政策

美国滑坡的发生频率较高，是一个全国性的问题。美国在应对滑坡等灾害方面，主要涉及 3 个部门：FEMA、USGS 和美国国会灾害联盟。FEMA 负责国家整体层面的各种威胁的预防和控制，包括滑坡等自然灾害，制定整体的国家安全战略。USGS 负责具体的滑坡灾害的基础研究与防治战略研究。国会灾害联盟整合和提供各种缓解与应对自然及人为灾害的信息、教育，是一个信息网络，涉及专业人员、科学、工程、社会救济组织、高等教育协会、高等院校、行业协会和私营企业等。关于滑坡灾害的科学研究主要由 NSF 和 NASA 提供经费支持。

美国早在 20 世纪 70 年代中期，开始实施的《滑坡灾害计划》(Landslide Hazards Program，LHP) 旨在通过提高对滑坡地面诱因的认识来减小滑坡灾害的长期损失，进行滑坡灾害研究的基础问题研究，包括滑坡会在何时何地发生，滑坡的规模、速度和影响，以及如何避免或减轻这些灾害的影响，解决大暴雨、地震、火山活动、海浪冲刷和火灾诱发的滑坡灾害问题（安培浚等，2011），为制定灾害缓解战略提供支持。1974 年美国颁布的《灾害减轻法》(Stafford Act) 中确立了 USGS 在滑坡灾害减轻工作中的中心地位。特别是 Stafford Act 赋予了 USGS 负责发布地震、火山喷发、滑坡或其他地质灾难预警的职责（安培浚等，2011）。1984 年，FEMA 制定了滑坡公共设施损坏的政策，此滑坡公共设施损坏资助政策是对其的更新和完善，1999 年进行了重新发布。美国国会于 1999 年授权 USGS 制定全国滑坡减灾战略规划——国家滑坡灾害减轻战略：损失减少框架。2003 年，USGS 发布了 1244 号通知，制定了《国家滑坡减灾战略——损失减小框架》，主要关注基础研究和实时监测。并在此基础上制定了滑坡灾害计划的 5 年规划（2006～2010 年）。2004 年，国家研究委员会报告《减小滑坡风险的合作》讨论了国家战略的实施，特别是各层面各部门合作的需要。2009 年，USGS 公开发行《滑坡灾害防治手册——认识滑坡防治滑坡》。该出版物为 ICL 资助项目的成果，较为全面地展现了目前国际滑坡研究的主流认识与通行经验。2011 年，美国颁布了国家防备总统政策指令，其中涉及对地震及滑坡等自然灾害的应急管理内容。

(6) 澳大利亚滑坡风险管理政策

澳大利亚许多大城市和沿海地区，特别是新南威尔士州，都发生过边坡失稳事件。随着城市的发展，许多住宅开发项目将会受到地面不稳定性问题的威胁，因此滑坡造成生命财产损失的可能性不断加大（张丽君，2008）。

澳大利亚地质力学学会（Australia Geomechanics Society，AGS），经过 7 年对澳大利亚和国际上风险管理方法用于滑坡评估和管理的研究与检验后，于 2000 年发布了《滑坡风险管理理念与指南》，用于土地利用规划管理。澳大利亚在全国减灾计划（NDMP）中积极开展滑坡灾害风险研究，并建立了滑坡风险管理特殊领域的资格认证制度。澳大利亚地球科学组织（Geoscience Australia）城市项目开展了凯恩斯滑坡风险定量评估，为凯恩斯城市委员会的规划和突发事件管理提供滑坡危险性、社区易损性和风险的相关信息（王涛等，2009）。

（7）新西兰滑坡风险管理政策

新西兰通过联邦政府制定相关政策法律和地方政府制定相应规划应对滑坡等灾害风险。《资源管理法案》（*Resource Management Act* 1991，RMA）明确了新西兰政府部门（地方议会和区域当局）在自然灾害管理中的责任，明确了一级行政单位地方议会和二级行政单元在灾害管理中的职责。《建筑法》（*Building Act* 2004）能很好评估和避免或缓减滑坡的影响。《民防应急管理法》（*Civil Defence Emergency Management Act*，CDEM Act）的目的是促进灾害的可持续管理，包括确认、评估和风险管理、风险咨询和交流、实施具有成本效益的风险减小措施、监测和过程评估。RMA 和 CDEM Act 是最主要的滑坡灾害管理法，提供了灾害管理政策、规划和决策支持的框架。此外，也有其他相关法案涉及滑坡灾害管理。《水土保持和河流控制法》（1991 年）涉及对土地和河流的管理。当地政府信息会议法（1987 年）提供自然灾害的相关信息。地震委员会法（1993 年）允许滑坡灾害的相应补偿。当地政府法（2002 年）优先配置资金用于灾害管理。

（8）日本滑坡风险管理政策

日本《兵库行动框架》（*Hyogo Foramework of Action*，HFA）是一个用以减少各类灾害风险的十年计划，2005 年由 168 个国家签署，鼓励地方政府确定滑坡的风险和漏洞，建立风险地图和实施有效的监测系统。它还建议实施防护工程、城市规划策略，环境管理和社区准备。HFA 提供了更多的行动来减小和避免滑坡及损失，为防止滑坡提供了很好的方向。2012 年 2 月 13 日，日本发布了《土壤主题战略实施和开展的活动》报告，报告对欧盟实施此战略的四个主要内容包括增强意识、研究、集成和立法方面开展的活动进行了总结，分析了当前和未来土壤保护的挑战。该报告包括欧盟及其邻国的初步滑坡敏感性图，滑坡敏感性图由欧盟滑坡专家组制订。

（9）中国香港滑坡风险管理政策

山体滑坡在香港称山泥倾泻。香港政府在滑坡灾害防治上做了大量的工作。滑坡在香港主要是强降雨形成径流和地下水造成的。香港早已成立了多个部门来分工负责和管理山坡上的水。香港天文台负责天气预报；水务署负责管理香港水库及供应和处理各种用水；渠务署负责管理香港河流和山地沟渠排水；路政署负责管理道路路面排水；土木工程拓展署土力工程处负责管理人造斜坡排水。

从 1977 年以来，香港工程师和研究人员对滑坡防治和斜坡加固工程进行了大量研究，先后制定和颁布了一系列适用于香港的有关斜坡治理与维护的技术规范和管治手册。其中，较为重要的技术规范和管治手册有如下内容：①《港岛半山区地质水文与土质条件研究》（1982 年第一版）；②《挡土墙设计指南》（1982 年第一版）；③《斜坡岩土工程手册》（1984 年第一版）；④《场地勘察指南》（1987 年第一版）；⑤《岩石与土描述指南》（1988 年第一版）；⑥《地下洞室工程指南》（1992 年第一版）；⑦《香港地质调查图表报告》（1992 年第一版）；⑧《斜坡维修指南》（1995 年第一版）；⑨《公路边坡指南》（2000 年第一版）；⑩《美化斜坡及挡土墙指南》（2000 年第一版）；⑪《加筋土结构物和斜坡设计指南》（2002 年第一版）；⑫《土钉设计和施工指南》（2008 年第一版）。这些技术规范和管治手册随时间会被修订、再版。同时，土力工程处的重要工作第一项是开展人造斜坡的调查和建立档案；第二项是自 1977 年，土力工程处进行审查与批准新建人造斜坡的设计，以及对相关岩土施工的监理；第三项是加固、治理未符合标准的旧人造斜坡，开展长期防止滑坡工程（Malone 和黄润秋，1999）。

香港从 20 世纪 80 年代开始，就一直注重公众边坡风险意识方面的教育和信息服务，电视、广播和街头各式各样的广告也用来宣传边坡维护的知识；1992 年开始还设置了热线电话，1998 年开通了香港边坡安全系统网页，提供在线查询的边坡数据库（张丽君，2008）。1994 年香港的观龙楼滑坡事件后，1995 年 2 月启动了一个为期 5 年的滑坡预防措施计划（Landslip Preventive Measures Programme，LPM 计划），专项边坡修缮治理计划。香港重视滑坡预警与应急服务，建立了雨量计监测网络，目前有 89 个监测点。

4.2.1.3 国际政策路线图

发达国家及地区和国际机构滑坡主要采取的相关管理政策制定路线图如图 4-3 所示。

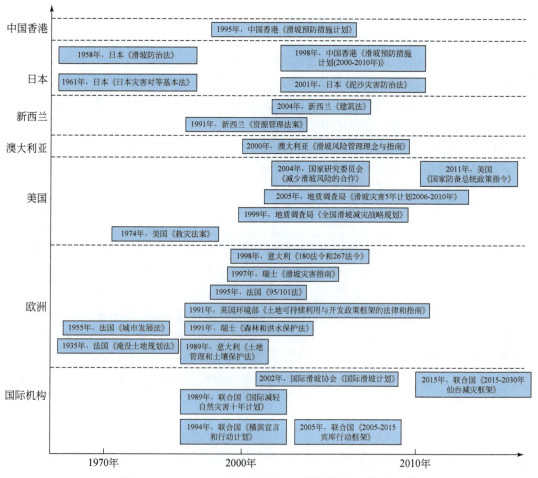

图 4-3 1970～2010 年各国及地区、机构滑坡主要相关政策

4.2.1.4 政策体系分析

滑坡灾害政策的变迁：20世纪80年代以前政府对滑坡安全重视不够，倡导工程性防御政策，90年代后开始制定风险预防性安全政策，标志着自然灾害防御政策发生了重大转变，开始出台相应的土地利用规划（POS），并设置专门政府部门管治，开展灾害风险调查、填图和评价，初步建立了滑坡风险管理与防治体系。

世界各国滑坡灾害风险调查、填图和评价的国家计划制定等职责由一些联邦机构和州及地方政府承担，并制定滑坡灾害计划长期规划。采取多种措施进行滑坡减灾管理，包括限制在易发生滑坡的城市地区进行开发，可以通过滑坡敏感性图来确定；要求开挖、景观美化、种植和排水等活动不影响边坡稳定性；通过具体的减灾措施保护现有的开发和人口，如边坡修护和排水等工程；研制和安装监测和预警系统。减少滑坡损失最为经济有效的方式，限制对易发生滑坡斜坡的开发。获取场地所有权，告知潜在的购买者存在滑坡灾害的事实，限制公共投资，排除公众设施的影响，公共教育，使公众意识到相关法律责任，张贴警告标志，税收抵免和特殊评估，拒绝向开发商或建筑商提供贷款，在滑坡易发地区需要缴纳高昂的保险费用等措施被有效用来限制和激励在不稳定斜坡进行开发，从而有效减小滑坡风险。此外，政府会制定相应的开挖、土地平整和建筑法规与标准，对在斜坡开发进行安全标准要求。

滑坡灾害管理与防治工作是一项长期的社会公益工作。它涉及自然科学、工程技术、社会科学与管理、经济、法律、园林艺术等方面的知识、人才及各方面之间的协调工作。

4.2.2 国际滑坡科技政策成效分析

滑坡是一种复杂的自然现象，在很多情况下我们对其成因和机理并不十分了解，这样在处理滑坡问题时，特别是在建立预防措施和方案时就会存在一些问题（张贤，2008）。主要原因之一，是滑坡通常伴随着其他自然灾害同时出现，如暴风雨、洪涝和地震等，因此一般无法对滑坡进行单独考虑。另外，发生频率高的小型滑坡，主要是对交通网络造成影响，人们已经认识到这样会造成总成本提高，但是却很难进行衡量（张贤，2008）。因此，政府机构和决策者需要很好地了解滑坡对社会经济的重要性，通过分析滑坡防治方面相关案例可以为更好应对滑坡灾害提供支撑。

UNISDR指出气候变化加剧降雨强度，会导致世界范围内更多的山体滑坡，但是可以通过有效的政策防治削减其影响。例如，在东亚，很多人们生活在不稳定的斜坡和陡峭的地形处，在暴雨和洪水后容易受到山体滑坡灾害。滑坡很难预测，但是如果有监测和预警系统来测量降雨和土壤条件，就能很好地提醒人们预防滑坡灾害。对未来降雨的预测也相对重要，降雨将导致斜坡的不稳定性，增加滑坡风险，同时山坡地区的人口增长和城市化也会增加滑坡风险。世界上各国采取了各种科技政策来应对滑坡风险管理，同时积累了大量经验。

在滑坡易发地区如果实施科学的滑坡管理计划，使当地社区能够清楚地认识滑坡，学会与"滑坡共处"，就会降低滑坡风险。英国怀特岛的滑坡管理战略为世界其他地区滑坡管理提供了很好的模式。1986年，英国环境部（Department of the Environment，DoE）在Ventnor岛开展了旨在指导不稳定地区土地开发的规划过程的试点研究。该项研究使Ventnor岛受益匪浅，它通过全盘考虑不稳定问题的规划控制程序来帮助Ventnor岛建立了减轻滑坡问题的一套经济有效的方法。为了保证怀特岛Ventnor岛滑坡管理战略的实施，还成立了滑坡管理委员会，其成员来自包括海岸管理者、规划者、建筑控制官员和高速公路工程师的当地政府的代表、水公司和其他服务行业、英国保险者协会、建筑者联盟、地方房屋资产评估机构及技术观察者（岩土咨询工程师）。滑坡管理委员会每2年召开一次，以监测滑坡管理战略的实施效果，提高专业水平和公众意识。1993年，英国怀特岛南海岸Ventnor岛开始实施滑坡管理战略，将滑坡管理纳入立法和管理框架之中，在土地开发利用决策过程中，综合考虑社会、经济和环境问题。

2009年，欧洲实施了为期3年的滑坡防治计划《地面安全——在欧洲滑坡风险区居住：评估、全球变化影响和风险管理战略》，计划涉及12个欧洲国家的27个合作伙伴，以及来自中国、印度、美国、日本和中国香港等国家和地区的合作者与咨询者，此外还涉及来自11国家的25个终端用户。计划由挪威岩土工程研究所（Norwegian Geotechnical Institute，NGI）国际地质灾害中心（International Centre for Geohazards，ICG）总体协调组织，为决策者、公共管理者、研究人员、科学家、教育家和其他利益相关者提供改进协调框架和方法论，用于欧洲的地区滑坡风险评估和量化。研究主要集中在提高对滑坡灾害的认知、定量化风险评估、定量化未来全球变化情景和对滑坡灾害和风险的影响、监测技术发展、风险管理5个领域。该计划结果在欧洲多个层面对保护生命和财产安全起到了重要作用，产生了重大的社会影响，使欧洲顶尖的研究中心和在专业领域领先的企业合作到一起，如在GIS、遥感、模拟、风险评估和管理、决策支持等领域，使欧洲和全世界在灾前规划和减缓方面跨越发展，为欧洲甚至全世界未来应对滑坡等相关自然灾害提供了基础，促进滑坡灾害风险的有效应急管理。

中国香港有很长的一段历史时期，山体滑坡灾害都造成了人员伤亡和破坏。在20世纪70年代中期香港提出的"斜坡安全系统"政策措施，导致伤亡人数在1977年就下降了50%，措施远期目标是到2010年降低75%。"斜坡安全系统"政策措施重点是保护和补救工作，监测早期预警和广泛的教育项目，提供全面的结合科学、工程措施和公共扩展的"降低风险"的方法。全方位的"斜坡安全系统"治理山体滑坡，成绩斐然，斜坡滑坡风险大幅降低。目前香港所有高风险斜坡都已得到妥善处理。香港的斜坡安全系统在国际岩土工程界享有较高声誉。世界各地很多机构，包括政府组织，大学和私人公司都曾到土力工程处拜访，分享相关的知识和经验。"斜坡安全系统"政策措施重点是保护和补救工作，监测早期预警和广泛的教育项目，提供全面的结合科学、工程措施和公共扩展的"降低风险"的方法。2000年来，每年对滑坡风险管治总投入为20亿港币，是香港年总收入的0.5%~0.6%。在2011~2013年，香港每年GDP约为2万亿港币，每年滑坡风险管治总投入占GDP的0.1%（岳中琦，2014）。现在，香港山坡地滑坡灾害的风险已大大降低。经过多年努力和政府加大投资，香港已建立了一套适合于香港的、较为完整的山坡地滑坡灾害风险管理与防治体系。香港山坡地滑坡灾害管治工作是有成效的，满足了公众对减低滑坡灾害风险的要求（岳中琦，2006），为世界其他山坡地城市的风险管治和建设提供了宝贵经验和成熟方法。

4.2.3　国际滑坡科技政策的需求与发展趋势

为解决滑坡问题，需要一些新的技术和方法，通过解决重要经济区的滑坡灾害问题和由自然灾害（如暴雨、融雪、地震和火山爆发）引发的滑坡问题，不断进行预见性的和系统化的更新。另外，土地管理人员和当地政府机构及国家政府需要对特定的滑坡灾害进行评价并制定减灾措施。在受暴雨影响的地区，加强土地利用规划政策的制定，通过确定在什么地方，以什么方式重建公共和私人建筑及基础设施，以使这些建筑物在将来尽可能少受滑坡的影响。把滑坡领域中有着丰富经验的地质学家、工程师、水文地质学家、物理学家、地理学家和土地利用规划者组建成科学团队，共同研究滑坡灾害预警系统，将滑坡灾害信息纳入到土地规划工作中，增加对滑坡研究的资金投入。

利用可靠的科学信息来降低自然灾害造成的生命和财产损失的任务，提供可以降低滑坡损失的信息，促进人们对滑坡灾害的了解，制定科学的减灾战略，提高公众的安全意识，开展滑坡灾害评价、滑坡研究和预报、为滑坡应急提供帮助（哲伦，2009）。提高对滑坡问题的性质和范围的认识，仍需要进行一些研究来减少由于滑坡灾害造成的生命和财产损失。

如果决策者、政府各级管理人员和私人团体能够在灾前与灾后采取适当的措施，则可以显著降低与自然灾害相关的损失和风险。决策者越来越依赖 USGS 提供的灾前、灾害发生时和灾后的信息，这样他们可以安全地生活、工作和进行建筑工程活动。通过加强研究、评价和监测工作，开发与这些灾害相关的新的信息解译、整合和发布方法，USGS 可以大幅度提高为终端用户提供重要滑坡灾害信息的能力。

2013 年 5 月 19 日在瑞士召开了减轻灾害风险的全球平台第 4 次会，同时联合国国际减灾战略（United Nations International Strategy for Disaster Reduction，UNISDR）发布 2014 ~ 2015 年工作的主要计划，对灾害管理的经验和研究进行了总结，并对后期灾害减轻工作做了安排。

目前灾害风险管理需求如下。

1）锁定风险根源。建议采取的行动包括：①全面报告灾害造成的医疗负担、社区发展带来的后果及《国际卫生条例》的系统化应用；②发展教育服务及系统；③利用已确立的环境保护机制（如环境影响和战略性环境评估、受保护地区管理系统及综合性水资源和滨海地区管理系统）来应对环境退化问题、改善民生和应对灾害风险；④充分利用面向脆弱家庭的现有社会保障机制。政策制定要相辅相成：灾害风险的累积和减轻与可持续发展、环境保护和气候变化及人类流动性等领域存在着错综复杂的紧密联系。与这些领域相关的政策设定无论在地方、国家或国际层面都要相辅相成，这一点十分重要。其重点是采用综合性跨部门减灾方法，并加强教育、农业与卫生等关键部门的减灾工作。

2）强化地方层面的领导。灾害在当地发生，因此要在当地寻找解决方案。但这并不意味着国家政府为地方行动建立行动框架并创建有利环境的责任因此而减轻。然而，市政当局与地方部门在领导和为当地合作关系创建机会方面，以及在做出能保护经济社会发展持续潜力的风险指引型决策方面具有独特的优势。

3）鼓励社区参与。强调打造政府、当选官员、民间团体和社区组织之间合作关系的一系列模式，并提出了一些将这些模式正式纳入国家和地方法律及政策的前瞻性方案。必须将社区系统地、有意义地纳入规划、决策和政策执行过程。

4）加强综合风险治理。社区和地方政府赋权以识别和管理日常风险，参与减灾战略、计划和预算的制定，可以为抗灾能力建设提供良好的基础。再加上更强大的国家机构及国家和地方层面上的全面协调机制，一起构建综合风险治理模式。

5）加强科学技术支持。加强灾害机理研究，获取易于理解的实用性风险信息和科学技术方法，利用科学技术提高灾害风险管理。

2014 年 6 月，在北京召开的第三次世界滑坡论坛，提出要在滑坡调查、监测、预警、预防和应急管理方面要促进全球合作，分享新的理论、技术和方法。2017 年，在斯洛文尼亚将召开的第 4 次世界滑坡论坛将继续关注滑坡研究和风险减小，以促进与灾害相处的文化。

4.2.4　我国滑坡科技政策体系与特点

我国是世界上滑坡泥石流灾害最严重的国家之一。据统计，我国每年由滑坡泥石流造成的经济损失约达 100 亿元，死亡人数达 900 余人，严重制约着广大山区社会经济发展。我国政府非常重视滑坡泥石流防治，分别由水利部、国土资源部、中国气象局、民政部等部门负责滑坡泥石流的应急减灾、灾害治理、灾害预报和抢险救助工作，并取得了显著的减灾成效。各省（自治区、直辖市）也都非常重视减灾工作，湖南、江西、贵州等少数滑坡泥石流灾害严重的省（自治区、直辖市）的相关部门建立健全了防御滑坡泥石流灾害的机构，落实了各部门在防御滑坡泥石流灾害中的责任和义务；编制了较为完善的防灾预案，通过宣传教育提高了村民防灾、躲灾意识；查明了隐患并划分危险区、警戒区和安全区，在滑坡泥石流灾害危险区的边界设置明显警示标志，制定了预警程序，落实了人员转移方案，取得了较好的效果（王星等，2005）。

20 世纪 80 年代以来我国先后出台了《中华人民共和国水法》《中华人民共和国水土保持法》《中华人民共和国环境保护法》《中华人民共和国环境影响评价法》《中华人民共和国气象法》《中华人民共和国城市规划法》《地质灾害防治条例》《中华人民共和国河道管理条例》等，对滑坡泥石流灾害的防治起到了积极的促进作用。相关法律、政策法规有待于进一步完善。但由于滑坡泥石流是一种突发性灾害，不同于地裂缝、塌陷等地质灾害的成灾特点，需要建立专门针对滑坡泥石流防治的法律法规，用法律规范人们的生产、生活行为，防止不合理的人类活动加剧或导致灾害的发生（王星等，2005）（图 4-4）。

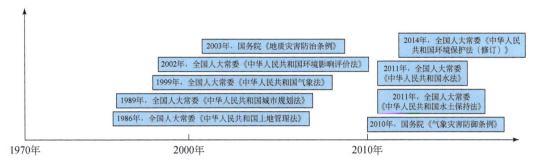

图 4-4　1970～2013 年中国滑坡方面的主要相关政策
注：全国人大常委是全国人民代表大会常务委员会的简称。

4.2.5　我国与主要国家的政策比较与建议

（1）完善风险灾害管理的体系建设

按灾害预防、准备、响应和恢复全流程管理，建立我国地质灾害风险管理体系。设立地质灾害专职减灾机构，建立地质灾害管理的垂直组织体系，完善横向协调机制。国土资源部地质灾害管理专门组织需要与国务院应急管理办公室、民政部、交通运输部、公安部、国家安全生产监督管理总局、解放军总参谋部和武装警察部队、地震局、水利部、环境保护部等密切协调，增强有效沟通、协调、指挥能力，增强监督和指导功能。加强基层地质灾害防御能力建设，提高群测群防体系的防灾水平。

（2）加强法制建设和法律实施

意大利、法国、瑞士及美国的一些州政府，重视滑坡灾害管理的法制建设，通过法制手段，确立了滑坡灾害防御管理政策的重要地位，为滑坡灾害防御管理的实施提供了法律保障。意大利 1998/180 法令以国家法律的形式确定了滑坡灾害的防治战略，通过开展水文地貌灾害填图计划（HSP），识别出滑坡灾害风险地带，据此制定土地利用规划，限制滑坡风险地区的土地开发；法国 1995 年颁布的"95/101"法令，要求对受滑坡影响的地区进行滑坡 PPR，并将 PPR 与强制性自然灾害再保险互联机制联系起来。瑞士 1991 年颁布了新的《森林和洪水保护法》，确定了瑞士自然灾害管理战略的框架体系，实施了严格的土地管理政策，大大降低了滑坡风险；美国一些州，关于边坡土地开发方面的立法比较普遍。在州的法律中，规定了斜坡场地开发的限制条件，包括建筑密度、缓冲区的设定、地面平整管理条例、斜坡日常维护及保证金制度等方面。我国也应该尽快制定滑坡泥石流灾害防治方面的法律法规，规范人们的生产生活行为，防治人类活动加剧灾害发生。

（3）开展滑坡风险调查与土地规划

开展滑坡泥石流灾害调查，编制滑坡灾害风险区划图，建立滑坡泥石流灾害系统，提供支持滑坡灾害风险管理决策信息的最直接需求。工作手段是开展滑坡灾害编目和填图工作，编制滑坡灾害风险区划图。意大利水文地貌灾害填图计划（HSP）、法国滑坡 PPR 填图及瑞士全国滑坡灾害风险土地区划，为开展土地利用规划奠定了坚实的基础（张丽君，2010）。

我国当前紧要任务是向社会提供高质量的地质灾害危险性（风险）评价和区划成果。应借鉴澳大利亚滑坡区划指南和瑞士《滑坡危险性与土地利用规划的实践规则》，尽快研究出台滑坡灾害危险性（风险）评价的国家技术指南，以指导各地将地质灾害调查结果制作出高质量、实用的滑坡灾害危险性（风险）评价与区划信息化产品，将其作为地质灾害防治规划和应急预案的编制依据，以及各种土地利用规划和地质灾害防治规划的编制依据。

为了强制实施滑坡灾害风险地带管理，法国、意大利和瑞士等国家通常的做法是根据国家法律，开展滑坡灾害风险区划，并将之纳入土地利用规划中加以实施。借鉴国外经验，进一步完善《地质灾害防治条例》相关规章和制度及实施细则，我国需要将地质灾害危险性（风险）评估制度纳入土地利用总体规划、城市规划、交通规划等各种规划中。

（4）实施滑坡综合管理战略

滑坡风险综合管理包括以下措施：①滑坡风险识别和风险评估（包括危险性和危害性评估）；②通过土地利用规程手段规避风险；③通过防护工程措施降低滑坡风险影响；④通过监测、预警措施来预防风险；⑤通过法律措施，完善建筑设计和斜坡稳固措施来预防风险；⑥滑坡灾害风险损失共担；⑦危险期灾害应急和危险期后风险管理；⑧风险知识的教育传播和经验反馈。面对我国突发性地质灾害的严峻形势，迫切需要建立一个行之有效的基于现代通信技术、集现场灾害信息采集传送和后方信息分析预测与决策的突发性地质灾害预报预警体系，提高预防和处置突发性地质灾害的应对能力。

（5）建立灾害保险机制，加大风险知识的教育与宣传

保险业是滑坡综合管理战略的重要组成部分，可以在减轻滑坡损失方面起重要作用。专家预测，未来崩滑流地质灾害的保险诉求将不断增加。未来 10 年将上升到 10% 左右，这意味着相应的经济损失为 3000 亿美元左右。在瑞士，预计全球变暖可能导致滑坡灾害风险区面积达 1775 km²，滑坡发生概率增加 70%，将对瑞士旅游业和保险业构成严重威胁。

瑞士 26 个州中的 19 个州实行了建筑保险（涉及滑坡灾害）；法国的滑坡 PPR 与自然灾害（包括滑坡灾害）强制性再保险互联机制联系起来堪称典范。另外，美国 2004 年《全国洪水保险改革法》对洪水再保险计划进行了完善。

应借鉴法国将自然灾害（包括滑坡灾害）强制性再保险互联机制与滑坡 PPR 关联起来的做法，尽早建立起我国的滑坡灾害保险机制和滑坡灾害风险转移机制，降低滑坡灾害的潜在损失，保证社会的可持续发展。建议在我国经济发达的东部沿海自然灾害频发地区，特别是外商投资和大企业聚集地，开展滑坡灾害保险的试点工作。

从英国怀特岛古滑坡群风险管理的成功案例中，可以看出向公众传播滑坡相关信息及信息交流的重要性。让政府决策者、公众和社会各界最大限度地了解滑坡风险知识，使他们懂得各自的责任和义务。只有滑坡风险方面的研究成果被政府机构用于公共安全决策及被公众应用到日常的边坡维护中时才会转化为降低滑坡风险的有效措施。建立完善泥石流预警系统，提高预测预报能力，形成以村为基础的群策群防体系。

（6）加强滑坡灾害基础研究

美国在 20 世纪 70 年代中期，开始实施了旨在通过提高对滑坡地面诱因的认识来减小滑坡灾害的长期损失，进行滑坡灾害基础问题研究的 LHP。欧盟在 2009 年实施了《地面安全》

计划，同时实施了《欧洲土壤保护主题战略》，对欧盟的滑坡灾害风险分布以及滑坡的基础机理进行研究。加强我国滑坡泥石流灾害的基础研究，包括滑坡灾害的诱因，会在何时何地发生，滑坡的规模、速度和影响，以及如何避免或减轻这些灾害的影响，建立滑坡灾害数据库，进行全国风险区域制图研究，实施滑坡灾害制图和风险评估的国家标准等，这一系列基础研究对于掌握区域灾害基本情况，进行风险评估和制定应急管理措施至关重要。

4.3　洪　　涝

从世界灾害发生历史来看，洪涝灾害始终是现在和未来人类发展面临的主要自然灾害。在所有灾害类型中，洪涝影响的人口最多，导致的经济损失最严重。1975 年以来，全球范围内因洪涝造成的灾害数量持续增加（EM-DAT，2014）（图 4-5）。全球平均每年约有 2100 万人遭受洪涝影响，而且预计 2030 年受影响人数将升至 5400 万人（WRI，2015）。我国由于特有的地理位置和气候条件，历来洪涝灾害的发生非常频繁，所造成的损失极其严重。1900~2014 年，全球发生的洪涝及其损失数据排名显示，我国洪灾造成的死亡人数、受影响人数及经济损失排名都很靠前（EM-DAT，2014）。

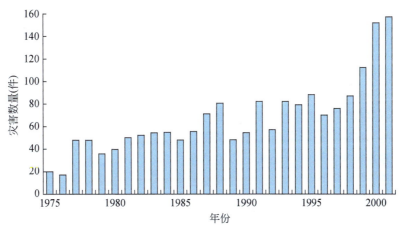

图 4-5　1975~2001 年全球与洪涝有关的灾害数量

资料来源：EM-DAT，2014。

如果不能采取有效措施来抑制洪涝灾害风险的增长趋势，势必会威胁到全球范围内的社会安定与经济发展。防御与减轻洪灾是社会发展中具有长期性、艰巨性和复杂性的重要任务。20 世纪 60 年代以前，全球防洪减灾政策普遍注重采用工程建设为主要手段，大规模防洪工程体系的建设，带动了水利科技的蓬勃发展。20 世纪下半叶以来，生态环境的恶化与大自然的报复引起人类社会的反思，防洪减灾思路发生重大调整，由"防御洪水"转向"洪水管理"（刘树坤，2000）。20 世纪晚期及以后，各国防洪规划中越来越重视非工程措施的运用，从而尽可能减少洪灾对人类经济、环境和社会发展的影响。

4.3.1 国际防洪减灾领域科技政策框架

4.3.1.1 主要国际政策

（1）灾害管理国际组织

1）联合国国际减灾战略（UNISDR）。联合国作为政府间组织，在全球减灾救灾领域内发挥着积极的主导和引导作用。继 20 世纪最后 10 年（1990～1999 年）开展的"国际减轻自然灾害十年"大规模活动之后，联合国于 2000 年成立了"联合国国际减灾战略"作为国际减灾 10 年的延续，在《建立更安全世界的横滨战略和行动计划》（简称《横滨战略和行动计划》）的基础上，提高公众意识、加强公众宣传、开拓网络和合作伙伴，加深对致灾因子和各种减灾方法的认识，主要目标为减少由于自然致灾因子引发的灾害所造成的伤亡。UNISDR 主要职能包括：①通过协调联合国各机构和有关各方制定减轻灾害风险的政策、报告及共享信息，获得政府实施减灾政策和行动的支持；②通过提供信息服务和实用工具、组织区域平台及管理全球减灾平台，提高公众对潜在风险、脆弱性和全球减灾的认识；③倡导建议跨部门跨领域伙伴关系的建立；④完善减灾科学技术；⑤倡导和举办减灾活动及媒体宣传。

2）国际水灾与危害管理中心（ICHARM）。2005 年，UNESCO 第 33 届大会上，日本政府提议成立国际水灾与危害管理中心并获 UNESCO 批准，2006 年，在日本筑波（Tsukaba）成立，该中心由日本土木工程研究所（Public Works Research Institute，PWRI）主办。作为 UNESCO-IHP 与水有关的全球中心之一，ICHARM 的使命是作为水灾害和风险管理的国际中心，观察和分析自然与社会现象，开发方法和工具，构建知识基础，提供和支持最可行策略的实施，最终防止和减缓世界范围内与水有关的灾害。为实现上述使命，ICHARM 将会基于各地不同的自然、社会和文化情况等地方特色，致力于满足不同地区的需求、优先领域和发展阶段等。

3）亚洲备灾中心（Asian Disaster Preparedness Central，ADPC）。ADPC 作为地区性的备灾中心，主要工作目标是减少亚洲及太平洋地区的自然灾害，以最终维护社会的安全与可持续发展。ADPC 创立于 1986 年，来自全世界的灾害管理专家组成一个咨询团队为 ADPC 的各项方案提供建议，ADPC 与各国和地方政府通力合作对灾害做出回应并制订有关减灾政策。ADPC 关注所有类型的自然灾害，并包含了从预防到减灾、准备与响应、重建与修复等所有灾害管理领域。自创立起，ADPC 始终对灾害管理领域的最新科技发展保持高度的关注，并持续不断地采用新的方式为亚洲国家的紧急需求提供最有效率的服务。ADPC 的工作内容主要包括：训练与教育，技术性服务，信息、研究与网络支持，以及区域方案管理等。

4）亚洲减灾中心（Asian Disaster Reduction Center，ADRC）。ADRC 于 1998 年 7 月 30 日成立于日本兵库县神户市，由亚洲地区的 30 个成员方、5 个咨询国（澳大利亚、瑞士、新西兰、法国和美国）和 1 个观察者组织（ADPC）组成。ADRC 致力于建造有抗灾能力的社区，并通过多种活动建立国家间的网络。其任务包括：①积累并提供自然灾害和减灾相关的信息；②开展促进减灾合作相关的研究；③收集灾害发生时的紧急救援相关的信息；④传播知识，提高亚洲地区的减灾意识（乔迎春等，2001）。ADRC 最终目的是提高成员方的抗灾能力，打造安全社区，创建一个可持续发展的社会。

（2）防洪减灾主要国际法规、科技政策和计划

1）《国际减轻自然灾害十年计划》（*International Decade for Nature Hazaards Reduction*，IDNDR）。1987 年 12 月，第 42 届联合国大会通过决议，将 1990~2000 年定为"国际减轻自然灾害十年"，其目的是唤起国际社会对防灾减灾工作的重视，敦促全球各地区和各国政府在工作计划中将减轻自然灾害纳入考虑，推动全世界采取能减轻各种灾害的影响。IDNDR 在包括地震、滑坡、海啸、风暴、洪水、火山和大火在内的 7 个重点减灾领域作了详细计划，其中防洪减灾领域 IDNDR 的计划为：①具有成本效益、适用于发展中国家的实时洪水预警系统的发展；②用于进行洪水分析的计算机模拟的国际性技术转让，包括河流定期洪峰和河道洪水模拟及泛滥平原水面轮廓模拟；③易淹区最大可能降雨量和径流量的研究；④结构性和非结构洪水控制工作的规划、设计、执行的模式和国际性技术转让；⑤在世界主要河流建立国际性地区的洪水防治中心（于萌，1989）。

2）《洪水管理联合计划》（*Associated Programme on Flood Management*，APFM）。APFM 于 2001 年由 WMO 和全球水伙伴（Global Water Partnership，GWP）联合启动，旨在防洪及与洪水共存时，促进采取综合洪水管理（Integrate Flood Management，IFM）这一概念作为一种新方法（图 4-6）。APFM 的使命是支持世界各国进行综合洪水管理，提高国家对综合洪水管理的认知，提供相关信息，支持国家采取的综合洪水管理行动。APFM 特别针对支持国家的气象和水文服务。WMO 通过 APFM 向各国贯彻洪水管理措施，提供重要的技术支持和相关工具。

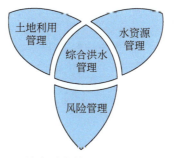

图 4-6 综合洪水管理（IFM）概念框架

APFM 的目标包括：①创建综合洪水管理的概念；②在水资源综合管理框架中纳入综合洪水管理；③识别目前洪水管理实践中存在的差距，鼓励成员在可用的人力和财力资源范围内满足重要需求；④支持所有层面的行动，包括国家、区域、地方和流域水平；⑤从综合洪水管理视角为共同的战略目标提供平台，促进全球有效的政策和战略的实施；⑥促进对洪水管理事件的了解，建立政治承诺并激发所有层面的行动；⑦为政府和决策者提供关于洪水管理事件的建议和相关信息。APFM 的实施分三个阶段（表 4-1），目前 APFM 正

在支持的项目包括基于社区的洪水管理方法、海岸带综合洪水管理和跨界洪水管理等。

表 4-1　APFM 不同阶段的任务及目标

时间	任务及目标	资金来源
第一阶段（2001 年 8 月~2006 年 7 月）	通过概念文件建立综合洪水管理的概念。开展了各种区域性和国家层面的示范项目，收集和分析了洪水管理案例研究，并创建一个网站提供各种信息，包括多种产品和一个洪水管理数据库	日本政府和荷兰政府
第二阶段（2006 年 8 月~2010 年 3 月）	通过提供指导、培训、意识教育和促进长期支持，支持各国的地方和区域水平实施 IFM 的概念和活动，巩固第一阶段的成果	日本政府和荷兰政府
第三阶段（2010 年 4 月~）	加强和协调支持伙伴网络、国家和区域层面的培训、长期支持、编制指导材料和更新现有出版物	日本政府、荷兰政府、意大利政府、德国政府和美国国际开发署（United States Agency for International，USAID）

3）《国际洪水行动计划》（*International Flood Initiative*，IFI）。IFI 于 2005 年在日本神户召开的世界减灾大会上宣布启动，旨在使洪水造成的生命和经济损失最小。作为一个跨机构的计划，其成员包括 UNESCO、WMO、联合国大学（United Nations University，UNU）、UNISDR、UNISDR 促进早期预警平台（PPEW）和国际水文科学协会（International Association of Hydrologlcal Sciences，IAHS）。IFI 的总部位于 CHARM，其使命是提倡用综合的方法管理洪水，减少洪水的社会、环境和经济风险，增加洪水的正面效益和泛洪区的利用。

IFI 的总体目标是达到更好地理解和处理洪水风险的国家能力。IFI 的宗旨：①与洪水共存；②对所有利益相关者公平；③交叉学科和跨行业；④国际和区域合作，授权参与。IFI 的具体目标包括：①促进洪水管理的数据收集和分析；②开发减少脆弱性的方法；③制定和改善洪水管理的制度框架；④优化结构性和非结构性措施的组合；⑤为适于不同问题范围和文化背景的公众参与制定办法。

4.3.1.2　主要国家和地区政策

（1）欧洲莱茵河流域国家

欧洲许多重要流域都是跨境的，因此，欧盟成员方和欧盟委员会需要一道努力，制定和实施协调一致的防洪、保安和减灾行动计划（金磊，2005）。本节主要以莱茵河流域防洪为例，介绍相关国际性组织及法律法规的发展。

1950 年，为了全面处理莱茵河流域环境保护问题并寻求解决方案，荷兰、瑞士、法国、卢森堡和德国 5 个国家联合成立了"保护莱茵河国际委员会"ICPR。1987~2000 年，在 ICPR 的协调下，沿莱茵河各国实施了"莱茵河行动计划"（*Rhine Action Program*）并取得积极成果。

1993 年和 1995 年莱茵河发生了两次大洪水，ICPR 将防止洪水纳入其行动议程，1995 年通过了第一个莱茵河洪水管理的国际战略文件，并制定了十条指导性原则，1998 年通过了"洪水管理行动计划"（*Action Plan on Floods*），项目经费高达 120 亿欧元，目的是到 2020 年提高莱茵河流域各国的防洪能力，同时改善流域的生态环境。该计划强调了洪水管理与非工程措施的重要性，并对 2005 年、2010 年、2015 年和 2020 年要实现的目标作了规定，目前该计划的第一轮（1995～2005 年）和第二轮（2005～2010 年）已经获得成功有效的实施（IKSR，2014）。

1995 年，法国、德国、荷兰等国成立"莱茵河/默兹河区域规划与防洪"跨国工作组，并制定"莱茵河和默兹河综合治理计划"（IRMA），其目标是通过构建新的跨流域的方式进行可持续的洪水预防和控制，1997～2001 年对莱茵河和默兹河沿岸地区实施特殊的防洪措施。

2001 年莱茵河流域国家部长级会议通过了《莱茵河 2020 计划》，即《莱茵河可持续发展 2020 规划》（*Program on the Sustainable Development of the Rhine*），确定了今后 20 年莱茵河保护的整体目标，旨在改善莱茵河流域生态系统，改善洪水防护系统，改善地表水水质，保护地下水。如今，该计划第一阶段工作正在实施之中。

莱茵河的防洪工作在某种程度上也受限于欧盟的司法管辖，因此也遵循欧盟层面的《洪水指令》（*EU Floods Directive*）。为了应对欧洲大陆近期发生的破坏性洪水及预测很多地区未来增加的风险，《洪水指令》要求所有成员方必须：①在 2011 年之前完成其境内水体（江河流域及沿海区域）洪水风险的初步评估；②在 2013 年之前绘制洪水灾害图和洪水风险图；③在 2015 年之前建立洪水风险管理规划，其中洪水包含江汛、骤发洪水、城市洪水、下水道洪水和沿海洪水。《洪水指令》强制要求对洪水风险进行评估、测绘和管理，目的是将防备系统升级到史无前例的跨国规模（European Council，2007）。ICPR 负责欧盟范围与莱茵河流域国家的信息交流及《洪水指令》的协调实施。

2012 年，欧盟发布《欧洲水资源保护蓝图》（简称《蓝图》），旨在消除妨碍欧洲水资源保护行动的桎梏，并以对现行政策进行广泛评估为基础。《蓝图》提议的行动包括成员方在 2015 年前制定洪水风险管理计划。据此，2014 年 ICPR 发布新的"洪水风险管理计划"（*Flood Risk Management Plan*）草案，目的是促进信息交流与获取，改善洪水预报与洪水预警系统。

（2）美国

美国江河洪水非常频繁，受洪水威胁的面积约占其国土面积的 7%，影响人口超过 3000 万以上（占总人口的 10% 以上）（顾锦龙，2011）。美国沿海地区受飓风、台风、风暴潮影响比较严重，洪水灾害是最受美国政府关注的自然灾害。美国防洪管理始于 1803 年，在超过 200 年的时间内，工程措施一直是美国应对洪水的主要工具。20 世纪 50 年代中期，美国防洪减灾中开始同时考虑非工程措施的应用，并从那时开始朝这个方向缓慢发展。近 200 年来，美国的洪水管理策略历经了多次重大的调整。

20 世纪早期及以前，美国倾向于采取工程措施来减少洪水灾害的发生（姜付仁等，2000）。1879 年，美国成立密西西比河委员会，标志着该国的防洪管理向流域整体策略转变；1917 年制定《防洪法》，授权工程兵团参与开展和防洪有关的事业；1927 年修订《防洪法》，结束了被证明失败的"堤防万能"的治河策略，采取多种防洪工程措施综合"控制"洪水的理念开始形成（金磊，2005）；1936 年修订《防洪法》，规定由联邦与地方政府共同承担投资防洪工程国家规划，联邦负担主要责任；1938 年《防洪法》修改投资分摊，其中地方投资的份额降低（顾锦龙，2011）。通过多次修订，《防洪法》进一步加强了洪水的控制力度，并引发此后大规模的大坝建设。1933 年发布《田纳西流域管理局法》（TVC），规定成立田纳西流域开发局，批准田纳西流域综合开发计划。

20 世纪中后期，美国开始考虑并逐步重视防洪非工程措施。1942 年吉尔伯特·怀特博士在其《调整人与洪水的关系》一书中，提出了工程措施与非工程措施结合的洪泛区管理的新思路；50 年代美国开始提出了国土规划、预报和警戒、疏散、修正房屋建筑规范等非工程措施，并被总统咨询委员正式在防洪规划中推荐（谭徐明，1998a）；1960 年，美国修订《防洪法》，授权陆军工程师团开展研究和开发洪泛区管理的技术，绘制洪水风险图，并确立了洪泛区管理的原则和主要内容（何少斌，2008）；1966 年，防洪政策专门工作组提出《水灾管理的统一国家规划》，从管理机构方面确立防洪非工程措施；1966 年《全国洪泛区管理综合计划》设立了洪泛区合理利用的国家基本目标，包括防洪减灾、自然资源保护、洪泛区多目标合理利用等概念体系，实施策略和措施、决策过程中各级政府的职责等方面的内容，开始了美国防洪减灾的全国性综合计划。

1955 年，美国加利福尼亚州及美国东北部发生了严重的台风和洪水，这一事件唤起了全国上下对洪水保险的关注，促成了 1956 年《联邦洪水保险法》的通过，初步建立国家洪水保险制度；1968 年，美国颁布《国家洪水保险法》，为落实该法案，1969 年《国家洪水保险计划》（National Flood Insurance Program，NFIP）颁布实施，并建立了国家洪水保险基金，目的是国家下决心将利用"洪水保险"这一经济手段推动洪泛区管理，以抑制洪灾损失急剧上升的趋势（程晓陶，1998）；1973 年 12 月，美国通过了《洪水灾害防御法》，使洪水保险开始在全国普及；1977 年颁布关于洪泛区管理的 11988 号总统令，明确规定了联邦机构在洪泛区管理中的责任和决策程序，至此美国国内以洪水保险为主体的防洪非工程措施框架（何少斌，2008）；鉴于金融机构和管理者并没有真正贯彻洪水保险强制购买的有关要求，美国国会通过了 1994 年《全国洪水保险改革法》，2004 年《全国洪水保险改革法》。

1969 年美国颁布《国家环境政策法》，要求对联邦政府的水利工程开展环境评价，规定那些对洪泛区可能造成影响的水利工程，要制定非工程措施替代方案，标志着洪泛区环境问题开始成为决策依据（金磊，2005）。1979 年，FEMA 成立，FEMA 是美国进行重大突发事件时进行协调指挥的最高领导机构。1982 年 NSF 提交《美国防洪减灾总报告》，报告向公众公开了美国防洪减灾政策、水灾历史和现状，以及针对亟待解决的重大问题提出相关建议，得出了实施减灾社会化建设的新策略。至此，美国的防洪减灾进入了由工程措施–非工程措施演进到减灾行为社会化的新时期（谭徐明，1998b）。1983 年由 NSF 主持，提出了《美国洪水及减灾研究规划》，提出了多学科综合等方面研究项目 115 项，其中亟待开展研究的紧急项目 56 项。

1993 年，美国密西西比河流域发生历史上最严重的大洪水之后，美国人认识到美国未来的洪水政策应该从"洪水控制"走向"洪水管理"，此后，政府加大了对搬迁的支持力度。1995 年 3 月 6 日，克林顿政府向国会提交《1994 年国家洪泛平原管理统一规划》报告。报告主张"制定更全面、更协调的措施保护并管理人与自然系统，以确保长期的经济与生态环境的可持续发展"，报告同时评价了洪泛区管理的四大战略：①减轻人类遭受洪水损失和破坏的脆弱性；②减轻洪水对个人与社区的影响；③调整洪水政策；④保护并恢复洪泛区的自然资源及其功能（姜付仁等，2000）。认识到这四大战略应以某种方式协同并举，是美国洪水风险政策发展的一个里程碑。

1999 年 4 月，美国参众两院分别通过了《1999 年水资源开发法》法案，其对水资源的保护和开发做出了明确规定（姜付仁等，2000）。所涉及的项目总费用为 43 亿美元，其中包括研究项目 41 项，加大了对环境项目的投资。

（3）日本

日本分布在洪水风险区的人口密度大、资产密集，其国内的防洪主要通过工程措施来实现。日本有 1700 余年的防洪历史，其具备较为健全的防洪法体系，并且日本较早（1896 年）颁布了《河川法》，确立了河流管理的法律体系，其主要目的是防洪。随着第二次世界大战后日本经济的复苏，为缓解严重的洪水灾害态势，保障社会经济的稳定发展，日本不断完善其防洪法体系，逐步形成了高标准的防洪工程体系，最终使日本国内的水灾受淹面积不断减少，有效抑制了水灾损失上升的趋势（程晓陶等，2008）。

1959 年，伊势湾台风引起的大洪水之后，1960 年日本颁布施行了《治山治水紧急措置法》和《治水特别会计法》，并据此制定了《治水五年计划》。从 1960 年至今，日本已经连续实施了 9 个治水五年计划。自此治水有了切实的资金保障，治水投入稳步增长，从而使日本的治水事业进入稳定顺利的发展时期，治水计划的顺利实施使水灾对国民经济的影响持续减弱（向立云，2004）。

1964 年新《河川法》颁布施行，增加了河流供水的内容，并按水系的重要性划分了不同级别的水系，明确了管理的责权。此后在 1972 年、1987 年、1991 年、1995 年和 1997 年，日本针对治水趋势的变化，对《河川法》分别经过了五次修订。其中，1995 年的第四次修订为了推进城市治水事业的开展而建立了河川立体区域制度，1997 年通过第五次修订加入了环境治理与保护、在《河川治理计划》中反映利益相关者的意见，完善缺水期取水许可制度，建设库区周边、堤后防护林带等条文（何少斌，2008）。为了达到这个目的，《河流治理基本政策》和《河川治理计划》（河流治理规划）同时被制定出来。前者被用来确定水利工程建设前后河道内的水流量分配，并作为整个水系中河流治理的基本政策；后者囊括了河流工程建设及其维护的全部内容，并考虑了当地政府部门和居民的意见。

日本的《防洪法》经过数次修订，通过洪水预报、通报各种频率的洪水淹没范围、确保可能淹没区内的居民能顺利及时地撤离等措施来减少洪水损失。因此，日本全国所有市、镇和村的洪水风险图的绘制工作正在进行，在洪水发生时，可以将洪水风险图用于避难活动中。

1979 年，日本制定了《综合治水对策》，主要观点是采用多种方式加强流域的滞洪能力，并将其正式地融入洪水管理计划和措施中。将水资源和土地资源结合起来管理的尝试已经开始，因此水资源和土地利用部门之间的联系不可缺少。

近年来，日本开始提出综合治水、洪水管理、风险选择、泛滥容许、治水与自然和谐等新的观念，并在《河川法》条款中得到一定程度的体现（向立云，2004）。

（4）加拿大

加拿大的洪水主要是由水文气象学现象引发的，有时是单一现象，有时是多种现象的相互作用。这些现象相互作用程度的多变性也反映了加拿大气候的多样性。

洪水管理是灾害管理的一部分，加拿大各级政府有很多部委都负责灾害管理。加拿大公共安全部（Public Safety Canada，PSC）除了其他任务，还要协调灾害管理进程，其宗旨是实现有效的灾害管理。

20 世纪 70 年代早期之前，加拿大的泛滥平原管理主要采取工程措施。1974 年大洪水之后，加拿大政府于 1975 年在《加拿大水法案》下制定"减少洪水损失计划"（FDRR），这代表着该国泛滥平原管理开始从结构性措施向非结构性措施转变。在 FDRR 下，各省都与联邦政府签订了为期 10 年的"总协定"，这些"总协定"确定了减少洪灾损失的基本方法及既定政策。为期 10 年的协定还包括补充协议，就洪灾风险区进行了测绘和指定（孙磊，2013）。

FDRP 的首要目的是抑制在高风险泛洪区的开发。为了确定这些高风险泛洪区，该计划包括了洪水风险图绘制和公共教育等内容。一旦泛滥平原被确认下来，FDRR 鼓励各省市政府执行泛滥平原规范以指定、分区和控制这些土地的未来开发。FDRR 完成的研究对流域洪水历史进行了回顾，目的是确定自身的洪水多发地带，并对水文进行了评估以定义百年洪水和其他程度的洪水。洪水的动力学分析能够确定水表面状况、洪水水位及等级。在 FDRP 下，加拿大完成了 982 个社区的测绘和指定工作，洪灾损失有所减少。

（5）印度

印度极易受到洪水的侵袭。其国土面积为 3.29 亿 hm^2，其中有 4500 万 hm^2 是洪水易发地区。1996~2005 年，其洪水年均损失为 4775 千万卢比，而过去 53 年年均损失为 1805 千万卢比（Government of India，2015）。全球每年受洪灾影响人数与每年受河流洪灾影响 GDP 比例排名中，印度都位列全球首位（WRI，2015）。

1954 年，印度发生特大洪水，当年印度成立印度中央防汛委员会并在其基础上各州成立省级防汛委员会，制定《国家洪水管理计划》（*National Programme of Flood Management*），主要关注堤坝和其他结构性措施。之后在执行五年计划期间，印度政府开始较大规模地整治河流，相继出台多种政策和措施，并成立了几个委员会研究与处理国家洪水问题。

印度洪水管理存在两套体系：一套为州一级的机制包括水资源部门、州技术咨询委员会和防汛委员会，有些州由灌溉部门和公共事务部门处理洪水相关事务；另一套为中央政府设立相关机构和专家委员会帮助州政府解决洪水问题，包括中央水务委员会（Central Water Commission，CWC）、恒河流域防洪委员会（GFCC）、国家灾害管理局（National Disaster

Management Authority，NDMA）等。1996 年，印度发生大范围洪水，中央政府成立了 5 个地区特别工作组，主要进行洪水损失评估、堤防分类、防洪工程维护、水库调洪研究、防洪预案建立。近期成立了 CWC 下的中央任务工作组（Central Task Force），该工作组将审查易受洪水侵袭的各州和地区，洪水和侵蚀反复发生的原因并依此提出短期和长期措施。每年雨季期间，CWC 对主要河流的洪水情况进行预报。第九个五年计划以来，CWC 开始使用现代化的洪水预报网络。目前，445 个站点安装了自动化数据采集和传输系统。

1987 年，印度国家水资源理事会发布了《国家水政策》（National Water Policy）提出：①对每一个所有的洪水易发流域制定洪水管理综合流域总体规划；②研究合理的流域管理与流域治理措施；③为蓄水工程提供切实可行的防洪措施；④重点加强洪水预报与洪泛区区划等措施，减轻洪水灾害（万洪涛，2005）。

2002 年修订后的《国家水政策》（National Water Policy）中提出：①开展洪水控制与洪水管理相结合的流域总体规划；②为水库工程建立消力池；③在洪水调度方案的确定中，将防洪作为优先考虑目标；④对非工程措施应给予更多的重视；⑤对洪泛区的社区建设与经济活动进行严格控制与管理；⑥加强洪水预报预警（万洪涛，2005）。

2013 年 10 月，印度政府在第十二个五年计划期间批准《洪水管理计划》（Flood Management Programme）。该计划的工作包含：河流管理、排水开发、防止土地侵蚀、防止海洋侵蚀、水土保持等洪水管理的早期工作。一般的堤防维修和维护工作不在该计划范围之内，这些工作是由州政府利用自己的资源来开展。

4.3.1.3　国际政策路线图

对全球主要国家，包括莱茵河流域国家、加拿大、美国、日本和印度，从 19 世纪 50 年代开始制定的防洪减灾政策进行整理，绘制出国际防洪减灾政策路线图如图 4-7 所示。

4.3.1.4　政策体系分析

洪涝科技领域的政策可以分为以下三类：强调工程型措施的政策、强调非工程型措施的政策及综合型政策（表 4-2）。

（1）强调工程型措施的政策

20 世纪早期，全球许多国家的政府和民众都笃信运用工程措施达到防洪减灾的目的，这期间推出的一些政策主要特点是，专门针对利用水利工程以调节改变洪水天然运动状况，达到控制洪水、减少损失的目的（表 4-2）。

（2）强调非工程型措施的政策

20 世纪中叶以来，随着人口快速增长和社会财富的不断积累，防洪工程措施的不足开始逐渐显现，人们发现即使已修建了大量防洪工程，但洪灾损失仍有增无减。由于防洪工程都具有一定的设计标准，任何防洪工程都只能具有一定的防洪能力，而不可能消除由罕见洪水引起的洪灾，因此，客观上防洪工程的存在会扩大洪灾的规模及潜在危险，另外，大规模修建防洪工程从经济上并不合算。以上事实迫使人们开始反思人与洪水的关系，希望找到适应当代和未来人水关系的防洪减灾策略（刘国纬，2003）。正是在这样的背景下，现代意义下的防洪减灾非工程措施被提出来并受到了广泛的认同，类似措施包括洪水监测预报、洪泛区的综合利用和管理、洪水保险和洪灾救济等（表4-2）。

（3）综合型政策

20世纪晚期，各国在重温以往教训的同时，也在逐步调整适合本国的防洪政策，并最终走向采取能保护并管理人与自然系统的综合措施，以确保经济发展与生态环境保护兼顾的长期的可持续发展的道路之路（表4-2）（顾锦龙，2011b）。

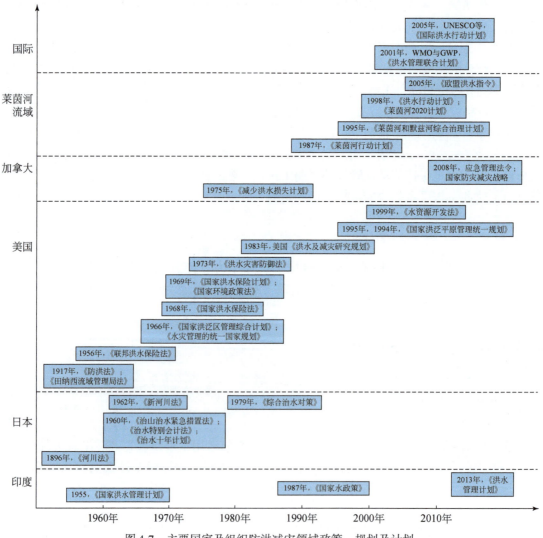

图4-7　主要国家及组织防洪减灾领域政策、规划及计划

表 4-2　世界主要国家及组织防洪减灾政策分类

政策类型	年份	国别机构	政策名称
关注工程措施	1896	日本	《河川法》
	1917	美国	《防洪法》
	1917	美国	《田纳西河流域管理局法》
	1955	印度	《国家洪水管理计划》
	1960	日本	《治山治水紧急措置法》
	1960	日本	《治水特别会计法》
	1960	日本	《治水十年计划》
	1962	日本	新《河川法》
	1975	加拿大	《减少洪水损失计划》
关注非工程措施	1956	美国	《联邦洪水保险法》
	1966	美国	《水灾管理的统一国家规划》
	1966	美国	《全国洪泛区管理综合计划》
	1968	美国	《国家洪水保险法》
	1969	美国	《国家洪水保险计划》
	1973	美国	《洪水灾害防御法》
	1975	加拿大	《减少洪水损失计划》
关注综合措施	1969	美国	《国家环境政策法》
	1979	日本	《综合治水对策》
	1983	美国	《美国洪水及减灾研究规划》
	1987	ICPR	《莱茵河行动计划》
	1987	印度	《国家水政策》
	1995	法国、德国、荷兰	《莱茵河和默兹河综合治理计划》
	1995	美国	《1994 年国家洪泛平原管理统一规划》
	1998	ICPR	《洪水行动计划》
	1998	ICPR	《莱茵河 2020 计划》
	1999	美国	《水资源开发法》（1999 年）
	2001	WMO、GWP	《洪水管理联合计划》
	2005	UNESCO 等	《国际洪水行动计划》
	2005	欧盟	《欧盟洪水指令》
	2008	加拿大	《加拿大国家防灾减灾战略》
	2008	加拿大	《应急管理法令》
	2013	印度	《洪水管理计划》

4.3.2　国际防洪减灾科技政策成效分析

4.3.2.1　管理机制与特色

（1）欧洲莱茵河流域国家

莱茵河流域内包括9个国家，其防洪体系总的来说可以分为国际、国家、州、市县、地方及个人六个层级。根据法律或相应条例，每个层级都有其对应的义务和责任（韩振中，1999）。

国际层面的防洪体系以莱茵河保护国际委员会（ICPR）为例进行说明。1950年，莱茵河沿岸国家中的荷兰、瑞士、法国、德国和卢森堡成立了ICPR，主席由成员国轮流担任。莱茵河防洪国际合作主要由委员会下设的防洪事务处负责。ICPR并不制定具体政策与法律，主要是落实执行莱茵管理部长会议制定的莱茵河保护、防洪等原则、工作计划和决策，以及部长会议委托的任务，对项目进行研究，提出建议与工作规划（韩振中，1999）。ICPR每年召开一次全体会议，总结一年的工作并提出新的工作建议。1995年末，ICPR通过了莱茵河洪水管理的战略文件，制定了十条指导性原则；1998年1月22日，第12届莱茵河流域部长级会议通过了总投资120亿欧元的《洪水管理行动计划》，明确要求所有责任部门在任何情况下都要优先实施所需的防洪措施（王润等，2000）。

莱茵河流经的德国、瑞士、法国和荷兰4个国家均为欧盟国家，其管理机制基本相似。总的说来，由国家负责制定相关法规及协调地方间工作，防洪具体事务及工作由地方自己负责实施。4个国家防洪具体事务的执行方式各有特色。

德国的防洪任务、具体防洪措施及费用都主要由州自己负责解决；瑞士防洪工程的规划及实施由联邦郡负责，而所需经费原则上由联邦政府、郡及地方分摊；在法国，其政府在防洪管理中发挥主要作用，主要是通过法律手段来规范防洪工作，同时对防洪工作进行直接指导，提出具体的行动计划及资助措施；荷兰与德国相似，防洪任务尽可能的交由地方来负责。莱茵河流域这些国家的防洪管理体系是跟其政体休戚相关的，总的原则是谁受益，谁承担责任（韩振中，1999）。

（2）美国

美国起初的防洪行为各自独立而零散，此后经历了"堤防万能"的工程治河防洪、工程与非工程措施并举结合的防洪策略、"给洪水以回旋空间"防洪理念的形成等阶段。1993年的中西部大洪水后，美国首先意识到了自己没有处理好经济发展与环境安全之间的平衡关系。自此便促使美国实行更全面、更协调的措施保护并管理人与自然系统，以确保长期的经济运行与生态环境的可持续发展（顾小成，2011）。

美国没有统一的防洪机构，防洪工作是由很多部门按照法律的授权进行分级与合作管理的。美国联邦政府参与防洪救灾的部门主要有陆军工程师团、气象局团、USGS、FEMA、联邦保险管理局（FIA）和垦务局，各州及州以下的市、县也同时设有相应的救灾部门，负责处理本州内发生的紧急灾害（顾锦龙，2011a）（表4-3）。

表4-3　美国负责防洪工作的各机构及其相关职责

机构名称	隶属机构	主要职责
陆军工程师团	国防部	负责全美防洪工程的规划、设计、建设、管理及防洪标准、规范的制定
气象局	商务部海洋大气管理局	负责气象监测和水情、气象的预警预报，发布洪水预报等
USGS	内政部	与陆军工程师团、FEMA及州、地方政府配合，做好垦务局管辖范围内有防洪任务水库的防洪调度和管理工作
FEMA	直接对总统负责	一是制定灾害发生前的各种减灾措施，包括拟订国家减灾计划、管理洪泛区、实施洪水保险、培训救灾人员、组织救灾演习、社会防灾意识的宣传教育等；二是灾害发生后，组织抢险救灾
FIA	住宅与城市建设部	负责国家洪水保险计划的管理
垦务局	内政部	按照陆军工程师团确定的防洪调度方案实施调度

资料来源：顾锦龙，2011a。

（3）印度

印度中央政府的防洪工作由CWC协调负责，在政策、管理和技术方面为邦水利部门提供咨询和建议。由一位主持河流管理事务的委员负责全国各流域的水情监测，协调跨邦河流的水利规划和各邦之间的水利纠纷。印度实行联邦体制，邦政府通过立法对水资源进行管理，并在管控洪水上面承担首要责任（常青，1992）。

4.3.2.2　政策实施效果

20世纪70年代以前，美国制定的政策主要实施工程性防洪措施。30年代坝工技术迅速发展，大量的洪水可以在水库中蓄积起来。然而，随着更多工程措施的实施，防洪工程投资、效益与灾害损失出现同步增长，年均洪水损失从50年代之前的22亿美元上升至50年代之后的39亿美元（APFM，2007），政府面临的防洪投资压力日益加重。此外，随着时间的推移，利用工程措施控制洪水的治理方略对环境的负面影响逐渐显现出来。80年代之后，美国防洪策略开始重视工程措施与非工程防洪措施的结合实施。其中，加强对洪泛区的管理，在减轻洪灾损失方面已经取得了很大的成效。例如，1997年7月，暴雨导致美国科罗拉多州柯林斯堡市洪水泛滥，由于该市自80年代以来就积极采取了综合性的减灾措施，进行了有效的洪泛区管理，因此使生命及财产损失大为减少，并减少了1000多万美元的财产损失（李可可和张婕，2006）。

欧洲莱茵河"洪水管理行动计划"在1995～2010年执行期间，防洪减灾效果明显，具体分析见专栏4-2所示（APFM，2007）。

专栏 4-2　欧洲莱茵河"洪水管理行动计划"案例解析

欧洲莱茵河各国在 1993 年与 1995 年大洪水之后，于 1998 年推出"洪水管理行动计划"，主要目标包括：

1）降低洪水灾害的受损危险性（损害的可能性以及损害的程度），保证 2000 年以前受损危险性不增加，2005 年和 2020 年之前受损危险性分别降低 10% 和 25%；

2）降低最高洪水位，在 2005 年和 2020 年之前，保证莱茵河下游蓄滞洪区的最高危险水位分别降低 30cm 和 70cm；

3）增加防洪意识，2000 年和 2005 年前分别绘制完成 50% 和 100% 的洪泛区洪水风险地图的绘制；

4）改善洪水播报系统，2000 年和 2005 年前分别将预报期延长 50% 和 100%。

该计划实施 10 多年之后，明显对降低莱茵河流域洪涝灾害的损害起到了积极作用，表现如下：

1）促进各成员国完善防洪减灾法规及实施相关措施，重建和改造不符合要求的堤坝，提高莱茵河沿岸堤坝和当地防洪设施的安全性，扩大洪水保险的覆盖范围，最终降低洪水灾害的损害风险；

2）莱茵河沿岸蓄滞洪区的蓄水能力加强，莱茵河下游 Basel 建成的蓄滞洪区分洪量达 $2.29m^3$，可有效降低洪水的危险水位；

3）2001 年绘制出莱茵河主流的洪水灾害地图和洪水风险地图并广泛传播，提高了公众的风险意识，这些地图会定期进行更新；

4）通过不断完善预报模型和播报系统提高预报水平，截至 2005 年上游和中游的洪水预报期延长至 24～48h，下游洪水预报期延长至 48～96h，公众可以更便利地通过互联网获取洪水预报信息。

加拿大 FDRP 测绘计划中详细的水文和制图规定在全国实施时不仅有统一的高标准，同时针对每个地区还提出了特殊要求。行政效益，特别是通过加强和提升地方土地利用规划所获得的效益，以及通过湿地和许多物种保护获得的可观环境效益在 FDRP 下都有所体现，同时通过该计划的实施公众对洪水风险的认知和泛滥平原管理的接受度有所提高。有研究已经得出结论，FDRP 在很多省都是经济划算的（Loë and Wojtanowski，2001）。

4.3.3　国际防洪减灾科技政策的需求与发展趋势

4.3.3.1　国际防洪减灾科技需求发展展望

当今在气候变化的影响下全球洪涝灾害变得越来越频繁，由于人口增长和资产增加、气候变化及地面沉降，未来全球面临的洪水风险不断增加。如不采取必要的应对措施，到

2050 年，全球最大的 136 个沿海城市可能因洪灾每年损失 1 万亿美元（Hallegatte et al.，2013）。随着社会的发展，洪涝灾害的影响会越来越严重，而政府制定相关科技政策减轻洪涝灾害的破坏和损失，在防洪减灾中起着核心作用。

防洪减灾是一个涉及多个地区和人民生存发展的重要课题，只有不断运用现代新兴科学技术手段，建立科学完善的防洪减灾体系，才能有效促进防洪减灾事业的不断完善与发展。同时防洪减灾是一个涉及广大地区和亿万人民生存和发展的重大课题，必须取得所有利益相关者的共识，不间断地开展科学研究、理论探索和总结实践经验。总的来说，21世纪防洪减灾领域的科技发展体现出两大趋势：一是自然科学中相关学科的不断深入与综合；二是自然科学与社会科学在交叉领域的开拓与交融。（程晓陶等，2004）。

随着社会经济发展，防洪安全的保障需求也日益提高，除了促进跨学科的联合攻关之外，防洪减灾领域也要大力加强自身的学科建设，主要涉及灾害学、防灾学与防灾技术三个层次（程晓陶等，2004）。①灾害学的研究，涉及不同地理尺度下洪涝灾害时空分布与演变的规律，洪涝灾害孕育、发生、与人类社会交互作用的机理及其可能诱发的衍生灾害系列，洪涝灾害的分级标准及影响评价，洪涝灾害风险分析与区划的理论与方法，洪涝灾害的信息管理学等。②防灾学的研究，涉及与社会经济发展相适应的减轻洪涝灾害的完整体系、管理模式、运作机制、治水方略，因地制宜制定灾前、灾中、灾后相应防洪减灾各环节的对策措施，以及与防洪减灾相关的法规政策等。③防灾技术的研究，涉及实现除害兴利、增强人类理性调控洪水与增强自适应能力的新技术、新设备、新材料、新工艺及其适用条件等。未来防洪安全保障体系的管理现代化与决策科学化，对信息的获取、处理、分析能力必然提出更高的要求，为防洪减灾管理与决策科学化服务的信息监测、处理与分析系统，将成为新技术发展最活跃的领域（程晓陶等，2004）。

4.3.3.2 防洪减灾科技政策发展趋势

20 世纪全球的防洪减灾主要依赖工程措施，洪涝灾害管理领域有代表性的重大科技问题主要为：主要江河流域洪涝灾害特性与发生规律，大江大河整治与治水方略，流域规划理论，大型水利枢纽工程的设计方法、施工规范与建造技术，洪水预报调度的理论与技术等（程晓陶，2001）。20 世纪后期以来，对江河的整治由过去以防洪为主要目标逐渐转变为以防洪减灾、水资源保障、改善生态环境等多目标的综合整治。并且由对水系的整治转变到对全流域的国土综合整治，在可持续发展的前提下，协调流域内人与水的关系（程晓陶，2001）。各国防洪减灾政策更加关注各方面的系统设计。

1）人口的增长与社会经济的发展使防洪形势发生了变化，防洪减灾的安全保障需求日益提高，世界上许多国家陆续选择以加强"洪水管理"作为治水方略调整的方向（程晓陶等，2004）；

2）防洪减灾科技涉及经济学、地理学、社会学和行政学，而非纯自然科学问题，相关科技政策更加鼓励和支持防洪减灾的社会学研究；

3）不断评估防洪减灾研究项目和论证防洪减灾行为的合理性。

4.3.4　我国防洪减灾科技政策与国际比较

4.3.4.1　我国防洪减灾科技政策体系与特点

我国自古就是水灾严重的国家，2000 多年来江河防洪策略主要是依靠工程措施对洪水进行约束和疏导。我国洪涝灾害管理体系主要涉及以下几个部门：①水利部统一管理我国的水资源，主要通过工程手段进行调控，包括通过水文监测系统来发布预测、预报进行预警，还包括修建堤防、水库，来增强调控的能力；②七大流域水利委员会（水利部长江水利委员会、水利部黄河水利委员会、水利部淮河水利委员会、水利部海河水利委员会、水利部珠江水利委员会、水利部松辽水利委员会、水利部太湖流域管理局）是水利部在区域内行使水行政主管职能的派出机构，在流域水资源管理、协调防汛抗旱、解决水事纠纷等方面发挥重要作用；③民政部门在发生灾害后，通过救灾、救济等手段，作为灾后的救助管理。此外，我国专门成立国家防汛抗旱总指挥部，在国务院领导下负责领导组织全国的防汛抗旱工作，该机构在水利部设办事机构，即国家防汛抗旱总指挥部办公室，负责国家防总的日常工作。

中华人民共和国成立后，我国防洪减灾科技进入了新的发展时期，期间防洪减灾法律法规建设历程大体可以分为探索与起步、快速发展和逐步完善三个阶段。

1）探索与起步阶段（1978～1997 年）：中华人民共和国成立后，分别在 20 世纪 50 年代和 80 年代进行过两次以防洪减灾为核心的大江大河流域综合规划，这些规划对我国防洪工程建设起到了重要的指导作用。水利部从 80 年代初开始着手水利法规建设，1988 年我国诞生了第一部规范水事的基本法——《中华人民共和国水法》，并于 2002 年进行了重新修订。《中华人民共和国水法》的诞生标志着我国进入了依法治水的新时期。1991 年，国务院发布《中华人民共和国防汛条例》，此后，根据我国的国情和实际情况，国家先后颁布了多部法规、法规性文件和水利部规章，对规范和促进防洪工作起了重要作用（刘洁，2009）。

2）快速发展阶段（1998～2007 年）：1997 年全国人大会议通过《中华人民共和国防洪法》并于 1998 年 1 月 1 日起施行，此后相继提出了以《中华人民共和国防洪法》为核心的、多层次相互配套的《防洪法规体系规划》，（刘洁，2009）。1998 年特大洪水以后，我国政府认识到目前仅仅依赖工程措施无法满足新形势下防洪减灾的要求，并对防洪战略进行了重大调整，在建设方面强调部署防洪建设需要在流域生态系统重建的大框架下进行，在管理方面从控制洪水向洪水管理转变（汪恕诚，2003）。2000 年，国家防汛抗旱总指挥部办公室编制完成《全国防洪减灾"十五"计划及 2010 年规划》，确定了未来防洪减灾指导思想、治理方针及总目标和对策。2000 年 5 月，国务院颁布实施了《蓄滞洪区运用补偿暂行办法》，2003 年淮河大洪水中，该法规在蓄滞洪区的大规模运用中发挥了重要的作用。2002 年，修订后施行的《中华人民共和国水法》中体现了工程措施和非工程措施相结合的治水理念。2006 年 11 月，水利部印发了《水法规体系总体规划》。

3）逐步完善阶段（2008 年以后）：这个阶段水利部出台多部法规配套《中华人民共和国防洪法》建设，2009 年七大流域防洪规划均通过国务院批复，至此我国防洪减灾体系建设与管理进入了一个新的阶段。2014 年，水利部批准发布《中华人民共和国水利行业标准（SL 669—2014）：防洪规划编制规程》。目前，尽管防洪减灾相关法律法规的建设取得了很大进展，但是，法规体系中仍然存在若干缺口，根据《水法规体系总体规划》，当前和今后一个时期，我国应进一步完善防洪减灾法律法规体系，重点推进《蓄滞洪区管理条例》《洪水影响评价管理条例》《洪水影响评价分级分类管理规定》《城市防洪预案管理办法》《水库大坝安全管理条例（修订）》等防洪配套行政法规的制定工作，并做好立法项目储备（刘洁，2009）。

4.3.4.2　我国防洪减灾科技政策路线图

我国洪涝管理政策如图 4-8 所示。

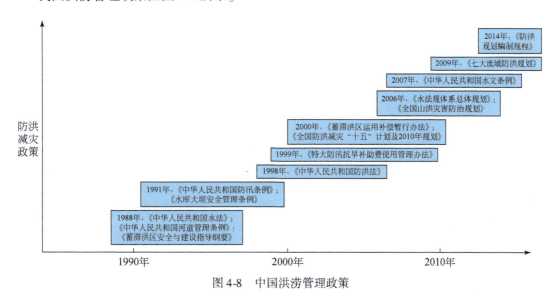

图 4-8　中国洪涝管理政策

4.3.4.3　与主要国家的比较分析

美国经过 200 多年的防洪历史总结出，人类不可能控制全部洪灾损失，必须使工程措施与非工程措施结合起来，将发展经济与保护生态环境作为防洪的双重目标（文康，2003）。美国"国家减灾计划"提出，防洪政策要从控制洪水向减少损失的方向转移，要从花钱赈灾向强调减灾与强调处于风险中的人们承担责任的方向转移（姜付仁等，2003）。

加拿大的防洪措施中遵照以下原则：实行工程措施与洪水管理相结合来进行防洪减灾。加拿大的洪水管理中首先有生态系统观点，同时统筹考虑环境、社会和经济系统。洪水治理以流域为中心，重点在管理与恢复河流泛洪区的生态功能，洪水管理要中建立社会伙伴关系，要求泛洪区内居民要承担责任（文康，2003）。

几十年来，我国的防洪减灾策略从历史上长期单一的依靠堤防，发展成为堤防—水闸—水库—蓄滞洪区—洪水预警预报—应急预案与—水土保持—防洪保险相结合，具有一定规模的防洪体系，但与国外发达国家及部分发展中国家相比，防洪体系的建设、完善与管理都还相当薄弱，前期过于重视工程防洪所面临的一系列问题逐步凸现出来（程光明，1998）。

4.3.5 我国政策建议

西方发达国家防洪减灾史中，非工程措施减灾的重要性已被经验所证明，这些国家所进行的非工程措施减灾探索、开发与试点，对推动我国防洪减灾事业发展具有非常重要的启示意义。我国目前面临的防洪减灾问题与欧美发达国家在 20 世纪 60~70 年代经历有类似之处，只有不断地研究借鉴外国的经验，才能更好地改进和完善我的防洪减灾政策的措施。我国需要建立和完善与洪水和谐共处的防洪减灾政策体系，为此提出以下建议。

4.3.5.1 建立统一协调的防洪减灾机制与体制

防洪减灾是一项复杂的社会行为，涉及面非常广，因此需要有完善的法规体系才能规范社会行为。我国现有的一些防洪法规主要出台于 20 世纪 80~90 年代，应该依据新时期的经济发展和科技发展形式，对现有的防洪减灾政策进行优化、整合和完善，全面综合考虑对地区间、部门间、学科间的协调和配合发展及、不同措施间的组合等，建立现实可行的复合型防洪政策体系。具体措施包括：①加强完善《防洪法》与其他同级法律的协调性及其条款的合理性和可操作性，继续制定针对《防洪法》的配套规范性文件。②积极推进水务一体化管理体制，协调相关部门之间的行动计划。③制定流域防洪减灾、水资源配置和综合治理的流域框架，通过不同地区和部门之间的协调和配合加强流域的整体性，系统地对待生态环境资源和社会经济。要构建良好的流域防洪合作机制，建立合理的社会防洪安全保障成本的分摊制度和区域间损益补偿制度（陈远生等，1999）。④在国民经济预算中应该重视并合理统筹水利投资及防洪投资的份额，使不同地区的防洪投资结构更为合理。在规划设计中提倡综合评估工程的经济及环境影响和引入绿色 GDP 概念，以尽可能减少其负面效果（汪恕诚，2003）。

4.3.5.2 非工程措施减灾上升为国家发展战略

近年来全球防洪减灾政策的侧重点已经在朝着非工程措施的方向发展，我国应在保持原有工程体系、加固江河干堤的防洪工程并制定合理可行的防洪标准和防御洪水方案与调度洪水方案的基础上，增加非工程措施减灾在国家适应性计划中的作用，将之上升为国家战略的高度，从而实现我国社会经济的可持续发展。①建立综合应急管理机构，作为中央政府应对重大灾害事件的常设机构，并建立全国性洪水风险管理标准；②防洪减灾中加强土地使用管理政策的作用，在国土规划及城建工作中，必须保证相应的滞洪面积，以减低洪峰流量，统一考虑城市规划与河流整治，通过增加绿地面积、可渗透设施和水利等措施，减少城市区的地表径流（侯海涛，2003）；③建立国家财政支持的巨灾保险体系，以法律形式细化洪水保险的模式、政府和商业保险公司的作用、费率的确定、损失理算与赔付、洪水保险与土地管理的协调、减灾措施、再保险等诸多问题。

4.3.5.3 制定科技支撑防洪减灾办法与政策

制定科技支撑防洪减灾办法与政策，增加防洪减灾科技投入：①吸收地方政府、企业、社会团体及海外机构等多来源的防灾减灾基金，在防洪减灾基础设施建设、科研设置购置、防灾工程建设、基础研究和先进技术推广应用及科技人才培养选拔等方面保障足够的投入（黄建中和周钜乾，2006）；②建立并鼓励开发新的防洪减灾技术，追踪现代计算机技术、网络通信技术、遥感遥测技术等，支持减灾的技术开发和推广政策；③建立灾害应急状态下的信息、减灾抗灾的方式和保障措施；④根据地方特点研究相应减灾对策，建立完善的洪涝灾害预警预报系统和网络监测系统。

4.3.5.4 推广防洪减灾政策

防洪减灾不仅是政府的职能，也是洪水易发区企业和居民的共同利益所在，因此需要调动代表不同利益的各种组织和机构参与其中：①国家和地方政府需要正式认可并支持社区参与减灾的政策设计，从社区层面加强对灾害的防控，并帮助民众树立自我减灾的意识；②制定提高公众对洪涝灾害和减灾措施认识的宣传推广政策，用直接和易于理解的大众语言吸引公众的关注和参与，通过培养公民的自救和互助意识，增强自身抵御灾害的能力；③保证公众可以随时查询流域管理的政策法规及水文信息与防洪情报，参与决策过程，监督各机构履行防洪减灾法规与计划的情况。

4.3.5.5 制定政策促进国内外防洪减灾科技交流与合作

鼓励防洪减灾相关的科研机构、管理部门开展加强与国内外的科技交流合作，获得先进的应用技术及管理经验，追踪最新技术。在跨国、跨区域的防洪减灾工程建设中，政府应发挥积极协调的作用，为项目实施提供帮助和保障（黄建中和周钜乾，2006）。鼓励科研人员参与各种国际合作与交流、研究室向国际开放。

4.4 干　　旱

干旱是全球普遍存在的自然灾害。在全球，易发生旱灾的区域主要分布在亚洲大部、澳大利亚大部、非洲大部、北美西部和南美西部的干旱半干旱区，约占全球陆地总面积的35%，有120多个国家和地区每年不同程度地遭受干旱灾害的威胁（顾锦龙，2011b）。近年来越来越多的国家和地区变得干燥少雨。1950～2008年，美国等国家成功避免了自然气候变化引起的长期旱灾，但在今后20～50年里它们仍可能将会面临持续的旱灾。未来旱灾预测的重要性日臻凸显。因此，干旱管理政策的制定也显得尤为重要。

4.4.1　国际干旱领域科技政策框架

4.4.1.1　主要国际政策

在国际上，干旱频发的国家先后制定了一系列干旱管理政策，发展了现代化的干旱监测和预警体系，且成立有专门的国家干旱研究中心。例如，20世纪八九十年代，美国和澳大利亚就提出了干旱风险管理，以及旱灾多发的加拿大、印度、南非、以色列等国家也积极开展了一系列旱灾风险研究和抗旱工作，包括制定干旱政策法，研究抗旱战略和规划，建立干旱早期预警与监测反应机制等（Wilhite，2005）。

（1）国际干旱减轻中心（IDMC）

干旱的应对主要包括干旱防范和干旱减轻两方面，目的是减少干旱产生的影响并提升抵御干旱的能力（翁白莎，2012）。2006年，国际干旱减轻中心（Internal Displacement Monitoring Centre，IDMC）和世界银行饮食用水研究小组（World Blank-WB-WFT）针对干旱减轻和防范提出以下行动计划建议：①提高季节性气候预测的可靠性和强化利用其改善水管理决策的制定；②自动气象站网络能够为最终用户提供实时的数据，以改进决策制定；③改变水库管理的操作程序和加强地表与地下系统水存储的能力，提高应对干旱的能力；④改善信息传递系统并提供技术援助将有助于政府官员、农业生产者和水资源管理者提高应对干旱的决策能力，建立必要的基础设施；⑤改善在干旱和非干旱时期国内和农业部门的保水措施，监测干旱对地表和地下水供应的影响以减小总体风险。

（2）联合国国际减灾战略秘书处（ISDR）

2000年，联合国各成员方正式通过战略框架——《国际减灾战略》（*International Strategy for Disaster Reduction*，ISDR）于。并且2007年，由联合国ISDR公布的《旱灾风险缓减框架与实践》行动计划中明确了干旱管理框架（喻朝庆，2009）。其内容包括4方面：①政策与政府管理；②风险评估与预警；③知识普及与公众意识；④有效的预防减灾措施。2011年，联合国ISDR提出《联合国减少灾害风险全球评估报告（GAR11）：干旱风险评估和旱灾风险管理政策抉择》主要行动计划，致力于通过监测灾害风险的进展和趋势来实现HFA，为国际社会和各国提供战略政策指导，有效加强应对灾害风险的政策和战略，实现政治经济抵御风险的承诺。

（3）美国国家海洋与大气管理局（NOAA）干旱信息中心

根据美国国家海洋与大气管理局（National Oceanic and Atmospheric Administration，NOAA）气候数据显示，自20世纪90年代开始，美国频繁发生干旱。因此，美国政府建立了一系列的抗旱减灾措施，包括干旱监测指标确定；降低系统脆弱性的风险管理；制定有效干旱管理计划的行动方案，建立"国家综合干旱信息系统"（National Integrated Drought Information System，NIDIS），研制出农业旱灾影响与脆弱性评估（王青等，2012）。NIDIS系统结合了数据、预报和其他信息，主要功能包括：干旱的早期预警和预报系统；

干旱影响和原因教育；干旱减灾信息：互动的、基于网络的干旱门户；提高观察能力。

（4）欧洲干旱研究中心（EDC）

随着气候变化，干旱日益增多，部分欧盟成员方都已经意识到干旱风险管理的重要性，应对旱灾的措施也逐渐向综合干旱风险管理转变，而与之对应的水框架指令在相关流域因地制宜地制定了具体的干旱管理计划（刘登伟和姜斌，2008）。到 2009 年，欧盟缺水与干旱专家网络制定了一份关于干旱预防与减灾的指导性文件，并提议制定干旱管理计划（DMP），作为流域管理计划（River Basin Management Plans，RBMP）的附件（罗西等，2014）。具体计划见表 4-4。

表 4-4　干旱管理规划的主要内容

计划	负责部门	内容
作为流域管理计划附件的战略性缺水预防计划	流域或地区水文管理机构	①分析明确干旱比较脆弱的地区；②预测和评估供水系统的缺水风险，并考虑确定缺水条件下不同用水部门之间配水的优先顺序，以及确定不同用水部门之间的保障水平；③明确降低缺水风险的长期行动和措施；④对不同抗旱措施进行比较与选择，⑤明确关于在干旱期间，相关的干旱信息公开，以及公众参与的保障制度；⑥制定供水系统管理计划的总体要求；⑦预估成本与融资来源；⑧制定干旱应急响应计划的总体要求
供水系统管理计划	供水管理机构	①为具体供水系统确定干旱指标及不同干旱级别的指标数值；②确定长短期抗旱措施的最佳组合以避免突发紧急状况的发生；③预测和评估抗旱减灾措施的成本，以及融资来源；④开发利益相关者参与和交流的工具
干旱应急计划	地区或流域管理机构（并有公民保护机构的参与）	①明确界定旱灾的指标和数值；②建立专门的抗旱减灾队伍的制度；③明确短期抗旱成本及其措施；④在旱灾期间，制定国家、地区与地方部门之间相互协调合作的要求；⑤确保灾情信息透明度；⑥尽可能地恢复旱灾损失

资料来源：罗西和王妍炜，2014。

4.4.1.2　主要国家和地区政策

（1）美国

美国是世界上干旱管理体系比较健全的国家。但真正意义的现代干旱管理也只是自 20 世纪 80 年代初才开始的，其总体思路也是由危机管理向风险管理转变（屈艳萍等，2013）。美国的特征是自下而上由州政府推动联邦政府干旱管理的（喻朝庆，2009）。

1）抗旱预案制度：在 20 世纪 80 年代初，只有 3 个州制定了干旱计划。1998 年美国国会通过了《国家干旱政策法》，并因此成立了国家干旱政策委员会。2000 年，该委员会向总统和国会提出了以防御为主的政策建议，包括如下要点：①联邦干旱管理核心是完善干旱计划、减灾措施、风险管理、资源环境等；②通过加强科学家与管理者的合作来增强干旱网络监测预报和信息传递能力；③将全面发展保险与财政政策纳入干旱管理计划之中；④维持应急救援网络，保障资源合理分配，鼓励发展自我救助能力；⑤干旱管理与有效资源利用等措施应以被救助对象为中心（屈艳萍等，2013）。2003年，美国通过的《国家干旱预备法案》建立了综合性的国家干旱政策，基于法律条文批准了联邦抗旱领导机构，并划分协调和统一联邦抗旱援助的作用和责任（方舟，2012）。而到2006年有近4个州制定了抗旱预案，到2012年仅有2个州尚未制定抗旱预案（屈艳萍等，2013）。

2）国家干旱政策的制定：美国应对旱涝灾害的指导思想是"预防重于保险，保险重于救灾，经济手段重于行政措施"（秦莲霞等，2012）。一系列干旱防灾减灾法规制度自20世纪70年代以来相继颁布实施，如1970年美国国会通过的《环境保护法》禁止任何人不经国家批准破坏植被和水源（谷秀华，2014）；1974年的《灾害救济法》是一部关于灾害管理和救济的法律；1997年通过了《土壤和资源保护法》再次将环保措施细化。通过1998年美国国会颁布实施的《国家干旱政策法》，而设立了国家干旱政策委员会（秦莲霞等，2012）。2000年5月，国家干旱政策委员会发表了题为《预防21世纪的干旱》的报告，并据此作为国家防旱政策的基础。2002年，美国第107次国会第2次会议通过了《国家干旱预防法》。该法明确规定了履行抗旱职责的组织机构、国家干旱政策的指导原则、干旱预防计划（何少斌，2008）。美国于2003年通过了《国家干旱预备法案》，建立了综合性的国家干旱政策，批准了联邦抗旱领导机构，由此划分了协调和统一联邦抗旱援助的作用和责任（王青等，2012）。《国家干旱预防项目指南》是在FEMA内部建立干旱援助基金，通过与理事会成员协商，由理事会联邦政府主席制定实施援助基金的行动指导（何少斌，2008）。

（2）澳大利亚

澳大利亚在20世纪90年代以前的抗旱对策与其他国家一样，也是以应急救援和危机管理为主。1989年，澳大利亚政府设立了干旱政策审核特别工作组（Drought Policy Review Task Force），并在第二年提出政府应把干旱作为一种成本风险来考虑，提高社区适应力和恢复力的干旱管理理念的建议（屈艳萍等，2013）。

1）抗旱政策：为了保障抗旱救灾措施，澳大利亚先后通过了两部重要法律。一是1992年澳大利亚联邦、州、区政府制定并通过的《国家干旱政策》。二是澳大利亚联邦农渔林业部和各州或区签订的《国家干旱政策改革协议》，该协议致力于提高农场主的灾害风险管理和企业应对干旱等挑战的预案制定能力。为了强化抗旱工作，降低旱灾影响，1992年澳大利亚联邦、州、区的部长第一次制定并通过《国家干旱政策》，1994年重申，1997年对该干旱政策进行了修订。"福利性补贴"政策自1997年得以扩展到其他灾种，并将其更名为"异常情况救济金"。2002年，澳大利亚的农场主成立了专门用于应对干旱的具有200亿澳元的农业风险管理基金（屈艳萍等，2013）。

2）干旱管理：由于水资源有限，澳大利亚1995年对全国水的使用和管理实行了全面改革，形成了一整套水源管理措施。20世纪末，澳大利亚联邦政府通过立法，将水权与土地所有权分离。法律明确规定水资源是公共资源，归州政府所有并调整和分配水权，河道内的水和所有地下水的使用和控制权属于州政府；农户对河道外水的使用权仅限于家庭生活和家禽饮用，其他取水、用水都需申请；农民只有申请到用水许可证，才能"量水种地"；各项水权均可转让，转让价格完全由市场决定，用水户也可以将富余的水量出售，也可将取水权永久卖掉。法律的实施，有利于水资源优化配置，保证水资源的高效利用。

（3）印度

印度为了有效地预防多发生在副热带高压带控制的西北部地区的旱灾，印度政府采取了诸多抵御干旱的措施和政策。

1）抗旱法规：2009年11月，印度农业与合作部（Department of Agriculture and Cooperation）发布《干旱管理指南》。这一指南为印度各级政府提供了一套包括方针政策和具体实施项目在内的系统的干旱管理办法，其强调国家干旱管理的通用原则，同时也允许各州采取各自具体的计划方案和干预措施，并集成干旱预测、监控、响应和减缓等一系列活动。指南也将随国情变化定期更新，以便更好地在干旱管理方面为政府提供建议。2009年印度政府出台了《干旱管理战略》，为长期抗旱打下坚实的基础（张庆阳等，2013）。印度农业部于2010年1月正式发行《干旱管理手册》为行政管理人员、专家、民间社团及受干旱影响的民众在抗旱救灾和减轻干旱影响方面提供实用、有效的指南。

2）干旱管理：印度灾害管理组织体制在国家、邦、县和区一级均设有统一的灾害管理机构（江风，2003）。印度在20世纪90年代开始就已经开始建立了灾害管理的相关体系。1993年，印度正式实施了《中央部门自然灾害管理计划》（NDMP），并以提高国家减灾防灾的能力为计划目标。在1999年以前，为了进一步应对突发事件，印度还制定了《国家突发事件行动计划》，该计划对灾害风险应急管理提出了要求（林曦和姚乐野，2013）。对不同的灾害情况，印度每年都要对《国家突发事件行动计划》进行修订，基于各种自然灾害，中央政府各部委提出新的对策，以明确各行政部门的关键职责（江风，2003）。2005年12月23日，印度首部有关灾害管理的法律《灾害应急管理法》的颁布，成为印度应急灾害管理系统的里程碑。2009年10月22日，印度中央政府通过了印度"灾害管理国家政策"（National Policy on Disaster Management，NPDM）并通告了相关部门。这些政策涵盖了传统的结构性的减灾领域，还涵盖了制度和法律、高科技管理体制和响应机制等。这些政策沿用至今，为印度各相关部门的抗灾减灾工作做出指导（Ministry of Home Affairs Government of India，2011）。

（4）巴西

巴西干旱管理经历了从过去被动的应急抗旱和危机管理模式向当今的主动的风险管理、资源可持续利用和环境生态保护方面发展（张庆阳，2013）。面对旱灾，巴西政府制定了"防治荒漠化全国行动规划"。2001年，巴西政府实施了"半干旱地区共同生活计划"以积极控制东北部地区的荒漠化。同时，为帮助农民抗击旱灾，还建立了以国家家庭农业供给计划和以旱灾补偿制度为核心的农业救助体系。巴西政府通过建立的圣弗朗西斯科河和巴纳伊巴河两河管理委员会，充分利用宝贵的水资源，对河水进行综合调控和经济管理（谷秀华，2014）。

4.4.1.3　国际政策路线图

通过对发达国家和国际机构对干旱采取的管理政策的梳理，本书就主要政策法规进行了制图（图4-9）。

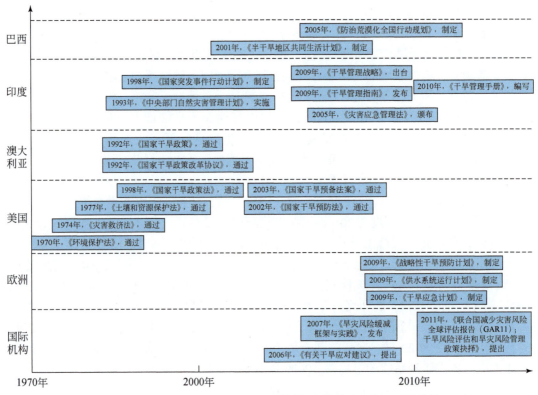

图4-9　1970～2010年各国、地区及主要机构采取的主要干旱政策

4.4.1.4　政策体系分析

干旱风险的防御和管理应包括干旱减轻和干旱防范两方面，以减少干旱产生的影响并提升抵御干旱的能力（翁白莎，2012）。干旱减轻措施是指任何用以抵御自然灾害不利影响、环境恶化及技术风险的建造性和物理的措施（如适度的作物种植、筑坝、工程建设等）或非建造性措施（如政策、意识、知识发展、公众行动等）。干旱防范措施是指在灾害威胁到来之前制定政策和专门规划、采取相关行动以加强制度和应对能力，以及对危险进行预测或预警，确保在紧急状态时各方面的协调与有效响应。

（1）干旱防范政策

1992年，澳大利亚联邦、州、区政府制定《国家干旱政策》，1994年重申，1997年修订，该政策确定了三项原则：鼓励初级农业生产商和澳大利亚其他农村部门依靠自身力量应对气候多变性；在旱灾发生时，保护澳大利亚的自然资源和生态环境，以及确保具有长期发展潜质的农业产业和农村产业灾后尽快恢复灾后生产（范丽萍，2014）。

1993年，澳大利亚联邦农渔林业部和各州、区制定《国家干旱政策改革协议》，保障抗旱救灾措施，保护农民的权益，促进农业的发展。该协议致力于提高农场主风险管理技术和企业应对干旱等挑战。

1998年，美国国会通过了以应对干旱为核心目标的《国家干旱政策法》，设立国家干旱政策委员会，为干旱立法做准备（何少斌，2008）。

2002年，美国国会通过《国家干旱预防法》明确了美国国家干旱管理政策的主要内容包括：预防重于保险、保险重于救济、激励重于管理，同时，该法强调通过抗灾成效评估和研究确定相关减灾项目的优先等级，以加强与地方政府及非政府组织、科研机构的合作与协调等（王蕾，2011）。

2003年的美国《国家干旱预备法案》建立了综合性的国家干旱政策，同时，联邦抗旱领导机构和联邦抗旱援助的作用和责任也被批准和划分。

（2）干旱减轻政策

2006年，IDMC和WB-WFT提出了有关监测、应对干旱以减小总体风险干旱应对的建议。

2007年，联合国ISDR以旱灾风险和脆弱性为核心概念的干旱管理框架，提出了《旱灾风险缓减框架与实践》行动计划（喻朝庆，2009）。2011年，联合国ISDR提出《联合国减少灾害风险全球评估报告（GAR11）：干旱风险评估和旱灾风险管理政策抉择》主要行动计划，应对灾害风险的政策和战略抉择。

2008年，欧洲流域或地区水文管理机构提出战略性干旱预防计划，该计划作为流域管理计划附件的战略性缺水预防计划。并将不同抗旱措施进行比较与选择，制定供水系统管理计划的总体行动战略。

2008年，欧洲供水管理机构发布的供水系统运行计划，确定了具体供水系统的干旱指标及不同干旱级别的指标数值，预估减灾措施的成本与融资来源，促进利益相关者参与和交流（罗西和王妍炜，2014）。

2009年，欧洲地区或流域管理机构（并有公民保护机构的参与）提出的"干旱应急计划"通过建立专门抗旱队伍的制度，以明确旱灾界定的指标和数值与短期抗旱措施及其成本，最终，促使旱灾损失尽可能得以恢复（罗西和王妍炜，2014）。

2009年11月，印度农业与合作部发布《干旱管理指南》，为印度各级政府提供了一套包括方针政策和具体实施项目在内的系统的干旱管理办法。同时，为了更好地在干旱管理方面为政府提供建议，指南也将随国情变化定期更新。

2010年1月，印度农业部发布《干旱管理战略》和《干旱管理手册》，对以往的抗旱情况进行了总结，提出对干旱的监测和早期预警以减轻干旱影响。印度通过健全灾害管理机制、科学管理、统筹安排、具体落实等措施指导整个社会重视干旱，为长期抗旱打下坚实基础（戈松雪，2010）。

4.4.2　国际干旱科技政策成效分析

4.4.2.1　管理机制与特色

美国有比较完善的灾害防治和灾害救助方面的法律体系,自 20 世纪 70 年代以来,相继颁布实施了《环境保护法》《土壤和资源保护法》《国家干旱政策法》《国家干旱预防法》等一系列干旱防灾减灾法规制度,为实施干旱防灾减灾提供了法律保障(吴爱民,2011)。随着 1996 年,美国"西部干旱协调理事会"和 1998 年国会通过的《国家干旱政策法》,使美国对干旱风险的管理更多地转向了减灾和预防(Karl,2005)。美国干旱监测预警系统的建设开始于 20 世纪末。1998 年,美国国家干旱减灾中心与 NOAA 气候预测中心基于共同开发一个干旱分类系统,使其能够像龙卷强度等级(F0~F5)和飓风强度等级一样被公众认可的想法,开始进行合作(姚国章,2010a)。1999 年,夏季发生在美国东北部的干旱产生的影响推动了这一项目的实施进展,几个月后这一系统得以问世。2000 年,美国成立了国家干旱政策委员会。2001 年,NOAA 下辖的国家气候数据中心也参与了这一合作,使这一项目的实施力量得到进一步壮大。2003 年,美国西部州长协会提出了实施"国家集成干旱信息系统"计划的设想,这一项目正式定名为"国家集成干旱信息系统"(National Integrated Drought Information System,NIDIS),并在全国范围内运行(姚国章,2010)。

NIDIS 计划主要将由以下三个相互关联的机构进行监管。NIDIS 执行委员会(NIDIS Executive Council)是为了解决和确保联邦和州政府机构之间的协作而于 2008 年正式设立的一个监督委员会。其隶属于美国 NOAA 气候计划办公室的 NIDIS 计划办公室(The NIDIS Program Office,NPO),其主任直接向美国 NOAA 气候计划办公室主任和跨部门的 NIDIS 执行委员会报告工作。NIDIS 计划办公室主要职责包括:为主要的抗旱机构提供优先事项建议,监管和指导外部的相关合作事宜等。基于临时发展实施计划的需要而成立的 NIDIS 计划执行小组由若干个联邦和州政府机构、地方政府、区域和州气候办公室及学者中的代表组成,致力于协调 NIDIS 的活动,并参与实施和监管有关 NIDIS 的决策(Geological Society of America,2007;姚国章,2010b)。

4.4.2.2　政策实施效果

美国 NIDIS 最新版本于 2009 年 1 月发布,实际应用效果良好,美国通过高度重视 NIDIS 的开发应用,鼓励与相关科研机构、大学和私营部门合作开展相关的干旱预测研究,以提高联邦州、地方等各层面的干旱监测能力,同时,通过多方融资,综合运用财政、保险、再保险、贷款、期货、债券等手段,为干旱管理提供资金保障。目前,在农业干旱减灾方面的实施效果最为明显,建立了较为完备的农业领域旱灾风险管理体系(王蕾,2011)。美国以实施 NIDIS 计划为抓手,经过数年的实践和探索,在干旱信息系统的建设和应用方面取得了比较大的进展，为美国旱灾的预测、预防和应对做出了积极的贡献，主要表现在：①通过改善天气观测系统，提高了气候预测模型的预估能力。例如，美国在过去 50 年成功避免了自然气候变化引起的长期干旱风险。②保护、监管水和海洋资源。这也是 NIDIS 发展的一个重要目标。2014 年，美国研究人员认为，美国西部旱情是一场持续的"超级大旱"的中期阶段，美国正在通过强制节水应对美国西部的旱灾。③促进对干旱等相关灾害的科学研究和实践探索。自美国宇航局戈达德太空研究所的 B. Cook 基于在全国收集的树木年轮样本，分析了过去 200 年间美国的干旱情况之后，研究指出特大干旱将持续 20 年、30 年甚至 40 年。

4.4.2.3　政策的外部效益

美国干旱风险管理系统的建设和发展为美国提高抗灾减灾的水平、进而全面提升防范和应对干旱灾害的能力起到了积极的作用，美国干旱管理经验促进了世界各国学习和借鉴（姚国章，2010a）。由 27 个成员方组成的欧盟同样面临着较为严峻的干旱灾害威胁，为了积极有效地防范干旱灾害的侵袭，欧盟启动的"欧洲干旱观察"（European Drought Observatory，EDO）项目已取得了一定的进展。该项目为欧洲提供干旱监测与预测平台和为灾害发生、演进提供及时权威的信息发布平台。同时，印度的"国家农业旱情评估和管理系统"提供印度农作物生长状况的遥感影像地图、农业干旱评估地图等（姚国章，2010b）。

同时，促进了我国建立一个干旱信息系统，以提供精确、及时和综合的信息；开发一个交互系统，如门户网站，进行旱情预测，及时告知并指导区域性旱灾提前做好抗旱准备，为将旱灾带来的经济社会损失降到最低而提供抗旱减灾决策支持数据和工具。

4.4.3　国际干旱科技政策的需求与发展趋势

4.4.3.1　国际干旱科技需求发展展望

从当前世界干旱管理的发展趋势来看，随着干旱在全球影响的扩大，人们的注意力逐渐转向降低干旱风险，而干旱管理从干旱发生后的临时应急危机管理，开始转向为干旱预案制定，并根据干旱发展的不同阶段，采取不同的防旱减灾措施的风险管理（顾颖，2006）。开展干旱风险管理研究，将促进干旱规划、干旱管理政策的制定。随着经济的发展，干旱对人们的生活影响日趋增大，因此，干旱风险管理日益获得关注。

近年来，欧洲南部、非洲、东南亚和澳大利亚东部变得越来越干燥，且成为 20 世纪 70 年代以来全球旱灾大幅增加的地区。目前，针对 21 世纪，美洲、澳洲、非洲、欧洲南部、中东和东南亚旱灾预测的气候模型研究在不断增多。厄尔尼诺和南方涛动，以及气候变暖等都会导致旱灾发生，所以开展未来旱灾预测研究是至关重要的，并基于对未来几十年旱灾增加和分布可能性的考虑，设计有助于未来旱灾的适应战略。

4.4.3.2　干旱科技政策发展趋势

国际干旱指标的研究已经经历了近百年，而干旱管理的整体趋势为由过去被动的旱灾危机管理和应急抗旱模式向主动的风险管理、资源可持续利用、环境生态保护、信息化决策支持等方向转化（喻朝庆，2009）。

1）加强旱灾风险评估：在多数国家的干旱管理政策中干旱风险评估都是必不可少的。基于前期详细的旱灾风险预测研究，制定干旱风险减缓计划，保障人民群众的利益避免不必要的损失。

2）树立公众的干旱意识：培育公众建立减灾意识存在于所有国际干旱管理政策中，并成为干旱管理政策的重点内容之一。这有利于增强抗旱能力和维持旱灾期间社会的稳定。

3）建立干旱管理信息化的平台：世界各国基于现代信息技术的进步为干旱管理提供了技术支撑。干旱管理涉及了时空上大尺度的社会与自然的交互过程，因此，建立信息化平台是现代干旱管理采取的必要手段。

4）制定旱灾管理的可持续性政策：各国应该积极主动地减少资源的使用，以及以可持续发展为目标的政策来采取抗旱减灾措施，也不是仅通过补贴的方式进行救援。地下水的科学管理和利用就是主动抗旱的一个重要举措，伦敦例子表明地下水回灌不但效果好，而且成本低。

4.4.3.3　未来干旱科技政策重点领域

以未来全球变化作为研究背景，随着气象及其相关学科技术进步而不断推进干旱监测技术的发展。干旱承灾体脆弱性研究仍是未来干旱研究的重点内容。目前，一些灾害引起的环境学问题、社会心理学问题的研究仍处于起步阶段，对承灾体在干旱灾害中的承险过程和机理研究也尚不成熟，承灾体脆弱性研究内容并不完善，这些都将是未来干旱研究的重要领域与方向，但也需要跨学科研究来进一步推动发展（徐新创和刘成武，2010）。

干旱灾害风险研究与信息技术结合是未来研究的必要手段。干旱风险管理系统研究与开发和从评灾、防灾到应灾的干旱风险评估系统的建立是未来研究的重要研究课题之一。干旱风险预测和损失评估，以及风险应对策略和民众意识等都将是未来减少干旱风险损失的重要研究内容。

4.4.4　我国干旱科技政策与国际比较

4.4.4.1　我国干旱科技政策体系与特点

我国由于地处东亚季风区，降水变数大，是干旱灾害发生频繁的国家之一。我国旱灾法律法规建设历程大体可以分为三个阶段。

1）起步阶段（20世纪80～90年代）：我国从20世纪80年代初开始着手抗旱法制建设。为了响应联合国的减灾倡议，1989年，我国成立了中国国际减灾十年委员会，且气象、水利、农业等部门和科研机构开展了大量旱灾风险研究（贾慧聪和王静爱，2011）。1994年3月，我国颁布《中国21世纪议程》，把提高对自然灾害的管理水平、加强防灾减灾体系建设作为议程的重要内容。1998年，国务院批准的《中华人民共和国减灾规划（1998～2010年）》是我国第一部有关减灾工作的规划，主要围绕国民经济和社会发展总体规划而制定出来的（王绍玉，2004）。

2）发展阶段（2000～2008年）：2004年，国家气候中心和中国干旱气象网，分别发布全国逐日和旬干旱综合监测公报（贾慧聪和王静爱，2011）。国家水利部减灾中心于2005年成立了我国专门研究旱灾的研究机构及对策研究室。2005年1月14日，中国国际减灾委员会更名为国家减灾委员会（游志斌，2006）。国务院于2006年发布了《国家防汛抗旱应急预案》（贾慧聪和王静爱，2011）。我国在2007年成立了国际减轻旱灾风险中心之后，并于2008年开始《中国减轻旱灾风险国家报告》的编写，同年第一次将旱情频率的概念引入了发布的《旱情等级标准》（中华人民共和国水利部，2009）中，并在该标准中提出了区域旱情综合评估的指标体系及等级标准。我国的抗旱减灾模式已由危机管理开始转向干旱风险管理的模式。

3）体系构建阶段（2009年至今）：2009年2月，国务院颁布施行了《中华人民共和国抗旱条例》（简称《抗旱条例》），这是我国第一部规范抗旱工作的法规。到2011年底，经全国人大常委会通过的相关干旱法律法规主要有《中华人民共和国水法》和《中华人民共和国水土保持法》；国务院颁布的有关抗旱的法规和规范性文件主要有《气象灾害防御条例》《中华人民共和国抗旱条例》《国家防汛抗旱应急预案》（秦鹏和李亚菲，2013）；2011年，通过的《全国抗旱规划》强调抗旱服务组织的重点应是县乡两级，加强抗旱服务体系建设，提高机动送水能力和抗旱浇地能力（黄喜良，2012）。水行政主管部门制定的《特大防汛抗旱补助费使用管理办法》《县级抗旱服务队建设管理办法》初步构成了我国旱灾防治的法律规范体系，对防治旱灾起到了一定的作用（秦鹏和李亚菲，2013）。

基于以上分析发现，目前我国干旱管理的主要特点包括：首先，我国已经基本上构建了一套抗旱法规体系，其中涵盖国家法律、行政法规、部门规章，同时政府和公众的抗旱减灾意识也得以加强；其次，目前我国干旱管理方面的法律规范未起到针对性和持续性的指导作用，未形成总体规划与具体措施内容全面的防旱抗旱法律体系；最后，就目前旱灾防治法律来讲，我国应根据不同的自然灾害类型采取不同的立法机制模式。在预防性旱灾治理方面，旱灾管理的法律结构还不够清晰完善，应尽快完善全程化和法制化的旱灾风险管理体系（游志斌，2006）。

4.4.4.2　我国干旱科技政策路线图

目前，我国已构建了覆盖全国范围的干旱管理法律法规体系，并对防灾减灾的基础设施进行了大幅的改善，初步建立了旱灾应急管理机制（杨建强，2010）。我国干旱管理政策的发展如图4-10所示。

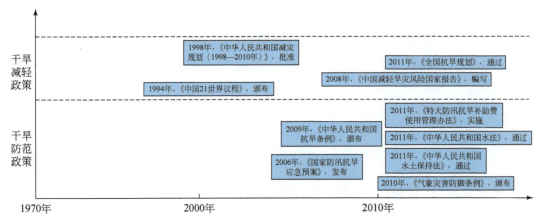

图 4-10 1970～2013 年我国采取的主要干旱政策

4.4.4.3　与主要国家的对比分析

传统上，我国抗旱工作模式是危机管理，即在旱情出现后才对干旱做出响应，通过临时组织动员广大干部群众和拿出大量资金与物资方式投入抗旱减灾工作（成福云，2005）。与国际先进水平、社会对防旱减灾的迫切需求相比，我国抗旱减灾政策还存在明显差距。主要体现在以下几方面。

1）旱灾防治法律不完善。从 20 世纪 80 年代开始，西方国家建立了比较完善的旱灾防治体系。美国联邦在面对严重的干旱风险时，通过法律手段采取抗旱减灾措施。美国基于 1998 年通过的《国家干旱政策法》和 2002 年提出的《国家干旱预防法》议案，以及以前的《环境保护法》《土壤和资源保护法》《水质法》等干旱管理的政策法律，构成了比较完善的旱灾风险管理法律体系（朱亚伟和徐雪，2013）。我国是以行政手段为主导进行抗旱减灾，我国应加强利用综合手段适应市场经济体制的要求制定旱灾防治法律规范。

2）缺乏以预防为主的法律政策和理念。美国的环境资源立法一向侧重于"将风险责任的伦理化转换成风险伦理责任决策的政治化和法律化"（杜辉和陈德敏，2012），将风险预防贯彻到各相关法律之中是最主要的手段，并将责任赋予专设的职能机构之上（秦鹏和李亚菲，2013）。我国主要是以传统的工程措施进行抗旱，大多数地区缺乏对干旱发生前的旱情监测、预报和抗旱预案制度，遇到旱情时才临时采取措施，缺乏周密计划和全面考虑（马建琴和魏蕊，2011）。

3）旱灾防治制度体系需要进一步完备。美国的干旱防治技术支撑体系完善，如为达到治旱的目的，利用水银行调节水资源时空配置和利用生物转基因技术抗旱防灾（吴爱民，2011）。长期以来，我国的传统危机管理模式应通过吸取国外的先进经验和教训，进行积极的转变，应逐渐形成具有中国特色因地制宜的干旱风险管理制度体系（鄂竟平，2004）。

4）加强干旱管理政策改革。虽然我国与澳大利亚在干旱成因和成灾方面存在着相似性，但澳大利亚通过其对管理政策的改革较好地解决了干旱问题（马建琴和魏蕊，2011）。

经过几十年的发展，澳大利亚注重对干旱管理政策的改革，使其在干旱防治方面成就显著。与澳大利亚干旱管理政策相比较，我国抗旱政策应进行转变，增加灾害风险管理内容。我国许多省、直辖市、自治区开展的干旱预案编制等工作，都还处于起步阶段，目前可以进行实施的较少（顾颖，2006）。

4.4.5 我国政策建议

我国水资源的时空分布很不均匀，时空降水差异性较大。水资源是制约干旱区土地资源开发利用的主要自然因素（王毅荣，2005；赵艳霞等，2003）。目前我国的抗旱工作还主要依靠行政手段，干旱管理的法律、经济等手段还未完全展开，我国迫切需要建立依靠完备、约束有力的抗旱法规，以及合理的旱灾救助补偿办法，最终形成符合我国抗旱目标的法制体系（王青等，2012）。结合我国旱灾防治法制政策的现状，对完善我国干旱政策有如下重要启示。

1）完善相关立法及机构建设。目前，我国抗旱工作除不断完善《中华人民共和国防汛抗旱条例》外，更要将条例细化，逐渐形成和建立我国完善的抗旱减灾的法律法规体系。此外，国家和各级政府应鼓励开展用于指导干旱风险管理的立法研究。在实行风险的常态管理和应急管理过程中，国家应更多地关注于行政法规的时效性和地域性。研究人员建议通过在旱灾频发区可以设立干旱委员会，用以加强旱灾风险管理和相关部门间的沟通与协作（王青等，2012）。

2）提前制定干旱预防计划，采取主动防范干旱风险的措施。我国现行法律规范多注重事后补救和恢复，应该及时由应急处置转变为风险预防（张润润，2010），而风险管理的理念要求我国应建立完善的旱灾预警机制。干旱预防计划应包括（Hayes et al.，2004）：①对干旱发生时间、强度、历时、空间范围及干旱发生概率等的监测和早期预警，并对干旱特性和干旱等级进行分析与划分，进行预警预报；②灾害风险分析，在监测信息基础之上，对干旱风险进行量化研究分析，预测灾害可能造成的损失与影响；③减灾和响应，积极应对已发生的旱情，制定灾害响应策略。

3）建立全国抗旱信息系统平台，及时准确地发布权威相关灾害信息。利用遥感卫星技术等加快建立面向全国范围内的抗旱信息系统平台，形成从中央到地方的抗旱信息管理网络系统，该系统包括旱情监测、灾害信息传输、分析和最终的决策制定，这将更有利于相关各部门更科学地指挥和部署抗旱减灾工作，以提高我国干旱灾害管理水平。

4）积极开展抗旱物资储备和旱期的节水工作。我国每年应固定投入一笔用于抗旱的经费，政府安排集中购买和储备抗旱物资，以备发生旱情时紧急需要。在干旱期间，我国应充分有效利用水资源，为此，制定我国的旱期节水制度是至关重要的，完善水资源规划与管理，合理建设水利工程项目等。

参 考 文 献

安培浚，李栎，张志强．2011. 国际滑坡、泥石流研究文献计量分析．地球科学进展，10：1116-1124.

陈远生，姚治君，何希吾．1999．从1998年大水看我国未来防洪减灾之路．自然资源学报，14（1）：9-13.

成福云．2006．推进全面抗旱是经济社会发展的必然要求．中国水利，（9）：49-50.

程光明．1998．中外防洪标准与防洪措施．水利技术监督，6（5）：10-12.

程晓陶．2001．二十一世纪我国防洪减灾领域重大科技问题的展望．水利水电技术，32（1）：20-22.

程晓陶．1998．美国洪水保险体制的沿革与启示．经济科学，（5）：79-84.

程晓陶，万洪涛，吴兴征．2004．防洪减灾科技发展现状与趋势．中国水利，（22）：31-34.

程晓陶，向立云，喻朝庆．2008．水旱灾害管理学科发展//中国科学技术协会．水利学科发展报告：2007—2008．北京：中国科学技术出版社．

杜辉，陈德敏．2012．环境公共伦理与环境法的进步——以共识性环境伦理的法律化为主线．中国地质大学学报（社会科学版），（05）：32-40，139.

鄂竟平．2004．推进单一抗旱向全面抗旱转变．中国水利，（6）：15-18，25.

范丽萍．2014．澳大利亚农业巨灾风险管理政策研究．世界农业，（2）：35-38.

方舟．2012．2012美国干旱牵动世界粮价．中国水利报．2012-08-02（008）．

付景远，张廷新．2010．科技投入政策中的科学随机决策．科学管理研究，（6）：104-108.

戈松雪．2010．印度的旱灾管理战略．《学习时报》．2010-05-24（002）．

谷秀华．2014．应对干旱，国外有何高招？农村·农业·农民（A版），09A：23-24.

顾锦龙．2011a．美国怎样防洪减灾．安全与健康月刊，（8）：24-25.

顾锦龙．2011b．国外抗旱有高招．世界环境，（2）：58-60.

顾小成．2011．美国怎样防洪减灾．世界环境，（5）：54-55.

顾颖．2006．风险管理是干旱管理的发展趋势．水科学进展，17（2）：295-298.

韩振中．1999．莱茵河流域的防洪措施与管理．中国水利，（5）：43-44.

何少斌．2008．美、日防洪抗旱法制透视．中国防汛抗旱，（1）：57-58.

侯海涛．2003．从措施和管理上看莱茵河流域的防洪体系．陕西水利，（5）：45-46.

黄建中，周钜乾．2006．国内外防灾减灾科技应用的思考．华南地震，26（4）：92-98.

黄喜良．1993．河南抗旱服务组织发展问题研究．河南水利与南水北调，（7）：29-31.

黄喜良，徐来阁．2012．河南省抗旱服务组织长效发展机制探讨．中国防汛抗旱，22（5）：45-47.

贾尔迪尼，马丽．1993．全球地震危险性评估计划．国际地震动态，7：32-33.

贾慧聪，王静爱．2011．国内外不同尺度的旱灾风险评价研究进展．自然灾害学报，20（2）：138-145.

江风．2003．独具特色的印度灾害管理体制．中国减灾，（4）：51-53.

姜付仁，程晓陶，向立云，等．2003．美国20世纪洪水损失分析及中美90年代比较研究．水科学进展，14（3）：384-388.

姜付仁，向立云，刘树坤．2000．美国防洪政策演变．自然灾害学报，9（3）：38-45.

金磊．2005．调整人与洪水的关系 给洪水以回旋的空间——欧美洪水风险现代管理模式简介．现代职业安全，（10）：80-82.

李可可，张婕．2006．美国的防洪减灾措施及其启示．中国水利，（11）：54-56.

林曦，姚乐野．2013．非结构性减灾视域下中印两国自然灾害管理比较研究．天府新论，（6）：90-95.

刘登伟，姜斌．2008．欧盟应对缺水与干旱的综合措施．水利发展研究，8（6）：62-65.

刘国纬．2003．论防洪减灾非工程措施的定义与分类．水科学进展，14（1）：98-103.

刘洁．2009．新中国防洪抗旱法律法规建设．中国防汛抗旱，（A01）：11-14.

刘树坤．2000．国外防洪减灾发展趋势分析．水利水电科技进展，20（1）：2-9.

龙海云 . 2009. 日本的防震减灾与震后救援概述 . 国际地震动态, (5) : 21-30.

卢振恒 . 1986. 国际地震预报研究实验场计划 . 国际地震动态, 10 : 31-32.

罗西 G, 王妍炜 . 2014. 欧洲供水系统干旱风险管理最新发展概述 (上) . 水利水电快报, 35 (5) : 10-13.

Malone A W, 黄润秋 . 1995. 边坡安全与滑坡风险管理—香港的经验 . 地质科技管理, 5 : 6-18.

马建琴, 魏蕊 . 2011. 我国与澳大利亚干旱管理政策的对比 . 人民黄河, 33 (8) : 63-65.

钱程 . 2013. 防灾减灾的他山之石——多国滑坡灾害减灾做法概述 . 中国国土资源报, [2013-02-04] .

钱程 . 2012. 国外滑坡灾害的预防与减灾 . 中国应急救援, 6 : 43-45.

钱程 . 2012. 国外应对滑坡灾害做法之鉴 . 中国减灾, 21 : 16-17.

钱新 . 2013. 各国如何防治滑坡灾害 . 城市与减灾, 2 : 20-24.

钱新 . 2008. 减灾从预防规划入手——法国自然灾害风险管理经验 . 资源导刊, 6 : 48-49.

乔迎春, 李怀英 . 2001. 亚洲减灾中心 (ADRC) 简介 . 国际地震动态, (4) : 41.

秦莲霞, 张庆阳, 郭家康 . 2012. 美国气象灾害防治理念 . 中国减灾, (11) : 51-53.

秦鹏, 李亚菲 . 2013. 论我国旱灾防治法律体系之不足与完善——比较法的视角 . 西南民族大学学报 (人文社科版), (12) : 99-102.

孙磊 . 2014. 大洪水报告: 供洪灾管理人和决策者吸取的教训和最优实践 (二四) . http://info. cjk3d. net/viewnews-764143.

屈艳萍, 吴玉成, 苏志诚 . 2013. 国际干旱灾害管理实践及对我国的启示 . 中国水利, (8) : 14-16.

谭徐明 . 1998. 减灾行为社会化是防洪减灾战略转移的必然方向——美国防洪减灾战略的转移和演进 . 自然灾害学报, 7 (3) : 39-44.

万洪涛 . 2005. 印度的洪水灾害与减灾措施 . 水利发展研究, (9) : 63-59.

汪恕诚 . 2003. 中国防洪减灾的新策略 . 山西水利, (3) : 1.

王蕾 . 2011. 美国的干旱管理政策概况 . 中国应急管理, (6) : 53-55.

王青, 严登华, 翁白莎, 等 . 2012. 北美洲干旱灾害应对策略及其对中国的启示 . 干旱区地理 (汉文版), 35 (2) : 332-338.

王润, 姜彤, King L. 2000. 欧洲莱茵河流域洪水管理行动计划述评 . 水科学进展, 11 (2) : 221-226.

王绍玉 . 2004. 我国城市灾害管理的现状 . 群言, (3) : 4-7.

王涛, 吴树仁, 石菊松 . 2009. 国际滑坡风险评估与管理指南研究综述 . 地质通报, 28 (8) : 1006-1017.

王星, 鲁胜力, 周乐群 . 2005. 滑坡泥石流灾害及其防治策略探讨 . 水土保持研究, 12 (5) : 138-145.

王毅荣 . 2005. 黄土高原植被生长期旱涝对全球气候变化响应 . 干旱区地理, 28 (2) : 161-166.

文康 . 2003. 洪水管理——一种人与自然和谐共存的策略 . 防汛与抗旱, (1) : 11-14.

翁白莎 . 2012. 流域广义干旱风险评价与风险应对研究——以东辽河流域为例 . 天津大学博士学位论文 .

吴爱民 . 2011. 国际社会如何应对干旱灾害 . 资源导刊, (3) : 46-47.

吴积善, 王成华 . 2006. 山地灾害研究的发展态势与任务 . 山地学报, 42 (5) : 581-542.

向立云 . 2004. 各国洪水管理策略比较 . 中国水利报, 7 (5) : 7.

谢雪芳, 罗岚 . 2001. 日本历次地震预报计划概述 . 国际地震动态, (9) : 11-13.

徐新创, 刘成武 . 2010. 干旱风险评估研究综述 . 湖北科技学院学报, 30 (10) : 5-9.

杨建强 . 2010. 我国应加快构建以人为本的科学减灾体系 . 职业时空, 6 (4) : 26-27.

姚国章, 丁玉洁 . 2010. 美国国家集成干旱信息系统的发展及启示 . 电子政务, (8) : 104-112.

姚国章, 袁敏 . 2010. 干旱预警系统建设的国际经验与借鉴 . 中国应急管理, (3) : 43-48.

游志斌 . 2006. 当代国际救灾体系比较研究 . 中共中央党校博士学位论文 .

于萌 . 1989. "国际减轻自然灾害十年计划"内容介绍 . 地球科学进展,(2):58-61.

喻朝庆 . 2009. 国际干旱管理进展简述及对我国的借鉴意义 . 中国水利水电科学研究院学报,7(2):152-158.

岳中琦 . 2014. 香港山坡地滑坡风险管治——人的作用 . http://blog. sciencenet. cn/blog-240687-781243. htm〔2014-4-1〕.

岳中琦 . 2006. 香港滑坡灾害防治和社会效益 . 中国地质学会工程地质专业委员会 2006 年学术年会暨"城市地质环境与工程"学术研讨会论文集 .

张丽君 . 2010. 全球变暖,如何开展环境地质工作 . 中国国土资源报 .〔2010-01-08〕.

张丽君 . 2009. 从土地利用规划入手提高地质灾害的防治水平——兼议地质灾害风险区划的急迫性与重要性 . 地质通报,28(3-4):343-347.

张丽君 . 2008. 以世界滑坡风险管理政策为例——谈情报研究工作 . http://www. docin. com/p-101306947. html & id%3D〔2016-1-11〕.

张丽君 . 2006. 法国滑坡灾害风险预防管理政策 . 国土资源情报 . 10:13-18.

张庆阳,秦莲霞,郭家康 . 2013. 印度气象灾害防治 . 中国减灾,(6):56-58.

张润润 . 2010. 基于风险管理的干旱防灾减灾计划 . 水资源保护,26(2):83-87.

张帅 . 2010. 水电工程地质灾害风险评价技术研究——以梨园水电工程为例 . 成都理工大学硕士论文 .

张贤 . 2008. 简述某公路滑坡的防治及治理措施 . 建材与装饰(下旬刊),1:122-123.

赵纪东,李旭东 . 2010. 全球地震模型(GEM)行动计划 . 国际地震动态,(8):22-29.

赵艳霞,王馥棠,刘文泉 . 2003. 黄土高原的气候生态环境、气候变化与农业气候生产潜力 . 干旱地区农业研究,21(4):142-146.

哲伦 . 2009. 美国地质调查局的滑坡灾害计划 . 资源与人居环境,(17):42-46.

中华人民共和国水利部 . 旱情等级标准 . 北京:中国水利水电出版社 .

中国地震局,科技部,国防科工委,等 . 2010. 国家地震科学技术发展纲要(2007—2020). http://www. cea. gov. cn/manage/html/8a8587881632fa5c0116674a018300cf/_ content/10 _ 01/28/1264640870755. html〔2016-1-11〕.

朱亚伟,徐雪 . 2013. 云南蔗区旱灾原因探析及政策建议 . 中国糖料,(4):74-76.

邹敏 . 2007. 基于 GIS 技术的黄水河流域山洪灾害风险区划研究 . 山东师范大学硕士学位论文 .

AFPM. 2007. Integrated Flood Management Case Study—Germany. http://www. apfm. info/publications/casestudies/cs_ germany_ full. pdf〔2007-7-20〕.

Deloë R,Wojtanowski D. 2001. Associated benefits and costs of the Canadian Flood Damage Reduction Program. Applied Geography,(1):1-21.

EM-DAT. 2014. Database. http://www. emdat. be/database〔2014-10-10〕.

European Council. 2015. The EU Floods Directive. http://ec. europa. eu/environment/water/flood_ risk/.〔2015-02-04〕.

GEM Foundation. 2016. Global Earthquake Model. http://www. globalquakemodel. org/system/files/A _ Global-EarthquakeModel. pdf〔2016-11-12〕.

Geological Society of America(GSA). 2007. NIDIS Implementation Plan. http://www. drought. gov/imageserver/NIDIS/content/whatisnidis/NIDIS-IPFinal-June07. pdf〔2007-06-06〕.

Government of India. 2015. Floods. http://www. ndma. gov. in/en/media-public-awareness/disaster/natural-disaster/floods. html. -〔2015-04-08〕.

Hallegatte S,Green C,Nicholls R J,et al. 2013. Future flood losses in major coastal cities. Nature Climate

Change，3（9）：802-806.

Hayes M J，Wilhelmi O V，Knutson C L. 2004. Reducing droughtrisk：bridging theory and practice. Natural Hazards Review，5（2）：106-113.

ICHARM. 2014. Our Mission. http://www. icharm. pwri. go. jp. ［2014-10-10］.

IFI. 2014. About. http://www. ifi-home. info/［2014-10-10］.

IKSR. 2014a. Action Plan on Floods. http://www. iksr. org/index. php？id＝30&L＝3&ignoreMobile＝1％3Ftx_ ttnews％5Btt_ news［2014-02-19］.

IKSR. 2014b. Survey of "Rhine 2020" in the field of flood risk management（19952010）-Action Plan on Floods. http://www. iksr. org/index. php？id＝164&L＝3［2014-02-19］.

Karl T. 2015. National Integrated Drought Information System（NIDIS）. http://wgiss. ceos. org/meetings/ wgiss22/WGISS-GEO-Session/USGEO％20Overview. pp［2015-05-09］.

MEXT. 2008. Observation and Research Program for Prediction of Earthquake and Volcanic Eruption（2009–2013）. 2008. http://www. mext. go. jp/b_ menu/houdou/20/07/08071504/002. htm［2016-2-15］.

Ministry of Home Affairs Government of India. 2011. Disaster management in India. http://www. unisdr. org/2005/ mdgs-drr/national-reports/India-report. pdf［2016-3-5］.

National Drought Mitigation Center. 2007. Mitigation drought：the status of state drought plans. http:// www. drought. unl. edu/ mitigate/ status. htm.［2007-07-01］.

NEHRP. 2008. National Earthquake Hazards Reduction Program Fiscal Years 2009-2013. http://www. nehrp. gov/ pdf/strategic_ plan_ 2008. pdf［2015-9-5］.

UNISDR. 2014. What We Do. http://www. unisdr. org/［2014-10-10］.

USGS. 2007. Volcano and Earthquake Monitoring Plan for the Yellowstone Volcano Observatory（2006–2015） http:// volcanoes. usgs. gov/yvo/ -16k［2016-7-11］.

Wilhite D A. 2005. Dought and Water Crises：Science，Technology and Management Issues. Boca Raton，FL：CRC Press.

WRI. 2015. 世界资源研究所推出全球洪灾分析工具. http://www. wri. org. cn/blog/％E4％B8％96％E7％ 95％8C％E8％B5％84％E6％BA％90％E7％A0％94％E7％A9％B6％E6％89％80％E6％8E％A8％E5％ 87％BA％E5％85％A8％E7％90％83％E6％B4％AA％E7％81％BE％E5％88％86％E6％9E％90％E5％ B7％A5％E5％85％B7.［2015-03-10］.

第 5 章
环境变化与可持续发展

全球环境变化与可持续发展问题在 1970～2014 年呈现出以下主要趋势：①全球环境状况总体上进一步恶化，面临环境变化与可持续发展问题的地区及社会分布失衡加剧；②全球或区域性环境问题中的一小部分取得了积极进展，但多数问题进展缓慢或改善乏力；③全球环境变化与可持续发展问题相互交织渗透，与非环境领域的联系日益紧密；④新兴的环境变化与可持续发展问题不断涌现；⑤当前到 21 世纪中叶是全球环境变化与可持续发展的关键时期。鉴于全球环境变化与可持续发展政策体系覆盖日益全面，且科学与政策之间相互联系的不断加强，全球环境变化与可持续发展政策体系正逐步向多元化的方向推进。与此同时，全球环境变化与可持续发展政策体系也面临诸多挑战：①全球环境变化与可持续发展进程略显不足；②全球环境变化与可持续发展政策体系存在着一定的重叠、冲突和矛盾，协同效果差；③全球环境变化与可持续发展政策体系的协调机制有待进一步完善；④全球环境变化与可持续发展政策体系的利益格局不断分化。本章分别选取可持续发展、气候变化、农业政策、城市化作为全球环境变化与可持续发展政策体系的子领域，详细概述了各子领域科技政策框架、成效、需求与发展趋势等方面的内容，并就我国科技政策进行国际比较，进而提出相关政策建议，以期改善和推动全球环境治理，实现可持续发展目标。

5.1 可持续发展

在过去数年之间，人类发展与自然环境存在较大矛盾，如何寻求人类与自然环境协调、可持续发展是当前国际社会、各国政府、科学研究共同面临的问题。尤其从 20 世纪 50 年代起，世界各国的许多科学家都从不同角度进行了不懈的努力和探索，1987 年，以挪威首相布伦特兰夫人为首的世界环境与发展委员会，向联合国大会提交《我们共同的未来》报告，正式提出"可持续发展（sustainable development）"的概念和模式。该报告指出，随着科技和社会的发展，人类取得了巨大的成绩，但同时也给地球与世人带来一个不安全和不稳定的未来。1992 年，联合国环境与发展大会在巴西里约热内卢召开，会议通过《21 世纪议程》等重要文件。《21 世纪议程》是一个全球性的可持续发展行动计划，内容涉及全球可持续发展的所有领域，包括经济和社会领域、资源的保存和管理、加强社会团体的作用以保护妇女和儿童的权利、积极使用财政资源和各个方面的法律机制，以促进各个国家加强合作和协调。《21 世纪议程》的重要意义在于把全球性的可持续发展的理论共识变成全球性的可持续发展的实际行动。

2002年8月26日~9月4日，联合国可持续发展世界首脑会议通过《可持续发展世界首脑会议执行计划》和《约翰内斯堡可持续发展承诺》两个重要文件。《可持续发展世界首脑会议执行计划》重申了《里约环境与发展宣言》的原则（中国网，2003a），进一步全面贯彻《21世纪议程》的承诺。《可持续发展世界首脑会议执行计划》提出了明确的可持续发展目标，并设定了相应的时间表，其最重要价值在于促进经济发展的同时就保护生态环境发出了行动信号。随后各个国家相继制定了适合各自国家的《21世纪议程》行动计划，并将可持续发展战略纳入经济和社会发展的规划。

5.1.1　国际可持续发展领域科技政策框架

5.1.1.1　主要国际政策

20世纪后半叶以来，人类连续遭受到世界性的环境事件，资源短缺、全球变暖、生态退化、荒漠化严重、人口剧增、失业、贫困、疾病、社会发展不均衡及石油危机、金融海啸、经济波动等，导致了有关"增长的极限""濒临失衡的地球"等盛世危言。1962年，美国卡逊女士出版《寂静的春天》；1972年，"世界人类环境大会"在瑞典首都斯德哥尔摩举行，共同提出"只有一个地球"，首次发布《人类环境宣言》；1980年3月，由联合国环境规划署（United Nations Environment Programme，UNEP）、国际自然和自然资源保护联合会（IUCN）和世界野生生物基金会（World Wildlife Fund International，WWF）共同组织发起，多国政府官员和科学家参与制定《世界自然资源保护大纲》，初步提出可持续发展的思想，强调"人类利用对生物圈的管理，使生物圈既能满足当代人的最大需求，又能保持其满足后代人的需求能力"。1983年，联合国第38届大会通过第38/161号决议，批准成立世界环境与发展委员会（World Commission on Environment and Development，WCED），其后经过近3年的紧张工作，于1987年2月在日本东京召开大会，正式发表《我们共同的未来》，同时发表了《东京宣言》，呼吁世界各国将可持续发展纳入其发展目标，并提出八大原则作为行动指南。1989年12月22日，联合国大会通过了第44/228号决议，决定召开环境与发展全球首脑会议。1990年，联合国组织起草会议主要文件《21世纪议程》。1992年6月3日~6月14日，在《我们共同的未来》发表5年之后，联合国环境与发展大会（地球高峰会议）在巴西里约热内卢召开，大会通过《里约宣言》，102个国家首脑共同签署《21世纪议程》，普遍接受了可持续发展的理念与行动指南。2000年9月，在联合国千年首脑会议上，世界各国领导人就消除贫穷、饥饿、疾病、文盲、环境恶化和对妇女的歧视，商定了一套有时限的目标和指标，即消灭极端贫穷和饥饿、普及小学教育、促进男女平等并赋予妇女权利、降低儿童死亡率、改善产妇保健、与艾滋病毒（艾滋病）、疟疾和其他疾病做斗争、确保环境的可持续能力、全球合作促进发展。这些目标和指标被置于全球议程的核心，统称为千年发展目标（Millennium Development Goals，MDGs）。MDGs——从极端贫穷人口比例减半，遏制艾滋病毒（艾滋病）的蔓延到普及小学教育，所有目标完成时间是2015年——这是一幅由全球所有国家和主要发展机构共同展现的蓝图。这些国家和机构已全力以赴来满足全世界穷人的需求。2015 年 8 月 2 日，联合国 193 个成员方一致通过了（2015～2030 年）全球可持续发展议程，替代 2000 年制定的 8 项千年发展目标。新的可持续发展目标包括 17 项具体目标，旨在实现消除贫困、保护地球、确保所有人共享繁荣的全球性目标。

2012 年 3 月 26 至 29 日，由国际全球环境变化研究计划——《国际地圈–生物圈计划》（IGBP）、《国际全球环境变化人文因素计划》（IHDP）、《世界气候研究计划》（WCRP）和《国际生物多样性计划》（DIVERSIT）联合 ICSU 共同主办的"压力下的星球——迈向解决方案的新知识"国际全球环境变化盛会在伦敦召开，来自全球近 3000 名科学家、决策者围绕粮食、能源、水、生物多样性和生态系统服务等 9 个议题提出了相关的概要重点和政策建议，并为里约会议 20 周年峰会的政策制定提供参考。

5.1.1.2　主要国家和地区政策

为了推进可持续发展战略的实施，国际社会和很多国家积极采取行动，相继制定出各种国际政策和形成相关国际组织，各个国家也制定了适合本国国情的规划和政策。有的制定了本国的 21 世纪议程，并成立了专门的可持续发展委员会，几乎所有的国际组织都对可持续发展做出了响映。从目前各国推行可持续发展战略的实际情况看，发展水平不同的国家，其贯彻可持续发展的侧重点和追求的目标均不一样，但是他们在设立机构、制定政策等方面都取得了相当的进展。在执行可持续发展的法律法规、公众参与等方面也做出了积极努力。本节从国际组织和主要国家两个角度来梳理可持续发展相关的政策措施。

（1）国际组织

1）联合国可持续发展委员会（United Nations Commission on Sustainable Development, UNCSD）。联合国于 1993 年选举了 50 个成员（定期分批改选）成立了 UNCSD，以作为联合国环境与发展大会的后续行动。该委员会每年举行会议，审议世界各国执行《21 世纪议程》的情况，可持续发展委员会的具体职能包括：①监督联合国系统在落实《21 世纪议程》方面所做的工作。②监测发达国家把国民生产总值（gross National product，GNP）的 0.7% 用作对发展中国家援助所取得的进展。③审议《里约热内卢会议宣言》《联合国气候变化框架公约》和《保护生物多样性条例》的执行情况。④考虑各国提供的关于实施全球《21 世纪议程》的情况信息，包括各国面临的资金和技术转让问题。⑤通过联合国可持续发展委员会向联合国大会提出有关可持续发展的报告。在世界银行、UNDP 和 UNEP 的管理下，已对包括保护生物多样性在内的可持续发展多个领域投入了大量的资金。

2）世界银行。1992 年，里约首脑会议以后，世界银行同其他国际组织一道，不仅积极参与世界银行各成员方的可持续发展战略的制定和技术支持工作，而且在制定全球可持续发展战略的过程中，也发挥着举足轻重的作用。世界银行是全球实施《21 世纪议程》的主要金融支持机构，为此，在里约会议之后，为了贯彻可持续发展战略，世界银行对其贷款项目进行了全面调整。①重视开发项目的环境可持续性。在里约会议之后，世界银行为提高其成员方的环境管理及保护水平，准备并实施了大量的直接针对环境问题的项目。作为 GEF 的三个执行机构之一，世界银行（2015a）自 1991 年起还向 50 多个国家及地区的 70 多个环境项目赠款，赠款总额达 6.7 亿美元。国际复兴开发银行（International Bank of Reconstruction and Development，IBRD）和国际开发协会（International Development Association，IDA）的项目主要针对生物多样性保护及环境管理能力建设；GEF 的项目主要针对生物多样性保护、温室气体减排、跨国水域保护及取缔氟利昂等破坏臭氧层的化学物质。2011~2013 年，世界银行（2015b）共投资帮助生产 1430MW 传统能源和 904MW 可再生能源，690 万人口直接获得电力供应，374 万人参加社会安全网项目，每年通过特别气候工具降低 CO_2 排放量 9.03 亿 t，建设或修复公路 95 000km，180 万农民使用改良农业技术，3530 万人改善用水资源，680 万人改善卫生设施，为涉及 1530 万人口的中小微企业提供了金融服务，29 个国家将减少灾害风险作为国家重点。除开发和资助新一代环境项目外，世界银行还着手加强其传统投资项目的环境可持续性，主要通过两个方面实现：一方面是进行投资项目的环境评价（environmental assessment，EA），另一方面是根据环境评价的结果，将环境保护与各投资领域及各成员方国家支持战略（Country Assistance Strategy，CAS）结合成为一个有机整体。世界银行的传统投资领域主要包括能源与电力、交通、农业及基础设施建设。自 1992 年起，已近有 107 个项目进行全面的环境评价，总投资近 620 亿美元。②结合社会文化因素制定可持续发展战略。社会发展的可持续性与环境的可持续性同等重要，因此世界银行正采取措施制定相应政策，以解决社会资本及人文社会的可持续发展问题。沃尔芬森行长建议社会发展局（Department of Social Development）制定一个行动计划，使世界银行在工作过程中充分考虑社会因素的影响，并对投资项目进行社会评价（social assessment，SA），在 CAS 中也要明确提出对社会的影响。③加强合作伙伴关系的建设。世界银行积极同其他组织建立了合作伙伴关系。这些组织包括美洲开发银行（Inter-American Development Bank）、亚洲开发银行（Asian Development Bank）、非洲开发银行（African Development Bank）、欧洲复兴开发银行（European Bank for Reconstruction and Development Bank）及欧洲投资银行（European Investment Bank）等金融组织，及 UNCSD、UNDP 等联合国相关机构。世界银行的合作伙伴关系还包括一些非政府组织，如 IUCN、地球理事会（Earth Council，EC）及 WWF。世界银行也同一些私人机构如世界可持续发展工商理事会（WBCSD）建立了合作伙伴关系。这种合作伙伴关系使世界银行可以取长补短充分发挥自身和合作伙伴的优势，有效解决全球可持续发展问题。④世界银行发布的 2012~2022 年环境战略——《面向一个绿色、清洁和适应的世界》（*Toward a Green，Clean，and Resilient World for All*），鼓励世界各国走向新的发展道路，在发展经济的同时，更加关注可持续性，促进绿色、包容性增长。

3）欧盟。在环境保护政策和可持续发展战略方面，欧盟一直走在世界的前列。1972 年 6 月，在瑞典首都斯德哥尔摩召开联合国人类环境大会，通过了《人类环境宣言》（中国网，2003b）。1972 年 10 月，欧共体巴黎首脑会议发表公报，明确提出要在地区开发、环境保护、能源政策等方面开辟共同体活动的新领域，并针对环境问题制定一系列基本原则。1973 年，欧共体制定了包括反污染、改善环境和参加有关总体解决污染问题的国际会议和国际公约在内的三点行动计划，这也是欧共体实行的第一个环境行动计划。

欧盟不仅关注内部成员方的环境问题，还签署了国与国之间《保护莱茵河免受化学污染的公约》、保护地中海的《巴塞罗那公约》和防止海洋污染的《保护工业产权巴黎公约》。欧共体同许多国家签订了技术合作协定，并参加国际环境会议和环境保护的研究工作。从 1972 年巴黎会议之后的 15 年时间里，欧共体尽管已就环境问题通过了 100 多个文件，但是大部分是指令性的，没有一个涉及环境的法律条文。1987 年，《单一欧洲法令》的出台改变了这种状况，该法令对《罗马条约》的重要修订之一就是增加了环境部分。它使欧共体在各成员方内部实施共同的环境政策和标准更具合法性。1989 年初，欧共体决定成立欧洲环境保护署，并授权其检验欧共体成员方和企业在环境保护方面的工作。欧共体各成员方在 1989 年的一次理事会上一致同意尽快制定各类商品的"生态标准"，并就使用统一的标志性问题制定规范。1990 年 5 月，欧共体部长理事会通过了《关于环境与发展的决定》，强调欧共体各种类型的发展合作项目要考虑环境因素。1990 年 6 月，欧洲理事会就环境问题发表了《都柏林宣言》，其中专门强调了在国际事务领域中欧共体及其成员方应担负起特别责任："欧共体必须更加有效地运用其道义的、经济的和政治的权威立场，来加强解决全球性问题和推进可持续发展的国际性努力"。1992 年 5 月，欧共体委员会向部长理事会和欧洲议会递交的题为《走向 2000 年的发展合作政策》的文件附录中，提出了国际新秩序的"三个支柱"，其中第三支柱是对世界的环境问题进行管理。这一阶段，欧盟环境政策的视角从本地区扩展到全球，在国际社会环境保护方面表现得很活跃，不仅在联合国环境与发展大会的文件起草中发挥了重要作用，而且在落实联合国环境与发展大会决议的后续行动中也表现出了积极的姿态。

4）东盟（东南亚国家联盟简称东盟）。东盟自建立以来，就确定了它是一个区域性的经济政治合作体。20 世纪 90 年代后，东盟各国的经济有了飞跃发展，它的经济增长速度常被引证为"东亚奇迹"。然而，在东盟经济迅速发展的同时也出现了严重的环境问题。针对自身的实际情况，东盟积极调整了发展策略。其中，最突出的是《东盟环境战略行动计划》和《关于环境和发展的雅加达宣言》，它们为东盟各国的可持续发展提供了指导。东盟环境战略行动计划具体包括十大战略和 27 个为实现预期目标提供保障的支撑行动。《东盟环境战略行动计划》的具体内容包括：①支持把环境和发展问题纳入区域框架的决策过程。②促进政府和私营部门的相互支持和合作。③加强环境知识信息数据库的建设。④加强履行国际环境协议的行政机构和法律体系建设。⑤建立保护东盟地区生物多样性和可持续利用的机制。⑥制定保护海洋生物环境、开发东南亚近海海域的行动计划。⑦加强有毒化学药品和有害垃圾的管理，严格控制有害垃圾的流入。⑧建立一个促进环境无害化技术转移的体制。⑨积极开展地区性合作，提高主管部门在可持续发展中的作用。⑩建立实施和管理地区环境计划的协调机制。

综上所述，东盟的战略行动计划包括三个层次：首先，东盟从政策决策的高度，考虑本地区的可持续发展问题，并针对东盟自身是一个地区性组织的特点，重点突出它的协调功能、宏观框架性决策的制定功能及履行国际协议的功能。在这个过程中，信息数据库的建立对东盟地区的环境保护无疑是一种必不可少的手段。其次，生物多样性保护、海洋生物保护开发和有毒化学药品、有毒垃圾管理等涉及环境保护的具体方面，东盟从可持续发展的立场出发，提出一系列具体的行动计划，包括管理体制、管理机构和研究开发等方面的内容。最后，在实施计划的具体措施上，东盟提出要促进环境无害化技术的转移、环境信息的公开和环境知识的宣传，加强东盟环境高层组织的协调作用。总之，《东盟环境战略行动计划》与《关于环境和发展的雅加达宣言》从战略的高度体现了东盟可持续发展的思路，并提出了具体的行动计划，是东盟在环境保护和可持续发展领域的行动纲领。

（2）主要国家

1）法国。自 1992 年联合国环境与发展大会以来，法国制定了相应的可持续发展研究计划，集中在以下几个领域。①加强水资源管理与污水治理。1992 年，法国颁布了新的《水法》，旨在加强对水资源的整体管理及对水污染的防治工作。该法的宗旨与里约环境与发展大会可持续发展的精神是一致的。同时，法国还制定了相应的"五年发展计划"，以期达到水资源环境目标，并批准了一笔 810 亿法郎的款项，专门用于该计划的实施。②强化生活垃圾和废弃物管理。1992 年 7 月，法国议会通过了一项取消传统垃圾堆放场的决议。为了分担落实这项政策的财政，法国颁发了新的《垃圾法》，以强化垃圾管理方面的政策思路：采取预防措施，减少垃圾及其危害的循环利用工作，尤其是在可再生能源方面的转化利用工作；针对垃圾从产生到清理的全过程，对公众进行宣传教育。法国于 1993 年颁布了一项法令，用 3 年的时间对非生活垃圾，特别是危险垃圾进行了区域治理或跨区域治理。例如，法国从 1993 年 4 月 1 日起开始征收垃圾税，并将税收用于资助购置垃圾处理设备和完善垃圾处理设施。在法国，发射性和低放射性的核废料占 90%。为了加强对核废料的管理工作，法国政府于 1992 年将核废料管理部门列为政府专门机构，且独立于法国原子能总署。1993 年，该部门公布了法国各种放射性核废料储藏地的清单。目前，这些核废料都储藏在拉芒什和奥布两个核废料储藏地，其储藏能力可满足法国今后 40 年的需求。③保护自然资源。20 世纪 80 年代末，法国建立了完善的森林监督系统。有了负责检测每一小区昆虫、灾害和病毒的观测网点，以及参与了欧洲国家的总监测网，对 520 处森林进行特别观测，使法国能够对森林生态系统的状况和发展趋势进行比较深入的研究。④发展环保产业、开发绿色产品。法国于 1991 年 3 月设立了绿色产品标志，并将其作为工业产品的一种证书。绿色产品的检测工作由法国国家实验室进行。1992 年 6 月，法国公布了第一批绿色产品标志清单，1994 年，第一季度又推出了第一批带有绿色产品标志的垃圾袋（纸袋和塑料袋）。此外，还有电池、洗发香波、皮革、家具、布料、润滑剂、绝缘材料、取暖设备、纸张等也陆续推行了绿色产品标志。今后，法国还准备对汽车维修产品、玩具、家用小电器、园艺肥料、节水器等产品进行绿色产品标志的测试工作。法国绿色产品标志具有以下特点：第一，任何单位和企业均可以申请，由国家实验室测试后，凡符合标准的产品都可获得绿色产品标志；第二，凡申请绿色产品标志的产品，必须符合有关产品寿命周期中的各种生态标准；第三，绿色产品标志是受时间限制的，因为衡量绿色产品的标准要根据环境状况和技术革新而不断提高。

2）英国。英国可持续发展战略主要是在减排温室气体、可再生能源、建设"零能源发展系统"绿色社区、推行垃圾分类回收、整治泰晤士河、加大绿化力度六大方面效果显著。作为最早的资本主义国家，完整经历了由粗放型大生产模式转型为精细化循环经济模式，并通过一系列法律和政策将生态环境恢复到了人与自然相对和谐的状态。英国设有独立的可持续发展委员会，负责监督政府对可持续发展政策的执行，以确保可持续发展目标的实现。

1956 年，英国颁布了世界上第一部《清洁空气法》，逐步实现了全民天然气化，停止了燃煤，环境质量有了明显的改善。英国城市规划体系在 2004 年《规划与强制征收法案》发布之后重新调整为国家、区域和地方三个层次。其中，国家层面上，英国政府负责制定有关规划方面的国家政策和规划系统运作的总体原则，主要文件包括国家"规划政策陈述"（PPS）和"规划政策指引"（PPG）。在区域层次上，英格兰各区域机构规划部门负责编制反映国家规划政策的"区域空间战略"：明确该区域内重点发展地区和 10～15 年内土地利用方案，并在必要时编制"次区域规划"。在地方层次上，英格兰各郡、城市或者地区政府规划部门负责编制"地方发展框架"，包括"地方发展计划""地方发展文本"和"社区参与陈述"。《规划与强制征收法案》第一次以法律的形式确定了英格兰每个地区需要设立区域规划机构和修订区域空间战略。该法案包括 9 个部分的内容：区域功能、地方发展、规划和可持续发展、发展管理、修正、威尔士、皇家申请、强制性购买、其他。总体目标是建立更富有弹性和能力的规划系统，增加社会参与的效力和质量，并使规划的实施得到资金保障；允许地方规划机构通过地方发展条例改善地方发展；加快主要基础设施项目的论证审批程序；免除皇家在规划过程中的豁免权；使强制性购买体制更加简单、公平和高效，以支持主要基础设施投资和城市更新的相关政策。2007 年，英国颁布了《气候变化法案》，宣布了具有法律约束力的目标，即与 1990 年相比，到 2020 年，英国 CO_2 排放量至少减少 26%，到 2050 年，至少减少 60%。

1994 年，英国环境部按照 1992 年在联合国环境与发展大会上的承诺制定了可持续发展战略——《可持续发展英国的战略选择》。在这个长达 260 页的报告中，明确阐述了英国政府对可持续发展的认识与理解。英国政府认为，促进经济发展以保证提高自己和后代的生活水平，同时也追求保护和改善当代及子孙后代的环境，将这两个目标加以协调，就是可持续发展理念的核心内涵。英国政府还认为，可持续发展需要在三个方面改进：一是政府部门应对可持续发展提出具有权威性和独立性的建议；二是应加强在有代表性的部门对可持续发展政策、纲领等发展规划战略的量与度；三是应进一步将可持续发展知识普及到社区和每个人。

1996 年 3 月，英国环境、交通和区域部（Department of the Environment Transport and Regions，DETR）公布了英国可持续发展指标体系，将可持续发展按照压力–状态–响应（pressure-state-response，PSR）的模式分成了 120 个指标。该指标以英国的可持续发展目标为基础，采取目标分解的方式设计，是第一个将对可持续发展的衡量从定性到定量，从研究到实践的尝试。

1998 年 9 月，英国政府"可持续发展教育工作组"提交了一份工作报告，并按可持续发展教育的要求对英国《国家课程》进行了修订，其中把可持续发展教育定义为：可持续发展教育是一种学习过程，旨在维持、改善并提高后代人的生活质量。可持续发展教育能使个人、社区、群体、企业界和政府部门在生活和所采取的行动上遵循可持续性原则，同时使人们理解环境问题、社会问题和经济问题是彼此相关的。

2002 年 9 月，英国环境部与贸易工业部就生产与消费的可持续性公布了题为《发展模式——英国政府关于可持续消费与生产的框架》，这是一项长期政策。在这个长期政策中，英国政府提出：第一，不污染环境的经济发展道路；第二，有效利用资源；第三，产品生命周期评价；第四，让消费者得到更多产品与服务信息的办法；第五，对降低环境负担的技术进行投资并促进技术革新的办法等方案。

2003 年，英国政府发布了题为《我们能源的未来：创建低碳经济》白皮书，在这本白皮书中提出，英国已经充分意识到了能源安全和气候变化的威胁，提出在可持续发展理念指导下，要通过技术创新、制度创新、产业转型、新能源开发等多种手段，尽可能地减少煤炭石油等高碳能源消耗，减少温室气体排放，达到经济社会发展与生态环境保护双赢的一种经济发展形态。

2005 年，英国政府副首相办公室发布了《规划政策陈述：实施可持续发展》。该文件是英国政府在规划领域全面推行可持续发展战略的国家规划政策。其内容共分两大部分：第一部分阐明规划体系的政府目标；第二部分具体陈述城市规划的关键原则、城市规划可持续发展的核心内容及实施可持续发展的主要途径。

2007 年 5 月 23 日，英国发布《能源白皮书》，宣布到 2050 年前后将温室气体排放量减少 60%。英国成功地将维持经济增长的目标与控制温室气体排放量结合起来，1990 ～ 2002 年，英国经济增长 36%，而排放量降低了 15.3%。

2012 年秋，英国政府通过了旨在住宅和商业建筑领域提高能源性能，减少温室气休排放的"绿色方案"，鼓励企业和业主改造和使用节能产品，通过更加节能、智能的家居改进计划，在 60 年内实现住房 CO_2 排放量减少 29%，工作场所 CO_2 排放量减少 13% 的目标。

除了在改善环境、节能减排上减轻城市压力，英国还尝试利用新技术，打造"智能城市"。为此，2013 年，英国设立了由商务部和交通部部长负责的部长论坛，邀请各政府部门、国内外公司企业、高校、相关城市代表等参加论坛，重点讨论智能城市建设过程中面临的挑战，共同商讨政府如何给予支持。政府还设立了未来城市创新中心（Future Cities Catapult），旨在推动与智能城市发展相关的科技成果转化，促进城市、企业与大学的合作，提高城市生活质量。目前，英国已在格拉斯哥、纽卡斯尔、曼彻斯特、伯明翰等地建立了试点，并尝试将其进行智能城市建设的经验进行推广。2015 年 3 月 27 日，中英两国在武汉发起来两项关于智能城市的行动，通过了《中国——英国智慧绿色城市：规划和治理》的报告。

3）美国。1996 年，美国发布《美国国家可持续发展战略—可持续的美国和新的共识》报告，分别介绍了美国的可持续发展国家目标、信息和教育、加强社区建设、自然资源管理、人口与可持续发展，以及美国的国际领导地位等。在克林顿总统接受这份战略报告的同时，宣布由两个机构负责实施可持续发展的战略计划，一是总统可持续发展理事会（President's Council Sustainable Development，PCSD）；二是可持续社区联合中心（JCSC）。JCSC 是由美国市长大会和美国县联盟共同创建，其任务是帮助各社区达到自给自足和实现可持续发展。该中心主要通过实施可持续社区发展计划（包括领导培训、信息交换和制定实施行动计划的方法和技术等）、开展有关社区政策分析和教育论坛活动（包括政策分析和全国性的教育等），向地方官员提供咨询、信息和财政支持，促进各社区的可持续发展。

PCSD 就美国的可持续发展，提出了以下相互依存的国家目标。①健康与环境：确保每个公民在家里、在工作和娱乐场所享有清洁的空气、清洁的水和健康的环境。②经济繁荣：保持美国经济的健康和充分发展，创造富有意义的工作机会，在日趋激烈的世界竞争氛围中，向所有的美国公民提供通往高质量生活的机会。③平等：确保所有的美国公民得到公平对待，拥有为实现幸福目标奋斗的机会。④自然保护：运用有益于社会、经济和环境长远利益的方法，恢复、保护和利用自然资源（土地、空气、水和生物等）。⑤服务管理：广泛树立这样一种服务管理道德规范，即能够激励个人、社会公共机构和私人公司就其行为对经济、环境和社会造成的后果全面负责的服务管理道德。⑥可持续发展社区：鼓励人们携手合作，共同创建健康的社区，包括保护社区的自然和历史资源、创造就业机会、控制社区无计划的扩展、保护社区内四邻的安全等，以及向所有的公民提供为改善其生活质量的各种机会。⑦市民支持参与：创造机会，鼓励市民、工商企业和社区参与有关自然资源、环境和经济的决策活动。⑧人口：促使美国的人口趋于稳定。⑨国际义务：美国在制定和执行有关全球可持续发展政策、行为标准，以及贸易和对外政策方面应起表率作用。⑩教育：确保所有的美国公民在教育方面机会均等，并且终生能够获得学习的机会，从而为参加有意义的工作、提高生活质量和参与可持续发展做好准备。

美国 PCSD 认为，为了促进未来的进步与发展，美国必须就环境保护（包括可持续发展的基本组成部分：环境健康、经济繁荣、社会平等与幸福）承担更多的义务，这就意味着必须根据目前的实际情况改革税收和补贴政策，采用市场激励手段等因素改革目前的环境管理体制，并确立新的、有效的政策框架。同时，PCSD 在资源保护、社区建设、人口与可持续发展方向采取了一系列整体措施。此外，美国政府还以制定"国家环境技术战"为主线，通过实施项目计划，开发新的环保技术，推动环境技术的出口和转让。

5.1.1.3 国际政策路线图

基于国际组织和部分区域组织及发达国家对可持续发展所采取管理政策和产生重大影响的报告、声明，对主要政策法规进行了制图（图5-1）。

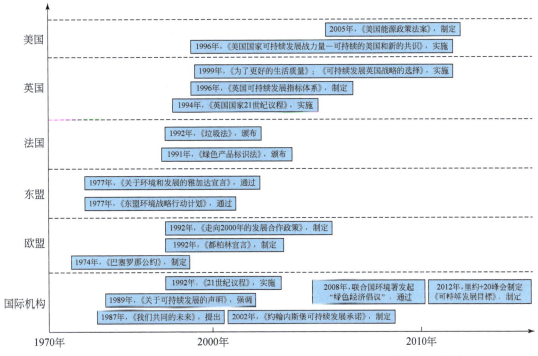

图 5-1　1970～2010 年各国际组织和区域组织及国家采取的可持续发展政策

5.1.1.4 政策体系分析

目前，各个国家通过发展绿色经济、循环经济、低碳经济等方式来推行可持续发展。并且取得了一定的成绩。

（1）绿色经济

2008 年 10 月和 12 月，联合国环境规划署发起了在全球开展"绿色经济"和"绿色新政"的倡议。试图通过绿色投资等推动世界产业革命、发展经济、增加就业机会与减少贫困。

欧盟在 2013 年之前投资了 1050 亿欧元支持欧盟地区的"绿色经济"，促进就业和经济增长，保持欧盟在"绿色技术"领域的世界领先地位。欧盟所投入的这笔巨额款项全部用于环保项目及其相关的就业项目。欧盟在 2007 年 3 月通过了一项能源战略计划，承诺到 2020 年将温室气体排放量在 1990 年基础上至少减少 20%，到 2020 年将可再生清洁能源占总能源的比例提高到 20%，将煤、石油、天然气等一次性能源消耗量减少 20%。其中，英国、德国、法国成为发展绿色经济的主导力量。

英国的绿色经济主要体现在绿色能源、绿色生活方式和绿色制造三个方面，并把发展绿色能源放在绿色经济政策的首位。2009 年 7 月 15 日，英国发布了《英国低碳转换计划》和《英国可再生能源战略》。按照英国政府的计划，到 2020 年，可再生能源在能源供应中要占 15% 的份额，其中 40% 的电力来自绿色能源领域。在住房方面，英国政府拨款

187

32 亿英镑用于住房的节能改造，对那些主动在房屋中安装清洁能源设备的家庭进行补偿。在交通方面，新生产汽车的 CO_2 排放标准要在 2007 年基础上平均降低 40%。

德国重点发展生态工业。2009 年 6 月公布的一份旨在推动德国经济现代化的战略文件强调生态工业政策应成为德国经济现代化的指导方针。它包含 6 个方面的内容：①严格执行环保政策；②制定各行业能源有效利用战略；③扩大可再生能源使用范围；④可持续利用生物质能；⑤推出刺激汽车业改革创新措施；⑥实行环保教育、资格认证等方面的措施。为了实现传统经济向绿色经济转型，德国除了注重加强与欧盟工业政策的协调和国际合作之外，还计划增加国家对环保技术创新的投资，并鼓励私人投资。

法国重点发展核能和可再生能源。2008 年底，法国环境部公布了一揽子旨在发展可再生能源的计划。该计划包括 50 项措施，涵盖生物能源、风能、地热能、太阳能和水力发电等多个领域。除了大力发展可再生能源外，法国政府于 2010 年还投入 4 亿欧元，用于研发清洁能源汽车和"低碳汽车"，通过节能减排措施推动产业发展。同时，核能一直是法国能源政策的支柱，也是法国绿色经济的一个重点。法国是核能利用大国，拥有阿海珐集团、法国电力集团两家全球领先企业。

（2）循环经济

1）德国循环经济体系。德国循环经济酝酿于 20 世纪 80 年代后期，系统的实践在 90 年代中期，以 1994 年颁布、1996 年实施的《循环经济与废弃物管理法》为标志。目前来讲，德国的循环经济发展水平处于世界领先地位。其发展历程大概经历三个阶段：①起步阶段，1972~1985 年，第二次世界大战结束后，德国经济快速增长。其快速的生产能力也伴随着生活垃圾、工业垃圾的急剧增长。德国于 1972 年出台了第一部《废弃物限制及废弃物处理法》，确定了废弃物排放的"末端治理"原则。②平稳发展阶段，1986~1995 年，从 80 年代以来，德国政府意识到简单的"末端治理"并不能从根本上解决问题。1986 年，德国政府颁布了新的《废弃物限制及废弃物处理法》，首次规定了预防优先和垃圾处理后的重复使用，并对产品生产者的责任进行了规定。1991~1995 年，为了提高垃圾处理技术、经营和组织水平，德国在社会经济的主要领域颁布了相关的法律、法规进行循环经济实践，如《包装管理条例》《限制废车条例》等。1991 年，德国又颁布了《避免和回收包装品垃圾条例》和《包装条例》，扩大了废弃物再利用的范围，强化了产品生产者责任制度。③高速发展阶段，1996 年以后，德国循环经济大规模发展并不断完善，1996 年实施了《循环经济与废弃物管理法》，该法将 3R（reduce，reuse，recycle）原则引入德国循环经济体系。在这一法律框架内，德国又进一步完善了各个行业的法律、规定，如《饮料包装押金规定》《废旧汽车处理规定》《废旧电池处理规定》《废木料处理办法》等相关规定出台，极大地完善了德国循环经济政策体系。

2）日本循环经济体系。日本的循环经济发展也大概经历了三个阶段：①第二次世界大战以后，日本经济繁荣发展的同时带来很严重的生态环境破坏问题，一系列的重大环境污染问题，给当地人类生产、生活带来很严重的后果，为此，1967 年，日本制定了《公害对策基本法》，随后又制定了防止公害的 6 部法律，实施了严厉的公害防止措施，产业公害锐减。1974 年，日本政府设立了阁僚级管理环境的专门机构——环境厅，逐步建立了以环境厅为核心的日本环境行政体系，负责制定相关环境保护法令、政策、计划和标准。②平稳发展阶段（1980～1992）年，确立了从生产和消费源头防止污染的"管端预防"战略，该战略的实施取得了显著成效。③高速发展阶段，从1993年，以后，日本提出了全面建设循环型社会的口号，脱离单一的生产、消费、废弃物再利用的简单循环，面向社会各个领域推进循环经济，实现可持续发展。1993年，日本通过了《环境基本法》促进了建立完善的循环体系。1994年，日本内阁提出"实现以循环为基调的经济社会体制"。继欧盟提出建立"绿色欧盟"的发展战略之后，日本于1998年提出面向21世纪的"环境立国"的新战略，努力建立"最适量生产、最适合消费、最小量废弃"的经济社会发展模式（沈国明，2005）。2000年，日本国内正式通过了《建立循环型社会基本法》。目前，日本政府已经建立了完善的关于循环经济的法律法规体系（表5-1）。

表5-1 日本循环经济法律体系

法律层次	法律名称	制定年份
基本法	《环境基本法》	1993
	《建立循环型社会基本法》	2000
综合法	《废弃物处理法》	1970
	《资源有效利用促进法》	1991
专项法	《容器和包装物的分类收集与循环法》	1995
	《特种家用机器循环法》	1998
	《建筑材料循环法》	2000
	《可循环性食品资源循环法》	2000
	《绿色采购法》	2000
	《多氯联苯废弃物妥善处理特别措施法》	2001
	《车辆再生法》	2002

5.1.2 国际可持续发展科技政策成效分析

世界各国在实施可持续发展的进程中，采取了不同的政策措施，其实施的效果也各有差异。本节以通过分析美国绿色经济的发展状况来分析可持续发展科技政策的实施效果。绿色经济实践是一场世界性历史革命。

美国是生产大国，也是消费大国。作为世界上最大的能源消耗国，美国被称为"车轮子上的国家"。在经历了资源破坏、环境污染一系列灾难及能源危机的重创后，美国在节约能源、合理利用能源方面采取了一些措施，并取得了一些效果。美国选择以开发新能源、发展绿色经济作为振兴美国经济的主要突破口。其政策的短期目标是促进就业、拉动经济复苏；长期目标是摆脱美国对国外石油的依赖，促进美国经济的战略转型。

5.1.2.1　管理机制与特色

1）实施能源管理。美国政府设有专门的能源机构，同时允许非政府组织参与能源管理。这些机构的主要职责就是为节能工作创造有规则的市场环境，同时对政策的实施起监督和调控作用。美国负责能源问题的机构分为国家和州两个主要层次。国家层面是美国能源部，负责政策的制定和执行；EPA 和联邦能源管理机构是推动节能的辅助部门。美国节能的另一个重要机构是非政府组织：美国能源效率经济委员会和美国自然资源保护委员会。

2）重视通过法律的手段加强节能管理。美国的法律法规大体经历了以下三个阶段：一是能源危机应对阶段。为应对 1973 年以来的两次石油危机，美国于 1975 年颁布了《能源政策和节能法案》，1978 年颁布了《国家节能政策法案》和《公用电力公司管理政策法案》。二是降低电器设备耗能阶段。美国于 1978 年颁布了《国家家用电器节能法案》。三是制定国家能源综合战略阶段。美国于 1992 年颁布了《能源政策法案》，1998 年颁布《国家能源综合战略》，2005 年颁布《国家能源政策法》。

3）制定和执行能效标准。美国颁布的能效标准有强制性与自愿性之分，在全国实施的需国会通过并具有法律效力。自愿性标准由企业界制定推广，经社会认可后可以具有强制性。"能源之星"是美国政府推出的一项旨在提高企业和个人能源利用效率从而保护环境的措施。它是美国 EPA 于 20 世纪 90 年代推出的节能标志体系。凡符合节能标准的商品会贴上带有绿色五角星的标签，并进入美国环境保护局的推广商品目录。

4）对节能行为进行现金补贴。现金补贴是刺激节能行为的有效措施之一。在美国，联邦政府、州政府和电力公司等公用事业组织每年均会给予大量的经费补贴以鼓励用户购买节能产品。

5.1.2.2　政策实施效果

多年来，美国政府主要通过财政手段鼓励可再生能源的开发和利用。美国不仅拨款资助可再生能源的科研项目，还对可再生能源的发电项目提供抵税优惠。2003 年，美国将抵税优惠额度再次提高，受惠的可再生能源范围也从原来的两种扩大到风能、生物质能、地热、太阳能、小型水利灌溉发电工程等更多领域。

为扩大可再生能源市场，美国采取了由政府部门带头使用的办法。美国已经要求其联邦机构使用可再生能源的比例。2010 年，美国根据《能源政策法》拨款 3 亿美元，用于实施太阳能工程项目。美国联邦政府于 2004 年增拨 1 亿美元用于提高现有水电站的生产能力，进一步提高水电站发电量。在 2004 ~ 2012 年，每年拨款 2 亿美元，用于减少煤电环境污染等技术的开发和相关工程建设。2009 年 2 月 15 日，总额达到 7870 亿美元的《美国复苏与再投资法案》将发展新能源列为主攻领域之一，重点包括发展高效电池、智能电网、碳储存和碳捕获、可再生能源如风能和太阳能等。

5.1.3　国际可持续发展科技政策的需求与发展趋势

5.1.3.1　国际可持续发展科技需求发展展望

联合国在 1999 年末发表的题为《2000 年全球环境展望》显示，七年后，在体制机构建设、国际共识建立、有关公约实施、公众参与和私营部门行动方面已取得一些进展，一些国家在一定程度上抑制了污染并使资源退化的速度减慢，但全球环境总体情况趋于恶化。在工业化国家，许多污染物，特别是有毒物质、温室气体和废弃物的排放仍在增加，这些国家的浪费型生产和消费方式基本上没有改变。在世界许多较穷的区域，持续的贫困加速了生产性自然资源的退化和生态环境的恶化。当前全球局部环境的进一步恶化，正是由于环境问题的特殊性和贯彻可持续发展战略的艰巨性决定的。但是这一情况并没有那么悲观，从整体来看：①各项环境公约的逐步实施，将推动全球环境改善；②联合国可持续发展委员会的每年审议工作，对推动《21 世纪议程》的实施起到了积极作用；③各国制定并实施可持续发展战略，有利于贯彻可持续发展战略的能力和手段的日趋完善；④国际组织大力推进可持续发展战略，进一步增强他们的国际协调能力。这些都在一定意义上促进了全球可持续发展能力的提升。当然这并不意味着可持续发展道路将会一帆风顺，更不能掩饰各国国内和国际社会在贯彻可持续发展战略中存在的问题和矛盾。

5.1.3.2　可持续发展科技政策发展趋势

综合分析，国际可持续发展将表现出以下几个趋势。

（1）推进可持续发展战略进程中正在呈现出四个转向

比较分析各国可持续发展战略，不难看出正在推进可持续发展战略进程中的四个转向，即环境治理从重视"末端"转向"全过程"的清洁生产；环境保护从单纯的污染防治转向重视资源、生态系统的保护；环境管理从单一部门管理转向多部门，形成"多管齐下"的管理态势；环境战略从片面重视环境保护转向经济、社会、生态的全面可持续发展。

（2）环境问题的国际协调日益紧迫，国与国之间在解决环境问题中谋求合作的趋势越来越强

环境问题的国际属性及发展中国家与发达国家在环境问题上的尖锐矛盾，导致了环境问题的国际协调日益紧迫。在联合国系统的主持下，已经成功地使大多数的国家批准并签署了《气候变化框架公约》《维也纳保护臭氧层公约》等国际公约。以世界银行为主导的GEF，针对生物多样性保护、温室气体排放、跨国水域保护等方面的项目给予了广泛的资金支持。以欧盟、东盟为典型的区域性国际组织，在统一联盟内各国环境立场方面起到了一定作用。此外，非政府组织对协调全球环境问题也发挥了积极的作用。尤其是国际标准化组织（International Organization for Standardiz-ation，ISO），为统一各国环境标准，推动

各国环境管理、促进国际贸易发展与环境保护的协调起到了积极作用。

（3）各国实施可持续发展战略的市场机制更加完善、法律系统更加健全、政策体系更加灵活

在如何加强对生态环境的保护，推动可持续发展的问题上，主要有两种思路：一是依靠政府的法律、政策进行直接控制，二是通过市场机制进行间接控制。前者通过设定环境质量标准，依靠政府的法律、政策手段强制执行；后者则通过经济手段达到控制目的。资源环境的公共物品属性，决定了单纯依靠政府或市场，都无法彻底解决资源、环境问题。政府的法律、政策和市场机制在解决环境问题上均呈现出不同程度的"失灵"。

5.1.4 我国可持续发展科技政策与国际比较

5.1.4.1 我国可持续发展科技政策体系与特点

（1）我国对可持续发展的认识

就全球而言，我国同意联合国环境规划署第 15 届理事会通过的《关于可持续发展的声明》，即可持续的发展，系指满足当前需要而又不削弱子孙后代满足其需要之能力的发展，而且绝不包含侵犯国家主权的含义。根据我国的具体国情，我国对可持续发展的认识和理解，主要强调以下几个方面：①可持续发展的核心是发展。中国要消除贫困，提高人民生活水平，就必须毫不动摇地把发展经济放在首位，环境和生态的保护，都有赖于经济的发展。经济发展是我们办一切事情的物质基础，也是实现人口、资源、环境与经济协调发展的根本保障。②可持续发展的重要标志是资源的永续利用和良好的生态环境。可持续发展要求在严格控制人口增长、提高人口素质和保护环境、资源永续利用的条件下进行经济和社会建设，保持发展的持续性。③实现可持续发展战略必须转变思想观念和行为规范。要正确认识和对待人与自然的关系，用可持续发展的新思想、新观点、新知识，改变人们传统的不可持续发展的生产方式、消费方式、思维方式，从整体上转变人们的传统观念和行为规范。

（2）我国实施可持续发展战略的总体进展

1992 年，联合国环境与发展大会后，我国政府以认真负责的态度，履行自己在联合国环境与发展大会上的承诺，在实施《21 世纪议程》方面，采取了一系列重大行动，并取得了初步进展。①提出环境与发展十大对策。1992 年 8 月，我国政府提出"中国环境与发展十大对策"，明确指出走可持续发展道路是我国当代以及未来的必然选择。②建立推动可持续发展战略实施的组织保障体系。我国政府在 1992 年 8 月成立了中国 21 世纪议程领导小组及其办公室，负责制定并组织实施《中国 21 世纪议程》，设立了具体管理机构——中国 21 世纪议程管理中心，在国家计划委员会和国家科学技术委员会的领导下，按照领导小组及其办公室的要求，承担实施《中国 21 世纪议程》的日常管理工作。③制定了国家、各部门和地方政府不同层次的可持续发展战略。1994 年，我国政府制定和发布了我国的可持续发展战略——《中国 21 世纪议程—中国 21 世纪人口、环境与发展白皮

书》。许多省、自治区和直辖市在该议程的指导下已经或正在制订地方 21 世纪议程或行动计划。国务院许多部委已经或正在制订本行业的 21 世纪议程或行动计划。④将可持续发展战略纳入国民经济和社会发展计划中。将该议程纳入国民经济和社会发展计划是我国政府实施可持续发展战略的基本措施。⑤加快可持续发展的立法进程，加强执法力度。努力促使我国可持续发展战略的实施逐步走向法制化、制度化和科学化的轨道。⑥组织和动员社会团体及公众参与可持续发展。我国各级政府及社会团体举办了多期可持续发展的培训班，并通过广播、电视、报纸、刊物等媒介在我国广泛地宣传普及可持续发展的思想，提高公众参与可持续发展的意识。我国社会各界包括社会团体积极拥护可持续发展思想和战略。妇女、科技界、少数民族、青少年、工会和农民参与可持续发展活动已取得积极进展。

5.1.4.2　我国可持续发展科技政策路线图

目前，我国已构建了覆盖全国的可持续发展系统，初步建立了我国可持续发展管理政策体系。我国可持续发展科技政策路线图如图 5-2 所示。

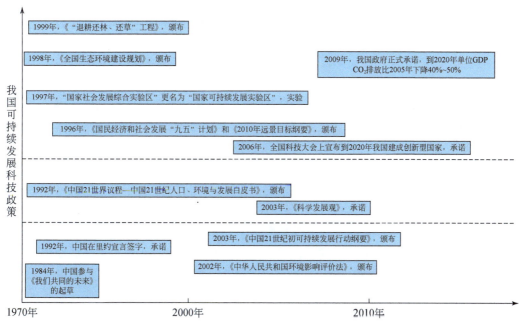

图 5-2　1970～2013 年我国可持续发展科技政策

5.1.4.3　我国可持续发展科技政策的国际比较

（1）中美比较

我国从 20 世纪 70 年代开始，在全国绝大多数乡镇和城市均实行少生优生计划生育政策。经过 30 年的计划生育实践，我国少生了 3 亿多人，并已经进入低生育率水平，为我国的可持续发展奠定了良好的基础。

美国进入 20 世纪 70 年代以来，公共政策也日益关注于贫困儿童的医疗保障和社会救助，以及对妇女的健康和教育进行投资。1976 年的《移民与国籍法修订案》结束了西半球自由移民的历史，1986 年又通过针对非法移民的改革与控制法案。在此基础上，根据美国的人口现状，可持续发展战略提出了稳定美国人口增长的三项政策建议，提供更多的计划生育和生育卫生方面的服务；为妇女提供更多的教育和就业机会，改进移民政策，减少非法移民数目。

我国已经制定和颁布了一系列关于资源管理的法律法规，包括土地法、森林法、草原法、水法、矿产资源法等，加强资源开发利用和保护的立法与执法，完善自然资源有偿使用制度和价格体系，逐步建立资源更新的补偿机制。

美国已制订了一系列庞大的资源保护法律、法规体系，特别是 1989 年 6 月通过的一项有关资源和环境核算的法律，变自然资源无价为有价，将环境外部成本内在化，把自然资源纳入国民经济账户，对综合国力（CNP）进行修正，对资源和环境保护起到了重要作用。美国政府 1994 年发表的《为持续未来的技术》、1995 年发表的《国家环境技术战略》和《可持续发展的能源战略》等一系列政策报告，对节能降耗、提高能效都起到了重要的推动作用。特别是《可持续发展的能源战略》提到的改革不利于环境保护和可持续发展的能源价格补贴的建议，更是至关重要。

美国自 20 世纪 70 年代以来环保政策的一个重要特征就是从重视"末端控制"向重视"源头控制"转变，提倡使用先进的科学技术来预防和治理污染，鼓励清洁生产和无废少废工艺的开发和应用，并十分强调措施的灵活性和创新性，重视市场机制的运用，充分发挥地方和企业的积极性。可以说，在 70 年代以前，美国的经济发展是以环境污染为代价的，从 1970 年 4 月 22 日第一个"地球日"起，美国进入了现代环境政策时期。美国国家可持续发展战略提出了包括提高实施现有法规的成本收益率，政府和企业共同合作开发新产品，逐步转向采用环境税收机制，更多地运用市场激励措施促进环保，加强环保科学决策，促进环保技术的开发和应用等近 40 条建议。

美国的可持续发展特征是偏重环境保护和生态效率，减少单位产值中资源的消耗及污染物的排放量。这是一种强可持续发展模式。而我国的可持续发展特征是发展经济、消除贫困、解决温饱等社会问题为先导，同时采取控制人口增长，提高保护环境与生态的能力。这是一种弱可持续发展模式。我国作为一个发展中国家，正处在经济快速增长的发展过程中，面临着提高社会生产力、增强综合国力和提高人民生活水平的历史任务，因此，我国可持续发展的核心是发展。而美国是一个发达国家，其经济已经处于高度发达状态，面临的主要任务是保护环境，节约能源，保持生态平衡，因此，其可持续发展的核心是合理利用资源和保护生态环境。

（2）中日比较

20 世纪 90 年代，日本从可持续发展理念出发，提出了循环经济发展战略，实现了经济发展战略的重大转变，进而使日本的"静脉产业"得到较快发展。日本经济发展采取的是"政府主导型"经济模式，为促进"静脉产业"的发展，政府制定了一系列宏观发展规划。例如，1994年12月日本内阁制定了环境基本计划，提出"实现以循环为基调的经济社会体制"。1998年，日本制定"新千年计划"，把发展环境产业和循环经济作为构建21世纪日本社会发展的目标。

1991年，日本国会通过了以废弃物再利用为中心的《再生资源利用促进法》，2000年又修改为《促进资源有效利用法》。与该法相配合还制定了一系列的专项法规，如2001年4月修订并实施的《固定废弃物管理法》《家用电器回收法》等。并以法律形式对制造商、销售商和消费者的回收责任做了明确的规定。同时制定鼓励产业发展的相关政策。一是实行税收优惠政策。政府对废塑料制品类再生处理设备，在使用年限内除了普遍退税外，还按价格的14%进行特别退税。二是对企业实行财政补贴政策。例如，日本对中小企业从事环境技术研究与开发的项目给予补贴，补贴费占其研发费用的50%左右。三是对企业实行融资优惠政策。对设置资源回收系统的企业，由非营利性金融机构提供中长期的优惠利率贷款。

日本发展"静脉产业"注重按照废物回收、拆解利用和无害化处置三大系统，建立起社会化的产业发展体系。由生产厂家主导的国际资源循环网络就是具有日本特点的社会化产业发展体系。

对照日本在该领域取得的成就，我国应该加强政府对产业发展的调控与引导。国家有关部门要制定较长期的产业发展战略规划，确定产业发展的战略目标、战略重点和实施策略。各地区应依据国家产业发展战略规划，组织制定区域产业发展战略规划和实施策略。由于再生资源产业涉及回收和加工利用两大领域及众多的行业部门，因而在传统管理体制上形成产业多头管理，政出多门，甚至政策之间相互冲突的现象，对产业发展不利。因此，应加快产业管理体制的改革，建议按照社会化产业发展体系建立的需要，在国家和地方政府设立专门的再生资源产业管理和综合协调机构，在充分发挥行业协会的管理、协调、服务功能的基础上，使其担负起政府与企业之间的桥梁和纽带作用，进而加强对再生资源产业的管理，协调废弃物资回收、加工利用和无害化处理及产业内部各行业之间的关系，促进产业发展。

5.1.5 我国政策建议

我国作为世界上最大的发展中国家，实施可持续发展战略具有举足轻重的地位。《中国21世纪议程》实施多年来，我国的可持续发展取得了可喜的进展，在国际上树立起了发展中大国坚定地走可持续发展道路的良好形象。在国内建立了推动可持续发展战略实施的组织保障体系，制定了国家、部门、地方不同层次的可持续发展战略，提高了公众的可持续发展意识，加快了可持续发展的立法进程，加强了执法力度等。但从总体来看，我国实施可持续发展战略尚有诸多不完善之处，立足基本国情，积极借鉴其他国家可持续发展战略的经验、教训，对我国贯彻可持续发展战略将起到积极的作用。

5.1.5.1　立足国情，积极开展国际环境合作

针对本国的国情、立足于对外开放的长期战略，我国有理由更加积极地开展可持续发展领域的国际合作。我国拥有世界近 1/4 的人口，经济总量庞大，但是人均量很低，要完成小康走向富裕，离不开经济的增长。可是当前我国的资源短缺问题依旧存在，环境污染局部还有蔓延情况，已经对发展构成严重制约。解决环境污染和生态恶化问题，除了依靠我国自身的力量以外，积极开展国际合作可以为我国解决环境问题提供机遇并获得多方面收益。第一项收益是，切身感触到全球对可持续发展的重视程度，接触到发达国家政府先进技术和公众的环境意识。第二项收益是，获得其他国家在可持续发展问题上的经验和教训，为我国实施可持续发展战略提供借鉴。第三项收益是，在扩大对外开放、积极利用外资的同时，通过参与制定、实施和完善各种国际公约和国内法规，防止少数国家向我国转移污染产业和产品。第四项收益是，获得国际的资金和技术支持。

5.1.5.2　进一步完善政府在组织、协调可持续发展战略中的作用

联合国环境与发展大会后我国政府制定了《中国 21 世纪议程》。其后，在国家层面，政府将该议程作为国家和各省（自治区、直辖市）、市政府工作报告的指导性文件；有关部门分别制定了相应的部门和行业 21 世纪议程和行动计划。

我国已初步建立了与可持续发展相关的法律、法规、政策体系，包括环境保护法律、自然资源管理法律、环境保护与资源管理行政法规、各类国家环境标准、地方环境保护资源管理法规及加入与可持续发展有关的国际公约。这些法律、法规、政策为贯彻实施可持续发展奠定了基础，但它们侧重于规范部门、地方政府的职责，偏重条块，缺乏整体上的协调性。另外，建立综合管理决策机制。建立综合决策机制的基本要求和当前亟待解决的根本性问题是要建立合理的决策规范、规范的决策程序、高效的决策机构和透明的决策过程。要进一步明确政府职能，加强部门之间的合作，建立部门协调的管理运行机制和反馈机制，提高政府政策的一致性和协调性。

5.1.5.3　吸收国外通过市场机制强化环境管理的经验，建立并完善中国环境管理的市场机制

通过市场机制强化环境管理是发达国家普遍采用的方式，市场机制的主要手段包括资源和环境的税费、排污权交易、押金退款制度、财政补贴、环境标志、处罚制度等。

如何将这些手段适时有效地应用于我国，结合国情，应从以下几方面着手：①逐步建立可持续发展的环境资源价格体系。②全面改革排污收费制度。③适时推出环境税。④明晰环境、资源产权。⑤尽快建立环境基金。⑥积极推行生态标志。

5.1.5.4 依靠可持续发展技术创新，逐步调整产业结构

积极进行产业结构调整，通过技术创新，建立资源节约型和环境友好型的国民经济体系。具体措施包括以下几个方面：①立足国内自身技术实力，积极引进国外适用的先进技术。要抓住全球推进可持续发展相关的技术，实现技术创新的跳跃式发展。②继续大力推动建立国家科技创新体系，加快经济和科技体制改革步伐，构筑科技与经济结合，适于市场经济的新的创新体系。③完善技术市场，促进科技成果的转让和产业化；增加科技要素在经济发展中的比例，减少发展对资源环境的依赖性。④建立企业技术创新体系，提高企业技术创新能力。

5.2 气候变化

自1979年第一次世界气候大会召开以来，国际科学界逐渐达成共识：人类活动导致的温室气体排放改变了大气环境，人为温室气体的持续排放可能会给人类子孙后代产生巨大的负面影响。随着国际社会对气候变化问题的日益关注，更多的国际组织和国家认识到必须采取积极的措施应对气候变化的挑战。

气候变化问题是源于科学研究发现与气候变化对人类社会的影响，因此，应对气候变化应基于坚实的科学认知及人类社会的承受能力与经济基础。就全球而言，气候变化领域的科技问题主要涉及气候变化事实与证据、气候变化过程与机理、气候变化影响、气候变化预测，以及气候变化应对战略等方面。全球气候变化问题的提出与解决需要清楚认识气候变化事实、机理、影响、预测和策略五大科技问题。气候变化事实与证据包括气温、降水量、海平面、冰盖与雪盖等气候系统各要素的变化趋势、极端天气事件发生概率的变化情况等；气候变化过程与机理涉及自然和人为驱动因素变化及其所产生的正负反馈过程和相互作用，自然与人为驱动因素对气候变化的贡献，以及自然与人为因素相互作用等；气候变化影响涵盖气候变化对自然资源、经济产业、人类健康、重大工程等的影响；气候变化预测包括未来发生重大气候事件的概率预测、气候变化对自然系统与社会系统的可能影响等；气候变化应对策略涉及气候变化减缓与气候变化适应两大方面。

气候系统是一个开放系统，全球气候变化问题是典型的"公共物品问题"，即气候变化影响发生在全球范围内，几乎每个国家都应对气候变化产生的部分问题负责，但没有一个国家能够仅靠自身力量就能妥善处理（陈泮勤和曲建升，2010）。鉴于各国所处的社会经济基础和发展阶段不同，其应对气候变化的能力也不尽相同：尽管部分发达国家受气候变化的影响较为明显，但气候变化应对能力也很强；发展中国家受气候变化的影响明显，应对气候变化的能力却甚为薄弱。是忽略各国社会经济基础和发展阶段的不同，要求所有国家"一刀切式"地削减温室气体排放和开展应对气候变化行动，还是根据各国所处的不同社会经济基础和发展阶段，科学、合理地协调和组织各国的气候变化应对行动，日益成为当今国际气候变化政策领域争议的焦点问题。

5.2.1 国际气候变化领域科技政策框架

5.2.1.1 主要国际政策

（1）国际科学计划

气候变化领域的国际科学计划源于 20 世纪 50 年代国际社会对长期统计性气候变化的科学发现，人类社会寄望通过科学研究进一步认识气候变化的成因并预测未来的变化情况。日渐增多的科学事实表明，温室气体浓度增加改变了地球气候系统的辐射强迫，气候变化研究逐渐引起国际社会的密切关注与大规模合作，气候变化领域的国际科学计划应运而生。

总体而言，国际科学计划体系的发展历程可以划分为以下 4 个阶段。

1）以自然科学研究为主的阶段（1990 年以前）。最早的国际性气候研究计划是 1965 年世界气象组织（WMO）和国际科学理事会（ICSU）联合倡导的"全球大气研究计划"（Global Atmospheric Research Program，GARP），重点关注天气预报和气候预测的科学基础。1972 年，联合国人类环境大会建议 WMO 和 ICSU 共同组织世界气候计划，研究气候变化的人为成因和自然成因，提高预测气候变化的能力。1980 年，WMO 和 ICSU 联合建立了"世界气候研究计划"（WCRP），主要研究地球系统中有关气候的物理过程，涉及整个气候系统。

20 世纪 80 年代初期，美国科学家首次提出开展"国际地圈-生物圈计划"（IGBP）的初步设想，旨在研究全球变化和环境变化与人类未来的复杂关系。1987 年，ICSU 建立了 IGBP，旨在研究主导整个地球系统相互作用的物理、化学和生物学过程。

1988 年，WMO 和 UNEP 联合成立政府间气候变化专门委员会（Interqovernmen-tal Panle on Climate Change，IPCC），旨在构建国际气候变化政策的科学平台。1990 年，IPCC 发布第一次评估报告，以科学为依据证实了气候变化的发生，提出气候变化需要政治参与的主张，并倡议签署《联合国气候变化框架公约》。至此，气候变化领域的国际科技计划开启了自然科学和社会科学研究相结合、不断影响国际社会政治经济政策的新时代（丁裕国和屠其璞，1998）。

2）自然科学和社会科学研究相结合的阶段（1991～2001 年）。1990 年，国际社会科学联盟理事会（International Social Science Council，ISSC）发起"人文因素计划"（Human Dimensions Programme，HDP）；1996 年 2 月，ICSU 联合 ISSC 成为项目的共同发起者，项目名称则由 HDP 演变为 IHDP，侧重描述、分析和理解全球变化中的人文因素影响。

1991 年，UNESCO、国际生物学联合会（International Union of Biological Sciences，IUBS）和国际环境问题科学委员会（Scientific Committee on Problems of the Environment，SCOPE）共同发起"国际生物多样性计划（DIVERSITAS）"，聚焦促进气候变化与生物多样性研究，并联系经济学、社会生态学及社会科学进行综合研究。

1992 年，联合国环境与发展大会（里约地球峰会）的成功召开标志着全球环境变化正式引起国际社会的广泛关注。1995 年和 2001 年，IPCC 先后发布第二次和第三次评估报告，直接推动和影响了《联合国气候变化框架公约》《京都议定书》等一系列国际重要气候变化协议的制定。

3）系统集成研究阶段（2001 年~2012 年）。2001 年，在 ICSU 的倡议下，WCRP、IGBP、IHDP 和 DIVERSITAS 四大全球环境变化计划联合组建"地球系统科学联盟（Earth System Science Partnership，ESSP）"，旨在促进地球系统集成研究，以及利用这些变化进行全球可持续发展能力研究。相关科学研究成果持续为 IPCC 系统整合研究和国际气候谈判提供紧密支持。

作为一个缺乏有效约束力的"松散型"科学协调组织，ESSP 一直存在着组织体系不健全、工作人员配备不足、缺乏足够号召力、研究工作推动乏力等先天不足，影响了预期组织目标的顺利实现。2008 年，ICSU 对 ESSP 及各计划组织了一次全面评估，系统梳理了存在的问题，提出了加强协调处理环境与发展问题的多条建议，并最终推动了 ICSU 对全球变化研究计划的改组（秦大河，2014）。

4）注重社会科学研究阶段（2012 年至今）。2012 年 6 月的"里约+20 峰会"上，"未来地球计划"（Future Earth）正式成立，将整合四大全球环境变化计划（WCRP、IGBP、IHDP、DIVERSITAS 和 ESSP），是 ICSU 和 ISSC 为改变目前全球变化研究格局与研究方法进行的大胆尝试，旨在将全球变化研究与可持续性发展结合起来，建立更畅通的科学—政策沟通渠道，更好地为社会发展服务。"未来地球计划"设置了地球动力学、全球发展和向可持续发展转变 3 个研究方向，并提出了地球观测系统、数据共享系统、地球系统模型、发展地球科学理论、综合与评估、能力建设与教育、信息交流、科学与政策沟通平台 8 个关键交叉领域。

（2）国际条约与行动倡议

自 20 世纪 90 年代开始，随着国际社会对全球气候变化问题的日益关注，以及在《联合国气候变化框架公约》和《京都议定书》框架下逐步发展的全球气候变化减缓行动体系，使气候变化跨越科学的界限，成为与政治、外交、经济、健康等密切相关的复杂主题（曲建升等，2008），气候变化、温室气体、全球变暖等已经成为全球妇孺皆知的公共问题甚至政治核心问题。

1）《联合国气候变化框架公约》。在 1992 年 6 月的里约地球峰会上，国际谈判代表通过了《联合国气候变化框架公约》（简称《公约》）。《公约》承认气候变化是个不争的事实，是由森林砍伐和化石燃料的燃烧等人类活动引起的。其目标在于避免人类对气候系统的危险干扰，将大气中温室气体浓度水平稳定在安全水平。工业化国家（即《公约》附件一国家）在发展的过程中排放了大量的温室气体，对全球变暖负有不可推卸的历史责任，并且具有更强的资金和制度能力来处理这一问题，因此，《联合国气候变化框架公约》呼吁工业化国家率先采取气候行动。

虽然《公约》是国际气候变化合作的重要基石，但是有关各国的减排义务大多都是自愿性的，不具有法律效力。《公约》鼓励但并不强迫各国采取行动，以避免和适应灾难性的气候变化。《京都议定书》、随后的缔约方会议决议及新一轮的气候变化协议谈判都致力于填补这一空白。

2）《京都议定书》。《公约》第3次缔约方会议于1997年12月在日本京都召开，会议通过了《京都议定书》（*Kyoto Protocol*），为37个工业化国家和欧共体设置了温室气体排放的目标。平均而言，这些国家及地区在第一承诺期内（2008~2012年）将使其温室气体排放量在1990年的水平上减少5%。

由于在京都谈判中强调发达国家的历史责任，议定书没有为发展中国家设置减排目标。但是《京都议定书》还设计了联合履约机制（JI）、排放贸易机制（ET）和清洁发展机制（CDM）等灵活机制，为发展中国家开展温室气体减排行动，确保发达国家履行其减排义务创造了机会。

基于《公约》和《京都议定书》确立的国际气候政策框架，世界各国各地区纷纷建立各种形式的协议和合作计划，丰富了国际气候变化制度体系。

3）《亚太清洁发展与气候新伙伴计划》（*New Asia-Pacific Partnership on Clean Development and Climate*, APP）。2005年7月，中国、美国、加拿大、日本、澳大利亚、印度和韩国共同发起《亚太清洁发展与气候新伙伴计划》，旨在通过各国合作，促进开发与推广清洁能源与高效能源技术；实现应对气候变化、发展经济和减少贫困、保证能源安全与减少空气污染的多赢（吕江，2011）。2006年1月12日，亚太清洁发展与气候新伙伴计划在澳大利亚悉尼正式启动。《亚太清洁发展与气候新伙伴计划》已制定分别针对化石能源、可再生能源和分布式供能、钢铁、铝、水泥、煤矿、发电和输电、建筑和家用电器的开发利用8个领域开展技术合作与转让的专门工作小组，在成员方之间开展包括20个旗舰项目在内的165个项目，对开展成员方之间的技术交流、鼓励共同参与、提高能效、建立技术交流机制具有重要意义，有效提高应对气候变化的能力。

4）主要经济体能源与气候论坛。2009年3月28日，"主要经济体能源与气候论坛（Major Economies Forum on Energy and Climate, MEF）"成立，旨在促进主要发达国家和发展中国家之间的对话，支持国际气候谈判，促进应对气候变化的合作行动。MEF现有17个成员方，分别是澳大利亚、巴西、加拿大、中国、欧盟、法国、德国、印度、印度尼西亚、意大利、日本、韩国、墨西哥、俄罗斯、南非、英国和美国，这些国家和地区的温室气体排放量占全球的80%以上。MEF为主要经济体开展能源与气候变化领域协商和低碳技术合作提供了重要平台，在推动与会各方认同全球升温不应超过2℃的科学观点，提出发达国家深度减排和发展中国家显著偏离"常规商业"情景的温室气体减排目标，强调适应气候变化的重要性，要求建立技术合作机制和应对气候变化资金筹集与使用机制等方面取得了进展，并对2009年出台的《哥本哈根协议》产生了显著影响（高翔，2010）。

5）气候与清洁空气联盟。2012年2月16日，美国与UNEP、瑞典、加纳、孟加拉国、加拿大及墨西哥联合发起成立气候和清洁空气联盟（Climate and Clean Air Coalition, CCAC），共同减少对全球气候变暖有严重影响的短寿命温室气体排放。联盟的秘书处设在UNEP，该署已列出16项可以减少黑碳、甲烷和氢氟碳化合物排放的措施。如果这些行动得到落实，到2050年，全球升温幅度可减少0.5℃。美国和加拿大分别出资1200万美元、

300 万美元用作联盟减排项目启动资金，帮助其他国家与组织的加入。

6）《巴黎协定》。《公约》缔约方会议第 21 次会议（COP21）暨《京都议定书》缔约方会议第 11 次会议（CMP11）于 2015 年 12 月 12 日在法国巴黎落幕。《公约》195 个缔约方一致通过 2020 年后的全球气候变化新协议——《巴黎协定》（*Paris Agreement*），这是自 1992 年达成《公约》、1997 年达成《京都议定书》以来，人类应对气候变化进程中第 3 个里程碑式，且具有法律约束力的协议。

在考虑了可持续发展和消除贫困目标的基础上，《巴黎协定》确立了全球应对气候变化威胁的总体目标：①将全球平均气温上升幅度控制在不超过工业化前水平 2℃ 以内，并力争全球平均气温上升幅度不超过工业化前水平 1.5℃ 以内；②提高适应气候变化不利影响的能力，并以不威胁粮食生产的方式增强气候适应能力和温室气体低排放发展；③使资金流动符合温室气体低排放和气候适应型发展的路径（巢清尘，2016）。

《巴黎协定》充分考虑到不同发展阶段国家对气候变化的立场与主张，最大限度地照顾各利益相关者的微妙平衡，以更加包容、更加务实的方式鼓励各方参与，这标志着国际气候变化制度进入新的发展阶段，传递出了全球将实现绿色低碳、气候适应型和可持续发展的强有力积极信号（李威，2016）。

5.2.1.2 主要国家和地区政策

（1）欧盟

在气候变化问题上，欧盟总是积极主动应对，力图在全球应对气候变化行动方面发挥领导者的作用中的领导地位。

1）欧盟排放贸易框架（EU Emissions Trading Scheme，EU ETS）。2005 年 1 月，EU ETS 启动，旨在降低履行《京都议定书》减排义务成本的同时，为 2008 年后参与全球碳排放贸易积累经验。EU ETS 采取分阶段逐步推进实施：第一阶段（2005~2007 年）获得运行总量交易的经验，为后续阶段正式履行《京都议定书》奠定基础。第二阶段（2008~2012 年），借助排放交易体系设计，正式履行《京都议定书》承诺。第三阶段（2013~2020 年），在此阶段内，排放总量每年以 1.74% 的速度下降，确保 2020 年温室气体排放比 1990 年至少降低 20%（邓爱华，2012；范晓波，2012）。

2）欧盟《气候与能源一揽子计划》。2007 年 3 月，欧洲理事会提出了《气候与能源一揽子计划》（2020 *Climate and Energy Package*），并于 2008 年 12 月 17 日经欧洲议会正式批准生效（Council of the European Union，2008）。欧盟《气候与能源一揽子计划》是一整套具有法律约束力的法规，旨在确保欧盟实现 2020 年的气候和能源目标：即气候和能源目标（"20-20-20" 目标），为 2020 年设立了 3 个主要目标：①欧盟温室气体排放量在 1990 年的基础上至少减少 20%；②将欧盟可再生清洁能源占总能耗的比例提高到 20%；③欧盟化石能源的消费量在 1990 年的基础上减少 20%（华启和和凌烨丽，2011）。该气候和能源一揽子计划包括 4 个主要的补充法律文件，均以实现 "20-20-20" 目标为前提，核心包括 4 个互相补充的立法部分：修订并加强 EU ETS；考虑欧盟成员方相对的财富状况，公平地减少温室气体排放；建立可再生能源生产与提高的一般性框架；CO_2 地质储存环境安全的法律框架。

3）欧盟低碳经济路线图。2011 年 3 月 8 日，欧盟委员会通过《2050 年迈向具有竞争力的低碳经济路线图》（*A Roadmap for Moving to a Competitive Low Carbon Economy in* 2050）（European Commission，2011）。基于成本效益分析，该路线图描绘了 2050 年欧盟实现温室气体排放量在 1990 年水平上减少 80%～95% 目标的成本效益方法，为部门政策、国家和区域低碳战略及长期投资指明了方向，也为欧盟以最具成本效益的方式实现转型提供了指导。

4）欧盟气候变化适应战略。欧盟的气候变化适应举措采取分阶段推进的方式（表 5-2）。第一阶段（2005～2008 年）为准备阶段，2007 年 6 月发布的《欧洲适应气候变化绿皮书：欧盟行动选择》（*Adapting to Climate Change in Europe-Options for EU Action*）明确了欧盟适应行动的框架；第二阶段（2009～2012 年）为基础性工作阶段，2009 年 4 月发布的《适应气候变化白皮书：面向一个欧洲的行动框架》（*White Paper Adapting to Climate Change Towards a European Framework for Action*）聚焦四大支柱行动，提高欧盟应对气候变化影响的应变能力；第三阶段（从 2013 年开始）为实施全面的适应战略阶段，2013 年 4 月发布的《欧盟适应气候变化战略》（*EU Adaptation Atrategy Package*）聚焦三大关键目标，填补知识与行动的差距，提高欧盟、成员方、地区和地方不同层级应对气候变化的能力（曾静静和曲建升，2012）。

表 5-2 分阶段推进的欧盟气候变化适应举措概览

阶段划分	标志性战略	主要内容
第一阶段（2005～2008 年）	《欧洲适应气候变化绿皮书：欧盟行动选择》	①尽早在欧盟开展行动，包括将适应纳入欧盟法律和资助计划的制定和执行过程中；②将适应纳入欧盟的外部行动中，特别是加强与发展中国家的合作；③通过集成气候研究扩大知识基础，从而减少不确定性；④欧洲社会、经济和公共部门共同准备协调、全面的适应战略
第二阶段（2009～2012 年）	《适应气候变化白皮书：面向一个欧洲的行动框架》	①建立欧盟应对气候变化的影响与后果知识库；②将适应纳入到欧盟的关键政策领域；③实施综合性的政策工具确保有效适应；④加强适应领域的国际合作
第三阶段（从 2013 年开始）	《欧盟适应气候变化战略》	①促进欧盟各成员方的行动；②更好的知情决策；③不受气候变化影响的欧盟行动

5）2030 年气候与能源政策框架。2014 年 10 月 24 日，欧洲理事会（European Council）通过了欧盟委员会于 2014 年 1 月提出的《2030 年气候与能源政策框架》（2030 *Framework for Climate and Energy Policies*）（European Commission，2014），明确了欧盟地区 2030 年前的气候和能源行动目标，主要包括：①到 2030 年温室气体排放量至少比 1990 年削减 40%；②到 2030 年可再生能源至少占欧盟能源使用总量的 27%；③到 2030 年能效至少提高 27%；④EU ETS 需要通过改革得以加强。

（2）英国

自 20 世纪 80 年代末期以来，英国制定了一系列气候变化科技政策，旨在通过碳排放定价机制，刺激清洁能源的开发和部署，提高能源效率，并适应气候变化影响。英国已经在减少国内温室气体排放量方面取得进展，并且一直致力于向低碳经济过渡。为了更好地应对气候变化，发展低碳经济，英国政府于 2008 年成立了专门的能源与气候变化部（Department of Energy & Climate Change，DECC）。

1）气候变化方案。英国政府分别于 2000 年和 2006 年两次发布《英国气候变化方案》（*UK Climate Change Programme*），针对电力、民用、工业、交通等行业制定具体的减排目标和措施及鼓励企业减排的政策，如气候变化税、政府与企业间气候变化协议、国内排放贸易体系、利用气候变化税部分收入创立碳基金等（王文军，2009）。

2）气候变化税。2001 年 4 月 1 日，英国率先推出气候变化税，英国所有工业、商业和公共部门都要缴纳气候变化税，计征的依据是其煤炭、油气及电能等高碳能源的使用量，如果使用生物能源、清洁能源或可再生能源则可获得税收减免（王文军，2009）。

3）能源白皮书。2003 年 2 月 14 日，英国政府发布《我们的能源未来——创建一个低碳经济》（*Our Energy Future-Creating a Low Carbon Economy*）能源白皮书，强调利用科学创新优先发展包括风能、水能（海浪、潮汐）、生物质能、能源作物、太阳能、燃料电池等可再生能源，确立 CO_2 吸收、能源效率、氢的生产和存储、核能、潮汐能等 6 个最有可能实现实质性突破的技术领域，着手解决全球变暖问题，使英国 2050 年的 CO_2 排放量减少到目前的 60%。2007 年 5 月 23 日，英国政府发布《应对能源挑战》（*Meeting the Energy Challenge*）新的能源白皮书，进一步明确了实现低碳经济的能源总体战略：提高能源效率以节约能源，开发清洁能源，确保可靠的能源供应，重点支持可再生能源，特别对波浪能、生物燃料和风能的利用进行研发和示范，到 2020 年力图实现提高能效 35%、减少电力消耗 8%～15% 和天然气消耗 13% 的目标（孟浩和陈颖健，2010）。

4）气候变化法案。2007 年 3 月 13 日，英国公布全球首部应对气候变化问题的专门性国内立法文件——《气候变化法案（草案）》（*Draft Climate Change Bill*）（HM Government，2007），并于 2008 年 11 月 26 日，在英国议会通过（UK Parliament，2008），使其成为世界上第一个通过引入长期的法律约束框架来应对气候变化危险的国家。《气候变化法案》基于以下 2 个主要目标：①改善碳管理，并有助于英国向低碳经济转型；②彰显英国在国际社会应对气候变化行动中较强的领导能力。《气候变化法案》的主要内容包括以下几方面：①具有法律约束力的减排目标，通过国内和国际行动，2020 年的 CO_2 排放量将在 1990 年水平上至少减少 26%；2050 年的 CO_2 排放量将在 1990 年的水平上至少减少 80%；②制定碳收支计划来限制排放量；③成立气候变化委员会（Committee on Climate Change，CCC），向政府提议合理的碳收支计划，节省成本效益；④政府必须至少每 5 年报告英国气候变化的风险，并公布解决方案。

5）低碳转型计划。2009 年 7 月 15 日，英国政府正式发布《英国低碳转型计划：气候与能源国家战略》（*The UK Low Carbon Transition Plan：National Strategy for Climate & Energy*）的国家战略文件（Department of Energy & Climate Change，2009），提出 2020 年碳

排放量将比 1990 年减少 34%，其内容涉及工业、能源、交通和住房等多个方面。其主要内容都将 2020 年视为目标年：①电力的 40% 来自于低碳领域，大部分为风电、核电等清洁能源；②拨款 32 亿英镑进行房屋节能改造，补偿在住房中安装清洁能源设备的相关家庭，预计会有 700 万户家庭受益；③新生产汽车的排放标准在 2007 年水平上平均减少 40%。根据《英国低碳转型计划》，英国政府先后出台了《低碳产业战略》《可再生能源战略》和《低碳交通计划》等多个配套文件，并发表能源政策声明，为能源部门制定减碳计划。

6）适应气候变化计划。2008 年 7 月，英国政府发布《适应英国的气候变化》（*Adapting to Climate Change in England*）（DEFRA，2008），旨在开发更强大、更全面的有关英国气候变化影响与后果的事实根据；提高采取行动的意识，并帮助其他人员采取行动；衡量适应行动的有效性，采取行动确保有效转移；将适应纳入国家、区域和地方层面上的政策、计划和系统中。2008～2011 年执行《适应气候变化计划》（*Adapting to Climate Change Programme*）第一阶段，着眼于 4 个工作领域：①提供气候变化的证据；②提高公众意识，促进其他人员采取行动；③确保并衡量相关进展；④将适应融入政府的政策中（葛全胜等，2009）。

2013 年 7 月 1 日，英国环境、食品与农村事务部（Department for Environment, Food and Rural Affairs，DEFRA）发布《国家适应计划：使国家适应变化的气候》（*The National Adaptation Programme: Making the Country Resilient to a Changing Climate*）（Department for Environment, Food & Rural Affairs and Lord de Mauley TD，2013），围绕人造环境、基础设施、完善且具有抵御力的社区、农业和林业、自然环境、商业、地方政府等 7 个主题阐明了政府认为最需采取紧迫行动的领域。

7）2050 年工业脱碳和能源效率路线图。2015 年 3 月 25 日，英国 DECC 与商业、创新和技能部门（Department for Business, Innovation and Skills，BIS）联合发布《2050 年工业脱碳和能源效率路线图》（*Industrial Decarbonisation and Energy Efficiency Roadmaps to 2050*）系列报告，选取钢铁、化工、炼油、食品和饮料、造纸和纸浆、水泥、玻璃、陶瓷 8 个能源密集型行业，探讨了这八大部门实现 CO_2 减排和保持行业竞争力的潜力与挑战，绘制了英国工业的低碳未来（Department of Energy & Climate Change and Department for Business, Innovation & Skills，2015）。

专栏 5-1　《2050 年工业脱碳和能源效率路线图》

2013 年，英国 DECC 和 BIS 针对八大高消能行业启动了一个联合项目，旨在保持行业竞争力的基础上寻求可供行业选择的减少碳排放、提高能源效率的技术。项目研究主要围绕以下 6 方面问题展开：①目前，每个行业的排放情况及能源使用情况如何；②每个行业的商业环境怎么样？相关公司的商业战略是什么？公司的商业战略如何影响低碳投资决策？③到 2050 年，每个行业的能源和排放基准线将如何变化？④到 2050 年，这些行业的减排潜力怎样？⑤到 2050 年，不同情景下每个行业的减排路径是什么？⑥未来，在减排过程中，工业、政府和其他行业为克服障碍需采取什么措施？

每个行业的路线图绘制包括以下3个主要阶段。

1）收集相关技术选择证据，以及行业脱碳的推动者和障碍。证据收集通过文献综述、分析公开获取的数据、访谈、研讨会及在大量公司进行部门调查等方式。在两次研讨会中的第一次中，进行证据验证及脱碳与能源效率可能选择的早期部署。

2）绘制2050年脱碳和能源效率"路径"，识别和调查一系列减排水平的技术组合，使用简单的操作者引导模型。在第二次研讨会上进行草案结果验证。

3）解释和分析技术与行业相关证据，得出结论并确定潜在的下一步措施。这些示例行动，通过证据和分析加以支撑，旨在协助克服在脱碳和能源效率路径范围内实现技术的障碍，并帮助行业企业保持竞争力。

路径分析描述了各行业如何从基准年（2012年）到2050年进行脱碳。这一研究绘制的一系列路径有助于概览行业部门可能在未来几十年部署的一系列技术组合。每个路径包括在不同时空范围内实施的不同技术选择。每个行业绘制了5种路径，其中3种路径是描述到2050年在基准年基础上分别削减CO_2排放量的20%~40%、40%~60%、60%~80%的可能路径。另外两种路径分别评估：①如果没有采取任何额外干预以实现加速脱碳的情况下将会发生什么［常规情景business as usual，BAU）］；②部门脱碳的最大技术潜力（Max Tech）。

《2050年工业脱碳和能源效率路线图》总结了水泥、制陶、化工、食品、玻璃、钢铁、炼油和造纸8个不同行业在当前趋势情景下每种路径至2050年的脱碳潜力。这8个行业在BAU路径、中间路径和Max Tech路径下的综合结果如下：

1）BAU路径，碳排放量从2012年的8100万t CO_2减少到2050年的5800万t CO_2。具有最大减排潜力的技术组为电网脱碳（相对2012基准年，占总减排量的61.6%），其次依次为能源效率（23.0%）、生物质能（7.3%）、碳捕获过程（2.6%）、材料效率（2.3%）、燃料转换（1.8%）、其他（1.3%）、热电气化（0.2%）和集群（0.0%）。

2）中间路径，碳排放量从2012年的8100万t CO_2减少到2050年的4200万t CO_2。具有最大减排潜力的技术组为电网脱碳（相对2012基准年，占总减排量的37.4%），其次依次为能源效率和热回收技术（22.6%）、碳捕获过程（18.3%）、生物质能（12.6%）、其他（3.1%）、热电气化（2.3%）、材料效率（1.7%）、燃料转换（1.0%）和集群（0.9%）。

3）Max Tech路径，碳排放量从2012年的8100万t CO_2减少到2050年的2200万t CO_2。具有最大减排潜力的技术组为碳捕获过程（相对2012基准年，占总减排量的36.5%），其次依次为电网脱碳（25.4%）、生物质能（15.7%）、能源效率（12.8%）、热电气化（4.3%）、其他（2.9%）、集群（1.1%）、材料效率（1.0%）和燃料转换（0.3%）。

（3）美国

作为世界头号大国，美国在气候变化问题上，采取科学研究与应对气候变化行动并举的形式，一方面每年投入数十亿美元用于气候变化研究计划，另一方面强调在保证经济增长的前提下，实现温室气体减排。

1）全球变化研究计划。美国是最早开展全球变化研究的国家之一。1989 年，由总统提议，美国科学界和政界联合开展全球变化前期研究。1990 年，美国国会通过《全球变化研究法案》（GCRA），该法案号召"建立一个全方位的、集成的研究计划，帮助美国和世界理解、评估、预测和响应人类活动引起的和自然发生的全球变化的进程"，《美国全球变化研究计划》（*United States Global Change Research Plan*，USGCRP）得以正式启动。USGCRP 是由 13 个联邦政府机构参与的跨政府部门的协作研究计划。USGCRP 的管理、协调、评估、预算统筹等机制都是通过《全球变化研究法案》授权进行。USGCRP 是世界最大的气候变化领域专门计划，自成立以来，USGCRP 成功地集中了美国各方面的资源、政策和力量，形成了全世界最强大的全球变化研究基础设施和持续领先的研究能力，提出了一系列核心研究领域和前沿科学问题，建立了一支在国内外有重要影响的、活跃在各个领域的科学家队伍，取得了预期的阶段性成就（申丹娜，2011）。

2）《伯瑞德—海格尔决议》。1997 年 7 月 25 日，美国参议院通过《伯瑞德—海格尔决议》（*Byrd-Hagel Resolution*），其核心内容是在以下任何一种情况下，美国不得签署任何涉及 1992 年《联合国气候变化框架公约》内容的议定书或协定：①《联合国气候变化框架公约》的发展中国家缔约方不同时承诺承担限制或者减少温室气体排放义务，却要求美国等发达国家缔约方承诺承担限制或者减少温室气体排放义务；②签署该议定书或协定将会严重危害美国经济（The Library of Congress，1997；华启和和凌烨丽，2011）。

3）《全球气候变化倡议》（*Global Climate Change Initiative*，GCCI）。2001 年，布什政府宣布退出《京都议定书》，抛开《京都议定书》规定美国要在 2008～2012 年将温室气体排放比 1990 年水平减少 7% 的量化减排目标，发布以降低温室气体强度为核心的 GCCI，作为替代《京都议定书》的气候新政策（徐蕾，2012）。目标是在 2002～2012 年，将每百万美元 GDP 的温室气体排放量削减 18%，即从 2002 年的每百万美元 GDP 排放 18t 碳下降到 2012 年的 151t 碳（曲建升等，2003）。

4）《能源自主与安全法案》（*Energy Independence and Security Act*）。2007 年 12 月 19 日，布什政府签署《能源自主与安全法案》，规定在 2020 年美国汽车工业必须使汽车油耗比目前降低 40%，达到每加仑燃油平均行驶 35 英里的水平。这是 1975 年以来美国国会首次通过立法提高汽车与轻卡车燃料经济标准（徐蕾，2012）。该法案提倡大幅增加生物燃料乙醇的使用量，使其在 2022 年达到 360 亿加仑，其中 210 亿加仑必须来自木屑和杂草制造的纤维素乙醇（The White House，2007）。

5）《总统气候行动计划》（*The President's Climate Action Plan*）。2013 年 6 月 25 日，美国总统奥巴马宣布《总统气候行动计划》，旨在通过持续、负责的行动削减碳排放，应对气候变化的影响，并引领国际应对气候变化的行动。该计划基于奥巴马总统第一任期内所取得的显著进展，详细阐述了奥巴马政府即将在其第二任期采取的应对气候变化的一揽子举措：①部署清洁能源；②构建 21 世纪的运输部门；③削减家庭、企业和工厂的能源浪费；④减少其他温室气体排放；⑤领导联邦一级的行动（荆克迪，2014；Executive Office of the President，2013）。

6）削减 CH_4 排放战略。2014 年 3 月 28 日，美国白宫发布《气候行动计划——削减 CH_4 排放战略》（*Climate Action Plan-Strategy to Cut Methane Emissions*），概述了 CH_4 的排放源、削减这一强效的温室气体排放的新举措，以及政府为改进 CH_4 排放测量的行动，并强调以技术和产业为主导的削减 CH_4 排放的最佳实践（The White House，2014）。

7）《沼气机遇路线图》（*Biogas Opportunities Roadmap*）。2014 年 8 月，美国农业部（United States Department of Agriculture，USDA）、环保署（EPA）和能源部（DOE）联合发布《沼气机遇路线图》指出，在美国发展可行的沼气行业可以刺激经济，并提供可靠的可再生能源来源，同时减少温室气体排放。提高沼气生产既支持了削减 CH_4 排放战略的气候行动计划目标，也增加了能源独立性和安全性。该路线图确定了联邦政府增加沼气使用需要采取的行动，以实现可再生能源目标、增强经济，以及减少 CH_4 排放。这些行动包括：①通过现有的机构计划促进沼气的利用；②促进对沼气系统的投资；③加强沼气系统及其产品的市场；④提高沟通和协调（U. S. Department of Agriculture et al.，2014）。

（4）日本

日本国土面积狭小及其导致的资源环境约束问题，使其更容易受到气候变化的影响，自 20 世纪 60 年代以来，日本确立了"环境立国""低碳发展"的国家理念。

1）《防止全球变暖行动计划》。日本专门以应对气候变化而命名的政策是 1990 年制定并颁布的《防止全球变暖行动计划》，该计划规定 2000 年以后日本 CO_2 排放总量和人均 CO_2 排放量可控制在 1990 年的水平上，同时公布了限制 CH_4 等温室气体的排放标准及新技术开发和国际合作为优先发展领域等（刘秋玲，2010）。

2）《地球温暖化对策推进法》。1998 年 10 月，日本颁布了《地球温暖化对策推进法》，明确对抗全球气候变暖的具体对策措施，并于 1999 年 4 月 8 日得以实施（冷罗生，2011）。该法律试图在防止气候变暖领域嵌入约束性较强的执行机制，使防止地球温室化从"软约束"走向"硬约束"（刘秋玲，2010）。《地球温暖化对策推进法》分别于 2002 年、2005 年和 2008 年进行了三次修改，并于 2010 年改名为《气候变暖对策基本法案》（李艳芳，2010）。日本众议院环境委员会于 2010 年 5 月通过了《气候变暖对策基本法案》，提出日本温室气体减排的中长期目标，即 2020 年日本的温室气体排放要在 1990 年水平上减少 25%；2050 年要在 1990 年水平上削减 80%，并提出要开始征收环境税和建设碳排放贸易体系（邵冰，2010a）。

3）《京都议定书目标实现计划》。2005 年 4 月 28 日，日本政府公布《京都议定书目标实现计划》，为实现《京都议定书》目标提出了具体对策和实施策略：能源起源的 CO_2 排放增加 0.6%，非能源起源的 CO_2 排放减少 0.3%，CH_4 排放减少 0.4%，NO_2 排放减少 0.5%，替代氟利昂等三种气体排放增加 0.1%，通过森林吸收减排 3.9%，通过清洁发展机制（CDM）减排1.6%，合计减少温室气体排放6%（李梦，2010）。2008年3月28日，日本内阁通过了新修改的《京都议定书目标实现计划》，追加了强化产业界的自主减排行动、降低汽车耗油、进一步开展全民减排运动等措施（Ministry of Environment，2008）。

4）《凉爽地球能源技术创新计划》（*Cool Earth：Innovative Energy Technology Program*）。2008年3月，日本经济产业省发布《凉爽地球能源创新技术计划》，根据能源供需流程，并兼顾提高能效和低碳化两个方面，确定了21项能大幅降低CO_2的技术，它们分别是：①高效的天然气火力发电；②高效的煤炭发电技术；③CO_2捕获与封存；④新型太阳能发电；⑤先进的原子能发电；⑥超导高效输送电技术；⑦先进的道路交通系统；⑧燃料电池汽车；⑨插电式混合动力汽车；⑩生物质替代燃料制造；⑪新型材料制造和加工技术；⑫新型制铁工艺；⑬节能住宅和高层建筑；⑭新一代高效照明；⑮固定式燃料电池；⑯超高效热力泵；⑰节能型信息设备和系统；⑱家庭、楼房和一定地域范围中的能源管理系统；⑲高性能的电力存储；⑳电力电子技术；㉑氢的生成、运输和存储（李威，2009；Ministry of Economy, Trade and Industry，2008）。

5）低碳社会发展相关计划。2004年4月，日本环境省（Ministry of the Environment of Japan，MoEJ）全球环境研究基金（Global Environment Research Fund，GERF）设立"面向2050年的日本低碳社会情景（*Japan Low-Carbon Society Scenarios toward* 2050）"研究计划，旨在为到2050年实现低碳社会目标而提出具体的对策，包括在技术创新、制度变革和生活方式转变等方面的具体举措。为了实现在2050年将温室气体排放量在1990年水平上减少70%的目标，2008年5月22日，日本"面向2050年的日本低碳社会情景"小组发布《面向低碳社会的12大行动》（*A Dozen of Actions towards Low-Carbon Societies*，LCSs）报告，确定了日本建设低碳社会亟须开展的行动及其可能实现的温室气体减排量（"2050 Japan Low-Carbon Society" Scenario Team，2010）。2008年5月19日，日本综合科学技术会议发布《低碳技术计划》，强调了日本温室气体减排技术领域的领先优势，并进一步细化了实现低碳社会的技术战略及环境和能源技术创新的促进措施（陈志恒，2010）。2008年7月25日，日本政府正式发布《构建低碳社会行动计划》，明确了构建低碳社会的未来发展方向和政府的长远目标，重点发展核能、太阳能等低碳能源，并在2020年之前，将CO_2封存地下技术推向实用化（邵冰，2010b）。

（5）印度

印度政府秉承消除贫困和发展经济为第一要务，采取优化能源消费结构、大力推广发展可再生能源等举措应对气候变化。2007年5月，印度成立气候变化影响专家委员会，旨在研究印度的气候变化影响并提出应对措施。同年6月，印度又成立总理气候变化委员会，在国家层面制订气候变化应对策略，协调各部门行动，并为印度参与国际合作和谈判提供指导。总理气候变化委员会的成立标志着气候变化问题已上升到印度国家战略层面（时宏远，2012）。

1）解决能源安全和气候变化。2007年10月，印度政府发布题为《印度：解决能源安全和气候变化》（*India：Addressing Energy Security and Climate Change*）的报告，概述了印度在可持续发展框架下应对气候变化和解决能源安全问题的对策行动：促进可再生能源发电，提高电厂发电效率，针对工矿企业大型能源用户的强制能源审计制度，耗电器具的能效标识制度，节能建筑法规，以及加快利用 CDM 引进清洁能源技术等。印度每年用于增强气候变化适应能力建设的投资将达到 GDP 的 2% 以上，所关注的领域包括农业、水资源利用、健康和卫生、森林、海岸带基础设施、灾害和极端气候事件的管理、建立风险分散与共担的金融机制等（于胜民，2008）。

2)《气候变化国家行动计划》（*National Action Plan on Climate Change*）。2008 年 6 月 30 日，印度政府发布《气候变化国家行动计划》（Government of India，2008），该计划概述了印度现有和未来的应对气候变化问题的政策和计划，计划中提出了 8 个将执行至 2017 年之后的核心"国家计划"：国家太阳能计划、提高能源效率国家计划、可持续生活环境国家计划、国家水计划、维持喜马拉雅山脉生态系统的国家计划、"绿色印度"国家计划、可持续农业国家计划、气候变化战略知识平台国家计划。

《气候变化国家行动计划》还介绍了其他一些正在实施的举措，包括：①可再生能源，根据 2003 年颁布的《电力法》（*Electricity Act*）和 2006 年颁布的《国家关税政策》（*National Tariff Policy*），中央和地方电力监管委员会必须购买一定比例的可再生能源电厂的发电量；②能源效率，根据 2001 年颁布的《能源节约法案》（*Energy Conservation Act*），高能耗产业必须进行能源审核，并且引入电器节能标签计划。

3)《国家减少毁林和森林退化所致的排放量政策与战略（草案）》（*National REDD+ Policy& Strategy*）。2014 年 4 月 28 日，印度环境与森林部（Ministry of Environment and Forests）发布《国家减少毁林和森林退化所致的排放量政策与战略（草案）》（2014 年），这一政策的目标是为印度相关部门有效地实施 REDD+ 项目与计划提供综合战略和路线图。印度 REDD+ 的国家战略主要包括以下方面：①建立国家及区域监测系统，核查森林碳存储，核算因减少森林砍伐与森林退化造成的碳排放；②改善国家 REDD+ 管理系统的透明性、包容性与有效性；③建立利益相关者参与的平台，鼓励社区、公民与其他利益相关者参与到 REDD+ 的决策与实施过程中；④建立国家 REDD+ 信息系统，搜集现有数据，并将其整合到国家 REDD+ 信息系统中，为管理决策提供基础数据支持；⑤加强国家及地方的能力建设，发展可持续 REDD+ 投资战略与组合。

5.2.1.3 国际气候变化科技政策路线图

回顾国际气候变化科技政策的发展历程（图 5-3）可以看出，国际气候变化科技政策始于 20 世纪 80 年代国际科学计划的相继推出，以及 20 世纪 90 年代《联合国气候变化框架公约》和《京都议定书》的基本框架，它们成为国际气候变化科技政策的基石。国际气候变化科技政策的发展历程与各国社会经济发展水平、应对气候变化能力水平等都有密切关系，发达国家较为重视制定和实施气候变化科技政策，且制定气候变化科技政策的时间均早于发展中国家。

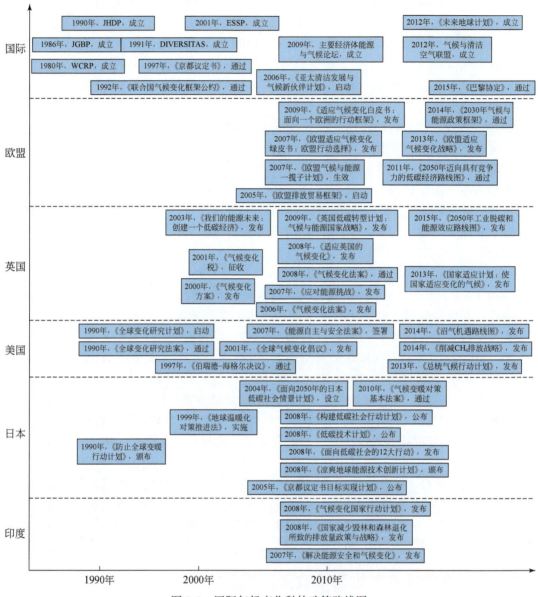

图 5-3　国际气候变化科技政策路线图

5.2.1.4　国际气候变化科技政策体系分析

尽管各国气候变化科技政策的优先领域及实施环境不尽相同，但其减少温室气体排放、应对气候变化影响的总体目标是一致的。一般而言，国际气候变化科技政策的出发点都是基于以下方面的考虑：①应对气候变化脆弱性的影响；②追求国际气候变化领导权；③联合国的压力；④政策工具。

（1）应对气候变化脆弱性的影响

国家对气候变化脆弱性的认识将影响气候变化科技政策对适应的关注程度。这在发展中国家的气候变化科技政策中更为突出。印度的《气候变化国家行动计划》中包括维持喜马拉雅生态系统以保护印度水资源供给的国家任务。在发达国家中，英国的《气候变化法案》包括详细的适应条款及理解气候变化风险的措施。尽管对气候变化脆弱性的认识并不是促进气候变化法规建设的首要驱动力，但许多适应条款都写进了各个国家的法规之中。

（2）追求气候变化领导权

气候变化法律的通过，常被看作是国际上的重大事件，通常会把该国置于国际气候变化领导地位。例如，日本第一部与气候相关法律的通过，使日本成为联合国气候变化会议举办的东道国；英国，2005 年格伦依格尔斯（Gleneagles）G8 峰会时，时任英国首相托尼·布莱尔首次将气候变化作为 G8 会议的议程，这对英国 2008 年的《气候变化法案》产生了重大的影响。

（3）联合国的压力

尽管联合国气候变化谈判常被批评进展缓慢并难以控制，但是，2009 年 12 月的哥本哈根联合国气候变化大会却对世界各国实施气候变化领域的相关科技政策起了重要的推动作用。许多国家主要的气候变化科技政策就是在哥本哈根会议前的 2008 年和 2009 年通过的。

通过梳理主要国家气候变化科技政策的优先领域可以发现，主要国家都不同程度地普遍包含有能源效率与可再生能源问题，相反，土地利用与土地利用变化是涉及相对较少的一个领域（表 5-3）。在大多数国家中，适应问题都较为优先，但在许多国家中，气候变化的减缓并不是很突出。

表 5-3　主要国家及地区气候变化科技政策优先领域

国家及地区	碳价	能源效率	可再生能源	林业	其他土地利用	交通	适应
中国		M	X	X	X	X	X
欧盟	M	X	X	O	O	X	O
印度		M	X	X	X	X	X
日本	X	X	X	X	X	X	X
英国	M	X	X			X	O
美国		X	M			X	

注：M 代表主要关注点；X 代表详细涉及；O 代表部分涉及。

（4）政策工具

碳管理政策一般可以分为三个方面，一是采取碳定价措施；二是克服能源效率障碍；三是促进技术变化的措施。这三种方法也都不同程度地包含在各国气候变化科技政策之中。在实施碳价格方面。市场工具得到了广泛的支持。限额交易制度是欧盟实现减排的一项核心机制，这种制度在日本、美国的相关政策中也有强烈的体现。我国也正在开展排放交易制度试验，以此促进"十二五"规划中提出的碳减排目标的完成。

5.2.2　国际气候变化科技政策成效分析

回顾国际气候变化科技政策 30 年的发展历程，可以将其政策成效归纳为以下几方面：①推动了国际社会对全球气候系统变暖原因的认识，达成人类活动是导致全球气候变化的主要原因的共识；②尽管发达国家与发展中国家在减排义务和责任分担上存在分歧，但是都认同减排温室气体是应对气候变化的主要途径；③全球温室气体排放格局发生重大变化，发达国家温室气体排放量占比下降，发展中国家尤其是新兴经济体国家温室气体排放量占比增加；④世界各国纷纷采取自上而下和自下而上、自愿减排与强制减排相结合的应对气候变化举措；⑤气候变化已经由科学问题上升为环境问题、发展问题和政治问题，成为国际会议的必谈议题之一。本节将采取案例分析的方法，从政策实施效果、政策的外部效益等方面进行国际气候变化科技政策成效分析。

5.2.2.1　政策实施效果

（1）我国气候变化政策举措的实施效果

2012 年 10 月 11 日，澳大利亚气候研究所（Climate Institute）委托气候桥公司（Climate Bridge）（多国项目开发商，在我国温室气体减排领域具有多年的项目经验）完成的题为《中国的碳市场与气候政策：中国的清洁能源未来追求》（*Carbon Markets and Climate Policy in China：China's Pursuit of a Clean Energy Future*）（Richard et al.，2012）的报告，对我国应对气候变化的政策举措给予了积极评价。报告指出，2005~2010 年，我国政府所采取的积极的应对气候变化措施已经产生了显著的积极成效。2005~2010 年，我国单位 GDP 能源强度下降了 19%，这一改进的大部分原因得益于能源效率的提高。此外，我国清洁能源发展也呈现出蓬勃势头，是目前世界最大的可再生能源生产方，同时，我国正着手建立碳交易体系。这些行动不仅对气候产生积极影响，还将推动经济增长，减少燃油依赖性，增加出口机会。

（2）美国减缓行动措施的减排效果

2012 年 10 月 21 日，美国智库"未来资源研究所"（Resources for the Future，RFF）发布题为《美国气候变化减缓现状》（*US Status on Climate Change Mitigation*）（2012 年）的报告，预测了美国 2020 年的温室气体排放量，结果显示目前美国国内的减缓行动措施可以使 2020 年美国温室气体排放量在 2005 年水平上减少 16.3%。美国正在朝实现奥巴马总统在哥本哈根会议上做出的减排目标迈进。三方面因素促使了这一排放预测结果：①根据《清洁空气法案》进行的温室气体排放管制措施。根据《清洁空气法案》，美国 EPA 已经确定了移动源和燃油效率标准，以及排放源筹建的规定。最重要的规定将是预计的新建和现有固定排放源的运营绩效标准，而这些标准的设计和严苛是预测结果不确定性的最重要的来源。②燃油价格和能源效率的长期趋势。相对燃油价格的有利变化已导致向使用天然气的大幅转变，以及电力生产减少煤炭的使用。同时，经济活动能源强度的明显降低源于能源效率的扩充作用。经济衰退也对目前排放量的减少产生全面作用，但是这对 2020

年的排放量而言影响甚少。③州层面的减排行动，包括加利福尼亚州及东北 9 个州的限额贸易计划，29 个州的可再生能源发电配额标准，24 个州的能源效率资源标准。

5.2.2.2　政策的外部效益

美国需要新的立法实现减排目标。2013 年 2 月，世界资源研究所（World Resources Institute，WRI）发布题为《美国能否实现减排目标？利用现有的联邦法律和州行动减少温室气体排放》（*Can the U. S. Get There from Here? Using Existing Federal Laws and State Action to Reduce Greenhouse Gas Emissions*）（WRI 2013）的报告。报告研究了在不需要美国国会新的立法的条件下，美国通过联邦和州行动减少温室气体排放的途径。分析显示，如果不采取额外的政策行动，美国的温室气体排放量预计将上升。尽管目前美国距离 2020 年温室气体减排目标较远，但该目标可以通过实施强有力的联邦政策措施实现。如果追求"积极"（go-getter）水平的雄心，这些政策能使美国 2020 年温室气体排放量比 2005 年减少 17%。此外，到 21 世纪中叶，美国要实现 80% 的减排目标最终将需要新的立法。

5.2.3　国际气候变化科技政策的需求与发展趋势

5.2.3.1　国际气候变化科技需求发展展望

气候变化是当今世界面临的最重要的全球环境问题之一。IPCC 第五次评估报告第一工作组报告《气候变化 2013：自然科学基础（决策者摘要）》［*Climate Change* 2013：*The Physical Science Basis（Summary for Policymakers）*］指出，人类活动"极可能"是 20 世纪中期以来全球气候变暖的主要原因，其可能性在 95% 以上（IPCC，2013）。20 世纪 50 年代以来，观测到的气候系统的许多变化是过去几十年甚至千年以来史无前例的，包括：大气和海洋的温度升高、冰雪覆盖面积减少、海平面上升，以及大气中 CO_2 浓度的增加。自工业革命以来，人为温室气体排放有所增加，主要受经济和人口增长的驱动，现在比以往任何时候都高。这导致大气中 CO_2 浓度、CH_4 浓度、和 N_2O 浓度已经增加到至少过去 80 万年里前所未有的水平。温室气体排放和其他人为驱动力的影响已经在整个气候系统被觉察，极有可能是自 20 世纪中期以来观测到的气候变暖的主要原因（IPCC，2014）。

全球气候变化及其影响日益成为世界关注的热点。全球气候系统正在发生史无前例的变暖这一科学共识已成为国际气候变化科技政策的根本出发点。气候变化既是环境问题，也是发展问题。气候变化给当今人类社会带来了巨大挑战，国际社会正在为其所面临的气候变化挑战采取积极的减缓与适应行动，这些行动不仅是人类规避气候变化灾难性影响的举措，而且提出了如何实现低碳发展的问题，将对未来的经济社会发展产生深远的影响。

5.2.3.2 气候变化科技政策发展趋势

气候变化问题源于人类社会自工业革命以来向大气中累积排放的以 CO_2 为主的温室气体，主要是由工业化国家在其先行的工业化进程中产生的。此外，利用其对世界经济体系的主导权，先行的工业化国家在新近的全球化进程中还通过跨国贸易、投资与技术输出、产业转移等方式，向发展中国家输出高碳的发展模式乃至生产和生活方式，从而使高碳的发展模式在世界范围内得以复制和强化。因此，工业化国家对全球气候变化及其影响负有不可推卸的历史责任。此外，发达国家仍然在世界产业链中占据高端的有利位置，主宰国际政治经济进程，带动技术创新与产业革命的潮流，与广大发展中国家在发展能力等众多方面的差距依旧明显。这是《联合国气候变化框架公约》所确立的基于工业化国家和发展中国家在历史责任、能力等方面差别的"共同但有区别的责任"原则的理论依据与现实基础，也是全球气候治理结构的基本背景（邹骥，2014）。

1970 年以来，世界发展的战略格局发生了深刻变化。以新兴经济体（包括中国在内）为主的发展中国家经历了经济的快速增长，在经济总量、能源消费和世界人口等方面的比例快速上升，且年际温室气体排放总量和增量的比例也日益上升。

国际舆论就此认为：《联合国气候变化框架公约》签署以来的这些变化，意味着需要重新审视甚至改写、背弃公约相关原则和条款，特别是工业化国家与发展中国家的划分和相应的"共同但有区别的责任"原则，以及工业化国家率先减排并向发展中国家提供资金和技术援助的承诺条款，以期重新定义全球气候治理的责任体系。尽管气候变化科技政策充满变数，但是未来气候变化科技政策发展趋势仍应坚持以下原则（邹骥，2014）。

1）透过气候变化这一环境问题现象，看到发展这一本质。气候变化问题实质上源于发展过程，其解决方案也必然在于转变发展模式和创新发展路径。全球气候治理的主题应聚焦可持续发展，尤其需要关注发展中国家的发展。

2）尽管在过去 20 年中发生了许多变化，但确定公约原则和条款的基本依据没有变化。公约关于工业化国家和发展中国家的划分和相应的"共同但有区别的责任"原则仍然有效。公约仍然是指导全球气候治理国际合作和各类国际新协议的基本指南。

3）工业化国家和发展中国家应加强气候变化领域的相关合作。工业化国家必须充分践行其率先减排并向发展中国家提供技术和资金支持的承诺，利用其在全球经济体系中的优势和有利地位，在全球经济全面低碳转型中发挥主导与示范作用。而发展中国家应通过坚持"共同但有区别的责任"原则更多获得实现可持续绿色发展转型的公平机会。

5.2.3.3 未来气候变化科技政策重点领域

（1）减缓

除了要求发达国家进一步采取减排行动以外，发展中国家也应该采取"适合本国国情的减缓行动"，以减少温室气体排放。约占全球温室气体排放量80%的国家目前正致力于减少或者限制其碳排放。不同国家使用不同的指标来定义自身的排放目标。《巴厘行动计划》为支持这些发展中国家的减缓行动提供了一个技术转让、能力建设和资金援助的框架。发达国家与发展中国家之间的责任分担、特殊的减排义务，以及提供援助的机制等细节问题仍需进一步细化与确定。

（2）适应

减缓与适应并重是未来气候变化科技政策秉承的原则。《京都议定书》的适应基金，以及其他具有类似目标的多边资金为发展中国家的气候变化应对行动（如海岸管理规划）提供了资金渠道，以减少其气候变化的脆弱性。不过经费仍显不足，需要额外的资助。资金来源及其分配机制还需商酌。

（3）林业

土地利用变化产生的温室气体排放量占全球排放总量的 12% ~ 18%（WRI，2009），将是应对气候变化挑战的一个关键要素。减少森林砍伐和退化的排放量（reduced emissions from deforestation and degradation，REDD）问题已经成为达成未来国际气候变化协议谈判中讨论最多的问题之一。目前正在讨论的是在量化减排的同时，应该考虑活动的类型和范围；可以衡量、报告和核实这些行动的方法；国际行动者提供资金援助的来源和标准。在正式的《联合国气候变化框架公约》进程内外的进展正努力解决最终的机制问题。

（4）技术

发展中国家，如我国和印度，正寻求气候友好型技术的支持，以实现其日益增长的能源需求。该项技术支持可以采取多种形式，如联合研发、共享知识产权，以及能源基础设施的国外资金。发达国家正努力营造良好环境，促使国内清洁能源产品和市场的发展，但是也对发展中国家知识产权的实施表示了担忧。

（5）资金

由于对温室气体排放负有较少的历史责任和采取应对行动的能力有限，发展中国家继续要求对其适应、技术部署和林业工作给予资金援助。事实上，许多发展中国家正依据发达国家给予的资金支持情况来制定减缓承诺。虽然已经批准了具体的援助渠道，但是只有很少一部分得以兑现。

5.2.4 我国气候变化科技政策与国际比较

5.2.4.1 我国气候变化科技政策体系与特点

我国极为重视气候变化问题，并采取了一系列积极应对措施。《国家中长期科学和技术发展规划纲要（2006—2020 年）》（简称《规划纲要》）将能源与环境列为优先发展的科学技术领域，明确将全球气候变化监测与对策确定成环境领域的优先主题；《中国应对气候变化国家方案》（简称《国家方案》）明确提出依靠科技创新与科技进步应对气候变化，将科技工作视为应对气候变化的重大国家举措；《中国应对气候变化科技专项行动》

（简称《专项行动》）旨在统筹协调我国气候变化科学研究和相关技术的开发，全面提升应对气候变化的科技能力，高效执行《规划纲要》确定的重点任务，为《国家方案》实施提供有力的科技支撑。

2011年，十一届全国人大4次会议审议通过《国民经济和社会发展第十二个五年规划纲要》（简称《纲要》），明确了"十二五"时期我国经济社会发展的总体部署与目标任务，气候变化应对作为重要内容被正式纳入国民经济和社会发展的中长期规划。《纲要》将单位GDP能源消耗降低16%、单位GDP二氧化碳排放降低17%、非化石能源占一次能源消费比例达到11.4%作为约束性的指标，确定了我国2011~2015年应对气候变化的政策导向与目标任务，提出了控制温室气体排放、适应气候变化影响和加强应对气候变化国际合作等重点任务（国家发展和改革委员会，2012）。为落实"十二五"时期我国应对气候变化目标任务，推动绿色低碳发展，国务院印发了《"十二五"控制温室气体排放工作方案》《"十二五"节能减排综合性工作方案》等一系列重要政策文件，加强对气候变化应对工作的规划指导。

2012年7月，《"十二五"国家应对气候变化科技发展专项规划》正式发布，明确提出要推动我国减缓与适应气候变化技术的创新和应用，支撑实施我国可持续发展战略，支撑实现"十二五"时期和2020年单位GDP二氧化碳排放、非化石能源占一次能源消费比例、森林覆盖率和蓄积量等目标。作为我国第一个专门的应对气候变化科技发展规划，《专项规划》将对我国进一步依靠科技应对气候变化发挥关键的作用（中央政府门户网站，2012）。

2013年11月，《国家适应气候变化战略》正式发布，基于充分评估气候变化当前和未来对我国影响，该战略明确国家气候变化适应工作的指导思想与原则，提出适应目标、重点任务、区域格局和保障措施，为统筹协调开展适应工作提供指导。

2014年5月，《2014—2015年节能减排低碳发展行动方案》出台，明确提出2014年和2015年单位GDP二氧化碳排放分别下降4%和3.5%以上；2014年9月，《国家应对气候变化规划（2014—2020年）》印发，明确了2020年前我国气候变化应对工作的政策导向、指导思想、总体部署、主要目标和重点任务；在2014年9月举行的联合国气候峰会上，国务院副总理张高丽以习近平主席特使身份全面阐述了我国气候变化应对的政策、行动和成效，并宣布将尽快提出2020年后我国气候变化应对行动目标，力争CO_2排放总量尽早达峰。

2013年以来，我国政府密切围绕"十二五"应对气候变化目标任务，全面落实"十二五"控制温室气体排放工作方案，继续通过调整产业结构、节能与提高能效、优化能源结构、增加碳汇、适应气候变化、加强能力建设等综合措施，应对气候变化各项工作取得积极进展，成效显著。2013年单位GDP二氧化碳排放比2012年下降4.3%，比2005年累计下降28.56%，相当于少排放CO_2 25亿t（国家发展和改革委员会，2014）。与此同时，我国在气候变化国际谈判中继续发挥积极的建设性作用，推动国际气候变化谈判大会取得积极的成果，广泛推进国际交流和合作，为全球应对气候变化做出重要贡献。

5.2.4.2 我国气候变化科技政策路线图

回顾我国气候变化科技政策的发展历程（图5-4）可以看出，我国气候变化科技政策的发展晚于国际气候变化科技政策的发展，一方面源于我国是发展中国家，正处于工业化和城市化快速发展的关键时期，大量减排会限制我国社会经济发展；另一方面也由于我国气候变化科技发展水平仍与发达国家存在一定差距，难以支撑我国气候变化科技政策发展需求。我国气候变化科技政策从只由政府主导，向不断对公众教育加大宣传力度，让可持续低碳发展转型理念深入人心；从只由科学研究向国民经济各部门的共同参与转变，把国家的气候变化科技政策提升到国家发展的战略高度。

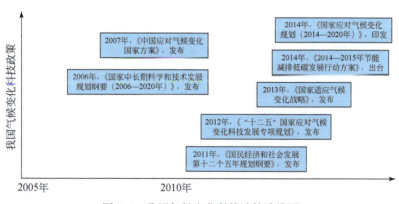

图5-4 我国气候变化科技政策路线图

5.2.4.3 与主要国家的比较分析

通过上文对欧盟、英国、美国、日本、印度和我国气候变化科技政策的分析来看，各国及地区气候变化科技政策在基本出发点、重点领域、管理机制、政策体系等方面呈现出以下特点（表5-4）：①从气候变化科技政策的基本出发点来看，欧盟、英国等将发展低碳经济、争夺全球气候变化领域话语权作为首要目标，美国以不影响核心现实利益为前提，日本将解决资源匮乏、构建低碳社会作为宗旨，我国以可持续发展作为根本目标，印度将消除贫困和发展经济作为第一要务。②从气候变化科技政策的重点领域来看，欧盟和英国关注碳排放贸易、温室气体减排目标、开发可再生能源、提高能源利用效率等方面，美国注重气候变化科学研究投入，以及提高能源利用效率、开发可再生能源、提升机动车燃料经济标准，日本重视提高能源效率技术和低碳化技术手段的研究、开发和部署，我国和印度则聚焦开发可再生能源、优化能源结构、提高能源利用效率。③从气候变化科技政策的管理机制来看，欧盟强调应用市场调控手段，英国和日本注重通过引入法律法规手段，而美国采取法律法规手段与行政命令手段相结合的方式，而我国和印度虽然将气候变化科技政策提升到国家战略的高度，但是更注重行政命令手段，尚没有针对气候变化的专门法律。④从气候变化科技政策的政策体系来看，欧盟、英国、美国、日本、我国等坚持减缓与适应并重的原则，而印度遵循适应优先的原则。

表 5-4 主要国家及地区气候变化科技政策比较分析

国家及地区	基本出发点	重点领域	管理机制	政策体系
欧盟	发展低碳经济、争夺全球气候变化领域话语权	碳排放贸易、温室气体减排目标、开发可再生能源、提高能源利用效率	应用市场调控手段	减缓与适应并重
英国	发展低碳经济、争夺全球气候变化领域话语权	碳排放贸易、温室气体减排目标、开发可再生能源、提高能源利用效率	引入法律法规手段	减缓与适应并重
美国	不影响核心现实利益	气候变化科学研究，以及提高能源利用效率、开发可再生能源、提升机动车燃料经济标准	法律、法规手段与行政命令手段相结合	减缓与适应并重
日本	解决资源匮乏、构建低碳社会	提高能源效率技术和低碳化技术手段	引入法律法规手段	减缓与适应并重
印度	消除贫困和发展经济	开发可再生能源、优化能源结构、提高能源利用效率	注重行政命令手段	适应优先
中国	可持续发展	开发可再生能源、优化能源结构、提高能源利用效率	注重行政命令手段	减缓与适应并重

5.2.5 我国气候变化科技政策建议

鉴于我国正处于工业化和城市化进程的关键阶段，必将造成能源消耗的大幅增长，随之产生的温室气体排放量也将进一步增加。作为全球温室气体排放的主要国家，我国以煤炭为主的能源结构在短期内难以改变，加之过去30年高物耗、高能耗、高污染的粗放型经济发展模式，导致生态环境持续恶化，使我国面临巨大的压力与挑战。通过分析国际气候变化科技政策体系、需求与发展趋势，以及国际分析，特提出以下建议。

5.2.5.1 适时颁布"应对气候变化法案"

加快推进应对气候变化立法进程，适时颁布"应对气候变化法案"，依法规范全社会广泛参与应对气候变化的责任和义务，统筹协调各地区各部门应对气候变化的行动和利益，加强国家和地方应对气候变化基础建设，规范气候变化科学研究、预测预估、影响分析、政策制定。

5.2.5.2 加强顶层设计与相关职能部门统筹协调

将气候变化科技政策纳入国家层面战略体系之中，建立自上而下和自下而上相结合的管理机制，在国家层面做好顶层设计，打破相关职能部门壁垒与界限，强化统筹协调，有效实施管理。目前，国家发展和改革委员会、外交部、环境保护部、国家气象局等部门在国家气候变化科技政策中都有所涉及，但存在职能重叠、分工不清和责任模糊等问题，因此，在协调、组织国家气候变化科技政策设计分工方面仍需加强。

5.2.5.3 及时制定气候变化减缓国家战略

必须认识到气候变化减缓的重要性和紧迫性，及时制定气候变化减缓国家战略，以明确我国气候变化减缓的方针、原则、目标和重点任务。按照气候变化的区域特点，联合地方政府因地制宜制定区域气候变化减缓政策与行动，以更好地指导地方减缓气候变化工作。组织一批减缓领域有代表性的示范项目将气候变化的减缓示范工程与当地生态环境的改善、防灾减灾和国家的扶贫计划等结合起来进行。

5.2.5.4 设立气候变化专项研究计划

目前，我国气候变化相关研究正处于起步阶段，难以为国家相关政策制定提供决策咨询与支撑。我国应加大气候变化领域科学研究投入力度，加强气候变化学科建设，发展完善气候变化学科体系。建议设立气候变化专项研究计划，以便支持我国气候变化相关领域研究。同时，加大气候变化科学领域人才队伍培养、组织机构建设，加大对气候变化知识的宣传普及与理念的推广，提高公众对气候变化的认知水平。

5.2.5.5 着力发展低碳技术

低碳技术是应对气候变化的重要途径之一，但我国在低碳技术开发、研究和部署等方面尚与发达国家有一定差距，建议加强低碳技术的开发和发展，加大资金投入，优先开发和选择可再生能源技术和节能增效技术，重视相关低碳技术的开发和推广利用，加强低碳技术研发的系统化布局和能力建设，有利于国际市场竞争。

5.3 农 业 政 策

农业既是人类生存的基础，又是国民经济的基础。中华人民共和国成立以来，随着国民经济的持续快速增长，我国人民的温饱问题基本得到了解决。但因资本稀缺，在中华人民共和国成立初期我国采用了优先发展重工业的战略（董利苹等，2017）。与之相对应，农业在推动我国经济持续快速发展的同时，也引发了一系列问题。其中，主要问题包括：①农民收入增长缓慢、城乡经济发展不均衡、城乡居民收入差距持续扩大。②农业竞争力不高。③农业生产管理不善导致土壤退化，地下水质恶化。为了解决以上问题，2004 年以来，我国政府采取了一系列政策措施（董利萍等，2017）。但由于我国农业政策起步较晚，效果还有待进一步改善。与我国相比，美国、欧盟、日本执行农业政策的历史较长，这些国家（或经济体）的经验教训值得我国借鉴（董利萍等，2017）。因此本节选取我国、美国、欧盟、日本为研究对象，对4国或经济体农业政策的演变历史、政策特点、管理特色、支持水平、政策绩效进行了深入系统的比较研究，以期为我国相关政策改革提供参考借鉴。本节的主要内容如下。

第一，通过梳理我国、美国、欧盟、日本4国（或经济体）农业政策的演变规律，研判各国（或经济体）农业政策演变的方向，对我国农业政策的发展趋势作出判断。

第二，通过对比我国与美国、欧盟、日本3国（或经济体）农业政策的绩效水平，借鉴政策绩效水平较高国家（或经济体）的经验，为提高我国农业政策执行绩效提供参考。

第三，通过比较分析各国（或经济体）农业政府支持水平的变化趋势，为我国政府农业政策支持水平改革提供参考。

5.3.1 国际农业领域科技政策框架

5.3.1.1 主要国际政策

1943年，在美国弗吉尼亚州温泉城举行的会议上，44个国家创建了一个有关粮食及农业的常设组织——联合国粮农组织（FAO）。1974年，在罗马召开的联合国世界粮食大会上，FAO建议通过了《世界粮食安全国际约定》。1991年，拥有92个签约国的《国际植物保护公约》获得了批准。1994年，针对低收入缺粮国，FAO发起了粮食安全特别计划，建立了跨界动植物病虫害紧急预防系统。同年，FAO通过下放执行活动、简化程序和减少费用等措施，开始了其自成立以来最为重大的结构调整。1995年10月，获得通过的《负责任渔业行为守则》为国际社会可持续开发水生生物资源提供了一个必要的框架。1996年，国家元首和代表通过了《世界粮食安全罗马宣言》和《世界粮食首脑会议行动计划》。1998年，一项由FAO推动并具有法律约束力的管理农药贸易和其他危险化学品贸易的公约在鹿特丹获得通过。1999年，FAO渔业委员会就捕捞能力、鲨鱼和海鸟问题通过数项行动计划。2001年，FAO大会通过了具有法律约束力的《粮食和农业植物遗传国际条约》。继世界粮食首脑会议5年之后，FAO理事会一致通过了《支持在国家粮食安全范围内逐步实现充足食物权的自愿准则》。为应对粮食价格危机，FAO于2007年12月启动了应对粮食价格飞涨计划。2008年，FAO启动应急行动，斥资1700万美元用于应对当前的粮价飙升。2012年5月11日，世界粮食安全委员会通过了新的具有里程碑意义的《国家粮食安全范围内土地、渔业及森林权属负责任治理自愿准则》（FAO，2015）。

5.3.1.2 主要国家政策

基于OECD对一般服务支持估计值（general services support estimate，GSSE）、GSSE%

的定义，本节将系统地回顾美国、欧盟、日本的农业科技政策。

GSSE 是衡量一国政府财政对整个农业部门实施的一般性（或公共性）服务政策而引起的价值转移（董利苹和吴秀平，2016）。根据向农业提供的一般服务的自然属性，OECD 将 GSSE 细分为以下 7 类：①农业研究和发展投入（研究与开发）。②农业培训、教育和科技推广投入（农业学校）。③检验和检疫服务投入（检疫服务）。④非农业集体的基础设施建设与改善投入（基础设施）。⑤帮助开发农产品市场，促进农产品销售的投入（营销与促销）。⑥支付农产品公共储备的费用（公共储存）。⑦资源环境保护等其他服务农业的公共开支（由于信息缺乏而无法归类的农业支持项目，也被计入此类）（董利苹和吴秀平，2016）。

GSSE% 表示对农业一般服务提供的支持价值占对农业总支持价值（total support Estimate，TSE）的比重。一国 GSSE% 值越大，意味着该国的农业支持政策对农业生产者的生产行为影响越小，对农产品贸易的扭曲程度越低，即对市场的干预程度越小（马晓春，2010）。

（1）美国

美国农业 GSSE 政策体系的形成可追溯到 1862 年 5 月通过的《赠地法案》。之后，为应对国内外农业出现的各类问题，美国《农业法》得到了不断的修订和完善（董利苹和吴秀平，2016）。美国实施的 GSSE 政策主要包括以下几方面。

1）市场营销。美国人口仅为我国人口的 1/5，可耕地面积略低于印度位列世界第二位，农产品生产过剩问题长期困扰着美国，因此，美国非常重视农产品营销与促销。目前，相关法律体系已相当完善。20 世纪 30 年代，美国的农业政策带有强烈的贸易保护主义色彩。例如，《农业调整法》（1933 年）、《互惠贸易协定法》（1934 年）等法律均通过提高进口关税、制定农产品价格支持计划、采取出口补贴等方式，努力防止进口农产品扰乱国内农产品价格。而 1948 年的《农业法》、1954 年的《农产品贸易发展的援助法》（480 号公法）通过对外粮食援助缓解了美国农产品的生产过剩问题，在一定程度上推动了 20 世纪 40~60 年代美国农产品国际贸易的发展（詹琳，2015）。20 世纪 70~80 年代，包括《农业和消费者保护法》（1973 年）、《食品券法》（1977 年）、《美国农业和食物法》（1981 年）、《食品保障法》（1985 年）和《农场法案》（1985 年）在内的农业法纷纷启动，并实施了农产品出口计划、农产品营销计划等农产品计划，进一步提高了农产品出口量。1985 年的《农场法案》和 1990 年的《食品、农业、资源保护和贸易法》吹响了 20 世纪 90 年代的农产品市场化改革的前奏。1994 年《乌拉圭回合农业协定》首次将农产品贸易谈判纳入了多边框架之内，之后，美国《农场法案》与世界贸易组织（World Trade Organization，WTO）农产品贸易谈判之间互相磨合，美国开始了曲折的农产品市场自由化旅程。其中，2002 年的《农场安全与农村投资法案》和 2008 年的《食品、环保和能源法》通过"营销援助贷款计划"持续扩大了农产品补贴的范围（王军杰，2012），提高了法律执行期内的农产品贷款率水平，强化了"增加农民收入"的政策效应，阻碍了农产品市场化导向改革，而《联邦农业改善和改革法》（1996 年）、《食物、农物及就业结案》（2014 年）则加强了农业生产的市场导向（彭超，2014；张光和程同顺，2004；董利苹和吴秀平，2016）。

在市场营销方面，扶持农民这一弱势群体联合起来参加市场竞争的过程中，美国农业合作社发挥了巨大作用，而农业合作社的发展离不开政府的支持。1922 年，美国政府通过了《凯伯—沃尔斯塔德法案》，成功将农业合作社从《谢尔曼反托拉斯法》的限制中豁免出来。1926 年的《合作营销法案》拓宽了美国农业部对农场主合作社的支持。1933 年的《农场信贷法案》授权生产信贷协会向农场主提供生产贷款，并且，为服务农业合作社，建立了一套银行体系。1934 年的《联邦信用合作社法案》使州一级信用合作社得到了许可。1937 年的《农业营销协议法》承认了农民通过合作社协会组织起来的合法性，增强了行业自律。同年，美国颁布的《农村电气化法案》促进了农场主通过迅速建立农村电力合作社向农村供应电力，给农村生活和农业生产带来了深远的影响。1967 年的《农业交易行为法》禁止任何影响农民交易活动的强买强卖，进一步保障了合作社成员的合法权益。20 世纪 80 年代中后期，美国出现了新一代的农民合作社。在新一代的农民合作社的发展过程中，美国政府及一些州为了增强合作社的灵活性，采取了法律保护与规范、财政金融支持等措施，起到了积极的推动作用（谭启平，2005；徐晖等，2014；董利苹和吴秀平，2016）。

2）农业科研、教育、推广体系。1862 年、1887 年和 1914 年美国先后颁布的《莫雷尔赠地学院法案》《哈奇法》《史密—利弗法》为美国以州立赠地学院为依托，联邦推广站为枢纽，州推广站为核心，县推广站为基础的教育、科研、推广"三位一体"农业推广模式奠定了基础。《珀内尔法》（1925 年）和《农业销售法》（1929 年）加大了对州农业试验站的拨款额度，试验站的研究范围得到了扩大。《职业教育法案》（1963 年）和《伯金斯法案》（1984 年）扩大了受教育人群的范围。之后，包括《合作推广法》（1914 年）、《农业研究、推广和教育改革法案》（1998 年）、《食物、农场及就业法案》（2014 年）在内的多部法律通过划拨专门经费、增加资助经费额度、实施新计划等方式促进了农业科研、教育、推广体系的发展完善（董利苹和吴秀平，2016）。

3）检疫与食品安全。针对食品错误标签和有害掺假问题，1906 年，美国颁布了第一部综合性、全国性的食品安全法律——《纯净食品和药品法》，标志着美国食品安全监管走上了法制化道路（康莉莹，2013）。在 30 多年的执行过程中，该法暴露了诸多漏洞。为此，1938 年，美国国会通过了美国食品安全监管领域的基本法——《联邦食品、药品和化妆品法》。美国现行的食品安全法律体系主要由《禽类检验法》（1957 年）、《联邦肉类检验法》（1906 年）、《联邦食品、药品和化妆品法》（1938 年）、《联邦杀虫剂、杀真菌剂和灭鼠法》（1947 年）、《蛋类产品检验法》（1970 年）、《公众卫生服务法》（1994 年）和《食品质量保障法》（1996 年）7 部法律组成（王玉娟，2010）。随着农业生产的现代化，国际食品安全形势日益严峻。于是，2011 年 1 月，奥巴马总统签署了《FDA 食品安全现代化法》（于杨曜，2012），对食品安全监管体系进行了大规模的调整，扩大了卫生与公众服务部部长在食品安全方面的职权范围，构建更为有效的和富有战略性的现代食品监管体系，引入现代食品安全监管理念，美国食品安全监管体系从过去的以检验为主过渡到以预防为主（康莉莹，2013）。至此，美国食品安全监管立法进入了新的发展时期（董利苹和吴秀平，2016）。

4）公共储存。美国《农业调整法》（1938 年）建立了常平仓制度（李超民和常平仓，

2000），发挥了平抑粮价的作用，从根本上解决美国农业生产过剩问题。此后，《农场和消费者保护法》（1973 年）和《粮食和农业法》（1977 年）分别通过"农场主储备计划"和"农民自储计划"使农产品储蓄量得到了持续地提高（秦富和张莉琴，2003）。但 1985 年的《粮食安全法》首次将环境保护理念纳入农业法体系中，启动了保护储备项目，通过大沼泽地条款、农夫条款、遵从条款等将高侵蚀耕地休耕。此后，在 1996 年，美国颁布了《联邦农业改进和改革法》，出于保护环境、提高农田质量的目的，取消了农民自储计划。至此，储藏补贴政策失去了其在美国农业政策中的重要性（董利苹和吴秀平，2016）。

5）农业保险与农业灾害救助补贴。美国是最早涉及农业保险业的国家之一。《联邦农作物保险法》（1938 年）规定在农业部内设立联邦农作物保险公司，农业保险业自此登上了历史舞台，此后，在 1980 年，针对灾害导致损失的农业生产者，国会第十二次修改了《联邦农作物保险法》，加快了私人保险公司参与农作物保险业的步伐。《农业法》（1985 年）、《农业灾害辅助法》（1987 年）、《联邦农作物保险改革法》（1994 年）对政府或保险公司抑或两者之间的灾害补贴或赔偿责任做出了明确的规定，农业保险和农业灾害补贴的种类逐步增加。1996 年，美国推出了农作物收入保险，该保险在产量基础上，考虑了农产品的价格因素（马晓春，2010）。2000 年，克林顿总统签署了《农业风险保障法》，提高了对农作物保险保费的补贴比例，并决定试行牲畜保险。到 2001 年，美国已为各种主要农作物提供了至少一种形式的收入保险（马晓春，2010）。《2008 农业法》延续了旧《农业法》对灾难性灾害实行全额补贴的政策，将风险管理战略和教育对象扩大到了新的及处于弱势地位的农场主（牧场主）（马晓春，2010），并且首次明确授权联邦农作物保险公司对有机农作物开设保险业务，并将农业灾害援助补贴的执行范围扩大到了所有的农作物、鱼类养殖、养蜂业和畜牧业。《农业法案》（2014 年）设立了永久性的牲畜灾害援助项目，将牲畜灾害损失援助回溯到 2011 年，实现了美国农业灾害救助补贴在时间尺度上的全覆盖。针对作物保险没有覆盖的情况，《农业法案》（2014 年）还通过无保险作物援助项目直接向生产者提供因天气造成的损失赔偿。至此，美国农业保险补贴和农业灾害救助补贴在时空范围内实现了全覆盖（OECD，2014；董利苹和吴秀平，2016）。

6）基础设施。在《联邦农业信贷法》（1916 年）、《农业信贷法》（1923 年版）和《农业信贷法》（1933 年版）的支持下，美国先后成立了联邦土地银行、联邦中介信贷银行和合作社银行。这三类银行的服务既各有侧重，又相互合作，构成了庞大的美国农业信贷系统。此后，《联邦农村完善和改革法》《农场抵押贷款法》《农场贷款法》《农村信贷法》《中间信贷法》等法律进一步完善了美国农村的投融资体制，为农村地区的水利、交通、住房等事业的发展奠定了坚实的资金基础，促进了农场机械化、电气化和信息化的发展，改善了农村的生产、生活条件。另外，美国水利、交通、电气化、信息化等专门领域的法律也相当完备。例如，在交通领域，《海运法》（1981 年）、《联邦公路资助法案》（1956 年）、《公法 89—670》（运输部法，1966 年）、《综合地面运输效率法案》（"冰茶法案"，1991 年）、《21 世纪运输平衡法案》（1998 年）、《汽车货物安全改善法》（1999 年）、《安全、可靠、灵活、高效的运输平衡法案：留给使用者的财产》（"露茶法案"，

2005 年)、《在 21 世纪中前进》（2012 年）等交通法律推动了美国交通运输业的飞速发展，美国先后经历了修筑公路、开凿运河和铺设铁路等国内交通建设高潮，目前，美国的货运网络已实现了乡村社区全覆盖，具备了连接国内和国际贸易市场的能力，极大地推动了美国农业的发展（杨雪英，2013；詹琳，2015；董利苹和吴秀平，2016）。

7）土地休耕与环境保护政策。1933 年，《国家工业复兴法》明确提出了控制土壤侵蚀计划。之后，《放牧法》（1934 年）、《土壤侵蚀法》（1935 年）、《土壤保护和国内配额法》（1936 年）、《农业调整法》（1938 年）均关注了水土流失问题（王曦，1991；孙鸿志，2007）。1956 年，《农业法》启动的"土壤银行计划"，首次提出了自愿退耕、短期休耕种草、长期休耕种树的土地休耕政策。至此，土地休耕政策被正式纳入美国的农业政策体系。此后，《农业法》（1965 年版）、《农业法》（1970 年版）、《基本农田、牧场和林地宣言》（1976 年）、《土壤和水资源保护法》（1977 年）、《食品、农业、水土保持和贸易法》（1990 年）、《联邦农业完善和改革法》（1996 年）等法律，通过启动休耕计划、土地面积储备计划、环境质量激励项目等方式，保护了基本农田和水体。在 1996 年《联邦农业改进和改革法》的基础上，2002 年《农业法》和 2008 年《农业法》加大了休耕补贴力度，强化了对环境质量激励计划和保护服务项目的资金支持力度，农业环境保护不仅保护农田，也覆盖到了某些私人或部落类型的湿地、草地、符合特定野生动物物种需求的栖息地等环境敏感性地块（OECD，2005），关注的对象除土壤外，也包括水、空气及濒危野生动植物等（OECD，2007）。2014 年颁布的《农业法案》通过休耕储备项目、环境质量激励项目、资源保护管理项目、农业资源保护地役权项目、区域资源保护合作项目，加大了资源保护力度，该法律更加强调因地制宜，因而具备了更大的灵活性和适应性（董利苹和吴秀平，2016）。

除土地保护外，美国还出台了许多水体保护、物种保护、规范农药生产使用的法律（王曦，1991）。例如，《联邦食品医药和化妆品法》（1906 年）、《清洁水法》（1972 年）、《联邦水浸染控制法和联邦杀虫剂控制法》（1972 年）、《濒危物种法案》（1973 年）、《食品质量保护法》（1996 年）等（董利苹和吴秀平，2016）。

（2）欧盟

1991 年 12 月，欧共体马斯特里赫特首脑会议通过了《欧洲联盟条约》，通称《马斯特里赫特条约》（简称《马约》），1993 年 11 月 1 日《马约》正式生效，欧盟诞生，正式取代了欧共体，欧共体共同农业政策发展成了欧盟共同农业政策。当前，《欧盟共同农业政策》（*Common Agricultural Policy*，CAP）（European Commission，2014a，2014b）中对农业执行的 GSSE 政策主要包括鼓励农村发展和有机农业发展的政策等。

1）扩大生产规模。20 世纪 60 年代以来，欧盟通过鼓励小农场兼并和老年生产者退出生产两种方式，扩大了生产规模，促进了农村发展（董利苹等，2017）。

2）鼓励有机农业生产。1991 年以来，欧盟通过出台并更新"有机农业、有机农产品和食品标签"规章，建立有机农业信息系统、实施强制性有机标志制度等方式促进了有机农业的发展（董利苹等，2017）。

3）加强农业生态环境保护。20 世纪 90 年代，欧盟通过了耕地面积削减计划。2000

年以来，欧盟开始注重农业生态环境保护，采用了脱钩支付，制定了环境保护标准，鼓励农民"交叉达标"（董利苹等，2017）。

（3）日本

第二次世界大战战败后，日本经济凋敝，粮食短缺。为了安定社会，日本进行了民主化改革。此后，日本政府制定、实施了一系列法律，经过土地改革、农业协同组合（简称农协）重组及政府的水利化、化肥化和良种化等增产措施，日本农业很快得到了恢复，农业产量和粮食自给率有了很大提高（刘双山，2004；李亮，2008）。其中，日本农业 GSSE 政策如下。

1）支持农业科技研发与推广，提高农业生产力。①1948 年，日本制定了《农业改良助长法》，促进了农业技术的改良。②1949 年，日本制定了《土地改良法》，对农田进行了改造，提高了粮食产量。③1953 年，通过设立"农林渔业金融公库"完善了农业服务金融体制。④1954 年，日本解散了"农业会"，代之以"农业协会中央会"（刘双山，2004），推动了日本农业从封建地主制过渡到了资本主义的自立经营自耕农体制。⑤1961 年，日本修订了《农业基本法》，提高了对农业科研投入的支持力度，促进了农业生产力的提高。

2）农业灾害补偿、保险补贴政策。1947 年以来，日本先后通过《农业灾害补偿法》和《农业基本法》（1961 年）提高了灾害补贴和农业保险补贴额度，防止了农户由于灾害破产。

3）基础设施建设。1994 年 10 月，日本政府制定的《乌拉圭回合农业协定关键对策大纲》在 1995~2000 年预算了 1.2 万亿日元，专门用于农业、山地和渔村工程，日本农业和农村基础设施建设得到了加强（李亮，2008）。

4）扶持农协会。1947 年，日本颁布了《农业协同组合法》。该法律规定农协可以不交所得税、营业税和营业收入税等，农民加入农协可享受税收优惠。并且，农协通过建设仓库等方式投资固定资产可得到政府补贴。由于 2000 年开始执行的《粮食、农业、农村基本计划》于 2005 年到期，2005 年 3 月，日本政府通过了新的基本计划（李亮，2008），加大了对农协的扶持力度。

5）农业现代化。1961 年的《农业基本法》鼓励农民购买现代化机械、设备等，提倡垦荒，以实现农业现代化。1970 年，日本政府通过《综合农政的基本方针》重点强调了现代化农业的培育。

6）环境保护。日本环境保护主要参照的《粮食、农业、农村基本计划》（2000 年），为了实现到 2009 年，建立 1 万个生态型农业生产组织的目标，2005 年日本修订了该法律，强调将环境和资源保护作为发展的重点。

5.3.1.3 国际农业领域科技政策路线图

20 世纪 70 年代后，为应对农业生产过程中出现的各类问题，国际农业法不断得到修订，政策目标从最初以提高农产品产量，保障粮食安全为主，转向了关注农业的可持续发展。国际农业政策的主要发展历程如图 5-5 所示。

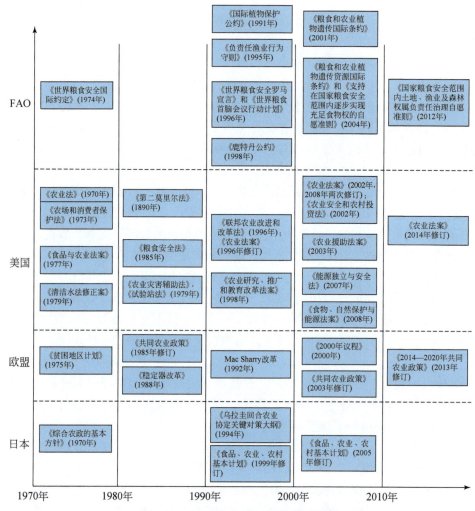

图 5-5　国际农业领域科技政策路线图

5.3.2　国际农业领域科技政策成效分析

　　良好的农业政策是国家农业发展的前提，而既定政策执行的程度，直接关系到政策目标的实现，因为，在很大程度上，政策的实施效果依靠政策执行过程中防止出现偏差的程度。因此，如何实现政策目标与制定政策同样重要。因此，在美国、欧盟、日本的管理机制和特色下，其农业政策实施效果也各不相同。

5.3.2.1　管理机制与特色

　　（1）美国的农业管理体制与特点

　　在美国，农业的管理机构是美国农业部（董利苹和吴秀平，2016）。它是在 1994 年美国国会通过的"美国农业部改组法案"的基础上调整形成的，是联邦政府内阁的 14 个部门之一，是重要的经济管理部门。美国农业部是按照法律设置的。目前美国农业部共有19个业务局，主要有3个管理层面：①国家级农业科研机构。②各州农业科研机构。③私人企业科研机构（张梅和杨志勇，2010；董利苹和吴秀平，2016）。其管理特点如下：①大农业部模式；②强烈的法制原则；③客体至上原则。

（2）欧盟的农业管理机制与特点

欧盟委员会是一个独立于成员方的超国家机构，其任务在《欧洲联盟条约》221条及以下中得到了规定。为协调各成员方之间的利益，欧盟共同农业政策的制定与执行遵循着以下3个主要原则：①单一市场原则；②共同体优先原则；③共同财政原则。共同农业政策是欧盟内实施的第一项共同政策，它在半个多世纪的实施和调整过程中，促进了欧盟农业的发展，同时从一个侧面反映了欧盟农业管理的特点。共同农业政策的主要特点如下：①共同农业政策是各成员方利益调和的产物，遵守原则性协议，但具有妥协性。②形成了以价格政策为主导，结构政策为补充的政策体系（European Commission，2014c）。

（3）日本农业管理体制与特点

日本的农业行政管理部门为农林水产省（The Ministry of Agriculture，Forestry and Fisheries of Japan），隶属日本中央省厅。它是依照《农林水产省设置法》（平成11年法律第98号）设立的，其农业行政管理属于产业管理模式。农林水产省下设有农蚕园艺局、经济局、水产厅、畜产局等部门。具体的业务管理以产业管理模式为主。日本的农业管理特点与美国相似：①大农业部模式（冯海发和丁力，1998）；②在农业行政管理部门的内部体制设置上，以产业管理为主；③具有完善的农业法律调控体系；④行政管理部门职权范围明晰，行政手段具有强制性和直接性；⑤善于使用宣传教育手段；⑥农协发达，农业行政管理部门与农协关系密切（农林水产省，2015a）。

5.3.2.2 政策实施效果

（1）美国农业政策的实施效果

①农业推广服务促进了教育、科研、技术推广的融合，造就了一支为农业经济建设服务、适应农村发展的农业教育、科研和技术推广的服务队伍（王莹，2003）。②政府还加大了对农村投资、农村居民职业技能培训和高科技知识教育的支持力度，为农业的发展提供了技术支撑（陈璐和孙璐，2008）。③1929～1972年，美国农业产量增长了81%，其中，生产效率提高的71%归功于科学研究（王思明，1999）。④在机械化、生物学技术、计算机技术的应用方面，得益于农业"教学、科研、推广"体系，美国的农业科技始终处于世界领先水平。

（2）欧盟农业政策的实施效果

作为主权国家的联盟组织，CAP的制定和调整需要时刻在各成员国的利益诉求中寻求平衡（徐毅，2012）。基于此，欧盟CAP经过半个多世纪的实施和调整，为欧盟农业的发展做出了不可磨灭的重大贡献，尤其在保证粮食安全（兰天，2006）与农产品供给方面发挥了积极而重要的作用，是欧洲市场一体化的基石。但是，在CAP的实施过程中，也产生了资源配置扭曲、生产过剩、效率损失、市场机制失衡、财政预算负担过于沉重、内部利益分配不均、环境保护和食品安全受到质疑等方面的缺陷和不足（董利苹等，2017）。具体而言，欧盟共同农业政策主要发挥了以下作用：①提高了农产品产量、提升了农业生产率。②欧盟CAP具有较为持久的政策效应，使许多欧盟成员国进入到了农业技术创新国行列，提高了成员国的农业竞争力，并长久保持了欧盟成员国的农业竞争优势地位（徐毅，2012）。③在保障人们生存和健康的农产品供给、保护农业资源和生态环境、促进乡村建设和发展等方面，欧盟CAP也发挥了难以替代的积极作用（董利苹等，2017）。

（3）日本农业政策的实施效果

随着技术的进步、国民经济的高速增长以及政府对农业的支持与干预，日本农业生产效率得到了大幅提高。日本人口约为美国的50%，居住在比美国蒙大拿州还要小的一块土地上，仅有15%的土地可用于耕种。但是它仍然为自己提供了73%的食物（王文靖，1991；牟爱春，2003）。

日本的农协很发达，在促进包括政府在内的各种团体和农民的对话方面，日本农业协会发挥着不可替代的作用，值得我国借鉴。在日本农业政策的实施过程中，农协主要发挥了以下几方面作用：①在市场经济条件下，通过三级组织体制和综合业务模式弥补了小农经营制度的缺陷。②农协提供的农产品销售和生产资料购买等流通领域的服务、农业融资和保险等金融业务较好地满足了农户的不同需求。③农协对国家农业支持政策的制定有重要影响，更是国家农业支持政策的重要执行机构。虽然1990年以来，日本农协出现了不少问题，进行了一系列改革，但其仍在促进包括政府在内的各种团体和农民的对话上继续发挥着不可替代的作用（李亮，2008）。

5.3.3　国际农业领域科技政策的需求与发展趋势

5.3.3.1　国际农业领域科技需求发展展望

2014年，美国颁布的《农业法案》（2014年）的主要改革内容：①生产者可以在县农业风险保障和个人农业风险保障之间做出选择。②"灾害援助项目"将在2011财政年度到期，从那之后，受动物疫病和恶劣天气影响的生产者，将无法获得来自财政的损失补偿。同时，《农业法案》（2014年）将牲畜灾害损失援助回溯到2011年，开设了永久性的"牲畜灾害援助项目"（农业部课题组，2014）。③针对作物保险没有覆盖的情况，通过"无保险作物援助项目"向生产者提供因天气造成的损失赔偿（农业部课题组，2014）。④调整资源保护项目，更加强调因地制宜，从而具备了更大的灵活性、责任性及适应性（农业部课题组，2014）。⑤继续通过"补充营养援助项目"和"紧急食物援助项目"为数百万低收入家庭提供充足的食物。⑥在促进农村发展方面，《农业法案》（2014年）基于以前对关键性基础设施、小商业发展、就业机会相关的促进农村经济发展的项目，削减了"农村水系项目""农村商业投资项目"等项目的经费，以优化项目管理系统，提升已有项目的效率，新增了"高附加值的农产品市场开发赠款项目""农村小微企业援助项目""新增农村节能项目"等项目。提高对农村宽带电信项目的支持力度，提高其入网率，鼓励农民将互联网用于商业实践。投资供水和废水处理基础设施，支持新一代农村用电项目。并加大对农产品国际贸易的扶持力度。⑦新法案增加了部分研究、推广及相关项目的资金。⑧新法案对 2008 年美国农业法案中的能源项目进行了再授权，同时，扩大了部分生物能源项目。⑨发展特种作物和有机农产品。⑩帮扶新生代农场主和牧场主（董利苹等，2017）。

2013 年 12 月，欧盟发布的题为《2014—2020 年共同农业政策改革法案》称面临经济、环境和领土 3 方面挑战，该次改革将农村发展作为改革重点。通过调整直接支付政策主要改革了以下 4 方面内容：①加大对绿色农业的扶持力度，确保农业可持续发展。②鼓励全生产链研究与创新，提高农业竞争力。③提高农村地区的就业率，促进农村经济增长（董利苹等，2017）。④采取农业环境措施，更好地解决脆弱地区问题，防止荒漠化，增加农业生物多样性。该报告还指出，2020 年后，欧盟将把注意力投入在以下 2 方面：①通过"新农村发展计划""直接付款计划"提高农民收入。②通过"农业绿色发展计划"，促进农业可持续发展、提高政策有效性和农产品竞争力。

2000 年以来，日本主要颁布了 10 部农业 GSSE 政策相关的法律（农林水产省，2015a，2015b，2015c），分别为《农业发展相关的研究和技术特别措施法》（2000 年）、《食品流通资源回收促进法》（2000 年）、《有机农业推广法》（2006 年）、《生物质利用促进法》（2009 年）、《应对东日本大地震的土地改良特别法》（2011 年）、《茶叶推广法》（2011 年）、《农业、林业和渔业有限公司增长机制支持法案》（2012 年）、《农田中层管理业务促进法案》（2013 年）、《可再生能源发电与农业、林业和渔业健康、和谐发展促进法》（2013 年）、《内陆渔业促进法》（2014 年）（农林水产省，2015d）。这些法律可分为以下几类：①促进农业科学技术发展。②注重资源环境的保护、开发和利用，促进农业的可持续发展（董利苹等，2017）。③促进农村经济发展，提高农村经济水平。④优化管理结构，提高管理效率。

基于上文对美国、欧盟和日本在农业 GSSE 政策相关方面法律的梳理和分析，发现未来国际农业科技需求的发展存在以下趋势：①提高农业竞争力将成为各国竞相追求的目标，农业科技创新，尤其是农业全生产链研究与创新将成为研究重点。②农业可持续发展是未来农业的发展方向，农村资源环境的保护、开发和利用是未来农业可持续发展的前提条件（董利苹等，2017）。③食物营养与公民健康得到重视。④极端气候等环境因素已经使农业、农村和农民的灾害应变能力和气候变化适应能力成为国际社会关注的焦点，预期各国将针对这一问题，采取一揽子行动措施，各国农业保险体系将得到进一步的完善。⑤农业政策的执行效率、农业生产效率和农村经济水平仍有待提高，管理结构和农业生产结构优化将成为各国的最佳入手点。

5.3.3.2　农业领域科技政策发展趋势

综合美国、欧盟和日本科技政策演变历程（图 5-5）可见，农业科技政策的发展趋势如下：①农业"教学、科研、推广"政策体系已日臻完善，公共储存支持政策始终是农业科技政策的关注焦点之一。②农村环境和资源保护政策（尤其是淡水和耕地）正在逐步发展。③气候变化背景下，农业保险体系和生物燃料政策得到重视。④随着新时期农产品国际化的推进和人民生活水平的提高，对农业竞争力、农村经济、民生、食品安全和食物营养进行扶持，将成为下一阶段农业科技政策关注的焦点（董利苹等，2017）。

5.3.3.3 未来农业领域科技政策重点领域

基于 5.3.3.1 节对美国、欧盟和日本在农业 GSSE 政策相关方面法律的梳理和分析，发现未来农业科技政策的重点扶持领域如下。

1）粮食流通、农村商业援助和地区发展方面的农业政策将得到进一步完善，发展农村经济，平衡城乡收入，改善民生在未来一段时间还将是国际社会关注的热点。

2）极端气候事件的发生频率和幅度增大将进一步引发国际社会对气候变化的关注，生物质燃料、农业保险补贴、农业基础设施投入等方面的农业支持政策将进一步得到国际社会的青睐，节水型农业和气候智能型农业在国际层面将得到政策的扶持（董利苹等，2017）。

3）农业环境保护将吸引国际社会更多的注意力，这也将进一步催生国际农业政策对有机农业、生态农业、高效农业和产后农业的扶持（董利苹等，2017）。

4）食品安全与公民健康已经吸引了一些国家的注意力，预计未来一段时间粮食安全问题尤其是食品营养与公民健康将成为国际农业政策聚焦的热点。

5）下一阶段农业政策将促进管理结构和农业生产结构的进一步优化，管理效率和农业生产效率将得到进一步提高（董利苹等，2017）。

6）下一阶段农业政策将进一步加强农业全生产链研究与创新的扶持力度，加大农业科技推广力度，提高农业竞争力。

5.3.4 我国农业领域科技政策与国际比较

5.3.4.1 我国农业领域科技政策体系与特点

（1）我国农业管理体制

农业部是我国名义上的农业管理部门。我国农业部现在设有 16 个职能司局，分别负责种植业、畜牧、水产等，建立了较完整的全国性农业、水产、畜牧、农机技术推广网络体系，以及土肥、农药、种子、饲料、农机、农产品检测检验体系。在地方政府中，设立了不同的农业部门具体管理农业内的相关产业。此外，在各级政府中，除农业管理部门外，许多其他涉农部门还设有农业发展的司局或处室。在各级人大和政协中，均设有农业委员会或相关机构。各级党政机关，也有相应的领导及机构主管农业发展。应当说，我国农业管理体制建立了由各级党、政府、人大、政协等机构和领导人构成的完整、严密的组织体系。在我国农业生产力水平不高的情况下，面对千家万户的小规模的农业经营方式，这种全民动员的方式，对农业的发展起到了保障和推动作用（翟雪玲，2004）。

（2）我国农业领域科技政策

中华人民共和国成立至今，我国经济经历了不同的发展阶段，农业政策环境发生了明显的变化：①从计划经济占主导地位到中国特色社会主义市场经济的不断完善；②从"农业为基础，工业为主导"的经济建设方针到 2004 年开始连续 12 年"中央一号文件"明确把"三农"问题作为全党各项工作重中之重。我国农业领域科技政策经历了从无到有、并逐步加强的过程（马晓春，2010）。

1）粮食流通政策。1978 年，我国家庭联产承包责任制引发农民生产积极性空前高涨，1984～1985 年，我国出现了第一次明显的过剩型粮食供求波动（王宏广，2005）。中央政府将"统购统销"的粮食流通政策改革为合同订购，实行价格"双轨制"。1993 年开始，我国农村大量劳动力由农村向城市转移导致全国粮食价格上涨。为应对这一问题，中央政府决定从 1994 年起，国家订购的粮食全部实行"保量放价制"，试图让市场在调节产销中发挥主要作用。1995 年，中央政府正式出台了"米袋子"省长负责制的粮食管理体制，以保证本省粮食的充足供应。1997 年 7 月，国务院明确规定，国家定购粮仍按 1996 年确定的定购价收购，而议购粮则按保护价（国务院确定的定购基准价）开放收购（马晓春，2010）。受 1998 年粮食过剩的冲击，我国粮食价格一直处于低迷状态。为应对这一状况，2001 年 8 月 20 日，国务院出台了《关于进一步深化粮食流通体制改革的意见》，意见将改革浓缩为 16 个字，"放开销区、保护产区、省长负责、加强调控"。2004 年 5 月 26 日，国务院发布了《粮食流通管理条例》，赋予了粮食行政管理部门管理全社会的粮食流通和对市场主体准入资格进行审查的职能。2004 年 5 月 31 日，国务院发布了《国务院关于进一步深化粮食流通体制改革的意见》。此后，国家全面放开了粮食收购和销售市场，实行购销多渠道经营，并加大了对供销合作社的支持力度（马晓春，2010）。

2）农业基础设施建设。进入 21 世纪后，历年的中央一号文件均把加强农业基础设施建设作为重要内容，主要体现在以下几方面：①加快发展节水灌溉，加强对大型灌区续建配套和节水改造工程的投资力度。②实行中央和地方共同负责。③在科学施用化肥的基础上，逐步增加有机肥的施用量。④加强对农村饮水安全工程、农村能源建设、农村公路的建设。⑤发展集中式供水。⑥推广沼气、秸秆气化、小水电、太阳能、风力发电等清洁能源技术（马晓春，2010）。

3）推进农业科技创新，强化建设现代农业的科技支撑。2004 年以来，连续 12 年的中央一号文件多次提出加强农业科技创新，强化建设现代农业科技支撑。加大对农业科研的投入，加强国家基地、区域性农业科研中心创新能力建设。着力扶持对现代农业建设有重要支撑作用的技术研发。鼓励涉农企业与科研单位进行农业技术合作，对向基地农户推广农业新品种、新技术的涉农企业将享受所得税优惠政策。积极发展农业机械化。加快农业信息化建设（马晓春，2010）。

（3）我国农业管理特点及存在的问题

一个高效、权威的农业行政管理机构，是实施农业宏观调控的组织保证。从我国农业管理体制的总体情况看（图 5-6 和图 5-7），我国的农业管理体制最大的特点是机构设置分散、业务分割、职能重叠、缺乏高效权威的协调机构。农业部掌握的经济手段很少。在实际工作中由于缺少必要的权力和资源，很多工作农业部都需要和其他部门齐抓共管才能有效实行，严重影响了行政效率和行政协调性。所以，我国农业管理存在的主要问题是管理职能分割重叠，部门之间协调不足（翟雪玲，2004）。

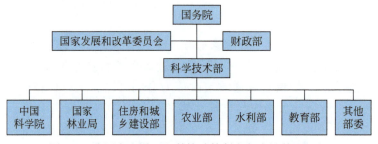

图5-6　我国中央层面上科技政策制定与实施管理组织

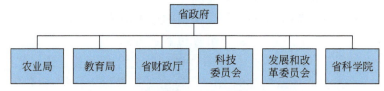

图5-7　我国省级农业科研政策制定与管理

5.3.4.2　我国农业领域科技政策路线图

农业是人类生存的基础，国民经济的基础。在中华人民共和国成立初期，我国采用了优先发展重工业的战略。与之相对应，农业为工业发展提供了大量的资本，在推动我国经济持续快速发展的同时，也引发了一系列问题。为了解决以上问题，1996年以来，我国政府采取了一系列政策措施，农业科技政策、体制得到了不断的完善（图5-8）。

图5-8　中国农业科技政策的主要变更情况

5.3.4.3　与主要国家的比较分析

（1）管理模式

美国、欧盟和日本是"大一统"的管理模式，把属于农业的产前、产中、产后的几乎所有工作都囊括在农业部。相关的各项立法赋予了农业管理部门充分的工作职能和手段。根据法律规定，其农业管理机构拥有经济、行政、法律、宣传等各种手段调控农业经济，避免了其他部门不必要的干预，促进了农业经济的发展和目标的实现。在农业部内部，各司局的职责分工明确，职责分别由法律规定，不存在各司局职能重复的现象。而中国不同，农业管理体制分散设置，缺乏统一的、权威的、协调的机构。这束缚了农业部独立开展工作的能力，反而必须将很大一部分精力用来协调与各部门的关系，降低了行政工作的效率，同时，也导致了资源分配的不合理（翟雪玲，2004）。

（2）法制环境

中国、美国、欧盟和日本农业管理体制的另一个不同是法制意识。在美国、欧盟和日本法律几乎是随处可见，无孔不入。对农业的管理体制也同样如此。从美国、欧盟和日本农业管理特点可见，健全的法制促进了美国、欧盟和日本农业管理体制的不断完善和发展，使农业发展受益匪浅。首先，健全的法制保障了农业管理体制始终在法制的轨道上建立和运行，同时，细致、严谨的立法过程确保农业管理体制的调整经过了理性和科学的分析与考察，从而使农业管理体制不断得到完善（翟雪玲，2004；董利苹和吴秀平，2016）。其次，相关的各项立法赋予了农业管理部门充分的工作职能和手段。根据法律规定，美国、欧盟和日本农业部通过各种经济、行政、法律、宣传等手段的有效行使，使农业管理体制能够较好地发挥作用，避免了其他部门不必要的干预，促进了农业经济发展和目标的实现。最后，法制减少了人为因素对农业管理的干扰、偏差和随意性。而我国的农业管理体制仍然沿袭着计划经济时期的行政命令制，在各部门的职能界定、农业项目、资金等方面，管理体制没有明确的法律规定，存在很大的随意性。这必然引起农业管理过多地受人为主观意志的左右。因此，借鉴美国、欧盟和日本的经验，加强农业管理体制的法制建设是我国农业管理体制今后努力的方向（翟雪玲，2004；董利苹和吴秀平，2016）。

（3）对农业及农业科技的支持力度

OECD 对各成员方农业支持水平测算的数据最早始于 1986 年，而对我国的测算数据始于 1995 年，为比较中国、美国、欧盟和日本农业支持水平的变化情况，本节统一选择 1995～2012 年各国（或经济体）农业支持的数据。1999～2012 年，美国 GSSSE 和欧盟 GSSE 在 TSE 中的占比（GSSE%）均处于增长的态势，而我国和日本在 1998～2012 年 GSSE% 处于下降态势（图 5-9）。

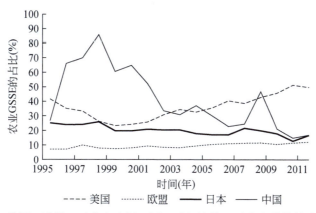

图 5-9　美国、欧盟、日本和中国 4 国（或经济体）对农业科技的支持力度
资料来源：OECD 数据库。

（4）农业科技布局

如图 5-10 所示，基于中国、美国、欧盟和日本 4 国（或经济体）GSSE 的构成，可以发现 4 国（或经济体）的农业科技布局如下。

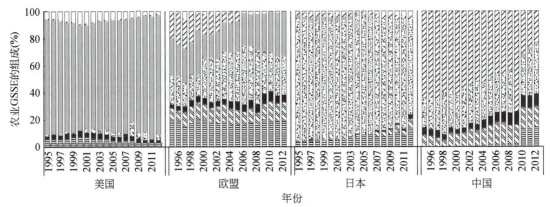

图 5-10   美国、欧盟、日本和中国 4 国（或经济体）一般服务的支持结构

资料来源：OECD 数据库。

1）从支出科目看，4 国（或经济体）各具特色，中国、美国、日本重视的 GSSE 领域分别是公共储存（1995~2012 年的均值为 48.82%）、营销与推广（82.52%）和基础设施（84.50%），而欧盟对各支出科目的支持力度相对较为平均。

2）在农业科研投资方面，1995~2012 年，欧盟的投资力度最大，在 20% 附近波动，美国和日本差距不大，但两国投资水平的变化趋势有所差异，美国有所降低，而日本与之相反。我国 2009 年以前在农业科研投资方面的投资力度非常小，虽然呈逐渐上升趋势，但到 2009 年，也仅为 2.13%，2009 年后，我国对农业科研的投资力度大力增强，到 2013 年，已增长到了 14.99%，仅次于同年欧盟的投资力度（19.07%）。

3）对农业教育方面的投资不同。1995~2012 年，我国和欧盟对农业的投资在 11% 左右，日本在 2% 左右，而美国最少。这可能与日本和美国农业劳动者已达到了较高的劳动水平有关。

4）我国公共储备支出大。1995~2012 年，我国公共储备支出占整个农业 GSSE 的48.82%。1995~2011 年，我国公共储备支出已大幅削减，已从 1995 年的 62.32% 降低至2012 年的 22.84%。1995~2012 年，欧盟公共储备支出占整个农业 GSSE 的 9.20%，并且呈下降趋势，而日本和美国的表现较为稳定，支持力度分别在 2.50% 和 0.24% 附近波动。

5）美国比较重视营销支出，而中国和日本对此投入较少。美国营销支出主要包括对生产者产前的信息服务，产后的市场和产品的促销服务。1995~2012 年，美国营销与推广支出为 82.52%，并且，2000 年以来，呈增长趋势。我国和日本对此投入较少，分别为0.38% 和 1.25%。

6）日本比较重视基础设施支出，而美国对此投入较少。1995~2012 年，日本和美国基础设施支出分别为 84.50% 和 3.41%，而我国和欧盟对此的投资分别为 29.88% 和

30.83%。这可能与各国的地理位置及灾害风险的暴露性有关。

5.3.5 对我国的政策建议

基于以上调研内容，为了完善我国的农业科技政策，本书提出了如下建议。

5.3.5.1 调整农业财政支持结构，提高我国农业财政支持效率

具体措施包括：①加大对农业现代化基础设施建设的支持力度，启动农业机械化计划和农村因特网的农业现代化基础设施发展计划，引导农村与我国现代化同行。②完善农业保险体系，提高农业、农村和农民的灾害应变能力和气候变化适应能力。③完善农业科研、教育、推广体系建设，通过逐步提高对研发的支持力度提高我国农产品的国际竞争力（董利苹和吴秀平，2016）。

5.3.5.2 加强我国农业支持政策的法制化建设

从美国的农业支持政策演变的过程看，美国农业政策调整以农业法律为依托，通过法律的威严保障农业政策的顺利实施，因此，其法律的修订较为频繁。我国于1993年首次颁布《农业法》，2002年和2012年进行了修订，相关"条例"众多。在农业支持政策制定过程中往往忽视农业的整体性，而针对某一具体农业问题，出台相关"条例"的固定模式导致我国农业支持政策在全局观方面还有待改善。因此，建议借鉴国际经验，与时俱进地革新、健全我国的农业法律体系（董利苹和吴秀平，2016）。

5.3.5.3 建立完善的农产品市场体系，健全农产品市场流通机制

只有切实增强农产品市场化程度，才能真正激活农村市场的广大潜力，增加农民收入。在这方面，可以通过大力建设农产品批发市场，建立完善的农产品仓储体系，建设完整的现代化农产品物流配送体系，构建流通成本低、运行效率高的农产品营销网络。其中，"农超对接"是可以着力关注的重点（董利苹和吴秀平，2016）。

5.3.5.4 针对我国农业行政管理部门的设置与职能现状，建议我国整合涉农管理部门，采用"大农业部"管理模式

具体措施有以下几方面：①将农业政策的制定权和农业发展的决策权交给农业部，农业行政管理采用产业管理模式，强化产业链管理。②从产业管理的角度出发，科学设置农业行政管理部门的内部机构，为其配置相应的管理手段，并以法律的权威性保障行政管理手段的强制性和直接性。③基于产业，农业预算的编制和执行，政策法律的制定和执行，对合作社的管理等具体的业务管理都应纳入法律，以明确职责、强化管理、提高工作效率。④明确划分农业行政管理部门中央与地方的事权，严格界定各自的职责和活动范围，建立相互协调与合作的行政制度。⑤建议农业部广泛使用宣传教育手段。⑥密切农业行政

管理部门与农业协会之间的联系，建立、健全完善的农业社会化服务网络体系，为农户构建"产前—产中—产后"一条龙的社会化服务体系，充分履行政府职能（董利苹和吴秀平，2016）。

5.3.5.5 将农业发展、农民增收、环境保护、食品安全、公民健康纳入考虑，促进农村社会全面协调发展

具体措施包括：①增强农产品市场化程度，健全农产品市场流通机制，激活农村的市场潜力，通过农村商业援助等手段，发展农村经济，平衡城乡收入。②将农村环境保护纳入考虑，完善相关农业政策，提高农民生产和生活的环境条件。③完善食品检验、检疫体系，保障我国公民健康和安全的食品供给（董利苹和吴秀平，2016）。

5.4 城 市 化

城市化是人口集聚、经济集聚的一种社会现象，是人类经济社会发展从农业文明、农业社会进入工业文明、工业社会的一种重要经济社会现象，是人类社会发展进入现代社会的主要表现形式。现代意义上的城市化是随着工业革命而启动和发展的，是社会大生产的必然趋势。

当前，人类经济社会活动空间分布格局已经进入以城市为主体的时代。在全球化、信息化、市场化与分权化及发展的可持续化等多种趋势的交汇与碰撞下，世界各地的城市发展正在发生着广泛而深远的变化（王伟和赵景华，2013），呈现出聚集与扩散并存、城市更新步伐加快、动力机制现代化、城市发展个性化和生态化等"新型"城镇化的发展趋势。

20 世纪 30 年代以克里斯泰勒（Christaller，1933）提出的中心地理论，即"城市区位论"为代表，后继学者不仅对克里斯泰勒的理论进行了修正和补充，而且在城市区位、城市体系、城市形成与发展动力等方面做了更加深入而广阔的研究。空间区位理论认为，经济活动除了涉及生产要素的配置、技术水平的选择、企业组织形式的安排等内容外，还包括空间区位的选择，而且后者还会对前者各方面产生重要影响。各种要素在空间上的高度集聚也充分表现了城市作为社会经济活动的空间载体的显著特征，并通过要素规律性流动与集聚，形成城市内部的结构及城市网络中的不同等级的节点。经济区位理论阐述了城市和城市体系中经济活动的空间布局的原理，解释了城市发展在空间上的基本规律。

在城市化深入发展的过程中，资源环境的保护越来越受到重视。为了适应可持续发展的需要，营造更好的城市生活环境，兴起了生态学派、新城市主义、精明增长等一些新的学术理论思潮。1919 年，英国田园城市城市规划协会和霍华德共同明确了田园城市的概念（吴志强等，2010）。针对当时的城市面临的交通和环境问题，霍华德提出了关于城市规模、城市布局、人口密度、城市绿化等问题的开创性的设想，对现代城市规划思想具有重要的启蒙作用。20 世纪下半叶，欧美发达国家城市普遍出现长期的郊区化低密度蔓延，这不仅带来了严重的资源和环境压力，同时也导致城市中心区不断衰退，贫富分化、社区

隔离等问题不断加剧。这种发展状况引起了规划师和政府部门对城市化蔓延的反思。在学者的倡导下，"新城市主义"（new urbanism）成为城市规划建设过程中重要的价值取向与指导思想。在此思想的影响下，许多城市更加重视社区、紧凑空间和适宜步行的邻里环境建设，并且不断加强对历史建筑和整个城市街区的保护和恢复。英国城市规划专家汤普森指出，城市复兴（即"新城市主义"）是指在城市化的过程中要保留风貌，也要保护生活，还要延续发展，把那些旧城变成一个个适宜居住和可持续发展的复兴之城，使其重新获得生命的新理念（施岳群和庄金峰，2007）。

1972年，美国Meadows研究小组发表了《增长的极限》（The Limits to Growth），指出了"地球的有限性"，极其严肃地向人们展示了在一个资源有限的星球上无止境地追求增长所带来的严重后果，就人类对气候、水质、鱼类、森林和其他濒危资源的破坏敲响了警钟，得出了"零增长"的悲观结论。后经过不断完善，对经济增长、社会和谐、资源环境合理开发利用、代际公平和可持续发展有了一个整体的思想体系。与可持续发展观相适应的是从20世纪90年代起，美国针对可持续城市发展需要提出了"精明增长"（smart growth）战略（诸大建和刘冬华，2006），注重社会、经济和环境的可持续协调发展，强调对现有社区的改建和对现有设施的利用，提倡减少交通、能源需求及环境污染来保证生活品质，是一种较为紧凑、集中、高效的发展模式。

在经历了半个世纪的全球城市化迅猛增长之后的今天，国际社会也开始认识到了城市再发展面临的严峻挑战。1996年，在土耳其伊斯坦布尔召开的第二届联合国人类住区会议中首次出现可持续城市的官方提法，此后，国际上与可持续城市相关的会议、项目及举措层出不穷（Holden et al.，2008），将城市可持续发展运动推向了顶峰。例如，2000年联合国人居专家论坛和联合国千年高峰会提出《联合国千年项目（2002—2006）》（UN Millennium Project）保证《联合国千年发展目标》（Millennium Development Goals，MDGs）的实施；2002年，世界可持续发展峰会（World Summit on Sustainable Development）支持关于城市和可持续性理论研究方面的年度报告《世界城市状况报告》（State of the World Cities）系列出版，主要关于细化并促进国家政府发展城市政策的需求。2002年发起至今已举办了七届的世界城市论坛（World Urban Forum，WUF），致力于识别和揭示世界城市发展过程中面临的关键问题，并对其管理层提供决策咨询建议。

到目前为止，城市化几乎是唯一一个被广泛共识的是现代化发展和经济增长的直接指标。2014年，联合国发布的《世界城镇化展望》（UN，2014）分析，1950年，全球城市人口仅有7亿多，到2014年增加到了39亿。到2045年，世界城镇人口预期将超过60亿，而绝大部分城镇人口的增长将集中发生在亚洲和非洲等一些发展中国家。这些国家未来将在满足不断增长的城镇人口在住房、基础设施、交通、能源、就业、教育和医疗需求等方面面临巨大的挑战。

毋庸置疑，人口的增长带来持续增长的物质和能源的需求（世界观察研究所，2007），同时城市及其环境的压力仍在通过经济增长、移民、自然扩张及农村地区改造等继续加重，随着城市生态环境危机及结构性问题越加复杂化、多元化、跨区域化，城市系统面临着巨大的挑战，出于解决末端问题而提出的传统城市建设已无法满足城市发展的现实需求。

5.4.1　国际城市化领域科技政策框架

城市化已经被看作为影响人类社会产生和进步的最大社会过程，如图 5-11 所示提供了一个清晰有用的纲要。图 5-11 可以清楚地看出，城市化除了能带动城市和乡镇居住、工作人口数量的增加之外，它还能反映出许多方面和领域的内容。作为一个庞大系统，城市化被一系列紧密联系的变化过程所推动，这些变化不仅涉及社会、经济、人口、政治、文化、科技和环境变化的影响，而且也受到本地因素（如地形地貌、资源禀赋等）之间动力机制的直接影响，同时它们也存在一定的相互密切联系的反馈。

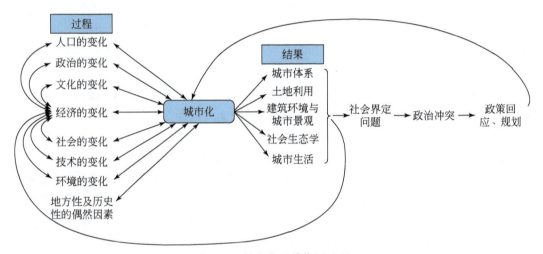

图 5-11　城市化及其作用过程

资料来源：Knox and McCarthy，2005。

在西方发达国家城市化大致经历的工业化阶段、逆城市化阶段和再城市化阶段进程中，各阶段城市政策产生背景、发展演化、参与对象、实施绩效等各异，但大都体现了城市化政策涉及经济、社会、环境、文化等方方面面的系统复杂性，以及政府、私有部门和社区居民的多方参与相互协调的倾向。全球和主要国家目前采取的推进城市发展的政策也更多地聚焦于以应对挑战、面向可持续发展、包容性增长、民生改善，以更加复杂综合为表现形式的特点。

5.4.1.1　主要国际政策

进入 21 世纪以来，全球范围内已有超过 50% 的人口生活在城市当中，城市化进程正深入到世界的每个角落，影响到人类社会的可持续发展。在这个日益城市化的世界中，如果没有可持续的城市化进程作为保障，可持续发展的目标就根本不可能实现（UN-Habitat，2002）。当前，全球城市化的主战场已转移到发展中国家，形成了城市化的第二次浪潮，在此背景下，可持续发展目标对发展中国家的城市而言，既可能是负担，也可能是"福音"（UNFPA，2007）。因此，在迅速城市化和全球化的世界中，发展中国家的城市面临着严峻的挑战和诱人的机遇（World Bank，2006）。

（1）国际城市化研究战略计划与行动

1）《城市化与全球环境变化》（*Urbanization and Global Environmental Change*，UGEC）。国际全球环境变化人文因素计划是对地球系统进行集成研究的联合体——地球系统科学联盟的四大全球环境变化计划之一，侧重描述、分析和理解全球环境变化的人文因素，阐明人类–自然耦合系统，探索个体与社会群体如何驱动局地、区域和全球尺度上发生的环境变化、影响及其如何减缓和响应这些变化。作为国际全球环境变化人文因素计划的7个核心科学计划之一，《城市化与全球环境变化》（UGEC）旨在更好地理解全球环境变化与局地、区域和全球尺度的城市化进程之间的相互作用和反馈。策略是通过创新的概念和方法对这些因素进行研究，从而形成一个多学科的综合性的认识。

UGEC致力于构建一套知识体系，旨在更好地识别全球环境变化中城市地区的人文因素，其目标包括：①加强概念框架和方法的研究，以支持对UGEC相互关系的分析；②以更好地开展平行和比较交叉分析为最终目标，指导项目研究；③识别城市系统中人类与环境间的因果关系，遴选相互作用点、作用强度和变化的阈值；④促进科学成果的转化，将研究成果更好地展现和传递给国际、国家和区域层面的城市的决策者、参与者及所有公众。

UGEC研究的优先科学问题（IHDP，2005）涉及：①城市土地利用和土地覆盖变化如何影响全球环境变化？②城市布局和形态功能如何影响全球环境变化？③郊区城市化如何影响全球环境变化？④全球环境变化如何影响城乡土地的动态使用？⑤在区域和全球层面上，城市应对全球环境变化机制的不同对温室气体排放、气候变化、土地利用和土地覆盖变化的影响？其影响是积极的还是消极的？⑥城市管理机构如何应对全球环境变化的影响？

2）《可持续城市发展计划》（*Sustainable Cities Programme*，SCP）。SCP（UN-Habitat，1991）作为一项全球技术合作计划，旨在提高城市实施环境规划与管理能力及管理自然资源和控制环境危害的能力。

SCP得到联合国环境规划署、联合国开发计划署、世界卫生组织、世界银行、英国、加拿大、荷兰、丹麦、意大利等组织和国家的大力支持。

SCP的目标是通过城市环境规划和综合管理方法及过程的有效实施，提升城市整体环境规划与管理能力，并在全球范围内开展了城市案例实践，特别是在我国SCP得到了持续推进实施。1996年，武汉和沈阳也加入了这个计划。目前，经过前期积极的商讨，2005年1月7日，中国21世纪议程管理中心与联合国人居署于签署合作协议，计划共同在我国推进和实施"中国可持续城市推广项目（SCPⅡ）"，实施时间为两年（2005年1月~2006年12月），目的在于研究和总结出适合我国城市特色的SCP过程和方法模式，为我国未来推行地方21世纪议程提供政策、技术、经验、依据和支持。

3）《城市可持续发展集成创新研究资助计划》。在联合国气候峰会（UN Climate Summit）的背景下，GEF发起了关于城市可持续发展集成创新研究的资助计划（GEF，

2014），其中包括支持全球协调、资助感兴趣的国家资源，以及配合国家的资源分配激励机制。该计划以提供安全的城市实验、响应和共享的空间为目标，构建合理的、严格的分析框架。

该研究计划将建立围绕气候减缓和适应，水、能源和交通及共享解决方案的一个通用平台。该平台将促进众多的正在研究城市问题的伙伴进行合作，并支持几个重点城市自愿成为"有机"网络计划的试点，其核心设计将使拥有巨大潜力的城市减少当地和全球环境的恶化，同时开发强大的、适应力强的和公平的经济社区。该平台将结合两个关键要素：①可持续发展计划。GEF 将支持城市和城市地区发展，针对面临的挑战和机遇为所选的试点城市或城区提供一个地方的、约定的和经审查的清晰、连续的评估计划。②城市管理工具。这些工具包括能源和物质流经城市代谢评估的通用定量指标工具，用以帮助制定和实施城市可持续发展计划。

GEF 期望通过该计划和利用其前所未有的经验，提出多种环境问题投资的综合解决方案。此外，作为该计划的补充内容，GEF 还将围绕建立低排放和弹性城市系统为目标，为减缓气候变化重点领域提供一个 2.1 亿美元的指标性分配拨款，以支持城市干预显著减排潜力。符合支持的示范项目包括下列条件：①支持以公共交通为导向发展的综合土地利用规划；②纳入建筑节能规范的城市；③城市地区能源资源系统的分布式试点；④来自城市废物的能量回收。

4）《城市中国研究计划》（*Urban China Initiative*，UCI）。UCI 由哥伦比亚大学（Columbia University）、清华大学公共管理学院和麦肯锡全球研究所（Mckinsey Global Institute，MGI）于 2010 年共同合作创建。该计划通过制定城市发展方案、组织各方交流对话、为国内外最优秀的中国城市学专家提供专业平台，旨在为提供解决我国城市化发展中遇到的问题提供最有效和创新的解决方案。

该计划包括四项具体目标：①提供方案——提供针对我国城市发展问题的最新、最佳解决方案；②培育人才——为研究我国城市化的优秀国内外专家提供专业平台，吸引全球一流的思想家；③组织对话——在全国和省、市层面组织和召开关于城市化问题的精英对话；④建设试点——基于本计划的研究和对话结果，协助我国的城市决策者建设试点项目。为达到目标，UCI 承担了多类项目，包括城市可持续发展指数（urban sustainability index，USI）、旗舰项目和研究资助。USI 指数建立在一系列严格筛选的可持续性指标基础上，全方位反映了每个城市经济、社会、资源和环境等各方面的真实表现，并且对不同分项之间的相互关系进行了精细的考量。《城市可持续发展指数 2013》（UCI，2014）报告通过对经济、社会、资源、环境等方面 23 个指标的计算分析，对 185 个中国地级和县级城市从 2005 年到 2011 年之间的整体可持续发展水平进行了研究和排名。

5）《城市健康与福祉计划》（*Health and Wellbeing in the Changing Urban Environment：a Systems Analysis Approach*）。城市健康与福祉计划是由国际科学协会理事会牵头、国际医学科学院组织（Inter-Academy Medical Panel，IAMP）和联合国大学联合赞助于 2011 年 9 月正式设立的为期 10 年的全球计划（ICSU et al.，2011）。该计划旨在通过多学科交叉融合和多方合作，借助系统分析的建模方法，利用实际获得的研究数据，关注影响城市健康的各个方面。除了鼓励具体的研究项目实施外，还致力于开发新的方法论、找出现有知识和技术的差距、建立和增强相关领域的科研能力、方便信息的交流和推广，从而为各国的决策者们提供所需的科学知识和决策依据，以应对城市管理、城市化健康发展，解决由庞大的人口数量和快速的城市化所引发的一系列健康问题，从而改善健康水平和提高城市居民的福利。

（2）城市化挑战的国际应对进展

由联合国人居署编著的每两年出版一次的《世界城市状况报告》（*The State of the World's Cities*），从 2001 年以来已经发行 8 版，是联合国人居署根据城市人口和城市政策制定者所面临的现实问题，对人居议程所涉及的主要领域进行监测、分析的专门报告。

1）和谐城市。《世界城市状况报告 2008/2009：和谐城市》（UN-Habitat，2008）指出，目前有一半的居民居住在城市中。20 年内，城市居民将达到世界人口的 60%。发展中国家的城市发展速度最快，每月都会新增 500 万城市人口。随着城市规模不断扩大，人口不断增加，城市在空间、社会和环境方面的和谐程度，以及城市居民之间的和谐关系，就成为一个首当其冲的重要问题。该报告旨在探索城市层面的解决方案来体现国家层面关注的问题，着重聚焦空间或区域的和谐、社会经济的和谐及环境的和谐三个关键领域。

2）促进城市平等。2010 年，在巴西里约热内卢举行的第五届世界城市论坛上，联合国人居署正式发布了《世界城市状况报告 2010/2011：促进城市平等》（UN-Habitat，2010），延续了之前的世界城市状况报告，采用"城市区分"框架，分析城市环境中复杂的社会、政治、经济和文化动态。报告指出，当今世界数以百万计居民在越来越脆弱的城市环境中生活，超负荷城市基础设施、不适宜的住房、低水平健康保障体系、缺乏城市服务等问题困扰着城市家庭。2014 年，第七届世界城市论坛围绕"在发展中实现城市公平：生活型城市"主题，旨在动员全球的力量，倡导可持续和公正的城市发展，并将其推上政治和媒体的日程。

3）城市繁荣。《世界城市状况报告 2012/2013：城市繁荣》（UN-Habitat，2012）建议需要转变全球重心，关注更有活力的发展理念，即突破几十年来主导着失衡的政策议程的经济增长之狭隘领域，把其他关键层面囊括进来，如生活质量、充足的基础设施、公正和环境可持续发展。该报告指出 21 世纪的城市应具备：①降低贫民的灾害风险、提高贫民的抗灾能力，培养应对自然灾害的复原力；②在繁荣的五个层面之间构建和谐，推动建设更美好未来的前景；③刺激地方创造就业，促进社会多样化，保护环境可持续发展，承认公共空间发挥的重要作用；④改变城市节奏、形象和功能，提供社会、政治和经济条件创建繁荣。《2016 年世界城市状况报告》指出，目前排名前 600 位的主要城市中居住着五分之一的世界人口，对全球 GDP 的贡献高达 60%。如不进行适当的规划和管理，迅速的城镇化会导致不平等、贫民窟和气候变化等社会问题的增长。该报告建议联合国各成员方应通过一个全新的城市议程，进一步释放城镇的变革力量，推进可持续的城市发展。

（3）可持续城市

可持续城市是随着可持续发展的概念提出而发展起来的。1996 年，在伊斯坦布尔召开的第二届联合国人类住区会议中首次出现可持续城市的官方提法，此后，国际上与可持续城市相关的会议、项目及举措层出不穷（Holden et al，2008）。近年来，一系列国际会议的举办，如 2000 年的 21 世纪城市论坛及联合国千年高峰会，2002 年世界可持续发展峰会及世界城市论坛系列的启动，2005 年世界峰会等，将城市可持续发展运动推向了顶峰（表 5-5）。

表 5-5 可持续城市相关的国际会议

会议及计划	时期	标志性成果	与可持续城市相关内容
联合国人类环境会议（The United Nations Conference on the Human Environment）	1972 年	《关于人类环境的斯德哥尔摩宣言》《人类环境行动计划》	《人类环境行动计划》中关于国际行动倡议第一部分，为了环境质量，规划管理人类住区
联合国人类住区第一次会议（Habitat Ⅰ Vancouver）	1976 年	决定成立联合国与城市事务相关的机构，联合国人居委员会；健康城市倡议提出	启动了控制城市区域增长速度的国际项目
联合国世界环境与发展委员会（World Commission on Environment and Development）	1987 年	《我们共同的未来》	第九章"城市的挑战"描述了在发达和发展中国家共同创造更加可持续的城市社区的需求
联合国可持续城市计划（UN Sustainable Cities Program）	1991～2001 年；2005～2006 年	到 2000 年，全球已有 25 个城市实施此项目	联合国人居署委员会（现人居署）与环境规划署关于可持续城市的合作
联合国环境与发展会议（UN Conference on Environment and Development）	1992 年	《关于环境与发展的里约宣言》《21 世纪议程》	《21 世纪议程》第二章"促进可持续人类住区的发展"
联合国人类住区第二次会议（Habitat Ⅱ The City Summit）	1996 年	《伊斯坦布尔宣言》《人居议程》（原则、承诺和行动计划）	关注于在城市区域实施当地 21 世纪议程
联合国人居专家论坛：21 世纪城市（The Habitat Professionals Forum at Urban 21）	2000 年	《21 世纪的城市：关于城市未来发展的专家报告》	
联合国千年大会（UN General Assembly 2000）	2000 年	《联合国千年发展目标》《联合国千年宣言》	《联合国千年项目（2002—2006）》保证 MDGs 实施，以及哥伦比亚大学"千年城镇项目"
世界可持续发展峰会（World Summit on Sustainable Development）	2002 年	《关于可持续发展的约翰内斯堡宣言》《世界可持续发展峰会实施计划》	支持关于城市和可持续性理论研究方面的年度报告《世界城市状况报告》系列报告出版，主要关于细化并促进国家政府发展城市政策的需求

会议及计划	时期	标志性成果	与可持续城市相关内容
世界峰会（World Summit）	2005 年	联合国千年项目提出最终倡议：《发展投资：实现千年发展目标的实际计划》	为促进《联合国千年发展目标》的实施举办了该峰会
世界城市论坛系列（World Urban Forum）	2002 年、2004 年、2006 年、2008 年、2010 年、2012 年		分析研讨世界城市发展过程中所遇到的主要问题，并对其管理层提供建议
联合国里约+20 周年峰会	2012 年	《我们期望的未来》	采用综合规划和管理等方式合理规划和发展城市，能促进建设在经济、文化和环境上可持续的社会
联合国环境大会（UNEA）	2014 年	联合国环境规划署联合国环境大会第一届会议通过的决议和决定	

在环境方面可持续城市化的目标包括：①减少温室气体排放，实施减缓和适应严重气候变化行动；②将城市扩张控制在最低程度，发展拥有公共交通的紧凑型城镇和城市；③合理使用并保护非再生能源；④可再生能源不被耗尽；⑤减少每输出或消费单位的能源使用和废物产生；⑥产生的废物要回收或以不破坏更大环境的方式进行处理；⑦减少城镇和城市的生态足迹（部分改写自联合国人居署和 DFID 2002 18~27 页）。

（4）紧凑型城市

紧凑型城市是伴随着可持续发展理念的产生而产生的，核心思想是应对和解决城市无序蔓延发展的问题的。但就其发展内涵、城市政策导向性方面仍然存在一些争议。紧凑型城市发展演进在不同国家和城市差异较大。紧凑型城市的形态取决于城市中人口和建筑的密度，强调土地混合使用和密集开发的策略，主张人们居住在更靠近工作地点和日常生活所必需的服务设施的地方，是一种基于土地资源高效利用和城市精致发展的新思维，具体体现在三个方面：功能紧凑、规模紧凑和结构紧凑（许楠希，2012）。

1990 年，欧共体委员会发布的《城市环境绿皮书》（CEC，1990）对紧凑型城市是一种解决居住和环境问题的途径，它符合可持续发展要求的。此外，众多专家学者针对紧凑型城市开展了深入探讨和研究，对紧凑型城市是高密度的、功能混用的城市形态等方面逐渐达成共识。

紧凑型城市是城市发展的一种政策工具和城市形式，特别是在大都市区的层面上，而紧凑城市开发则是在邻里尺度上的一种发展计划，是紧凑型城市建设目标的一种实现路径。《紧凑型城市政策比较评析》（OECD，2012）对紧凑型城市发展内涵、考核指标体系、政策推进等进行了理论结合实际的深入分析和研究，特别是对 OECD 成员方 73 个大都市区紧凑型城市发展状况、政策实施重点等进行了比较与分析。该评析提出了大都市区紧凑型城市发展政策的制订具有五大政策导向意义，即构建紧凑型的城市空间结构、推进城市混合功能+紧凑开发、杜绝中心城市集聚和新城无序扩张、建设可持续发展的公共交通、实施紧凑的工业区土地利用策略。该评价遴选并确定了 18 个核心指标分析紧凑型城市的政策效果，包括采用了一些可能产生负面效果的度量指标，以更好地评估政策绩效，并为进一步完善紧凑型政策的制定提供依据。

（5）生态城市

全球持续增长的城市化进程极大地促进了人类社会的发展和繁荣，但同时伴随着城市空间扩展和城市迅速生长，大多数城市出现了严重的环境问题，空气和水体污染加剧、城市内涝及其极端气象事件频发等，这些问题不仅严重影响了经济发展和社会进步，而且直接威胁城市和人类可持续发展，使实现城市协调发展面临巨大挑战。在此背景下，人们开始反思原有生存空间、生活方式和价值观念，于是作为从生态系统角度综合看待城市的一种全新理论——生态城市发展理论便应运而生。显然，发展生态城市是顺应城市演变规律的必然要求，也是推进城市的持续快速健康发展的需要。

生态城市在国外有着广泛的影响，全球许多城市旨在按照生态城市的目标进行规划和建设，目前国内也出现了大量城市开展生态城市建设实践。1971 年，联合国教科文组织发起了《人与生物圈计划》（*Man and the Biosphere Programme*，MAB）。其间提出了生态城市或生态的城市（eco-city）的概念，由"生态学"（ecology）和"城市"（city）复合而成。它与"绿色城市""健康城市""园林城市""山水城市""环保模范城市"等概念虽有联系，但又具有一定的差别。1972 年，联合国在斯德哥尔摩召开了人类环境会议，发表了人类环境宣言，提出"人类的定居和城市化工作必须加以规划，以避免对环境的不良影响，并为大家取得社会、经济和环境三个方面的最大利益"。1975 年，吉尔斯特成立了城市生态组织，该组织于 1990 年在伯克利组织了第一届生态城市国际会议。1992 年召开了联合国环境与发展大会，自此，生态城市的思想得到了世界各国的普遍关注和接受。从 1971 年提出生态城市概念至今，世界上已有很多国家在城市生态化建设上做出了尝试。一是以"绿色城市"为目标，增加绿色要素和绿化空间。例如，英国的米尔顿·凯恩斯市。二是制定了生态城市的标准。世界上很多国家都对生态城市建设提出了基本要求和具体标准，如美国、澳大利亚、印度、巴西、丹麦、瑞典、日本等（张诗雨，2015）。在城市层面，巴西的库里蒂巴和桑托斯、澳大利亚的怀阿拉和阿德莱德市、印度的班加罗尔、丹麦的哥本哈根及美国的伯克利、克利夫兰等在生态城市建设方面都取得了令人鼓舞的成绩，并提供了成功的经验。

5.4.1.2　主要国家和地区政策

（1）美国

自 20 世纪 60 年代的"向贫困宣战/伟大社会"计划达到巅峰以后，美国联邦政府的城市政策就开始走下坡路。由于政府体系高度联邦化、城市政府高度"地方自治"及依赖劳动力移民与低福利来克服经济空间"断层"，这些意味着政府体系高度分散而且具有竞争性。其城市政策发展不平衡，并在很大程度上依赖于国家—城市的关系。最近关于"新城市主义"及"区域主义"（即大都市间合作）能为整体生活质量带来哪些潜在好处的讨论（RPA，2007，2009a），促使人们关注更城市"量身"定制专项城市政策的需求（RPA，2009b），但看来难以触发根本性改变（RPA，2011）。

1993 年，美国就成立了总统可持续发展理事会，并于 1996 年首次发布美国可持续发展战略报告。2000 年以来，也进行了许多卓效显著的实例研究，其中包括美国第一批明确的可持续城市大型项目，如对旧金山由原军事基地 Presidio 转变而来的娱乐区进行复合社区的开发，对洛杉矶居住区 Playa Vista 的内填式再开发，以及结合了环境创新和大都市传统的曼哈顿可持续社区炮台公园（Battery Park City）建设等。美国环境保护署对其支持的可持续发展领域进行了分类：建筑环境；水生态系统与农业；能源与环境；产品、原材料和有毒物质等。此外，美国材料与试验协会各技术委员会针对这些领域制定了多项重要标准（曾珠和郭燠霖，2014）。

（2）欧盟

欧盟在制度和法律上对"城市"政策并没有直接的规定，因为欧盟各成员方完全可以根据其实际情况来确定本国的空间发展目标、重点和实施措施框架。然而，欧盟部门层面所制定的一些政策却或多或少地影响了城市的发展。1990 年，欧共体委员会（CEC）发布的《城市环境绿皮书》（*Green Paper on the Urban Environment*）是欧盟首次在欧洲政策中引入城市形态的概念，以传统的欧洲城市作为灵感来源，探讨更为密集和混合的发展模式。这个时期，欧盟政策框架中已出现如加强城市社区政策等的促进城市发展的措施。与此一脉相承的是《莱比锡宪章》（*Leipzig Charter*），自 2007 年起也探讨了可持续的欧洲城市发展，其中规定了城市发展政策的共同原则和策略，得到了欧洲各国负责城市政策的部长们认同。除此之外，在整个欧洲层面不得不提一些战略性跨国政策文件，如《欧洲空间发展战略》（*European Spatial Development Perspective*）、《国土议程》（*Territorial Agenda*）、《国土议程 2020》（*Territorial Agenda* 2020）等。作为创造均衡城市概念的"母本文件"（mother document）的《欧洲空间发展战略》受到参与制定政策的多国规划师的积极响应。此外，欧盟委员会还在 2010 年 3 月启动了欧盟 2020 战略，获得欧盟各国政府通过，其中提出了精明增长、可持续增长和包容性增长的"三位一体的城市政策"。

（3）英国

第二次世界大战后，英国的城市政策主要围绕以下几个重点问题解决而展开：解决内城的贫困问题（20 世纪60 ~ 70 年代）、从计划到市场经济重建（20 世纪 70 ~ 90 年代）、对资金的竞争（1990 ~ 2000 年）和解决民生与社会问题（2000 年之后）。英国城市政策的发展逐步聚焦在两大方面，即扭转城市和区域衰退，提升城市公共服务能力。

第一个方面是政府必须面对城市和区域衰退所带来的经济问题，特别是一些主要的工业城市开始走向衰退。城市和区域政策试图通过建设大型的基础设施及特定的经济扶持来促进地区发展。同时，为了疏解大城市过高的人口密度，在主要的大城市周围建设了 21 座新城。20 世纪 40 年代末后建立的城市土地利用规划（land-use planning）体系和区域经济发展（regional economic measure）体系在很大程度上都是为实现这些目标而制定。

第二个方面是通过城市政策来提升福利化水平，即在地方层面上提供全面的公共服务设施。从 20 世纪 40 年代末期开始，城市政策涵盖了教育、公共卫生、个人社会服务、失业和退休保障等领域，中央政府通过增加政府基金、设立规划导则和增加监管部门等多种方式来控制这些领域。同时，由地方政府和专业人员组成的地方机构（local council）从地方层面上保证政策的实施。这形成了由地方政府和中央政府构成的政策委员会（Policy Communities），并逐渐演变成 20 世纪 70 年代整个欧盟框架下的城市与区域政策体系。此后，英国城市和区域政策逐渐偏重关注工业重组带来的经济、社会及环境后果等。

（4）德国

与英国、意大利、法国等其他欧洲国家不同的是，德国联邦政府的城市政策相对较为薄弱，这归因于在宪法体制的制约下联邦政府对下属各州和地方政府的城市政策权力极其有限。联邦政府为城市发展制定法律规范的主要依据是 1960 年颁布的《联邦建设法》（Bundesbaugesetz），这是德国城市规划立法的重要里程碑。该法是城市规划的国家大法，为土地利用规划（Flachennutzungs Plan）和建造规划（Bebauungs Plan）提供了明确的法律框架。1986 年，西德联邦议会在《联邦建设法》和《城镇建设促进法》的基础上颁布了新的《建设法典》，成为德国城市规划新的根本大法，经过多次修订，一直沿用至今。进入 21 世纪，环境生态问题得到了前所未有的关注，2004 年，新版的《建设法典》将环境鉴定与环境报告正式纳入了城市规划的法定编制程序。

另外，联邦建设和规划办公室（Bundesamt für Bauwesen and Raumordnung）还出台了一批有效监控城市和空间的发展规划和计划。例如，1990 年发布的"住房和城市发展实验计划"（ExWoSt Programmes），探讨和论证相关城市问题的解决方案；1999 年制定的"重返城市中心"内城开发计划，在推进鼓励地方政府参与方面取得了显著成功（Mswks，2000，2004）。2006 年制定的《德国空间发展的理念与战略》，旨在强化经济增长和技术创新、确保公共服务的质量及保护自然资源和塑造文化景观三个空间发展理念。

（5）法国

法国城市政策的重点是通过以下方式，在高度分割的地方政府体系中进行机构创新，培养机构能力：①通过法令鼓励各种形式的城市间合作；②中央政府通过中央—地方合同激励地方政府；③开发额外的机制，使公民及利益相关者参与地方治理。根据当地情况，加强政府治理被视为解决城市失业、经济发展及种族隔离的一种方式。与城市政策创新同时出现的是政府分权的持续性计划，以及被逐渐抛弃的区域政策方案（以前区域政策方案力求鼓励首都城市地区及省级中心之间进步实现经济平衡）。

（6）日本

21 世纪以来，日本城市发展政策的最显著特征就是推动和构建低碳城市与低碳社会。2004 年，日本环境省全球环境研究基金（Global Environment Research Fund）发起了《面向 2050 年的日本低碳社会情景》（*Japan Low-Carbon Society Scenarios toward* 2050）研究计划（MoEJ，2004），旨在为 2050 年实现低碳社会目标而提出具体的对策，这包括制度上的变革、技术的创新及生活方式的转变等多个方面。2007 年，由日本低碳社会情景计划发布的《日本低碳社会情景：2050 年的 CO_2 排放在 1990 年水平上减少 70% 的可行性研究》（*Japan Low Carbon Society Scenarios：Feasibility study for 70% CO_2 emission reduction by 2050 below 1990 level*）报告提出，要在 2050 年将日本 CO_2 排放在 1990 年基础上减少 70% 的量，实现该目标日本具有技术上优势和可能性。基于以上研究与论证，2008 年 5 月，日本再次发布《面向低碳社会的 12 大行动》（*A Dozen of Actions towards Low-Carbon Societies*）报告（MoEJ，2008），提出了日本建立低碳社会应该采取的迫在眉睫的 12 大行动。这 12 项行动涉及住宅部门、工业部门、交通部门、能源转换部门及相关交叉部门，每一项行动中都包含未来的目标、实现目标的障碍及其战略对策，以及实施战略对策的过程与步骤等。

5.4.1.3　国际政策路线图

全球城市化进程既依赖于经济、人口、政治、文化、科技、环境和社会等的变更，同时又在其各层面的相关政策约束下发展。其中，科技层面的政策又涵盖空间规划、资源环境保护利用、可持续发展等多个单一的和综合的维度。图 5-12 重点梳理了区域和国家层面有关的空间规划、可持续发展等相关的科技政策路线图计划。

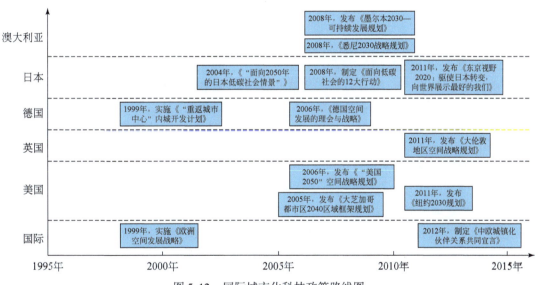

图 5-12　国际城市化科技政策路线图

5.4.2　国际城市化科技政策成效分析

5.4.2.1　管理机制与特色

2004 年，德国版《建设法典》的颁布实施，标志着德国城市规划制度引入了法定的环境鉴定和环境报告制度，并形成一种常态化制度，这也是德国城市规划领域的一项重要制度创新。因此，德国城市规划长期以来一直将生态环境的保护与建设作为工作的重心。事实上，作为德国城市规划根本大法的《建设法典》，在 2004 年颁布之前，并没有确立完整的城市规划环境鉴定与环境报告工作程序。为使德国法律与欧盟的有关准则相接轨，德国城市管理部门于 2004 年对《建设法典》进行了大幅度的修订，并将规划编制过程中环境鉴定的方法通过法律形式固定下来，充分显示了德国通过城市规划强化环境保护和生态建设的决心和强烈的环境责任感（殷成志，2006）。在传统的德国城市规划编制程序中，公众参与是和规划紧密结合的主要辅助措施，而环境鉴定和环境报告与城市规划编制程序的结合，可以看作继德国城市规划引入公众参与以来的又一项重大变革。

5.4.2.2　政策实施效果

在全球化背景下的后危机时代，知识和创新在重塑地方经济、维持综合竞争力中发挥的作用受到越来越多的国家和地区的重视。制定和实施有效的区域创新政策，并借此推动地方经济的可持续发展，已成为一个迫切的现实问题。欧盟的《精明专业化政策》（Smart Specialization），即诞生于这一背景之下。"精明专业化政策"主要包含三层内容：一是鼓励区域进行事先的（ex-ante）、基于本地条件（特有产业优势）的创新潜力评估；二是鼓励多方参与（政府、企业、大学及其他利益群体等）区域政策制定过程；三是欧盟根据地方上报的预先方案，有针对性地进行项目资助，其资助重点在于帮助申请区内的知识资源在产业间得以顺利传播和重组，以此培育新知识、新技术和新的推广市场。截至 2014 年，已有 14 个欧盟成员方，共计 150 多个地区加入了"区域创新系统-3"（regional innovation system，RIS）的政策平台。该政策在地方实施过程中产生的一些经验和问题值得借鉴。

（1）北欧的实践

北欧国家和地区常被学者视为研究区域创新的"最佳实践"（best practice），这得益于其政府机构透明高效、富于合作的精神，也与其较早重视创新驱动区域发展的各种公共政策息息相关。2000～2010 年，各种区域创新政策在北欧地区广泛实施，预先为精明专业化政策顺利推行打下了良好基础。

在 20 世纪 90 年代，过分面向传统产业的经济结构、缺乏大学等知识创造系统，使拉赫蒂一直处在芬兰区域综合竞争力的下游水平。而曾经"失落"的工业地区，已成为芬兰著名的创新之都，特别是在绿色清洁技术，设计和市场实践创新方面，已走在欧洲前列。它的转型始于地方政府对拉赫蒂潜在优势的科学理解，以及对大学的重视。例如，1999 年建立了以环境管理和设计为特色的拉赫蒂应用技术学院，此外在充分理解产学研和跨区合作的基础上，推动拉赫蒂与芬兰赫尔辛基大学、阿尔托大学、坦佩雷理工大学和拉彭兰塔理工大学进行合作，共同开发基于本地的创新项目。通过与大学的紧密合作，选择性地发展面向低碳生活和绿色建筑的环境技术，以及工业艺术设计等产业，这使相关的设计产业蓬勃发展。在此基础上，拉赫蒂有针对性地在 2009 年运用了"精明专业化政策"，制定了富有本地特色的《竞争力和商业战略》（*Competitiveness and Business Strategy* 2009–2015）。借助这种基于实践、面向市场的创新投资，拉赫蒂极大提升了地区竞争力和影响力，成为自"精明专业化政策"施行以来芬兰发展最快的地区之一。

（2）英国威尔士的实践

自 1999 年起，作为英国典型的老工业区的威尔士就成为欧盟重点扶持的对象。2002 年，威尔士邀迈克尔·波特为其产业集群发展提供战略指导。2005 年，一系列针对产业部门（sector-based）的产业集群政策应运而生。例如，2010 年威尔士制定的《经济更新计划》（*Economic Renewal Program*）的重点是扶持帮助现有产业集群提升创新能力。但由于本地制度和已有政策过多聚焦于以往的部门创新政策，决策者形成了较强的路径依赖。另外，威尔士长期依赖于传统（煤炭钢铁等）产业，缺乏其他产业资源和可能的创新要素。政策制定者普遍认为，先前筛选出来的"集群"就是威尔士最好的和唯一的发展方向。对现有本地创新资源匮乏的过分强调，降低了地方政策制定者探索新的创新潜力的动机。最终，"精明专业化政策"在威尔士被解读成一种事后（ex-post）的政策，即在原有的政策结构上做"乘法"，加强原有的集群政策，这导致获得了面向原有产业集群的创新资助，但实际上偏离了"精明专业化政策"的意图和指导方向，人为降低了"精明专业化政策"在当地的实际效用。

5.4.3　国际城市化科技政策的需求与发展趋势

伴随着世界各国城市化进程的加速，城市的发展也面临各种挑战：人口膨胀、交通拥堵、环境恶化、住房紧张、就业困难等城市病日益凸显，阻碍城市的发展，如何摆脱城市发展的困境是各国城市管理者面临的难题。新技术革命成果不仅为解决城市病提供了新思路、新方法，更是对城市未来的发展规划提出了新方向。2008 年，IBM 提出了"智慧地球"的概念，智慧城市是"智慧地球"的一个方面。智慧城市就是在以物联网、云计算等新一代信息技术取得突破性进展的背景下应运而生，为解决城市发展问题提供有效的途径、进一步影响未来城市的发展方向。此后，各国先后展开创建智慧城市的热潮。

5.4.3.1　国际城市化科技需求发展展望

信息技术的高速发展助推了全球信息化浪潮的高涨，带动了智慧城市的兴起和快速实践。世界各国和政府组织都相继提出和制定了依赖互联网和信息技术来改变城市未来发展蓝图的计划。以美国为例，率先制定了国家信息基础设施（National Information Infrastructure，NII）计划和全球信息基础设施（Global Information Infrastructure，GII）计划，紧接着欧盟大力推进"信息社会"计划，并确定了欧洲信息社会的十大应用领域，并将其作为欧盟"信息社会"建设的重点发展方向。目前欧盟委员会已将信息和通信技术列为欧洲 2020 年的战略发展重点（EU，2010a，2010b），并出台了《物联网战略研究路线图》。

2004 年 3 月,韩国通信部推出了 u-Korea 战略,并推出了 u-city 综合计划,希望使韩国提前进入智能社会。u-city 发展可以分为互联阶段（connect）、丰富阶段（enrich）、智能阶段（inspire）。互联阶段偏重信息基础设施建设,如无线网络、传感器安装;丰富阶段偏重服务,即提供无所不在的服务,如 u-服务;智能阶段偏重管控一体化,如 u-中心。目前,韩国 u-city 已逐步进入智能阶段,即利用无所不在技术（u-IT）,特别是无线传感器网络,达到对城市设施、安全、交通、环境等智能化管理和控制。

2006 年 6 月,新加坡启动了一个为期 10 年的计划——iN2015 计划（Infocomm Development Authority,2006）,共投资约 40 亿新元。该计划将通过四大策略来实现预定目标:①建立超高速、广覆盖、智能化、安全可靠的信息通信基础设施;②努力提升本国信息通信企业的全球竞争力;③提高普通从业人员的信息通信能力,建立具有全球竞争力的信息通信人力资源体系;④强化高精尖的信息通信技术及创新应用实践,提升数字媒体与娱乐、教育、金融服务、旅游与零售、医疗与生物科学、制造与物流及政府七大经济领域的发展水平。

日本政府制定的《i-Japan2015 战略》（IT 战略本部,2009）,旨在到 2015 年实现以人为本,"安心且充满活力的数字化社会",让数字信息技术如同空气和水一般融入每一个角落,并由此改革整个经济社会,催生出新的活力,实现积极自主的创新。

2011 年 3 月 1 日,澳大利亚联邦政府《我们的城市、我们的未来:建设一个有生产效率的、可持续发展的和宜居的未来的国家城市政策》（*Our Cities,Our Future:A National Urban Policy for a Productive,Sustainable and Liveable Future*）（AU Department of Infrastructure and Transport,2011）报告从"生产效率""可持续发展""宜居""改善城市管理和规划"四个层面建立了"国家城市政策"的战略框架,即未来几十年澳大利亚城市发展的方向和目标。

2013 年,美国大西洋理事会（Atlantic Council）发表《2030 年展望:美国应对未来技术革命战略》（*Envisioning 2030:US Strategy for the Coming Technology Revolution*）报告提出,世界正处在下一场重大技术变革的风口浪尖,能源、智慧城市,以及 3D 打印、生物和机器人技术等新制造技术引领的"第三次工业革命",在各个领域将发挥关键而颠覆性的作用。这些挑战包括应对气候变化、自然资源限制、飞速的城市化、数据隐私、医疗、教育及通常所说的前所未有的社会变化。

5.4.3.2 城市化科技政策发展趋势

城市化的过程特征决定了城市化政策涉及范围广泛,综合国际上相关战略与计划关注焦点、重要机构和组织关于城市化研究趋势研判及文献分析结果,可归纳得到城市化领域科技政策主要集中在 6 个方面:城市规划、可持续发展、低碳发展、创新型城市、宜居城市、国际合作,如图 5-13 所示。

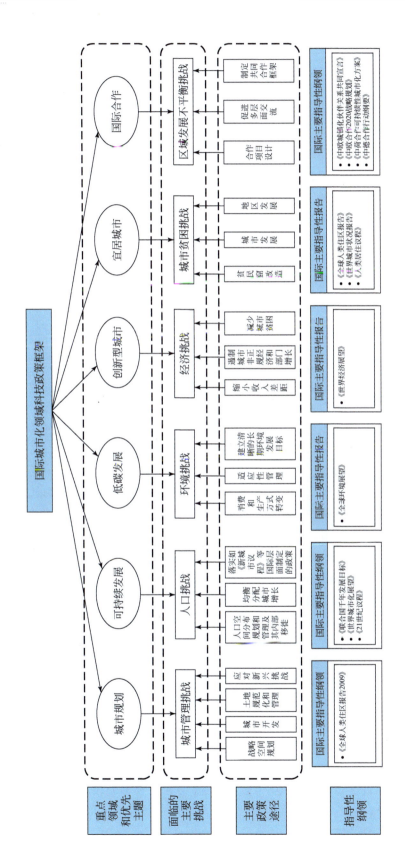

图5-13　城市化科技政策框架

（1）可持续的城市规划能力不断加强

随着城市规划的战略性、综合性日益加强，在国家可持续发展战略实施体系中，城市规划及其相关政策措施的发挥作用日益凸现。近年来，我国先后提出了贯彻"科学发展观"和建立"和谐社会"的构想，并且也相应要求在新型城镇化过程中进行探索与实践。其强调的实质就是人与人之间、人与环境之间和谐发展的问题，这与国际社会，尤其是发达国家对可持续发展的认识和理解在内容上是一致的。从国家规划政策、地方城市规划编制到具体城市规划方案的制定，可持续发展有可能为城市规划带来新的理念、新的视角和新的思维，进而，结合各个地方创造性的实践，有可能推动新的城市规划理论与方法的发展，探索并发现各种途径、各具特色的城市规划可持续发展策略。

（2）低碳发展与低碳技术成为国家新的竞争力体现

为应对气候变化带来的压力和挑战，绿色低碳发展迅速成为各国促进发展转型的重要抓手。各主要国家纷纷制定低碳发展战略和路线图，加快发展低碳技术，意图占据未来国际竞争的制高点。低碳发展实实在在地融入主要国家政府、企业、学界、城市、公共政策进程与技术研发、投资、民意的发展之中，成为未来国际政治、经济、贸易、科技、舆论的一种发展趋势。

（3）生态城市的理论研究及建设实践逐渐趋于完善

随着全球城市化面临的资源环境瓶颈约束的不断增强，国际上生态城市建设成为城市化发展的一个根本方向。生态城市是联合国教科文组织发起的"人与生物圈"计划研究过程中提出的一个概念，旨在用生态学的理论和方法来指导城市的研究和发展，正确处理城市化过程中人与自然的关系，其核心目标是"人与自然高度和谐"。这一崭新的城市概念和发展模式一经提出，就得到了全球的广泛关注和响应。标志着人类社会由工业文明向生态文明转型的开始。生态城市概念以反对环境污染、追求优美的自然环境为起点，随着社会和科技的进步与发展，其概念与内涵也在不断扩展。R·Register 在《生态城市伯克利：为一个健康的未来建设城市》（*Eco-city Berkeley：Building Cities for a Healthy Future*）（Richard，1987）提出了所期望的理想生态城市应具有的六点特征，后于 1990 年他再次倡议"生态结构革命"（Ecostructural Revolution）的理念，并提出生态城市建设的十项原则。这十项原则比较全面地反映了西方社会生态城市建设的热点问题和发展趋势。第五届国际生态城市大会讨论通过了《生态城市建设的深圳宣言》，明确提出了 21 世纪城市发展的目标和生态城市的建设原则与行动措施，阐述了建设生态城市包含生态安全、生态卫生、生态产业代谢、生态景观整合、生态意识培养 5 个方面内容。从生态城市概念提出迄今，世界上已有不少国家的城市在生态化建设方面取得了不同程度的成功。例如，以"绿色城市"建设为目标的英国米尔顿·凯恩斯市，以具体的生态城市建设标准构建新型的生态城市（如美国、澳大利亚和北欧国家对生态城市的建设计划）。在国外生态城市建设的推动下我国也开始生态城市建设实践探索研究。

（4）智慧城市建设

智慧城市理念出现于 2008 年，这一理念在信息与通信技术的结合下变得越来越热门。随着不同时空尺度下移动客户端或其他平台的广泛运用，智慧城市将迎来大发展时期，这也预示着随着信息通信技术的运用，社会经济问题的解决途径将面临较大的模式变更，而智慧城市将成为这一改革的前沿。迈克尔·巴蒂提出了智慧城市的7个目标：①发现理解城市问题的新视角；②高效灵活地整合城市技术；③不同尺度城市时空数据的模型与方法；④开发通信与传媒新技术；⑤开发城市管理与组织新模式；⑥定义与城市、交通、能源等相关的重大问题；⑦识别智慧城市中的风险、不确定性及灾害（Batty et al.，2012）。

5.4.3.3　未来城市化科技政策重点领域

城市占与能源相关的温室气体排放的70%，快速城市化为城市领导者带来了诸多新挑战。提高城市宜居性、生产力和可持续性，同时减少城市对气候变化的影响是全球城市可持续发展面临的紧迫任务之一。因此，所有利益相关者正在致力于通过城市交通、土地利用规划、能源效率适应性和金融等领域的创新解决方案，推动可持续城市发展路径的转变。为支撑以上目标的实现，未来城市化科技政策应重点关注以下领域。

（1）可持续城市规划

联合国人居署《规划可持续的城市：政策方向》（UN-Habitat，2009）认为，城市规划是一件应对21世纪城市面临的持续城市化挑战的重要管理工具，未来城市规划的产生应在对一些要素的理解范围之内，这些要素构成了城市社会空间方面及管理社会空间的制度结构。这些因素包括：①气候变化和城市对化石燃料动力汽车的过度依赖所带来的环境挑战；②快速城市化、中小城镇的飞速发展和发展中国家青年人口的扩张带来的人口挑战，在发达国家，城市萎缩、老龄化和日益加剧的城市文化多元化带来的挑战；③对未来发展的不确定性，目前全球金融危机导致对市场导向型方式的根本怀疑，以及城市活动日益增加的非正规性带来的经济挑战；④越来越多的社会空间方面的挑战，特别是社会和空间的不平等、城市扩张和无计划的半城市化；⑤决策日渐民主化及普通民众对社会和经济权利意识的日益增强所带来的机会和挑战。

（2）低碳技术

城市低碳发展目标要落到实处，最终需要依赖于具体项目的实施与关键技术的应用。低碳技术创新和推广应用是应对气候变化和产业转型升级的重要手段。城市低碳技术研发、示范与推广应用情况将直接影响城市各行动减排潜力实现的可能性（表5-6）。

表5-6　低碳技术的发展阶段

发展阶段	主要技术
基础研究期	未来有巨大应用潜力的技术，如核聚变、海洋能、CCUS（碳捕集、利用与封存，carbon capture utilization and storage）等
应用研发期	已进行了少量示范的技术，如电池电动汽车、氢燃料电池汽车、新型薄膜太阳能电池和海上风电等技术
大规模推广示范	包括提高车辆燃油效率、改进现有风能和太阳能技术以提高其经济性、改进工艺以提高LED（light-emittig diode，发光二极管）照明的发光率和寿命等
具备经济性并实现商业化	包括超临界发电技术和各类已经商业化的能效技术

（3）智慧城市

智慧城市建设离不开泛在–物联（传感网）、移动互联网、云计算、自组织网络（self-organizing network，SON）、大数据处理、虚拟现实、异源异构数据集成等技术的支撑①（表5-7）。

表5-7　智慧城市涉及的关键技术

序号	技术领域	技术细节
1	泛在–物联（传感网）	通过泛在网按需进行信息获取、传递、存储、认知、决策、使用等服务，为个人和社会提供泛在的、无所不含的信息服务和应用；通过网络设施实现信息传输、协同和处理，从而实现广域或大范围的人与物、物与物之间信息交换需求的互联。通过传感器网络提供局域或小范围物与物之间的信息交换。是物联网末端采用的关键技术之一
2	移动互联网	通过智能移动终端，采用移动无线通信方式获取业务和服务的新兴业态，包含终端、软件和应用三个层面。随着技术和产业的发展，LTE（4G通信技术标准之一）和NFC（near field communication，近场通信，移动支付的支撑技术）等网络传输层关键技术也将被纳入移动互联网的范畴之内
3	云计算	基于互联网的计算方式，通过这种方式，共享的软硬件资源和信息可以按需求提供给计算机和其他设备，通常涉及通过互联网来提供动态易扩展且经常是虚拟化的资源
4	自组织网络（SON）	由一组带有无线收发装置的移动终端节点组成的无中心网络，是不需要依靠现有固定通信网络基础设施的、能够迅速展开使用的网络体系，是没有任何中心实体、自组织、自愈的网络；各个网络节点相互协作，通过无线链路进行通信、交换信息，实现信息和服务的共享
5	大数据处理	新一代技术和构架，用于以更经济的方式、以高速的捕获、发现和分析技术，从各种超大规模的数据中提取价值，而且未来急剧增长的数据迫切需要寻求新的处理技术手段。大数据技术由分析技术、存储数据库、分布式计算技术构成
6	虚拟现实技术	利用电脑模拟产生一个三维空间的虚拟世界，提供使用者关于视觉、听觉、触觉等感官的模拟，让使用者如同身临其境一般，可以及时、没有限制地观察三维空间内的事物，它为实施智慧城市战略提供了三维描述方法和人机交互的虚拟城市环境，具有多维动态可视化和实时交互式操作的效果
7	异源异构数据集成	软硬件平台及数据模型的不同，导致存取方式、结构和精确度都不同的数据，包括以关系表为代表的结构化数据、以XML（extensible markup language，可扩展标记语言）为代表的半结构化数据和以文本文件为代表的无结构化数据。异源异构数据的集成能更好地利用分布在各处的数据资源，实现不同数据资源的合并和共享

5.4.4　我国城市化科技政策与国际比较

自改革开放以来，我国经济增长了18倍、城市人口增长了1倍多，为了满足快速增

① 上海情报服务平台．2014－01－14．智慧城市国内外发展现状．http：//www.istis.sh.cn/list/list.aspx？id=8033.

长的经济和工业需求，以及新增城市人口对能源的需求，我国的能源使用量增长了 6 倍，我国主要依靠的能源是煤，是空气污染的主要原因（Wangetal，2012）。除了空气污染经常出现在国际新闻头条上，城市水质水量也面临严峻的挑战。就全国来说，城市用水需求和每年 60 亿 m^3 的供水量之间存在缺口。水利部的报告指出，我国 657 个城市中有 430 个面临水资源短缺问题，其中，110 个有"严重"水资源短缺问题（OECD，2009）。国家环境保护部 2012 年报告指出，在调查的 198 个城市中，有 57% 的城市地下水被列为"污染严重"或者"极其严重"。另外，超过 30% 的全国主要河流被发现"受到污染"或者"受到严重污染"，导致河水不能被饮用，甚至不能直接接触（国家环保部，2013）。这些趋势着实令人担忧，但是还有一些积极的消息，如有些技术和管理方法已经被证明是行之有效的，我国自己也研制出一些解决办法，可以与面临同样挑战的其他国家开展经验实践分享。

5.4.4.1　我国城市化科技政策路线图

"十一五"以来，关于城镇化发展的科技政策越来越多地出现在国家各类科技计划中，从《国家中长期科学和技术发展规划纲要（2006—2020 年）》到各种科技支撑计划，直到 2014 年颁布的《国家新型城镇化规划（2014—2020 年）》，我国逐渐建立起了一套完整的科技引领城镇化发展的计划体系（图 5-14），这对全面建成小康社会、加快社会主义现代化建设进程、实现中华民族伟大复兴的中国梦，具有重大现实意义和深远历史意义。2006 年，全国科学技术大会的召开是我国社会发展科技工作的新起点。在全国科学技术大会上，中共中央、国务院提出实施自主创新战略，到 2020 年实现建设创新型国家的目标。并在国务院发布的《国家中长期科学和技术发展规划纲要（2006—2020 年）》确定的 11 个优先发展重点领域中，特别关注了能源、水和矿产资源、环境、人口与健康、城镇化与城市发展、公共安全等与社会发展密切相关的领域。这是首次将"城镇化与城市发展"列为重点领域，并确定了"城镇区域规划与动态监测"等 5 个优先主题：①城镇区域规划与动态监测；②城市功能提升与空间节约利用；③建筑节能与绿色建筑；④城市生态居住环境质量保障；⑤城市信息平台。

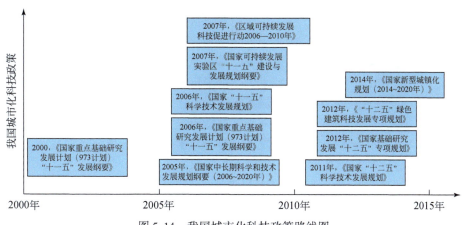

图 5-14　我国城市化科技政策路线图

5.4.4.2 我国城市化科技政策体系与特点

基于人口作为衡量城市化的核心指标，城市化被形象地描述为农民变成市民、农村变成城市及农业变成工业的过程。城市发展政策，即政府对城市化的公共政策。我国的城市化政策就是政府对这三个过程的导向和调控，主要的政策内涵体现在农村剩余劳动力流动，农村地区产业结构和就业结构，以及不同规模城市的发展导向等方面。从 1980 年提出"控制大城市规模、合理发展中等城市、积极发展小城市"的方针，到 2013 年十八届三中全会确立以人为核心，大中小城市与小城镇协调发展的新型城镇化政策，我国城市化政策的演进呈现出动态性、阶段性和复杂性的特征。这些特征源于政策制定者在不同时期对城市化的不同理解，反映了我国经济社会发展的阶段性和地区差异所带来的城市化形态的多样性，也反映了政府政策因经济社会体制的约束而产生的局限性。

总体来看，我国的城市化呈现出速度开始从递增向递减阶段转变、产业结构的高级化和服务化逐渐凸显、人口的受教育程度和专业技能提高、城镇生活质量不断提升等特征。（陈明星等，2011）。与前一阶段有着重要区别，城市化政策的指导理念与重点内容都需要及时转型，指导理念由传统城市化向健康城市化转变，重点内容由城市化速度、城镇人口总量、城镇面积规模等数量型特征向城市化过程中人的发展、资源环境、城乡关系等质量型转变。

5.4.5 我国政策建议

综观国际上城市政策研究的发展，实现我国城镇化的科学与可持续发展，必须从城镇规划、城市经济社会生态统筹发展战略、城市人居环境与生态城市建设、城市洪涝灾害管理、城市综合管理服务、城镇化政策体系等多方面开展系统性研究。

5.4.5.1 重视可持续性城市规划政策研究

城市规划在公共政策的制定和决策中能够而且应该在克服治理碎片化问题上发挥重要作用。我国是一个气候条件复杂、生态环境脆弱、自然灾害频发、易受气候变化影响的国家，在全球气候变化已经成为事实的当下，必须加快推进应对气候变化的各项研究，全面提高我国城市应对气候变化的能力和恢复力。城市规划作为引导城市发展与管理城市建设的重要手段，无论是其政策属性还是技术属性都决定了城市规划能够在加强城市应对气候变化的努力中发挥积极作用。对我国的城市管理者、规划制定者及研究者而言，需要在城市规划的研究制定、落实实施及日常管理中，有意识地考虑适应气候变化、防灾减灾、环境治理、生态保护、社会公平等可持续发展的要求，学界、政府和城市管理部门还需要进行持久深入的理论与方法探讨，以及实践经验的积累。

5.4.5.2 加强智慧城市相关配套政策研究

从国外智慧城市建设实践来看，智慧战略与规划、政府引导和示范工程、智慧技术的应用、基础设施建设等是智慧城市建设成功的关键。我国进入城市社会和新一轮信息技术革命构成了智慧城市建设的两大背景，从研究现状来看，整体上智慧城市建设目标、智慧城市架构、智慧城市构建方案、智慧城市建设模式、智慧城市建设路径等还处于探索阶段，各国的智慧实践也多处于规划实施过程中，或单个智慧工程实践成效凸显阶段，还没有进入全面实现智慧化的高级阶段。但世界各国智慧城市的探索性实践为未来智慧城市理论构建奠定了基础，也为未来智慧城市建设实践提供了经验和借鉴。因此，智慧城市的相关配套政策研究显得尤为重要。

首先，探索研究既能紧跟世界创新发展潮流，又能服务于我国未来发展需求，推动国家影响力和城市竞争力的提升，是智慧城市发展的最终目标。这要求对我国智慧城市建设理论和体系进行系统性探索研究，以解决我国智慧城市所迫切需要的关键性理论问题，而不是成为商业性技术的盲目追随者。其次，我国与先期城镇化国家相比具有时代背景和技术背景上的差异，其所直接导致的结果是我国在进入城市化社会时，面临着与 150 年前的英国、90 年前的美国并不完全一致的城市问题和问题解决方式。这需要对我国特定空间背景下的城市社会特征进行专门研究，从社会驱动的角度研判我国在建设智慧城市过程中为应对国情需求而对技术发展需求开展哪些引导。基本国情差异也反映到智慧技术的应用上体现为对技术的不同需求。因此，我国的智慧城市必须依照我国自身的社会组织逻辑，对世界上现有的智慧技术进行改造和本地化，使之顺应我国城市发展的需要和国家战略的需求。

5.4.5.3　加强生态城市建设研究与实践

当前我国正处于快速城镇化时期，并伴随着农业和工业化进程转型，面临着国际金融危机和全球气候变化的压力，问题复杂严峻。生态城市的建设理念基于可持续发展，包括城市人口、城市经济、资源利用及城市环境等方面和整个城市的可持续发展。这与我国当前面临和亟须解决的问题是一致的，因此建设生态城市、走生态文明之路是我国城市科学发展的正确选择。

根据可持续发展理论的实质与内涵，在开展生态城市建设规划研究工作中，首先必须充分地认识到，城市是一个巨大的开放性动态系统，它的研究内容非常广泛，包括地理学、人口学、法律学等诸多领域，它的理论思想主要以哲学、社会学和心理学三方面的研究作为基础。但不论从何种角度开展建设和规划生态城市的活动，共同目的有以下三方面。第一，生态城市建设的本质应是实现城市精明增长，不是生态乌托邦、无限制地扩大城市建成区面积和范围。生态城市的核心目标是城市的可持续性，包括生态环境、经济社会与历史文化的可持续性。第二，生态城市建设应该是一个"点—面"兼顾的空间体系。自然环境与经济社会的内在联系决定了城市不是孤立体，是具有影响区和对周边区域有着广泛而深刻联系的。第三，生态城市建设涉及经济、社会与生态。各地应在国家主体功能区规划的基础上，进一步编制有效的区域性主体功能区规划。生态城市建设涉及城建、环保与产业部门，这些部门的相关管理政策应该进行充分的沟通与协调，及时提供生态城市建设所需的公共知识工具，对以项目形式开展的各类生态城市建设工程应该及时开展环境绩效的评估。

5.4.5.4 加强低碳发展趋势下的"多规融合"

我国的规划体系目前存在的问题是规划类型庞杂、层次过细、数量众多，而且由于分管部门职权交叉，诸多规划在时间和空间范围内发生重叠，特别在城市转型、社会转型过程中，甚至规划目标出现矛盾和冲突。因此，理论界和学术界近年来积极倡导"多规融合"。在城市层面，更加注重高端规划引领，通过综合开发、产城融合、低碳发展等一系列策略实施推动城市转型。首先要力争实现城市总体规划、土地利用规划和发展规划这三个综合规划之间的融合。实际上，多种规划的融合并不是新要求。《中华人民共和国城乡规划法》第五条就明确规定，城市总体规划、镇总体规划及乡规划和村庄规划的编制，应当依据国民经济和社会发展规划，并与土地利用总体规划相衔接。从现有国家和低碳试点省市的实践来看，主流观点还是认同将城市低碳发展规划定位为总体规划层次，城市低碳发展规划在编制中，通过与其他规划的融合，将国民经济和社会发展规划、城市总体规划与土地利用规划中涉及低碳发展的相关内容统一起来，最终在城市低碳发展规划这个平台上得以体现和加强，而且通过反馈，低碳发展规划的目标和任务也影响其他总体规划的编制。

参 考 文 献

蔡立杰，王玲.2015. 全球可持续发展目标谈判分析和前景展望. 环境保护，(5)：51-53.

巢清尘.2016. 春季樱花冬季盛开怪相. 世界环境，(1)：38-40.

陈璐，孙璐.2008. 我国农产品流通的法律研究. 商业研究，(2)：170-174.

陈明星，陆大道，刘慧.2010. 中国城市化与经济发展水平关系的省际格局. 地理学报，65（12）：1443-1453.

陈明星，叶超，周义.2011. 城市化速度曲线及其政策启示——对诺瑟姆曲线的讨论与发展. 地理研究，30（8）：1499-1507.

陈泮勤，曲建升.2010. 气候变化应对战略之国别研究. 北京：科学出版社.

陈志恒.2010. 日本低碳经济战略简析. 日本学刊，(4)：53-66.

邓爱华.2012. 碳交易离我们有多远? 科技潮，(5)：50-53.

丁裕国，屠其璞.1998. 全球气候变化研究进展（1）——从 WCRP 到 CLIVAR 计划. 气候教育与科技，(1)：5-8，33.

董利苹，李先婷，高峰，等.2017. 美国和欧盟农业政策发展研究及对中国的启示. 世界农业，(1)：91-97.

董利苹，吴秀平.2016. 美国农业一般服务支持政策体系研究及借鉴. 世界农业，(6)：89-96.

范晓波.2012. 碳排放交易的国际发展及其启示. 中国政法大学学报，(4)：80-86，160.

冯海发，丁力.1998. 有关国家农业行政管理体制的设置及启示. 管理世界，(3)：139-147.

付修勇，刘连兴.2007. 环境保护与可持续性发展. 北京：国防工业出版社.

高莉洁，崔胜辉，郭青海，等.2010. 关于可持续城市研究的认识. 地理科学进展，29（10）：1209-1216.

高翔.2010. 主要经济体低碳技术国际合作及其启示. 能源技术经济，22（11）：1-5，12.

葛全胜，曲建升，曾静静，等.2009. 国际气候变化适应战略与态势分析. 气候变化研究进展，(6)：369-375.

郭廷杰 . 2001. 日本"建设循环型社会基本法"简介 . 中国资源综合利用，（3）：37-39.

吴志强，李德华 . 2010. 城市规划原理（第四版）. 北京：中国建筑工业出版社 .

UN- Habitat. 1991. Sustainable cities programme（SCP）. http：//ww2. unhabitat. org/programmes/sustainable cities/scppublications 2005. sap［2015-12-08］.

Wang H, Zhang R, Liu M, et al. 2012. The Carbon Emissions of Chinese cities. Atmospheric Chemistry and physics，12：6197-6206.

OECD. 2009. Vrban Trend ans policy in China. http：//www. oecd. org/cfe/regiound- policy/42607972. pdf ［2016-12-10］.

环境保护部 . 2013. 《2013 中国环境状况公报》. http：//www. zhb. gov. cn/hjz1/zghizkgb//ssj/2013 nzghjzkgb/［2016-08-26］.

国家发展和改革委员会 . 2012. 中国应对气候变化的政策与行动 2012 年度报告 . http：//www. ccchina. gov. cn/WebSite/CCChina/UpFile/File1323. pdf［2016-06-05］.

国家发展和改革委员会 . 2014. 中国应对气候变化的政策与行动 2014 年度报告 . http：//files. ncsc. org. cn/ www/201411/20141127161510690. pdf［2016-06-05］.

国务院 . 2014. 国家新型城镇化规划（2014—2020 年）. http：//www. gov. cn/zhengce/2014- 03/16/content_ 2640075. htm［2014-11-05］.

华启和，凌烨丽 . 2011. 论气候政治博弈的实质 . 社会主义研究，（5）：108-112.

荆克迪 . 2014. 中国碳交易市场的机制设计与国际比较研究 . 南开大学博士学位论文 .

康莉莹 . 2013. 美国食品安全监管法律制度的创新及借鉴 . 企业经济，（3）：189-192.

兰天 . 2006. 欧盟经济一体化模式 . 北京：中国社会科学出版社 .

冷罗生 . 2011. 日本温室气体排放权交易制度及启示 . 法学杂志，（1）：65-68.

李超民，常平仓 . 2000. 中国古代经济思想对新政农业政策的影响 . 复旦学报，（3）：42-50.

李亮 . 2015. WTO《农业协定》与中国农业国内支持制度研究 . 中国政法大学博士学位论文 .

李梦 . 2010. 论"共同但有区别的责任原则". 中央民族大学硕士学位论文 .

李威 . 2016. 从《京都议定书》到巴黎协定：气候国际法的改革与发展 . 上海对外经贸大学学报，23（5）：62-73，84.

李威 . 2009. 论国际环境法的科技生态化目标——以应对气候变化为视角（下）. 世界贸易组织动态与研究，（6）：8-14.

李艳芳 . 2010. 各国应对气候变化立法比较及其对中国的启示 . 中国人民大学学报，（4）：58-66.

李杨帆，朱晓东，马妍 . 2008. 城市化和全球环境变化与 IHDP. 环境与可持续发展，（6）：42-44.

联合国 . 2004. 《21 世纪议程》. http：//www. un. org/chinese/events/wssd/agenda21. htm［2015-10-4］.

联合国 . 2015. 联合国千年发展目标 . http：//www. un. org/zh/millenniumgoals/［2015-4-13］.

刘慧，樊杰，李扬 . 2013. "美国 2050"空间战略规划及启示 . 地理研究，32（1）：90-98.

刘秋玲 . 2010. 日本气候外交及其对我的启示 . 青岛大学硕士学位论文 .

刘双山 . 2004. 主要发达国家农业政策的比较研究 . 吉林大学硕士学位论文 .

陆大道 . 2001. 中国可持续发展研究 . 北京：北京出版社 .

吕江 . 2011. "共同但有区别的责任"原则的制度性设计 . 山西大学学报（哲学社会科学版），34（5）：117-121.

马晓春 . 2010. 中国与主要发达国家农业支持政策比较研究 . 中国农业科学院博士学位论文 .

孟浩，陈颖健 . 2010. 英国能源与 CO_2 排放现状、应对气候变化的对策及启示 . 中国软科学，（6）：25-35.

牟爱春 . 2003. 农业政策的国际比较研究 . 东北财经大学硕士学位论文 .

牛文元 . 2007. 中国可持续发展总论//路甬祥总主编 . 中国可持续发展总纲 . 北京：科学出版社 .

农业部课题组 . 2014. 2014 年美国农业法案的主要内容及其对我国的启示 . 农产品市场周刊，（19）：53-60.

农林水产省 . 2015a. 农业 . http：//law. e-gov. go. jp/cgi-bin/idxsearch. cgi［2015-1-7］.

农林水产省 . 2015b. 林业 . http：//law. e-gov. go. jp/cgi-bin/idxsearch. cgi［2015-2-3］.

农林水产省 . 2015c. 水产业 . http：//law. e-gov. go. jp/cgi-bin/idxsearch. cgi［2015-1-19］.

农林水产省 . 2015d.《内水面漁業の振興に関する法律施行令》. http：//law. e-gov. go. jp/cgi-bin/idxselect. cgi？IDX_OPT=4&H_NAME=&H_NAME_YOMI=％82％a0&H_NO_GENGO=H&H_NO_YEAR=&H_NO_TYPE=2&H_NO_NO=&H_FILE_NAME=H26SE324&H_RYAKU=1&H_CTG=31&H_YOMI_GUN=1&H_CTG_GUN=1［2015-1-17］.

彭超 . 2014. 美国 2014 年农业法案的市场化改革趋势 . 世界农业，（5）：77-81.

沈国明 . 循环经济法制建设任重道无［N］. 文汇报，2005-01-19.

澎湃 . 2014. 迈向全球科技创新中心：欧盟"精明专业化政策"的创新启示 . http：//www. thepaper. cn/newsDetail_forward_1277221［2015-01-23］.

秦大河 . 2014. 序一//曲建升，曾静静，王立伟，等译 . 未来地球初步设计 . 北京：科学出版社 .

秦富，张莉琴 . 2003. 从国际看中国农业国内支持体系构想 . 科学决策，（1）：19-24.

曲建升，葛全胜，张雪芹 . 2008. 全球变化及其相关科学概念的发展与比较 . 地球科学进展，23（12）：1277-1284.

曲建升，孙成权，张志强等 . 2003. 美国温室气体减排政策变化及其分析 . 科学新闻，（9）：32.

上海情报服务平台 . 2014. 智慧城市国内外发展现状 . http：//www. istis. sh. cn/list/list. aspx？id=8033［2014-10-05］.

邵冰 . 2010a. 日本的气候变化政策 . 学理论，（33）：119-120.

邵冰 . 2010b. 日本低碳经济发展战略及对我国的启示 . 北方经济，（7）：27-28.

申丹娜 . 2011. 美国实施全球变化研究计划的协作机制及其启示 . 气候变化研究进展，7（6）：449-454.

申远 . 2012. 呼伦贝尔市生态城市发展模式研究 . 中央民族大学博士学位论文 .

施岳群，庄金锋 . 2007. 城市化中的都市圈发展战略研究 . 上海：上海财经大学出版社 .

时宏远 . 2012. 印度应对气候变化的政策 . 南亚研究季刊，（3）：88-94，6.

世界观察研究所 . 2007. 2007 世界报告：我们城市的未来 . 北京：中国环境科学出版社 .

世界银行 . 2015a.《世界朝着绿色、清洁和具有弹性经济的发展模式》http：//siteresources. worldbank. org/ENVIRONMENT/Resources/Env_Stratgy_2012. pdf 13-14［2015-4-13］.

世界银行 . 2015b.《世界银行集团新环境战略重点放在"绿色、清洁、抵御能力强"的发展》http：//web. worldbank. org/WBSITE/EXTERNAL/NEWS/0，，contentMDK：23210525～pagePK：64257043～piPK：437376～theSitePK：4607，00. html［2015-6-14］.

宋健 . 1993. 抓住机遇推进《中国 21 世纪议程》的全面实施 . 中国人口资源与环境，3（4）：3-4.

孙鸿志 . 2007. 美国农业现代化进程与政策分析及启示 . 世界农业，（12）：14-17.

谭启平 . 2005. 论合作社的法律地位 . 现代法学，（4）：112-121.

腾藤 . 2001. 中国可持续发展研究（上卷）. 北京：经济管理出版社 .

王光辉，刘怡君，王红兵 . 2015. 过去 30 年世界可持续发展目标的演替 . 中国科学院院刊，30（5）：586-592.

王宏广 . 2005. 中国粮食安全研究 . 北京：中国农业出版社 .

王军杰 . 2012. 美国农业国内支持法律制度晚近发展趋势及对我国的启示 . 西南民族大学学报（人文社会科学版），（2）：95-99.

王思明 . 1999. 中美农业发展比较研究 . 北京：中国农业科技出版社 .

王伟，赵景华 . 2013. 新世纪全球大城市发展战略关注重点与转型启示——基于 15 个城市发展战略文本梳理评析 . 城市发展研究，20（1）：1-8.

王文靖 . 1991. 世界各国农业经济概论 . 北京：中国农业科技出版社 .

王文军 . 2009. 英国应对气候变化的政策及其借鉴意义 . 现代国际关系，（9）：29-35.

王曦 . 1991. 美国农业环境保护法律和政策 . 农业环境保护，10（6）：275-277.

王莹 . 2003. 联邦财政投入与美国农业教育、科研、推广体系 . 中国农业教育，（5）：1-3.

王玉娟 . 2010. 美国食品安全法律体系和监管体系 . 经营与管理，（6）：57-58.

吴志强，李德华 . 2010. 城市规划原理（第四版）. 北京：中国建筑工业出版社 .

徐晖，潘伟光，傅家桢 . 2014. 美国农业合作社发展新动向 . 世界农业，（5）：29-35.

徐蕾 . 2012. 美国环境外交的历史考察（1960 年代-2008 年）. 吉林大学博士学位论文 .

徐毅 . 2012. 欧盟共同农业政策改革与绩效研究 . 武汉大学博士学位论文 .

许楠希 . 2012. 天津市碳排放测度及评价研究 . 天津理工大学硕士学位论文 .

杨东峰，毛其智 . 2011. 城市化与可持续性：如何实现共赢 . 城市规划，35（3）：29-34.

杨雪英 . 2013. 美国交通行政管理体制的历史沿革与政府治理经验启示 . 工程研究-跨学科视野中的工程，5（4）：382-394.

殷成志 . 2006. 德国城市规划的制度创新——环境鉴定与环境报告制度 . 城市问题，（5）：87-91.

于胜民 . 2008. 中印等发展中国家应对气候变化政策措施的初步分析 . 中国能源，（6）：18-22，27.

于杨曜 . 2012. 比较与借鉴：美国食品安全监管模式特点以及新发展 . 华东理工大学学报（社会科学版），（1）：73-81.

岳瑞生 . 1995. 美国可持续发展面临的问题 . 中国人口·资源与环境，5（2）：85-89.

翟雪玲 . 2004. 中美农业支持比较研究 . 中国农业大学博士学位论文 .

曾静静，曲建升 . 2013. 欧盟气候变化适应政策行动及其启示 . 世界地理研究，22（4）：117-126.

曾珠，郭燠霖 . 2014. 城市可持续发展的国际经验及启示 . 技术经济与管理研究，（5）：109-113.

詹琳 . 2015. 美国农业政策的历史演变及启示 . 世界农业，（6）：86-90，169.

张光，程同顺 . 2004. 美国农业政策及其对中国的影响和启示 . 调研世界，（10）：24-28.

张梅，杨志勇 . 2010. 发达国家农业行政管理特点及经验借鉴 . 农场经济管理，（6）：40-43.

张启成 . 1999. 城市发展与城市科学 . 城市发展研究，（2）：4-9+64.

张诗雨 . 2015. 国外的生态城市发展——国外城市治理经验之十一 . 中国发展观察，（12）：82-85+74.

政策企画局 . 2011. Tokyo Eye 2020 Vision：Tokyo Transformation. http：//www. seisakukikaku. metro. tokyo. jp/ ［2014-09-23］.

中国科学院可持续发展研究组 . 2000. 中国可持续发展战略报告 1999. 北京：科学出版社 .

中国科学院可持续发展研究组 . 2012. 中国可持续发展战略报告 2011. 北京：科学出版社 .

中国科学院可持续发展研究组 . 2015. 中国可持续发展战略报告 2014. 北京：科学出版社 .

中国水利水电科学研究院 . 2013. 城市防洪工作现状、问题及其对策 . http：//ccfc. org. cn/news/html/? 492. html ［2014-10-05］.

中国网 . 2003a. 《里约环境与发展宣言》. http：//www. china. com. cn/chinese/huanjing/320117. htm ［2015-4-13］.

中国网 . 2003b. 《人类环境宣言》. http：//www. china. com. cn/chinese/huanjing/320178. htm ［2015-11-1］.

中央政府门户网站 . 2012. 关于印发"十二五"国家应对气候变化科技发展专项规划的通知 . http：// www. gov. cn/zwgk/2012-07/11/content_2181012. htm. 2012-07-11 ［2016-05-03］.

诸大建，刘冬华 . 2006. 管理城市成长：精明增长理论及对中国的启示 . 同济大学学报（社会科学版），17（4）：22-28.

邹骥 . 2014. 积极推动加强全球气候治理 http：//www. ncsc. org. cn/article/yxcg/yjgd/201410/20141000 001192. shtml ［2015-01-25］.

"2050 Japan Low- Carbon Society" Scenario Team. 2010. A Dozen of Actions towards Low- Carbon Societies. http：//2050. nies. go. jp/press/080522/file/20080522_report_main. pdf. ［2015-04-29］.

America 2050. 2009. Defining U. S. Megaregions. http：// www. america 2050. org/ ［2014-09-17］.

Atlantic Council. 2013. Envisioning 2030：US Strategy for the Coming Technology Revolution. http：//europa. eu/ espas/orbis/sites/default/files/generated/document/en/Atlantic% 20Council% 20 _% 20Technology% 20Revolution. pdf ［2014-10-06］.

Batty M，Axhausen K W，Giannotti F，et al. 2012. Smart cities of the future. The European Physical Journal Special Topics，214（1）：481-518.

Christaller W. 1933. DieZentralen orte in süddeutschland. Gustav Fischer，Jena.

City of New York（NYC）. 2013. PlaNYC：A GREENER，GREATER NEW YORK. http：//s- media. nyc. gov/ agencies/planyc2030/pdf/nyc_pathways. pdf ［2014-09-25］.

City of New York（NYC）. 2011. PlaNYC：A GREENER，GREATER NEW YORK. http：//s- media. nyc. gov/ agencies/planyc2030/pdf/planyc_2011_planyc_full_report. pdf ［2014-09-25］.

Commission of the European Communities（CEC）. 1990. Green Paper on the Urban Environment：Communication from the Commission to the Council and Parliament. http：//ec. europa. eu/green- papers/pdf/ urban_environment_green_paper_com_90_218final_en. pdf ［2014-08-14］.

Council of the European Union. 2008. Energy and Climate Package - Elements of the Final Compromise Agreed by the European Council. http：//www. consilium. europa. eu/uedocs/cmsUpload/st17215. en08. pdf ［2015-01-25］.

DEFRA. 2008. Adapting to Climate Change in England. http：//archive. defra. gov. uk/environment/climate/ documents/adapting-to- climate- change. pdf ［2015-01-25］.

Department for Environment，Food & Rural Affairs and Lord de Mauley TD. 2013. The National Adaptation Programme：Making the Country Resilient to a Changing Climate. https：//www. gov. uk/government/news/ national- adapting-to- climate-change- programme- published ［2015-01-25］.

Department of Energy & Climate Change，Department for Business，Innovation & Skills. 2015. Industrial Decarbonisation and Energy Efficiency Roadmaps to 2050. https：//www. gov. uk/government/publications/ industrial- decarbonisation- and- energy- efficiency- roadmaps-to-2050 ［2015-04-30］.

Department of Energy & Climate Change. 2009. The UK Low Carbon Transition Plan：National Strategy for Climate & Energy. https：//www. gov. uk/government/publications/the-uk-low-carbon- transition- plan- national- strategy- for- climate- and- energy ［2015-01-25］.

Department of Infrastructure and Transport. 2011. Our Cities，Our Future：A national urban policy for a productive，sustainable and liveable future. https：//www. infrastructure. gov. au/infrastructure/pab/files/Our _Cities_National_Urban_Policy_Paper_2011. pdf ［2014-10-06］.

European Commission Agriculture and Rural Development. 2014a. "Health Check" of the Common Agricultural Policy. http：//ec. europa. eu/agriculture/healthcheck/index_en. htm. ［2014-11-1］.

European Commission. 2014b. The CAP Reform 2014- 2020. http：//ec. europa. eu/agriculture/policy- perspectives/

policy-briefs/05_en. pdf. ［2014-11-1］.

European Commission. 2014c. The EU's Common Agricultural Policy（CAP）：for Our Food，for Our Countryside，for Our Environment. http：//ec. europa. eu/agriculture/cap-overview/ 2014_en. pdf. ［2014-11-5］.

European Commission. 2014. 2030 Framework for Climate and Energy Policies. http：//ec. europa. eu/clima/policies/2030/index_en. htm ［2015-01-25］.

European Commission. 2013. An EU Strategy on Adaptation to Climate Change. http：//ec. europa. eu/clima/policies/adaptation/what/docs/com_2013_216_en. pdf ［2015-01-25］.

European Commission. 2011. Climate Change：Commission Sets Out Roadmap for Building a Competitive Low-carbon Europe by 2050. http：//europa. eu/rapid/press-release_IP-11-272_en. htm? locale = EN ［2015-01-25］.

European Commission. 2011. Eco-innovation Action Plan Launched：Helping Business to Deliver Green Growth and Environmental Benefits. http：//europa. eu/rapid/press-release_IP-11-1547_en. pdf. 17-22 ［2015-6-14］.

European Union（EU）. 2012. 中欧城镇化伙伴关系共同宣言. http：//www. ndrc. gov. cn/xwzx/xwfb/201205/t20120504_477781. html ［2014-11-02］.

European Union（EU）. 2010a. Digital Agenda for Europe. http：//ec. europa. eu/digital-agenda/digital-agenda-europe ［2014-10-06］.

European Union（EU）. 2010b. URBAN EUROPE 2020：An EU Urban Agenda for the Smart Cities of Tomorrow. http：//eu-smartcities. eu/blog/urban-europe-2020-eu-urban-agenda-smart-cities-tomorrow ［2014-10-05］.

European Union（EU）. 1999. ESDP European Spatial Development Perspective：Towards Balanced and Sustainable Development of the Territory of the European Union. http：//ec. europa. eu/regional_policy/sources/docoffic/official/reports/pdf/sum_en. pdf ［2014-09-22］.

Executive Office of the President. 2013. The President's Climate Action Plan. http：//www. whitehouse. gov/sites/default/files/image/president27sclimateactionplan. pdf ［2015-01-25］.

Executive Office of the President. 2013. The President's Climate Action Plan. http：//www. whitehouse. gov/sites/default/files/image/president27sclimateactionplan. pdf ［2015-04-14］.

FAO. 2015. About FAO. http：//www. fao. org/about/en/. ［2015-1-20］.

Global Environmental Facility（GEF）. 2014. The GEF commits US ＄100 Million for an innovative integrated program on Sustainable Cities. http：//www. thegef. org/gef/node/10826 ［2014-08-09］.

Government of India. 2008. National Action Plan on Climate Change. http：//www. moef. nic. in/sites/default/files/Pg01-52_2. pdf ［2015-01-25］.

Greater London Authority. 2011. The London Plan：Spatial Development Strategy for Greater London. https：//www. london. gov. uk/priorities/planning/publications/the-london-plan ［2014-09-18］.

HM Government. 2007. Draft Climate Change Bill. https：//www. gov. uk/government/uploads/system/uploads/attachment_data/file/229024/7040. pdf ［2015-01-25］.

Holden M, Roseland M, Ferguson K, et al. 2008. Seeking urban sustainability on the world stage. Habitat International, 32（3）：305-317.

Infocomm Development Authority of Singapore. 2006. iN2015 Masterplan. http：//www. ida. gov. sg/Infocomm-Landscape/iN2015-Masterplan ［2014-10-07］.

International Council of Scientific Unions（ICSU）. 2011. Health and Wellbeing in the Changing Urban Environment：a Systems Analysis Approach. http：//www. icsu. org/what-we-do/interdisciplinary-bodies/

health-and-wellbeing-in-the-changing-urban-environment［2014-08-09］.

International Human Dimensions Programme（IHDP）. 2005. Science Plan：Urbanization and Global Environmental Change（IHDP Report No. 15）. Bonn：IHDP Secretariat.

IPCC. 2014. Climate Change 2014 Synthesis Report-Summary for Policymakers. http：//159. 226. 251. 229/ videoplayer/AR5_SYR_FINAL_SPM. pdf? ich_u_r_i=86eccd2f27ce0460495b9d687f230944&ich_s_t_a_r_t= 0&ich_e_n_d=0&ich_k_e_y=1545058912750363082443&ich_t_y_p_e=1&ich_d_i_s_k_i_d=6&ich_u_n_i _t=1［2015-05-12］.

IPCC. 2013. Climate Change 2013：The Physical Science Basis-Summary for Policymakers. http：// www. climatechange2013. org/images/uploads/WGIAR5-SPM_Approved27Sep2013. pdf［2015-05-12］.

IT战略本部. 2009. i-Japan战略2015. http：//www. soumu. go. jp/main_content/000030866. pdf［2014-10-06］.

Kamal-Chaoui L，Leman E，Rufei Z. 2009. Urban Trends and Policy in China. http：//www. oecd. org/china/ 42607972. pdf［2014-10-05］.

Knox P，McCarthy L. 2005. Urbanization：An Introductionto Urban Geography（2nd Edition），NJ：Pearson Prentice Hall.

Lincoln Institute of Land Policy. 2007. The Healdsburg Research Seminar on Megaregions. http：// www. lincolninst. edu/pubs/1282_The-Healdsburg-Seminar-on-Megaregions.

Ministry of Economy，Trade and Industry. 2008. Cool Earth：Innovative Energy Technology Program. http：// www. meti. go. jp/english/newtopics/data/pdf/031320CoolEarth. pdf［2015-04-29］.

Ministry Of Environment and Forests. 2014. National REDD+ Policy and Strategy：Draft. http：//www. indiaenvir-onmentportal. org. in/content/391386/national-redd-policy-and-strategy-draft/［2015-01-25］.

Ministry of Environment. 2008. Kyoto Protocol Target Achievement Plan. http：//www. env. go. jp/en/earth/cc/ kptap. pdf［2015-04-30］.

Ministry Of The Environment Of Japan（MoEJ）. 2008. A Dozen of Actions towards Low-Carbon Societies. http：//2050. nies. go. jp/［2014-09-20］.

Ministry Of The Environment Of Japan（MoEJ）. 2004. Japan Low-Carbon Society Scenarios Toward 2050. http：//2050. nies. go. jp/［2014-09-19］.

Northeastern Illinois Planning Commission（NIPC）. 2005. 2040 Regional Framework Plan. https：// www. csu. edu/cerc/researchreports/documents/2040RegionalFrameworkPlanNIPC2005. pdf［2014-09-25］.

OECD. 2014. Agricultural Policy Monitoring and Evaluation 2014：OECD Countries. http：//www. oecd-ilibrary. org/agriculture-and-food/agricultural-policy-monitoring-and-evaluation-2014_agr_pol-2014-en. ［2014-9-4］.

OECD. 2012. Compact City Policies：A Comparative Assessment. http：//www. oecd-ilibrary. org/docserver/ download/0412011e. pdf? expires=1426759540&id=id&accname=ocid56017385&checksum=7572C75BD9 D3C583D254427923E59931［2014-08-11］.

OECD. 2005. Agricultural Policies in OECD Countries 2005：Monitoring and Evaluation. http：//www. oecd-ilibrary. org/agriculture-and-food/agricultural-policies-in-oecd-countries-2005_agr_oecd-2005-en. ［2005-6-21］.

OECD. 2007. Agricultural Policies in OECD Countries 2007：Monitoring and Evaluation. http：//www. oecd-ilibrary. org/agriculture-and-food/agricultural-policies-in-oecd-countries-2007_agr_oecd-2007-en. ［2007-10-23］.

Regional Plan Association（RPA）. 2007. NortheastMegaregion 2050：A Common Future. http：//www. rpa. org/ pdf/Northeast_Report_sm. pdf［2014-09-17］.

Regional Plan Association （RPA）. 2011. Urban Growth in the Northeast Megaregion. http：//www. america 2050. org/2011/03/urban- growth- in- the- northeast- megaregion. html ［2014-09-17］.

Regional Plan Association （RPA）. 2009a. Defining U. S. Megaregions. http：//www. america2050. org/2009/11/ defining- us- megaregions. html ［2014-09-17］.

Regional Plan Association （RPA）. 2009b. New Strategies for Regional Economic Development. http：// www. america2050. org/2009/10/new- strategies- for- regional- economic- development. html ［2014-09-17］.

Resources for the Future （RFF）. 2012. US Status on Climate Change Mitigation. http：//www. rff. org/ Publications/Pages/PublicationDetails. aspx？ PublicationID=22073 ［2015-01-25］.

Richard R. 1987. Eco- city Berkeley：Building Cities for a Healthy Future. New York：North Atlantic Books.

Scotney R，Chapman S，Hepburn C，et al. 2012. Carbon Markets and Climate Policy in China：China's Pursuit of a Clean Energy Future. http：//www. climateinstitute. org. au/articles/publications/climate- bridge- carbon- markets- and- climate- policy- in- china. html/section/478 ［2015-01-25］.

The Library of Congress. 1997. 1997 Byrd- Hagel Resolution. http：//thomas. loc. gov/cgi- bin/bdquery/z？ d105：SE00098：@ @ @ L&summ2=m&#summary ［2015-01-25］.

The White House. 2014. Climate Action Plan - Strategy to Cut Methane Emissions. http：//www. whitehouse. gov/ sites/default/files/strategy_to_reduce_methane_emissions_2014-03-28_final. pdf ［2015-04-14］.

The White House. 2007. Fact Sheet：Energy Independence and Security Act of 2007. http：//georgewbush- whitehouse. archives. gov/news/releases/2007/12/20071219-1. html ［2015-04-14］.

U. S. Department of Agriculture，U. S. Environmental Protection Agency，U. S. Department of Energy. 2014. Biogas Opportunities Roadmap. http：//energy. gov/sites/prod/files/2014/08/f18/Biogas% 20Opportunities% 20Roadmap% 208-1-14_0. pdf ［2015-04-14］.

UK Parliament. 2008. Climate Change ［HL］ Act 2008. http：//services. parliament. uk/bills/2007- 08/climate- changehl. html ［2015-01-25］.

UN- Habitat. 2012. State of the World's Cities 2012/2013 Prosperity of Cities. http：//mirror. unhabitat. org/pmss/ getElectronicVersion. aspx？ nr=3387&alt=1 ［2014-08-15］.

UN Habitat. 2002. SustainableUrbanisation：Achieving Agenda 21. http：//mirror. unhabitat. org/pmss/getElec- tronicVersion. aspx？ nr=1234&alt=1 ［2014-08-09］.

UN- Habitat. 2008. State of the World's Cities 2008/2009 Harmonious Cities. http：//mirror. unhabitat. org/ pmss/getElectronicVersion. aspx？ nr=2562&alt=1 ［2014-08-13］.

UN- Habitat. 2010. State of the World's Cities 2010/2011 - Cities for All：Bridging the Urban Divide. http：// mirror. unhabitat. org/pmss/getElectronicVersion. aspx？ nr=2917&alt=1 ［2014-08-13］.

United Nations （UN）. 2014. World Urbanization Prospects The 2014 Revision. http：//esa. un. org/unpd/wup/ Highlights/WUP2014- Highlights. pdf ［2014-08-12］.

United Nations （UN）. 2012. The Future We Want：Outcome document adopted at Rio+20 PDF document. http：//www. uncsd2012. org/content/documents/727The% 20Future% 20We% 20Want% 2019% 20June% 201230pm. pdf ［2014-08-12］.

United Nations Educational，Scientific，and Cultural Organization （UNESCO）. 1971. Man and the Biosphere Programme. http：//www. unesco. org/new/en/natural- sciences/environment/ecological- sciences/man- and- biosphere- programme/about- mab/ ［2014-09-28］.

United Nations Fund for Population Activities （UNFPA）. 2007. State of world population 2007：Unleashing the Potential of Urban Growth. http：//www. unfpa. org/sites/default/files/pub- pdf/695_filename_sowp2007_ eng. pdf［2014-08-09］.

Urban China Initiative（UCI）. 2014. 2013 年城市可持续发展指数报告 . http：//www. urbanchinainitiative. org/zh/indexphp? m = Index&a = down&path = upload/contents/2014/06/20140617212518 _ 21921. pdf&name = % E5% 9F% 8E% E5% B8% 82% E5% 8F% AF% E6% 8C% 81% E7% BB% AD% E5% 8F% 91% E5% B1% 95% E6% 8C% 87% E6% 95% B02013- Final_e- version［2014-11-01］.

Victorian's Government. 2008. Melbourne 2030：a planning update. http：//www. dtpli. vic. gov. au/- data/assets/ pdf_file/0003/227370/DPC051_M5M_A4Bro_FA_WEB. pdf［2014-09-25］.

World Bank. 2006. Cities in a Globalizing World : Governance, Performance, and Sustainability. https：//open- knowledge. worldbank. org/bitstream/handle/10986/6930/350280Cities0i101OFFICIAL0USE0ONLY1. pdf? sequence = 1［2014-08-12］.

World Resources Institute（WRI）. 2013. Can the U. S. Get There from Here? Using Existing Federal Laws and State Action to Reduce Greenhouse Gas Emissions. http：//www. wri. org/publication/can- us- get- there- from- here［2015-01-25］.

World Resources Institute（WRI）. 2009. The Bottom Line on International Climate Negotiations. http：//pdf. wri. org/bottom_line_international_climate_negotiations. pdf［2015-05-12］.

第 6 章
海洋资源与环境

海洋领域是一个重要的交叉研究领域，该领域与人类社会面临的诸多挑战密切相关。过去几十年的发展中，海洋领域相关研究和行动持续推进，为全球可持续发展提供了持续动力。总体来看，海洋环境保护和海洋资源可持续开发是海洋发展中面临的两个重要的研究方向。国际海洋资源与环境政策的发展稳步推进，欧洲、美国和日本等重要海洋国家陆续推出旨在促进海洋资源开发和海洋环境保护的相关政策和规划，这些规划在长期的海洋发展过程中发挥了指导和引领的作用，为发达国家海洋事业的发展提供了保障，也为海洋科技发展指明了方向。本章从海洋环境和海洋资源两个方向对国际海洋领域科技政策开展分析，对国际重要海洋科技政策进行了梳理，开展了国际海洋政策的路线图和成效分析，结合我国海洋科技政策的特点开展了对比分析，对我国海洋科技政策的发展提出了相关建议。

6.1　海洋环境领域

海洋环境问题近年来越来越受到国际海洋界的重视，海洋环境污染和生态破坏等问题迫使各国推出了相关政策、法规以阻止海洋环境的持续恶化，并在国家层面推行了若干重要的海洋研究计划，试图从海洋科技发展方面寻求解决海洋环境问题。本节以欧美发达国家为主，梳理了国际海洋环境相关政策和计划的发展状况，并对其特点进行了分析，最后通过与我国相关领域的对比，为我国相关政策的发展提出了建议。

6.1.1　国际海洋环境领域科技政策框架

6.1.1.1　主要国际海洋环境科技政策

国际海洋环境保护的立法活动最早可追溯至 1926 年召开的华盛顿会议。较为成熟的立法活动开始于 20 世纪 50 年代，大致可分为 3 个阶段：①20 世纪 50～60 年代末，这个时期一些海洋环境保护公约文件逐步浮出水面，但是整体仍处于探索阶段。②20 世纪 60～70 年代末，在这个阶段，通过了大量海洋污染防治公约。③成熟期：20 世纪 80 年代以后，国际海洋环境立法经过了 20 多年的发展，已经逐步形成一套以公约、双边和多边条约、协定、协议为主的法律体系。最终形成了《联合国海洋法公约》，使国际海洋环境立法趋于完善和成熟（刘勇，2006）。

近年来，在《联合国海洋法公约》框架下，国际上陆续出台了众多旨在改善和保护海洋环境的计划与规划（表6-1）。

表6-1 主要国际海洋环境科技计划和规划

序号	时间	发布机构	报告名	主要内容
1	2009 年	国际海洋考察理事会（International Council for the Exploration of the sea, ICES）	《科学战略规划（2009—2013）》	生态系统功能；人类活动与生态系统之间的交互作用；生态系统可持续利用方式开发
2	2011 年 6 月	国际大洋钻探计划（Integrated Ocean Drilling Program, IODP），后更名为国际大洋发现计划（intgrated Ocean Discovery Program, IODP）	《2013—2023 年国际大洋发现计划》	气候变化对海洋的影响；生态系统和人类社会对环境变化的敏感程度
3	2011 年 11 月	联合国	《海洋与海岸可持续发展蓝图》	提出恢复海洋生态系统、促进海洋区域可持续发展、建立保护海洋生态多样性的法律和体制框架等建议，转变可持续的海洋管理方式

（1）国际海洋科学战略规划

鉴于海洋和海岸带环境的变化与海洋环境管理革新的迫切需求，国际海洋开发理事会于 2009 年发布了《科学战略规划（2009—2013）》（ICES，2009），确定生态系统功能、人类活动与生态系统之间的交互作用及生态系统可持续利用方式这三大领域未来 10 年的战略重点，并通过加强北太平洋的研究合作、建立新的国际海洋开发科学管理模式和提升国际海洋开发科学能力推进该规划的实现进程。

（2）国际大洋发现计划

随着环境问题在国际范围内危害程度的加重，有效利用海洋科学观测数据有助于观察、探索、分析与应对地球的环境变化挑战，深海钻探是提供几百万年前地球的气候、生物、化学和地质历史纪录的重要手段之一。2011 年 6 月，国际大洋发现计划公布了《2013—2023 年国际大洋发现计划》（IODP，2013），指出国际大洋发现计划未来 10 年的重点发展领域，包括通过海洋钻探数据揭示古代海洋环境信息和预测气候和海洋变化，以及探究深海生态系统和人类社会对环境变化的敏感程度。

（3）联合国《海洋与海岸可持续发展蓝图》

解决海洋环境问题除了需要认识过去、现在与未来的海洋环境变化，还需要纳入可持续发展的概念和目标。2011 年 11 月，联合国在《海洋与海岸可持续发展蓝图》（UN，2011）中指出，海洋环境研究中许多新兴的优先领域进展很有限。例如，世界海洋只有很小一部分得到监测和保护，海岸栖息地不断丧失或退化，全球大多数鱼类处在压力之下，入侵物种正在扩大，缺氧区增加，海洋正在酸化，海平面不断上升等问题。海洋服务正在遭受使海洋生产力下降的人类活动的重大影响。因此，对全球社会而言，需要增强对绿色经济、可再生蓝色能源、遗传生物资源、生态系统服务及地球系统中海洋的作用等概念的认可。对海洋可持续发展具体的建议包括：采取行动维持或恢复海洋生态系统的结构和功能，从而公平和可持续利用海洋资源与生态系统；形成有效的海洋管理政策、法律和体制改革；支持海洋研究、监测和评估，促进技术和能力的转化以支持海洋可持续利用。

6.1.1.2 主要国家和地区政策

（1）欧洲

欧洲拥有 7 万 km 的海岸线，海洋经济对欧洲整体的经济至关重要，因此欧盟实施了一系列海洋环境科技政策（表 6-2），以帮助欧洲应对气候变化、海洋环境变化和海洋可持续发展。

表 6-2 欧洲主要海洋环境科技政策

序号	时间	发布机构	报告名	涉及海洋环境的主要内容
1	2008 年 9 月	欧盟委员会	《欧洲海洋战略：协调欧洲研究领域框架以支持海洋的可持续利用》	人类活动对海岸及海洋生态系统的影响及管理；海洋生物多样性和生物技术
2	2009 年 5 月	英国自然环境研究委员会（Natural Environment Research Council，NERC）	《英国海洋酸化研究计划 2009—2014》	碳酸盐化学变化及其对海洋生物地球化学、生态系统等的影响；海洋酸化的生物响应
3	2010 年	英国环境、食品与农村事务部	《英国海洋科学战略 2010—2025》	海洋生态系统的运作机制；气候变化及与海洋环境之间的相互作用；维持和提高海洋生态系统的经济利益
4	2013 年 6 月	欧洲海洋局（European Marine Board，EMB）	《第四次导航未来》	海洋生态系统及其社会效益；海洋与人类健康
5	2013 年 7 月	英国海洋管理组织（Marine Management Organisation，MMO）	《英国东部海岸及海域海洋规划（草案）》	保护海洋生态系统安全，海洋经济可持续增长；协调海洋经济活动发展与海洋生物栖息地及海洋生物多样性保护
6	2013 年 12 月	欧洲海洋局（European Marine Board，EMB）	《大西洋海盆战略研究计划（战略研究议程）》	生态系统研究；保护海洋环境；绿色航海

1）欧洲海洋战略。2008 年 9 月，欧盟委员会发布了《欧洲海洋战略：协调欧洲研究领域框架以支持海洋的可持续利用》（EC，2008）报告，阐述了未来欧洲海洋研究的主要主题：气候变化与海洋；人类活动对海岸及海洋生态系统的影响及管理；资源管理和空间规划的生态系统方法；海洋生物多样性和生物技术；大陆边缘海及深海；业务化海洋学

（operational oceanography）及海洋技术。

2）欧洲《第四次导航未来》。2013 年 6 月 20 日，欧洲海洋局发布了《第四次导航未来》（EMB，2013）报告，为下一个时期的欧洲海洋研究提供了研究蓝图，主要关注海洋生态系统及其社会效益、变化的地球系统中的海洋变化、海洋及沿海空间的安全与可持续利用、可持续的海洋渔业、海洋及人类健康、深海资源可持续利用和极地海洋科学等方面。

3）欧洲《大西洋海盆战略研究计划（战略研究议程）》。2013 年 12 月 12 日，欧洲海洋局在《大西洋海盆战略研究计划（战略研究议程）》（Seas-era，2013）中指出未来欧洲大西洋海盆研究的重点方向：①生态系统功能–生物多样性–复杂性和连通性；②保护海洋环境，执行《海洋战略框架指南》（*Marine Strategy Framework Directive*，MSFD），支撑已达成共识的"良好环境状况"（good environmental status，GES）的执行。其中，"良好环境状态"是指清洁、健康及富有生产力的海洋，可以提供生态多样化和海洋生命力的海水。③绿色航海：安全、监督和后勤，发展环境友好型的海上运输部门，同时保持或增强航海业在全球的成本优势。

4）《英国海洋酸化研究计划》。英国作为欧洲重要的海洋国家，在海岸带可持续发展和海洋酸化研究方面也进行了战略规划。2009 年 5 月，英国自然环境研究委员会提议发起《英国海洋酸化研究计划 2009—2014》（NERC，2009），指出英国在海洋酸化方面的主要研究目标包括：研究碳酸盐化学变化及其对海洋生物地球化学、生态系统等其他地球系统要素的影响；理解海洋生物对海洋酸化和其他相关气候变化后果的反映，提高海洋生物对海洋酸化的抵抗力和脆弱性的认识（王金平，2013）。

5）《英国海洋科学战略》。2009 年颁布的英国《海洋及海岸带准入法》（*The Marine and Coastal Access Act*）（UK Legislation，2009）提出了"清洁、健康、安全、有效益及具有生物多样性的海洋"发展愿景。2010 年，英国环境、食品及农村事务部发布《英国海洋科学战略 2010—2025》战略框架（DEFRA，2010），明确了全球变化和海洋酸化问题，以及人类活动对海洋的影响是驱动英国海洋科学研究的主要问题。该框架从英国海洋科学战略的需求出发，设计了海洋战略的目标、实施和运行机制，并列出了 3 个高优先级领域。作为延续，2011 年，英国环境、食品及农村事务部确定了英国海洋规划的 10 个海域的划分，并委托英国海洋管理组织负责相关规划制定。2013 年 7 月 19 日，海洋管理组织公布英国首部海洋规划草案——《英国东部海岸及海域海洋规划（草案）》（MMO，2013），该规划的总体目标是维持目标海洋区域的可持续发展，在保护海洋生态系统安全的前提下，确保海洋经济的可持续增长，满足当地发展需求。该规划将协调离岸风能、渔业、运输业、输电线路布局等经济活动与海洋生物栖息地及海洋生物多样性之间的关系。该规划的出台对英国海洋全面的综合管理具有里程碑意义。

（2）美国

美国作为全球科技实力最强的国家，其海洋研究的规模和影响力在全球都具有很强的引领和带动作用。近年来美国推出了一系列重要的海洋环境政策和规划（表 6-3），在海洋酸化、北极环境、墨西哥湾生态系统等多个海洋环境重点领域进行部署，对美国乃至全球的海洋科技的发展方向起到了重要的导向作用（王金平等，2016）。

表6-3 美国主要海洋环境科技政策

序号	时间	发布机构	报告名	主要内容
1	2007 年	美国海洋科技联合委员会（JSOST）	《绘制美国未来十年海洋科学发展路线图》	提高对自然灾害适应的恢复力；改善生态系统健康；提高人类健康
2	2010 年 6 月	美国国家大气与海洋管理局	《NOAA 下一代战略规划》	气候适应与减缓；天气应对型国家；健康海洋；具有恢复力的海岸社区和经济
3	2011 年 2 月	美国国家大气与海洋管理局	《NOAA 北极远景与战略》	预测海冰；加强基础科学研究，理解和探测北极气候和生态系统变化；提高气象和水文预测和预警；加强国际和国内合作；提高北极地区海洋及近海资源的管理水平；促进具有恢复力的、健康的北极生物群落和经济
4	2011 年 9 月	美国国家研究委员会	《2030 年海洋研究与社会需求的关键基础设施》（NAP，2011）	2030 年海洋研究主要问题包括：气候变化、海洋酸化、沿海污染物、极地环境、漏油问题等
5	2011 年 12 月	墨西哥海湾国家峰会	《墨西哥湾区域生态系统恢复战略》	保护并恢复生物栖息地；恢复流域水质；补充并保护海洋及沿岸的生物资源；提高环境耐受力，改善沿岸居民生存环境
6	2012 年 1 月	美国国家海洋理事会（National Ocean Council，NOC）	《国家海洋政策执行计划（草案）》	基于生态系统的管理；区域生态系统保护和修复；适应气候变化和海洋酸化；水质和土地的可持续发展；不断变化北极的条件
7	2013 年 2 月	美国北极研究政策联合委员会	《2013—2017 年北极研究计划》	海洋与海洋生态系统；陆冰与海洋生态系统；区域气候模型；社区可持续发展的气候适应工具；人类健康
8	2014 年 4 月	美国国家大气与海洋管理局	《NOAA 北极行动计划》	预测海冰；提升天气和水文预测和预警水平；加强基础科学研究，以理解和发现；北极气候和生态系统的变化；提升北极海洋和海岸资源的管理和领导力；提升北极居民区和经济体系的恢复力和健康；加强国际和国内的合作关系
9	2015 年	美国国家研究委员会	《海洋变化：2015—2025 海洋科学 10 年计划》	全球水文循环、土地利用、深海涌升流如何影响沿海和河口海洋及其生态系统？生物多样性在海洋生态系统恢复力中的作用，以及它将如何受自然及人为因素的改变？到 21 世纪中叶及未来 100 年中海洋食物网如何变化

续表

序号	时间	发布机构	报告名	主要内容
10	2015 年 1 月	纽约州	《纽约州海洋行动计划》	确保海洋生态系统的生态完整性。采用一种能够维持生态系统完整性的方式，促进经济增长、沿海开发和利用方式。提高海洋资源的恢复力，这些恢复力与气候变化的影响相关联。鼓励公众积极参与到决策制定和海洋管理中

1）美国未来十年海洋科学发展路线图。2007 年，美国海洋科技联合委员会发布了《绘制美国未来十年海洋科学发展路线图》（The White House，2007），指出海洋环境方面研究重点包括：①提高对自然灾害适应的恢复力：理解灾害事件的产生和演化机制，并将这些理解应用于改善灾害预测中；理解海岸和海洋系统对自然灾害的响应，将这种理解应用于自然风险脆弱性评估；开发多种灾害风险评估方法，支持减轻灾害的模型、政策和战略的开发。②改善生态系统健康：理解和预测自然和人为因素对生态系统的影响；利用对自然和人为过程的理解，开发社会经济学评估方法和模型，评估人类的多重利用对生态系统的影响；利用对海洋生态系统的理解，为海洋的可持续利用和有效管理，开发适当的指标和衡量标准。③提高人类健康：理解海洋相关风险对人类健康造成危害的源头和过程；理解与海洋相关的人类健康风险，以及对人类健康有益的海洋资源；理解海洋传播的人类健康威胁如何影响人类对海洋资源的利用，以及人类活动如何影响这些威胁；理解海洋生态系统和生物多样性，开发相关产品和模型，提高人类福祉（王金平等，2011a）。

2）美国海洋研究优先计划。随着国际海洋研究的发展，一些诸如海洋酸化和北极海洋环境变化等问题越来越受到人们的重视，而 2007 年版的"海洋研究优先事项"已不能很好地指导美国的海洋研究。2010 年 7 月，美国总统奥巴马签署 13547 号行政命令，建立美国首个国家海洋政策。该海洋政策目标包括：①基于生态系统的管理；②海岸带和海洋空间计划；③支持决策和提升认识；④协同和支持（管理）；⑤对气候变化及海洋酸化的恢复力及适应性；⑥区域生态系统保护和恢复；⑦陆地水质及可持续性；⑧改变北极的状况；⑨海洋、海岸带及大湖区观测、绘图及基础设施建设。

因此，2013 年 2 月，美国国家科技委员会（National Science and Technology Council，NSTC）发布 2007 年版的"海洋研究优先事项"的升级版——《一个海洋国家的科学：海洋研究优先计划（修订版）》（Ocean leader ship，2013）。该计划阐述了美国的海洋研究优先事项应面向国家海洋政策需求，优先研究领域包括海洋酸化研究和北极地区环境变化。加强对海洋酸化研究的行动包括：①建立并公布与海洋酸化相关的研究基金；②提高与海洋酸化有关的海岸带和海洋监测；③旨在确定海洋酸化对海洋生物资源造成的影响（包括个体、群体和生态系统层级的影响）的研究正在进行。开展珊瑚研究对重要的经济鱼类及其他具有生态作用的物种意义重大；④发展先进的海洋酸化研究的遥感技术和现场观测技术；⑤研究海洋酸化与《清洁水法案》（*Clean Water Act*）之间的关系。加强北极环境变化的研究应包括：①北极、北极附近海洋及白令海的环境变化研究；②北极附近居住的人类健康研究；③民用基础设施研究与建设；④自然资源评估和地球科学研究；⑤土著语言、文化和身份识别。

3）美国国家海洋政策执行计划。2012年1月，美国国家海洋理事会公布了《国家海洋政策执行计划（草案）》（The White House，2012），来应对海洋、海岸带和五大湖面临的最紧迫的挑战。该执行计划草案介绍了50多项联邦政府将要采取的行动，以提高海洋、海岸带和五大湖的健康状况，这可以提供数以万计的工作机会，有助于国民经济的发展，对公共健康和国家安全也有重要的意义。该计划是美国《海洋、海岸带和五大湖管理国家政策》（*National Policy for the Stewardship of the Ocean，Our Coasts，and the Great Lakes*）的一部分，研究重点包括：①基于生态系统的管理。②区域生态系统保护和修复。③适应气候变化和海洋酸化。加强沿海社区、海洋和五大湖环境的适应能力，提高适应气候变化影响和海洋酸化的能力。④水质和土地的可持续发展。⑤不断变化北极的条件。

4）美国海洋科学十年计划（2015~2025年）。2013年底，为了集中有限资源实现美国最重要的海洋研究目标，美国国家科学基金会的海洋科学部请求美国国家研究委员会海洋研究局对未来十年海洋科学的研究方向进行调研，以确定优先研究方向。2015年1月30日，美国国家研究理事会完成并发布题为《海洋变化：2015—2025海洋科学10年计划》（NAP，2015）的报告，该报告首先分析了进入21世纪以来海洋科学的重点突破方向，在此基础上，遴选出8项优先科学问题，并分析了在保守预算情景下实现这些优先目标的路径，从而为美国国家科学基金会未来十年的海洋科学资助布局提供借鉴。该报告确定的美国海洋研究未来十年的重要优先问题，在海洋环境方面包括：①全球水文循环、土地利用、深海涌升流如何影响沿海和河口海洋及其生态系统？②生物多样性在海洋生态系统恢复力中的作用，以及它将如何受自然和人为因素的改变？③到21世纪中叶及未来100年中海洋食物网如何变化？④如何更好地表征风险，并提高预测大型地震、海啸、海底滑坡和火山喷发等地质灾害的能力？

5）美国海洋大气十年战略规划。2010年6月，NOAA发布《NOAA未来十年战略规划》（NOAA，2010）。NOAA的长期战略目标中包括：①健康的海洋；在健康、富有生产力的生态系统中维持海洋渔业、生境及生物多样性；②具有恢复力的海岸社区和经济如海岸和五大湖社区是环境和经济可持续型社区。次年2月发布《NOAA北极远景与战略》（NOAA，2011），指出在未来1~5年中，NOAA在北极的战略目标为①预测海冰；②加强基础科学研究，理解和探测北极气候和生态系统变化；③提高气象和水文预测和预警；④加强国际和国内合作；⑤提高北极地区海洋及近海资源的管理水平；⑥促进具有恢复力的、健康的北极生物群落和经济。到2014年4月21日，NOAA为了响应美国总统奥巴马的《美国北极地区国家战略行动计划》，推出了《NOAA北极行动计划》（NOAA，2014a）。NOAA北极战略对美国国家北极战略的支撑见表6-4。

表 6-4　美国 NOAA 战略目标与国家北极战略需求的结合

美国国家北极战略	NOAA 北极愿景和战略
提升美国安全利益	预测海冰
	提升天气和水文预测和预警水平
追求北极地区领导权	加强基础科学研究，以理解和发现北极气候和生态系统的变化
	提升北极海洋和海岸资源的管理和领导力
	提升北极居民区和经济体系的恢复力和健康
加强国际合作	加强国际和国内的合作关系

6）美国资助北极研究五年计划。2013 年 2 月，由美国 14 家联邦机构组成的美国北极研究政策联合委员会（Interagency Arctic Research Policy Committee，IARPC）提出了2013～2017年美国联邦政府资助北极研究的 5 年计划（The White House，2013）。该计划阐述了政府重点资助的领域包括：海洋与海洋生态系统、陆冰与海洋生态系统、区域气候模型、社区可持续发展的气候适应工具和人类健康。

7）美国中大西洋海洋研究开发计划。2012 年 9 月，NOAA《海洋基金计划》（*Sea Grant*）资助的"中大西洋研究计划"项目发布《中大西洋区域性海洋研究计划》（Sea Grant，2012），该研究开发项目是为未来开展中大西洋研究进行的前期研究项目。重点研究方向为：提升该区域的近海水质，确保水资源的供给；重要栖息地和敏感区域的协调保护。支撑美国国家海洋政策的优先目标包括：①基于生态系统的管理；②海岸带与海洋空间计划；③气候变化和海洋酸化的恢复性和适应性；④区域生态系统保护和修复；⑤水质和土地的可持续利用；⑥北极地区变化中的环境；⑦海洋、海岸带和大湖区的保护、绘图和基础设施。

8）墨西哥湾区域生态系统。2011 年 12 月 5 日，美国在休斯敦举行的墨西哥海湾国家峰会上发布了《墨西哥湾区域生态系统恢复战略》（EPA，2012）。通过保护并恢复生物栖息地、恢复流域水质、补充并保护海洋及沿岸的生物资源、提高环境耐受力，改善沿岸居民生存环境，以有效地解决墨西哥湾环境恶化问题和墨西哥湾沿岸生态恢复工作。

9）纽约州海洋行动计划。2015 年 1 月 26 日，为了提升对纽约海洋资源的理解、保护和恢复，为适应性的综合海洋管理提供框架，美国纽约州发布《纽约州海洋行动计划》（Ocean Leader Ship，2015），分析了不断增长的人类活动对海洋的压力，表 6-5 列出海洋行动的目标。

表 6-5　纽约州海洋行动计划的目标

序号	总目标	子目标
1	确保海洋生态系统的生态完整性	目标 1：保护和恢复敏感脆弱的近海岸、离岸和河口栖息地 目标 2：提高对生态学角度和经济学角度具有重要意义的物种的管理 目标 3：评估纽约州海洋生态系统的完整性

续表

序号	总目标	子目标
2	采用一种能够维持生态系统完整性的方式，促进经济增长、沿海开发和利用方式	目标4：实施和提升离岸规划 目标5：促进可持续性的基于海洋的工业和旅游业发展
3	提高海洋资源的恢复力，这些恢复力与气候变化的影响相关联	目标6：进行气候变化脆弱性评估 目标7：采取长期的气候适应策略和海岸带战略计划 目标8：实施生态可持续的近海岸和离岸沉积物资源管理战略
4	鼓励公众积极参与到决策制定和海洋管理中	目标9：提升利益相关者在资源管理和离岸规划中的参与度 目标10：提升海洋拓展和教育 目标11：支持局地和区域性的管理项目

（3）日本

日本作为一个国土面积小、陆地资源匮乏而海洋面积相当广阔、海洋资源丰富的国家，海洋经济成为整个国家经济发展的基础。日本非常重视与海洋环境和海洋资源相关的科技政策（表6-6）。在其海洋科技政策的推动下，日本海洋科技水平不断提升，海洋调查船、深潜技术等海洋新技术全球领先（王树文和王琪，2012）。

表6-6　日本主要海洋环境科技政策

序号	时间	发布机构	报告名	涉及海洋环境的主要内容
1	2006年2月	日本"海洋政策研究财团"	《海洋和日本——21世纪海洋政策建议》	以海洋立国为目标；海洋政策大纲的制定；制定海洋基本法为目标推进体制完善；扩大到海上的国土管理和国际协调
2	2007年4月	日本政府	《海洋基本法》	确立协调海洋开发利用与海洋环境保护的基本方针；海洋的综合管理；加强海洋问题研究和解决的国际合作
3	2009年3月	日本海洋研究开发机构（Japan Agency for Marine-Earth Science and Technology，JAMSTEC）	《JAMSTEC第二期中期计划》	地球环境变化研究；海洋环境变化研究；热带气候变化研究；北半球寒区研究
4	2013年3月	日本内阁	《海洋基本计划》	确保生物多样性；降低环境污染负荷；全球变暖与气候变化预测及对应的调查研究

1）日本21世纪海洋政策建议。2006年2月，日本"海洋政策研究财团"发布了《海洋和日本——21世纪海洋政策建议》报告（刘岩和李明杰，2006）。该报告是由日本

"海洋及海岸带委员会"经过两年多的研究形成。报告共分为 4 个部分。①以海洋立国为目标。强调海洋的可持续开发利用、海洋国际秩序先导和国际协调、海洋综合管理,实现真正的海洋立国目标。②海洋政策大纲的制定。提出了日本海洋政策大纲的要点,即明确基本想法,完善推进海洋政策的框架,强化解决问题而采取的措施,加强合作伙伴关系,促进有关海洋的理解和研究教育。③以制定海洋基本法为目标推进体制完善。首先提出了日本海洋基本法的基本原则和指导方针。基本原则为海洋可持续开发利用、海洋国际秩序先导和国际协调、海洋综合管理;指导方针为科学理解和认识、市民参与、基于生态系统的管理、预防性研究、适应性管理。其次就改革日本海洋行政管理机构提出了建议,包括设置海洋内阁会议、任命海洋大臣、设置政策统筹官(担任海洋事务)及海洋政策推进室、设置与海洋相关的省厅间的联络调整会议和设置海洋咨询会议。④扩大到海上的国土管理和国际协调(高峰等,2009)。

2)日本《海洋基本计划》。2007 年 4 月,日本政府确立《海洋基本法》。2008 年 3 月,日本内阁通过了《海洋基本计划》(易明,2008)。在《海洋基本法》的基础上,《海洋基本计划》中制定了日本海洋事业的目标、基本方针和综合措施。①目标。发挥海洋在解决全人类问题中的先导作用;构筑完善持续利用海洋资源与空间的制度;海洋为国民提供安全与生活保障。②基本方针。在海洋开发利用与海洋环境保护之间予以协调,确保海洋安全,充实海洋科学知识,健全发展海洋产业;海洋的综合管理;加强海洋问题研究和解决的国际合作。③综合措施。包括:推进海洋资源的开发与利用;保护海洋环境;推进专属经济区内资源开发活动;确保海上运输竞争力;确保海洋安全;推进海洋调查;加强海洋科技研发;振兴海洋产业与强化国际竞争力;实施海岸带综合管理;有效利用与保护岛屿;加强国际联系与促进国家间合作;增强国民对海洋的理解与促进人才培养(高峰等,2009)。

2013 年 4 月 1 日,日本内阁提出《海洋基本计划》(2013~2017 年)草案(Kantei,2015),在广泛征集修改意见基础之上,于 26 日正式通过了《海洋基本计划》(2013~2017 年)决议(Prime Minister of Japan and His Cabinet,2013)。其重点研究领域包括:①确保生物多样性,2013 年底确定出重要的生态学和生物学海域;在推进海洋保护区设立的同时加强对保护区的管理。②降低环境污染负荷,降低封闭水域的水质污染和环境污染负荷。大幅抑制因海上运输而产生的 CO_2 排放量。对海底 CO_2 的回收储存所涉及的生态系统、海水、沉积物等进行科学调查。③全球变暖与气候变化预测及对应的调查研究:为解决全球环境问题,制订国际地球观测计划。调研海洋环流、热量输运及海洋酸化对海洋生态系统的影响。(陈春等,2016)

3)日本海洋研究开发机构第二期中期计划。2009 年 3 月,日本海洋研究开发机构发布了《JAMSTEC 第二期中期计划》2009~2014 年的主要研究内容,包括地球环境变化研究、海洋环境变化研究、热带气候变化研究、北半球寒区研究、物质循环研究、全球变暖预测研究、短期气候变化应用预测研究、下一代模型研究(王金平等,2011a)。

(4)澳大利亚

1)澳大利亚国家海洋政策。2003 年,澳大利亚国家海洋办公室发布了《澳大利亚国家海洋政策——原则与过程》报告。报告阐述了制定澳大利亚海洋政策的3个原则：生态可持续开发；基于生态系统的管理；综合海洋管理。围绕这些原则制定的海洋政策重点包括：①生态系统整体维护；②以多重利用海洋资源为目的的综合海洋计划和管理；③促进生态可持续的海洋工业发展；④整体和区域、政府和企业的综合管理；⑤海洋资源和环境的不确定性管理；⑥以预防性原则应对环境风险；⑦全面考虑成本和经济效益因素；⑧对科研活动进行报告、监测和评估；⑨政府、海洋企业、团体和个人各尽其职，管理海洋资源；⑩发挥原住民的作用；11 拓宽各团体的参与；12 认识地区和全球尺度的职责。

2）澳大利亚海洋科学研究所五年研究计划。2007 年，澳大利亚海洋科学研究所（Australian Institute of Marine Science，AIMS）发布《AIMS 2007—2011 年研究计划》（AIMS，2007）。确定的12 个重点研究领域与澳大利亚的2 个国家优先研究领域（A 和 C）紧密联系。表6-7 是 AIMS 的研究活动与澳大利亚国家战略的关系，按照相关程度分为3 个级别，依次为：高度相关、非常相关、相关。

表 6-7　澳大利亚海洋科学研究所重点研究领域

国家优先战略	环境可持续的澳大利亚				建设并改造澳大利亚工业的前沿技术		
国家优先目标	A_1 水–关键资源	A_2 改造现有的工业	A_6 澳大利亚生物多样性的可持续利用	A_7 对气候变化和变率的响应	C_1 科学突破	C_2 技术前沿	C_4 智能信息的利用
1、热带海洋生物多样性评估研究			高度相关	相关			
2、珊瑚礁所受威胁的精确、实时的信息保障			高度相关	非常相关			非常相关
3、可持续的热带水产业	高度相关		高度相关		非常相关	相关	
4、生物资源的可持续供应		高度相关	高度相关				
5、人类对热带地区水质和生态健康的影响	相关	非常相关	高度相关	非常相关			
6、热带海洋生态系统过程，陆海交互作用				高度相关	相关	相关	
7、澳大利亚北部的海洋气候历史				高度相关			相关

续表

国家优先战略	环境可持续的澳大利亚				建设并改造澳大利亚工业的前沿技术		
国家优先目标	A_1 水–关键资源	A_2 改造现有的工业	A_6 澳大利亚生物多样性的可持续利用	A_7 对气候变化和变率的响应	C_1 科学突破	C_2 技术前沿	C_4 智能信息的利用
8、包含空间和时间维度的海洋恢复力和风险图				高度相关			非常相关
9、气候变化的生态感应				高度相关			相关
10、用于监测海洋物理环境的海洋观测系统				高度相关		高度相关	高度相关
11、理解和预测礁石共生生物对环境变化的响应				高度相关	高度相关	高度相关	相关
12、理解微生物在礁石生态功能中的角色				高度相关	相关	非常相关	

3）《澳大利亚海洋科学研究所战略指南》。

2007 年，AIMS 发布的《澳大利亚海洋科学研究所战略指南》，确定了澳大利亚海洋研究的 3 个战略方向：①理解热带海洋生态系统及其过程；②理解热带海洋系统对全球变化的响应；③支持基于热带海洋的工业可持续发展。3 个战略方向基于澳大利亚的实际情况和海洋科技水平，服务于澳大利亚的国家需求。战略方向与澳大利亚国家需求之间的关系如图 6-1 所示。

4）澳大利亚大堡礁保护法案与可持续性计划。最近，气候变化对珊瑚礁的影响、陆海生态系统之间的连通性及海岸带开发活动的累积影响已经成为更多关注的关键领域。为保护大堡礁的未来，澳大利亚政府和昆士兰州政府先后出台了一系列法案，包括《大堡礁海洋公园法 1975》《环境保护法 1981》《环境和生物多样性保护法 1999》《植被管理法 1999》《海岸带保护与管理法 1995》《渔业法 1994》《海洋公园法 2004》《水法 2000》《自然保护法 1994》《环境保护法 1994》《可持续规划法 2009》等。根据这些法律，管理者通过使用各种工具来保护和管理大堡礁，包括分区计划，渔业管理计划，物种恢复计划，开发计划和许可、规划、环境影响评估、监测和执法。同时，包括旅游业、渔业、农业、矿业及港口等区域行业管理者为减少对大堡礁的影响也采取了关键举措。2014 年 9 月 25 日，澳大利亚环境部发布《大堡礁 2050 长期可持续性计划》的报告提出了一个为大堡礁长远价值的保护和基于生态学观点的可持续开发与利用的全面战略（Australian Government

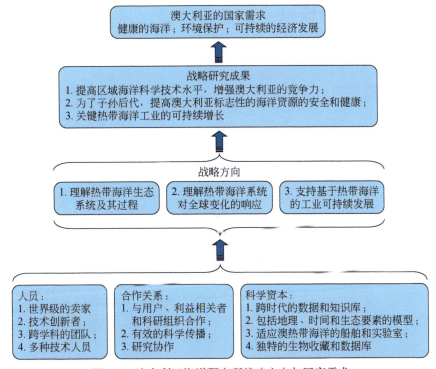

图6-1 澳大利亚海洋研究所战略方向与国家需求

Department of the Environment，2015）。该计划是2015～2050年大堡礁保护和管理的总体框架。计划提出了作为国际社会托管人的澳大利亚人对大堡礁的未来应该做些什么及如何来实现，并概述了确定、保护、保存、呈现和传递给后代的大堡礁的显著普世价值的措施。该计划承认在保护和管理中生态永续性利用和社会参与这一点至关重要，并不建议为人为的气候变化提出解决方案，它更侧重于可以合理地采取建立其抵御未来压力的行动。该计划还通过促进组织、行业或社会团体的伙伴关系，以指导更详细的现有的或新的行动，旨在指导和突出对重点优先事项管理行为，并提供了一个各方共同努力实现愿景的框架。

5）澳大利亚海洋研究和创新框架。2009年，澳大利亚政府海洋政策科学顾问小组就发布了首个战略性的国家海洋研究和革新框架《一个海洋国家》，2013年3月，该小组发布该领域的第二份报告——《海洋国家2025：支撑澳大利亚蓝色经济的海洋科学》（*Marine Nation 2025*：*Marine Science to Support Australia's Blue Economy*）（OPSAG-AIMS，2013）。报告中指出，到2025年，海洋产业每年的综合产值将有望达到1000亿澳元，但也面临着生物多样化和生态保护、气候变化等巨大挑战。报告指出：①尽管澳大利亚在生物多样性保护上处于领先地位，但许多海域的生物多样性状况仍处于不为人知或知之甚少的阶段；②气候变化不仅减弱了海洋自然吸收温室气体的能力，而且海水温度和海平面的上升也严重影响了海洋产业和沿海地区的安全（陈小方，2013）。

6.1.1.3 国际政策路线图

国际海洋环境政策路线图如图6-2所示。

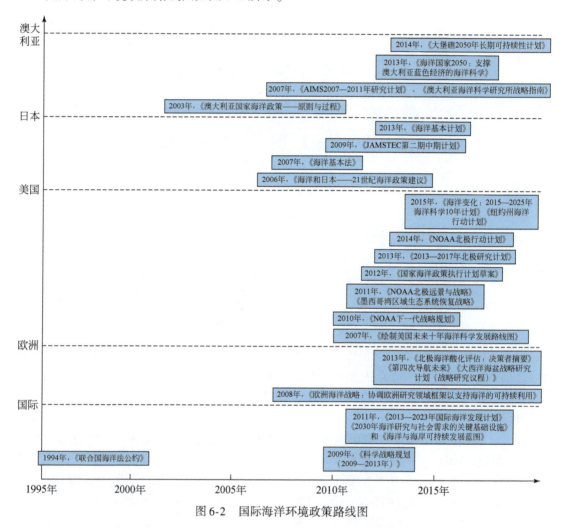

图6-2 国际海洋环境政策路线图

6.1.2 国际海洋环境领域科技政策成效分析

（1）海洋酸化政策

美国国家研究理事会2013年1月发布了《美国海洋酸化研究与监测计划评述》（NAS，2013）报告，对该战略计划7个主题开展的研究工作进行了评述。

主题1：监测海洋化学与生物学影响。理解海洋酸化可能导致的后果，在海洋化学与生物过程中监测并追踪和海洋酸化相关的变化。除此之外，明确描述可以实现的化学监测参数，必须考虑确保最有效的新方法应用到监测项目中。随着人们对生物过程所产生影响的认识的增加，对生物参数的监测也得到了同步发展。在监测目标中不仅应该重新评估生物测量值的详细信息，也应该包括社会经济学信息，并需要解决与海洋酸化相关的社会挑战。

主题 2：对海洋酸化响应的研究。研究目标包括：①确保研究能够填补关键的知识空白；②调研生理环境适应性的潜力并检查适应性进化机体，以便维持或增强生态系统的快速恢复能力；③研究海洋酸化过程的影响与其他压力来源是如何相互作用的；④调查有机体水平的变化，以及这种变化将如何改变生态系统的结构与功能。这些目标将很有可能通过生理学模型和生态系统模型来推进实验与观测结果的完美结合。

主题 3：利用模型预测海洋碳循环变化，以及对海洋生态系统和有机体的影响。主要包括建模、预测海洋碳循环变化，涉及 CO_2 和大气引起的温度变化、海洋环流、生物地球化学、生态系统与陆地的输入，以及决定海洋生态系统和对个别海洋生物影响的模拟。该研究主题还需要包括讨论与模拟相关的挑战；模拟结果的局限性与不确定性；与模拟技能相关的关键问题。

主题 4：技术的发展与测量的标准化。战略计划中的目标如何实现及其通过什么人来执行，这些问题将通过战略计划中的主题 4 得以实现。在这个主题中最主要的突破口表现在①度量的具体目的（测量什么？为什么要测量它？测量的精准度能达到多少？）；②优先考虑的事（哪些目标是最重要的？哪些目标是次级重要的？）；③估算成本（成本大概有多少？通过适当的优先考虑以及相关机构与国际力量之间的合作，如何实现适当的资助基金与目标相匹配？）。

主题 5：保护海洋生物及生态系统对社会经济产生影响的评估。基础自然科学和社会科学及交叉学科之间存在相互依赖性和时限性。在战略计划中有一个明确的陈述：社会科学研究只有在自然科学研究基础上才能得到发展。社会科学研究的数据来源于自然科学研究，它可以有助于国家更好地为海洋酸化研究影响做准备。海洋酸化方面的社会科学研究议程需要进一步扩展，并强调社会科学研究的重要性及其起到的关键性作用，不但需要测度影响程度，而且需要评估减缓与适应的政策法规。相关学科领域研究的贡献（如保护生物学及在不确定方面的决策）需要并入这个主题进行更广泛的分析。

主题 6：海洋酸化方面的教育、扩展研究及策略。美国国家研究理事会推荐海洋酸化跨部门工作小组（IWGOA）去协助教育和扩展研究，将其作为战略计划的一个单独主题，要求 IWGOA 能够在海洋酸化教育需求与目标之间进行客观公正的探讨。美国国家研究理事会提出应削减两部分研究内容，即①通过媒体对研究工作的扩展进行宣传；②运行公共水族馆、博物馆、动物园的方式。

主题 7：数据管理与集成。管理各种类型数据的数据库需要作为一个工作目标和挑战。新的或者富有创造性的程序将最有可能在这些数据的表现形式方面实行管理和传播。研究项目在数据提交方面需要严格地执行规则。数据获取、管理及分配工作需要打破地域与国家的界限。确保数据集以最佳方式利用。元分析（meta-analysis）方法将来会显得更加重要。国际的共同努力会促进有效实施海洋酸化数据的获取与分配制度（王金平等，2014b）。

2010 年 10 月，NSF 资助了 21 项海洋酸化影响的研究项目（NSF，2010）。2012 年 9 月，NSF 批准了总额为 1200 万美元的科研拨款，用于海洋酸化项目研究（NSF，2012）。该项目主要由海洋生态系统酸化的 12 个子项目组成，是 NSF 可持续性科学、工程学和教育（science，engineering and education for sustainability，SEES）投资的一部分。该项目第二轮拨款由 NSF 的地球科学与生物科学董事会及极地项目规划局提供。主要用于促进对海洋酸化的性质、程度及其对过去、现在和未来的海洋环境和海洋生物影响的研究。有了这一轮拨款，NSF 在海洋酸化方面的研究项目组合更加多样化，将有助于科学家对海洋酸化这一严重环境威胁的认识和理解。

（2）沿海可持续发展

时任美国商务部长骆家辉于 2009 年 6 月 30 日宣布，50 个致力于恢复沿海湿地、贝类养殖区、珊瑚礁生态系统的栖息地恢复工程将获得由美国国家大气与海洋管理局提供的 1.67 亿美元的资助，这些资助将用于海洋和沿海栖息地的恢复（NOAA，2009）。骆家辉表示，这些恢复行动计划将帮助美国保护其海岸环境及对抗气候变化，这些计划反映了投入重点在于合理的科学问题和义务上，这将有助于加强当地的生态系统保护。

在 2012 年飓风季来临之际，美国地质调查局最新发布研究报告《飓风引发的墨西哥湾海岸侵蚀灾害国家评估》（NSF，2012），以便为墨西哥湾沿岸规划和应急响应提供参考。报告警示：墨西哥湾沿岸有 70% 的海岸对侵蚀极其敏感，即使最微弱的 1 级飓风也可能对其造成破坏。

2014 年 9 月 16 日，美国国家科学院针对英国 BP 石油公司在墨西哥湾石油泄漏事件资助为期 30 年的海湾研究资助计划，总资助金额为 5 亿美元，并发布了第一个五年计划的《海湾研究计划的战略愿景》报告（NAP，2014）。报告确定了海湾研究计划 2015～2020 年的实施目标、战略及未来行动。海湾研究计划的最有价值的贡献可能来自于对石油系统的安全、人类健康和资源环境等领域的责任。鉴于此背景，该计划 3 个相互关联的目标：①促进海上石油和天然气开发相关的安全技术、安全文化和环境保护等系统的创新改进。②提高对人类健康和环境之间关系的了解，以支持海湾生态群落的健康发展和适应。③推进将墨西哥湾地区作为一个复杂的连接人类和环境系统、功能、保护和恢复生态系统服务过程的动态系统的了解。为了支持第一个 5 年（2015～2020 年）目标，该计划将通过各种活动和方式努力实现以下主要具体目标：①加强与行业、政府和学术界密切合作，以识别提高海上能源安全开发的关键机遇。②探索支持安全和环境可持续的海上石油和天然气开发、灾害响应和修复措施的决策系统模型。③提供如何改善理解影响社区的脆弱性、恢复和适应力的社会、经济和环境因素的研究机会。④支持研究、长期的观察和监测，以及信息化发展，以推动对墨西哥湾环境条件、生态系统服务和社区精神健康的理解。⑤支持在科学、行业、卫生、石油系统的安全、人类健康和环境资源等领域未来的专业人才和领导者的发展。⑥确定墨西哥湾和其他美国外大陆架区域之间知识转移的机会。⑦支持相关的环境管理、人类健康改善和负责任的石油和天然气生产活动的公众和决策者的决策，以提高理解和运用科学信息。2015 年初，将提供相关的综合和集成环境监测数据，并指出该研究计划资助主要集中 3 个领域：勘探类资助、研究奖学金和科学政策奖学金。2015 年，咨询委员会将努力确定解决计划使命和目标的未来具有发展潜力的活动，结合美国国家科学院的优势，增加该计划的影响力。2015 年，勘探类资助主题包括：①探索近海石油和天然气行业和医疗行业有效的教育和工人培训的方法；②链接与油气生产影响到的人类健康和福祉的生态系统服务。2016 年，勘探类资助的预期主题包括：①开发应对危机的情景规划和决策支持系统的创新方法；②将环境条件数据与个人和人口健康数据相连接，促进跨学科研究；③构建墨西哥湾和其他海上能源生产地区人类和环境系统的适应力。

2014 年 9 月 15 日，NSF 发布了对第二轮沿海可持续发展领域研究的资助计划，由NSF 生物科学、地球科学部门共同支持资助 9 个研究项目，因其研究的复杂性和研究对象的广泛性，本次资助总额将超过 1500 万美元（NSF，2014）。此次项目资助的研究课题见表 6-8。

表 6-8　2014 年度 NSF 资助的沿海可持续发展领域研究项目

资助项目	资助额度（美元）
基于景观过渡地带与气候变化下的海岸平原盐渍化与咸水入侵前沿研究	360 393
城市沿海流域对于氮机制的修复和重建研究	529 378
物种侵入引起人地系统在基础设施、全球贸易、气候变化和政策层面的变化	1 699 377
盐沼泽的持久性比较——基于海平面上升和社会适应性反馈	428 730
基于大规模人工三角洲"意识形态、社会经济和工程可持续性研究"——以黄河三角洲为例	209 848
利益相关者与自然生态系统耦合-集成以提高可持续性政策研究——以切萨皮克湾牡蛎渔场为例	1 172 281
快速气候变化条件下鱼类和渔业的适应性研究	1 110 024
跨太平洋沿海岛屿生物系统与文化适应性的耦合研究	1 204 260
当前海岸带洪水危险变化研究——基于河流管理战略	548 851

2014 年 10 月 8 日，美国国家海洋与大气管理局海洋基金宣布将在全国范围内资助超过 300 个项目，以帮助建立沿海弹性社区和经济体，资助总金额达 1590 万美元。同时，通过大学、州和其他合作伙伴，海洋基金计划将配套额外的 790 万美元的非联邦政府资金，使总资助额达到 2380 万美元（NOAA，2014b）。联邦资金资助的 4 个优先方向是：①制定测绘和建模工具以预测沿海风暴带来的沿海洪水和侵蚀，以及研究这些风暴对财产的长期影响。②开发生态系统建模工具，以帮助沿海社区对有害藻华和细菌爆发的预测，如弧菌是最有可能发生的，使社区能够确保充分应对并具恢复力，尽量减少影响。③提高社区对海洋酸化和其他与气候变化相关的对沿海社区、经济、渔业及生态系统影响认识的研究。改变海洋化学对重要生态系统服务、就业和经济活动的影响，如海鲜产业和生态旅游。俄勒冈州通过海洋基金资助开发更耐酸性水体的牡蛎研究。④研究在规划和开发可再生能源项目时如何更好地考虑沿海生态系统的社区价值。

（3）墨西哥湾漏油

墨西哥湾是美国最具价值且最重要的地区。2009 年，墨西哥湾自然资源创造的经济价值占美国 GDP 的 30%。2010 年 4 月，"深海地平线"漏油事件造成美国历史上最严重的生态破坏，加重了该地区的生态危机。2011 年 12 月，美国在休斯敦举行墨西哥海湾国家峰会时发布《墨西哥湾区域生态系统恢复战略》，并提出 4 个战略方向：①保护并恢复生物栖息地；②恢复流域水质；③补充并保护海洋及沿岸的生物资源；④提高环境耐受力，改善沿岸居民生存环境。2014 年 10 月，美国国家海洋与大气管理局发布《墨西哥湾生态系统恢复的科学行动计划》，明确了 10 个长期优先研究领域。该行动计划于 2015 年发布了首批资助项目征集，涉及 3 个类型：①当前生态系统计算机建模的综合评价；②墨西哥湾生态系统（包括人文和渔业健康指标）的比较和分析、监测和观测能力评估。美国国家海洋与大气管理局期望通过该计划全面了解墨西哥湾的生态系统和最大程度上支持海湾恢复行动。

（4）海底滑坡研究

2012 年，英国自然环境研究理事会宣布将给予英国国家海洋中心（National Oceanography Center）230 万英镑的项目经费支持，用于研究由巨大而罕见的水下滑坡引发的海啸对英国的威胁。这是首次对英国滑坡海啸发生的概率及其可能带来的影响做广泛评估的研究（NOC，2012）。研究项目的具体目标包括：①弄清北极海底主要滑坡发生的频率和时间；②更好地了解触发因素，评估随着气候变化和海洋变暖，滑坡的频率是否会增加，并评估多大规模的滑坡海啸将淹没英国沿海地区；③尝试量化发生在英国不同地点、不同类型滑坡引发的不同类型的洪水可能造成的损失。

6.1.3 我国海洋环境科技政策与国际比较

6.1.3.1 我国海洋环境科技政策体系与特点

海洋环境与我国可持续发展及国家安全密切相关，我国社会经济高速发展和国家安全权益对海洋环境的支持需求日益增加。而近年来我国近海环境恶化，严重影响可持续发展。当前最为突出的海洋环境问题是富营养化、有害赤潮、海洋污染与灾害。我国海洋环境科技存在着海洋环境观测能力薄弱、对海洋规律认识不足、海洋环境的评估和预测能力不足等问题（苏纪兰和黄大吉，2006）。

我国海洋环境科技政策经历了海洋环境科技政策启动、建设、部署等阶段（乔俊果等，2011）。从 1986 年通过的《中华人民共和国渔业法》提出了保护、开发和合理利用渔业资源等保护海洋的要求；到 1995 年《全国海洋开发规划》中指出，国家将通过各类重大科技计划的实施，推动海洋环境保护等领域的重大科技问题的研究和相关产业的形成；到 1997 年组织实施科学技术部重点基础研究发展计划重大项目，对东海、黄海生态系统动力学与生物资源可持续利用、我国近海有害赤潮发生的生态学、海洋机制及预测防治等进行研究；再到 2008 年海洋领域总体规划《国家海洋事业发展规划纲要》指出，要始终贯彻在开发中保护、在保护中开发的方针，规范海洋开发秩序。

总体上，我国海洋环境科技战略可主要分为 4 个部分：一是海洋环境观测。对近海和邻近深海建设海洋观测系统，包括近海动力环境的实时监测、近海环境质量的现场快速连续监测及深海大洋的数据获取和卫星观测系统的建设。二是海洋环境科学研究。开展海洋与季节、年际、年代际尺度的气候变化，海洋环境和生态系统，海上活动安全保障的关键动力过程的海洋环境研究。三是海洋环境评估与预测。构建近海及关注海域的海洋环境和生态系统预报预警体系，以及全球海洋主要要素的海洋环境预警预报体系。四是海洋环境信息应用与服务。构建近海及关注海域的数字基础框架，建立海洋数据中心、海洋信息系统及海洋环境信息资源平台，形成海洋管理、海洋权益维护和国防安全、海洋经济安全、海洋生态与环境安全等保障系统（苏纪兰和黄大吉，2006）。

近年来我国海洋环境科技政策出现一些重要的变化，包括协调海洋科技政策的力度增强、对海洋科技创新支持领域更加广泛、海洋科技发展战略的指导方针发生变化，以及海洋科技政策工具种类增多和弹性加大（乔俊果等，2011）。

6.1.3.2　与主要国家的比较分析

国际主要海洋国家根据自身特点和国情进行海洋环境科技规划，形成了各国海洋科技不同的发展水平。综合各国海洋环境科技政策的发展，与我国海洋环境科技政策相比，存在以下优势。

（1）基于生态系统的海洋管理模式

从20世纪90年代末开始，世界各海洋国家的海洋管理领域开始应用基于生态系统的管理理念，认为应当改进现有海洋管理模式，应用生态系统的海洋管理模式，协调海洋资源开发与保护，解决海洋生态危机（李巧稚，2008）。美国在其未来十年海洋科学发展路线图和海洋研究优先计划中都将基于生态系统的海洋管理模式列为研究重点，通过理解、预测和评估人为因素对生态系统的影响，可持续利用和有效管理海洋，改善生态系统健康。澳大利亚也将基于生态系统的管理列为其国家海洋政策的指导原则，并围绕该原则制定了整体维护生态系统、促进海洋工业生态可持续发展等海洋政策重点。欧洲在各海洋研究和开发战略中均关注海洋生态系统管理，将人类活动对海洋生态系统的影响作为重点研究主题之一，要求海洋经济发展与增长在保护海洋生态系统安全的前提下进行。我国海洋生态环境恶化、海水水质退化、富营养化和赤潮问题突出，对我国海洋经济带来影响。但我国的海洋环境管理机制相对滞后，海洋科技政策中对生态系统的保护存在不足。

（2）注重海洋环境保护与资源可持续发展

世界主要海洋国家的海洋环境政策非常重视海洋环境保护和资源可持续发展，并制订了相应的措施。美国将海洋的可持续利用和有效管理列入未来十年海洋科学发展路线图，并指出建立海岸和五大湖环境与经济可持续型社区。澳大利亚将生态可持续开发列为在国家海洋政策的基本原则，并围绕其提出了海洋工业生态可持续发展的海洋政策重点。日本在21世纪海洋政策建议中强调海洋的可持续开发利用以实现真正的海洋立国目标，并将保护海洋环境的综合措施列入日本海洋基本计划之中。海洋环境保护问题是我国面临的工作重点，我国的海洋科技政策虽然逐步开始重视海洋环境，但起步较晚，缺乏具有长远的战略性和展望性的规划（王树文和王琪，2012），并且海洋环境科技具体指导性建议不足，全国性和地方性法律也不够完善，我国近海环境不断恶化的趋势仍然无法得到有效遏制

（李巧稚，2008）。

（3）重视海洋科技创新与高端技术的投入

海洋科技投入是海洋科技发展的保障。海洋数据的获取能力直接决定了海洋科学研究的水平，先进的海洋科研基础设施是保障高质量的海洋数据获取和样品采集的必要手段（王金平，2014a）。美国从全球战略视角建设海洋科技设施，包括"综合海洋观测系统"（IOOS）、海洋科学考察船队和载人浮动仪器平台等设备。英国自然环境研究委员会在2007~2012年向"2025年海洋"（Ocean 2025）战略性科学计划资助1.2亿英镑用于提升英国海洋环境知识（NERC，2008），并且英国重点支持"北极光号"欧洲极地研究破冰船、欧洲海洋观测基础设施（Euro-argo）、欧洲多领域海底观测站（European Multidisciplinary Seafloor Observation，EMSO）等海洋基础设施，使其处于融入引领欧洲海洋研究的战略地位（王金平等，2014a）。日本在其海洋基本规划中推进海洋调查和海洋科技研发，将海洋环境、热带气候等地球环境变化研究作为日本海洋研究开发机构的主要研究内容，并开发海洋调查船、深海潜水器等设施和技术，为海洋环境科技研究提供了保障。我国海洋环境科技研究的投资来源较为单一，主要依靠政府的财政拨款，投入与实际需求之间存在较大缺口，并且社会、企业及民间等参与科技创新的程度较低，对海洋科技创新的支持力度不足（王树文和王琪，2012）。

随着我国沿海经济的不断发展，近海所面临的海洋问题日益严峻，海岸带环境灾害频发，海洋富营养化严重，海洋渔业资源面临枯竭。相对于我国建设"海洋强国"的未来战略定位和面临的越来越多的海洋问题，我国海洋研究的科技实力相对不足，海洋研究基础设施相对于欧美发达国家有较大差距，深远海探测研究能力不足，海洋综合观测能力也有待提高。此外，海洋研究力量较为分散，各研究单元缺乏高效的协调机制，出现重复布局的情况。这在我国海洋科研资源有限的现状下不利于形成合力（王金平等，2014a）。

6.1.4　我国的政策建议

1）完善基于生态系统的海洋环境管理体制。改进现有海洋管理模式，应用生态系统的海洋管理模式，制定与海洋经济发展相适应的国家组织管理体系、国家法律法规体系、海洋经济区域建设发展体系、海洋综合执法管理体系，协调海洋资源开发与保护，提高海洋开发、控制和综合管理能力（张松滨，2013）。

2）加强海洋环境科技创新与高端技术投入。发展先进海洋技术，加大对海洋环境科技创新的投入，提高具有自主知识产权的仪器设备的性能和可靠性、完善仪器和数据的标准化和共享机制、构建综合性海洋信息平台（王金平等，2016）。提升我国海洋综合观测能力和深海远洋探测研究能力，积极融入国际海洋研究。

3）加强海洋生态环境保护与资源可持续发展。加强海洋环境监测手段和技术，及时发现海洋环境污染，动态跟踪污染发展状况；对重点海洋工程及重大污染事件进行严格的环境影响评价，如海洋酸化对我国近海水域的影响与评价。提升海洋生态环境保护和资源可持续利用在国家海洋发展战略计划中的地位，进行长远性、战略性和展望性规划，并提供更具体的指导性建议。

4）建立有效的公众参与制度。加强对环境事件发布和公告的透明度，并建立社会监督制度，增强公众对海洋环境事件的监督和参与（李巧稚，2008）。促进社会、企业及民间等参与科技创新，填补政府投资与实际需求之间的缺口。

6.1.5 小　　结

近年来我国近海环境恶化，富营养化、有害赤潮、海洋污染与灾害等海洋环境问题影响着可持续发展。我国海洋环境科技存在着海洋环境观测能力薄弱、对海洋规律认识不足、海洋环境的评估和预测能力不足等问题。国际海洋环境科技政策具有基于生态系统的海洋管理模式、注重海洋资源的保护、确保海洋可持续发展、重视海洋科技创新与高端技术的投入等优势。因此建议在未来我国的海洋环境科技政策制定中，注意完善海洋环境管理体制，注重对海洋生态环境的影响评价和环境保护，并加强对深海海洋等热点领域的研究。

6.2　海洋资源领域

在可以预见的未来，陆地资源将面临枯竭的危险。海洋占地球表面的70%以上，而且人类对海洋的开发还处于探索阶段，海洋具有丰富的食物、能源、矿产、水、空间等资源，是人类生存和发展的资源宝库，对人类未来的资源保障方面具有强大的支撑作用。随着海洋技术的不断发展，海洋资源大规模开发已成为现实，目前已呈现向深远海延伸的趋势，海洋资源无疑将成为下一个国际社会争夺资源的战场。

科技政策是实施海洋资源开发的有效保障，因此，世界上各主要国家历来十分重视海洋资源政策的制定。各国均依据本国国情和国家战略需求制定其海洋资源政策，由于国家体制和发展需求的不同，各国海洋资源科技政策也呈现出不同的特点。

6.2.1　国际海洋资源领域科技政策框架

6.2.1.1　主要国际海洋资源科技政策

（1）国际

1945年，美国杜鲁门总统发布《美国关于大陆架的底土和海床的自然资源的政策》的总统公告，从此以后，大陆架的概念陆续在全球被接受。1958年的《大陆架公约》规定，沿海国家可以把自己的管辖海域从领海扩大到大陆架区域。1982年，联合国最终形成的《联合国海洋法公约》）规定，200nmile[①]专属经济区水域制度确定，突破了

_____

① 1nmile=1.852km。

"领海之外即公海"的传统观念，扩大了沿海国家的管辖范围。自 1994 年《联合国海洋法公约》（UN，1982）生效后，全球海洋资源的开发基本在其准则框架下进行。各国需在《联合国海洋法公约》基础上对各种海洋资源进行研究和开发，制定和实施各自海洋资源开发的法律法规。

《联合国海洋法公约》对全球海洋事务进行了全方位的框架性规范，其中对海洋科研活动也进行了详细的规范。由于海洋事务大多涉及海洋空间、海洋生物资源、海洋油气勘探开发等问题，《联合国海洋法公约》中对可能涉及海洋资源的事务进行了规范。其中，包括：科研活动不应构成对海洋资源权利的法律依据；科学研究活动应服从相关国家的领海权利、专属经济区权利和大陆架权利，但沿海国也应予以配合；沿海国享有详细的知情权；与沿海国共享调研资料；科研设备不具有地位。

随着海底资源开发技术日渐进步，海底资源的大规模开发不久将成为现实。国际海底管理局 2009～2012 年先后推出了 3 个专门的海底资源开发规范：《"区域"内多金属结核探矿和勘探规章》《"区域"内多金属硫化物探矿和勘探规章》《"区域"内富钴铁锰结壳探矿和勘探规章》（中国大洋协会办公室，2016）。这些文件对各国海底资源的开发活动进行了规范，有利于海底资源的有序合理开发。

国际能源署海洋能源系统（ocean energy systems，OES）执行协议于 2011 年 9 月发布《国际海洋能源愿景》（OEC，2011）。OES 在该报告中预测，到 2050 年全球的海洋可再生能源开发潜力为 748GW，到 2030 年，海洋能源产业将会创造 16 万个直接就业岗位，减少 52 亿 t CO_2 的排放。报告在分析波浪能、潮流发电、潮汐能、海洋热能转化装置和盐差能技术的基础上，指出了海洋可再生能源利用面临的挑战及解决方案。建议未来行动包括：①开发一个综合的、包含明确的海洋能源条例的政策框架；②建立和发展战略性供应链计划；③引导有效和适当的审批过程；④加强海洋能源基础设施开发；⑤开展基于共享环境数据的战略性环境研究。

2012 年 3 月，国际大洋中脊计划组织发布《国际大洋中脊第三个十年（2014～2023 年）研究规划》（张树良，2012），指出未来 10 年重点研究包括海底硫化物矿床的识别、形成机理和生物活动等，将部署无人控制设备和海底钻探等技术手段对海底资源进行研究，并加强与其他组织的合作。

（2）欧洲

欧洲板块海岸线曲折，海洋资源丰富，海上、海底等海洋活动发达，主要包括渔业、油气业、砂矿开采、船舶修造业、海洋设备、海洋可再生能源、航运与港口、海底电缆、许可与租赁、海洋国防、海洋环境、休闲娱乐业、海洋科研教育等。

英国作为欧洲最大的海洋资源开发国，世界著名的四大渔场之一的北海渔场给英国提供了丰富的渔业资源，由北大西洋暖流与东格陵兰寒流交汇形成的北海渔场，渔产丰富、种类繁多，主要产鲱鱼、鲭鱼、鳕鱼、鳖鱼和比目鱼等，鲱鱼和鲐鱼几乎占总捕捞量的一半，还盛产龙虾、牡蛎和贝类，这些都是英国主要的捕捞资源。英国是欧盟中最大的渔业国之一，其主要品种捕捞量占欧盟的 1/4。大不列颠群岛周围的海洋都是水深不到 200m 的大陆架，不仅适于鱼类繁衍生长，而且便于捕捞作业（林香红等，2014）。但是，海区城市集中，污染严重，使传统渔业受威胁，欧洲多国政府积极采取措施振兴传统产业。例如，英国政府于 2011 年投入 190 万欧元促进渔业的发展，2008 年启动了世界上最大的藻类生物燃料公共资助项目等。

欧洲海上油气资源丰富，北海海底蕴藏着十分丰富的石油和天然气资源，是世界上最著名的油气开采区。从 1964 年开始，欧洲相关国家就陆续签署了一系列大陆架划分的协议。截至 1984 年北海划界共签署了 11 份协议。

欧洲具有 37 900 万 km 的海岸线，是世界上海岸线最曲折的一个洲，多半岛、岛屿和港湾，如此丰富的近海资源带动了欧洲的旅游业的发展，吸引了来自世界各地的游客，具有诸多旅游景点和世界文化遗产。随着全球旅游业的快速发展，欧洲各国积极调整新的旅游业发展战略。

欧洲海洋资源开发特别是海洋可再生能源的开发具有很强的竞争力，以英国为代表的欧洲海洋可再生能源开发在全球处于领先地位。2010 年 10 月，欧洲科学基金会发布了《海洋可再生能源：欧洲新能源时代的研究挑战与机遇》（ESF，2010）报告，该报告指出：到 2050 年，力争欧洲电力需求的 50% 由海洋能源提供；到 2030 年欧洲近海风力发电可以满足欧洲 12.8%~16.7% 的电力需求；到 2050 年，海洋能源可满足欧洲 15% 的能源需求。对海洋能源发展的预测取决于对欧洲及全球未来状况的判断：全球化石燃料的价格；欧洲整体的经济形势；欧洲能源政策行动（如核能政策、可再生能源政策）及目标；海洋能转化技术的发展潜力（王金平等，2012）。

2011 年 11 月，离岸可再生能源转化平台协调行动（Offshore Renewable Eaergy Conversion Platform Coordination Action，ORECCA）公布了《欧洲离岸可再生能源路线图》（ORECCA，2011），该路线图首次提出了海上风能、波浪能和潮汐能三大离岸可再生能源共同发展的泛技术（pan-technology）、泛欧洲（pan-European）路线，重点阐述了三者的协同增效及发展所面临的机遇与挑战。该报告提出欧洲海洋可再生能源 2050 年的发展能力将达 188 GW（工金平等，2012）。

海洋能源发展路线图从资源、财政、技术、基础设施和环境及相关法律法规制度五个重要方面阐述了海洋能源发展路线图实施的机遇与挑战并提出了相关建议和具体行动措施。并通过时间轴的方式将海洋能源和离岸风能的各个发展阶段和发展目标展示出来，如图 6-3 所示。

（3）美国

为了更好地开发和利用所辖地区甚至全球的海洋资源，美国联邦及州政府历来重视海洋资源的立法和规划，先后制定出台了相关的海洋发展战略规划。1969 年发布《美国与海洋》，科学规划海洋资源利用，2001 年美国国会通过《2000 年海洋法令》（李文凯，2005）授权美国政府成立的海洋政策委员会制定海洋新政策。

2004 年，美国政府成立的国家海洋政策委员会正式向国会提交了《21 世纪海洋蓝图》，详细描绘了美国海洋事业发展的远景，同年美国政府又公布了《美国海洋行动计划》（高峰等，2009）。2010 年 7 月，美国总统奥巴马签署 13547 号行政命令，以建立美国首个国家海洋政策。该海洋政策要求建立一个基于科学的决策方法，以促进国家海洋资

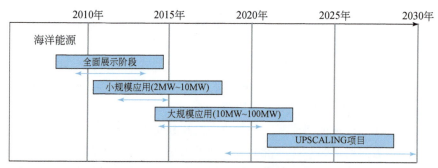

图 6-3　海洋能源（波浪能和潮汐能）发展路线图

资料来源：改编自英国能源和气候变化部（DECC）海洋能源行动计划。

源的管理。

美国国家海洋政策目标包括：①基于生态系统的管理；②海岸带和海洋空间计划；③支持决策和提升认识；④协同和支持（管理）；⑤对气候变化及海洋酸化的恢复力及适应性；⑥区域生态系统保护和恢复；⑦陆地水质及可持续性；⑧改变北极的状况；⑨海洋、海岸带及大湖区观测、绘图及基础设施建设（王金平等，2016）。

美国的海洋资源政策主要涉及海洋生物、矿产、化学、空间和新能源等方面。历经300年的完善，逐步形成了独具美国特色的海洋资源政策的法律体系（表 6-9）。以法律为基础，美国积极推出海洋研究和开发计划促进海洋资源的研究开发。

表 6-9　美国近年来主要海洋计划中对海洋资源的布局

序号	年份	机构	计划/文件	涉及海洋资源的内容
1	2007	美国海洋科技联合委员会	《绘制美国未来十年海洋科学发展路线图》	研究海洋资源总量和分布；生物资源可持续利用研究；利用先进技术提高获取海洋资源的能力
2	2008	美国国家大气与海洋管理局	《海洋基金计划》	近海能源；海洋渔业和生物资源的研究和保护，监测生物资源变化、完善相关数据
3	2010	美国能源部可再生能源实验室	《美国海洋水动力可再生能源技术路线图》	阐明了美国未来重点发展的海洋可再生能源包括：波浪能、潮汐能、海流能、海洋热能和渗透能。指出到2030年，用于商业的海洋可再生能源装机容量将达到23GW。该路线图给出了美国海洋能源开发的2030年愿景，如图 6-4 所示（王金平等，2012）

续表

序号	年份	机构	计划/文件	涉及海洋资源的内容
4	2010	美国国家大气与海洋管理局	《NOAA下一代战略计划》	海洋空间规划过程中将融入气候因素；海洋生物资源的恢复、重建和可持续利用；综合性海洋和海岸规划与管理；海上运输特别是北极航运发展
5	2013	美国国家科技委员会	《一个海洋国家的科学：海洋研究优先计划修订版》	拓展北极空间拓展和自然资源评估；利用先进研究成果加强获取自然资源的能力，自然资源可持续利用机理研究
6	2013	NOAA海岸调查办公室	《北极航道绘图计划》	北极运输及旅游航线也不断增加，这使绘制合适的航道图显得尤为重要。计划创建14个海图，以补充现有的海图，支持美国国家海洋政策的目标

图6-4 至2030年美国海洋能源开发愿景

（4）英国

英国具有丰富的海洋资源，相应的其各项海洋事务起步较早，但是长期以来没有统一负责海洋事务的政府部门，也没有统一的海上执法队伍，对海洋管理属于分散型管理。随着海洋科技和经济的发展，英国政府逐渐意识到分散管理和自由探索的特点限制着海洋事业的发展。20世纪80~90年代，英国政府采取了一系列促进统筹海洋研究的举措，包括制订海洋科技预测计划，建立政府、科研机构和产业部门联合开发机制，增加科研投入等措施。2005 年，英国首相布朗承诺"建立新的法律框架，以便更好管理和保护海洋"，其标志着英国开始从国家战略层面综合布局海洋开发和研究。2008 年，英国成立了海洋科学协调委员会（Marine Science Co-ordination Committee，MSCC），协调英国海洋研究和实施英国海洋战略，提高英国海洋科学的效率，有效促进了英国海洋研究活动的活跃。2009 年，英国发布《英国海洋法》（李景光和阎季惠，2010），为其整体海洋经济、海洋研究和保护提供了法律保障，英国重要海洋资源政策见表 6-10（王金平等，2014）。

表 6-10 英国海洋资源政策发展历程

时期	重要事件
1961 年	英国制定了《皇室地产法》，该法以潮间带和 12 nmile 领海属英国皇室地产这一历史传统为立法依据，该传统来源于古罗马法的"公共托管原则"，该原则指出，从法律性质上看，空气、流动的水体、海洋和海岸对人类来讲是共同拥有的，其作为公共财产不应为私人所有（赵蓓等，2008）
20 世纪 70 年代	英国制定了强调能源多元化的能源政策，鼓励发展包括海洋能在内的多种可再生能源，实现能源可持续发展。而海洋则是获取这些能源的天然场所
1992 年后	联合国环境与发展大会后英国又进一步加强了对海洋能源的开发利用，把波浪发电研究放在新能源开发的首位。研究表明，英国海岸线所蕴藏的潮汐能可以提供英国电力需求的 5%
在 21 世纪初	英国成立了海洋管理局，该机构定期对英国领海及周围的海域进行评估，英国政府的海洋政策也逐渐从海洋开发转移到海洋环保。在收到该机构的第一份评估报告后，英国政府便通过修改了《大渔业政策》，禁止在苏格兰西北部海岸以外 12 nmlle 的范围内使用破坏海床的渔具，目的是保护苏格兰境内唯一的深海珊瑚礁（赵蓓等，2008）
2002 年 5 月	英国政府提出了"全面保护英国海洋生物计划"，为生活在英国海域的 4.4 万个海洋物种提供更好的栖息地
2003 年	在"大西洋东北海域环境保护"公约组织的建议下，英国政府还建立起了一个包括海洋科学、发展状况和发展前景等内容在内的数据网络，全面系统地开展海洋环保，以此挽救英国的海洋生态系，保护海洋资源
2004 年 4 月	英国政府首次公布了《年度能源白皮书》，鼓励使用可再生能源，并提出要在 2020 年前，使国内可再生能源需求比例达到 20%
2004 年 8 月	英国政府设立了 5000 万英镑的专项资金，重点开发海洋能源。
2004 年 8 月	世界上首座海洋能量试验场——欧洲海洋能量中心在距离苏格兰大陆最北端大约 100km 的奥克尼群岛正式启动
2007 年	英国自然环境研究委员会启动了名为"2025 年海洋"的战略性海洋科学计划。英国自然环境研究委员会在 2007~2012 年向该项计划提供大约 1.2 亿英镑的科研经费。"2025 年海洋"重点支持的十大研究领域之一就是可持续的海洋资源，发展用于海洋生物资源持续管理的生态系统方法（王金平等，2014a）
2009 年	《英国海洋法》为其整体海洋经济、海洋研究和保护提供了法律保障

续表

时期	重要事件
2009 年	《低碳转型发展规划》白皮书明确了要利用多种可再生能源技术向低碳电力转型
2009 年 5 月	英国能源研究中心《海洋（波浪、潮汐流）新能源技术路线图》，给出了英国海洋能源研究中心 2020 年发展远景，将海洋能源的开发过程分为 6 个阶段，最终实现英国海洋可再生能源到 2020 年的装机容量可以达到1GW～2GW
2010 年	英国海洋科学合作委员会（Marine Science Coordination Committee，MSCC）《英国海洋科学战略 2010—2025》，相对于"2025 年海洋"目标更加具体。聚焦可再生能源的环境影响，海洋保护区的功能
2010 年	《英国海洋能源行动计划 2010》，2020 年大规模进行装置部署，可以实现 1GW 的发电，这将有助于政府实现到 2050 年减少 80% 碳排放的政策目标
至 2020 年	英国政府将计划兴建 7000 个新的涡轮机用于风力发电。此外，英国是世界上重要的海洋捕捞和水产品消费国家，2004 年有 6641 艘海洋捕捞渔船，直接雇用渔民约 11 559 人，海洋捕捞产量约 65.4 万 t，价值约 5.13 亿英镑（赵蓓等，2008）

英国海洋能源 2008～2020 年发电能力如图 6-5 所示。

英国对海洋资源的开发活动坚持以经济效益为主线，开发利用与自然补偿对等原则，既要求海洋资源的保值、增值和盈利，又强调海洋资源的可持续利用，注重环境保护及生态平衡（赵蓓等，2008）。

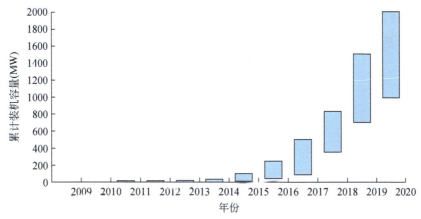

图 6-5　英国海洋能源 2008～2020 年发电能力

（5）日本

2007 年 7 月生效的日本《海洋基本法》（庄玉友和金永明，2008），强调了海洋资源对日本的重要性，通过法律手段确立了日本海洋资源保护和开发的地位。其中 6 条直接面向海洋资源开发，主要针对海洋空间拓展和海洋资源开发（周怡圃和李宜良，2007）（表 6-11）。

表 6-11　日本《海洋基本法》中海洋资源内容

类别	内容
海洋资源	第六条指出：海洋资源所涉及事务繁多，应对海洋开发、利用、保护等实行综合而一体化的海洋管理
	第十七条指出：为可持续地开发和利用海洋资源，增进渔场生产力、推进海底或海底下储存的石油、可燃性天然气、锰矿、钴矿等矿物资源的开发和利用，国家应当完善相关体制并采取其他必要的措施
	第二十一条指出：由于日本主要资源依赖进口，开发和利用海洋资源、确保海上运输安全等及维护海洋秩序对经济社会发展不可欠缺，因此，应采取必要措施，确保日本和平与安全及海上安全和治安
海洋空间	第二十五条指出：①对宜于实施一体化管理的海域和陆域采取措施，实施综合政策。②国家在采取前项措施时，应该充分考虑到海啸、海浪及其他海水问题或者地质活动会造成的灾害，以适当的措施保护海岸、健全海岸环境并合理地利用海岸
	第二十六条指出：应采取必要措施，以保护孤岛、海岸等，确保海上交通安全、完备开发与利用海洋资源的设施、保护周边海域的自然环境、完善居民的生活基础设施

以《海洋基本法》为基础，2013 年 4 月 26 日日本正式通过了《海洋基本计划》（2013～2017 年）（伊民，2013）决议。该计划对日本未来海洋资源开发的重点领域进行了详细布局（表 6-12）。

表 6-12　日本海洋资源布局

重点方向	分支方向	内容
资源调查	资源调查	继续推进能源与资源的调查研究，实现能源与矿物资源工业化。继续开展技术研发及科学调查与资源勘探，以掌握日本周边海域资源潜力。集中实施采矿技术研发
传统能源	石油与天然气	在周边海域机动开展基础物理勘探（6000km²/a）和基础钻探。2013 年，尝试在新潟县佐渡西南海域鼓励民间投资基础钻探，推动探矿活动
海底资源	可燃冰	2018 年，完善可燃冰商业化开采技术；2023～2028 年，启动以民营企业为主导的商业化项目，根据国际形势进行技术开发；广泛调查日本海周边已经确定存在的表层型可燃冰
	海底热液矿床	2023～2028 年逐步扶持私营企业参与商业化项目；评价已有矿床的资源量、发现新矿床、掌握资源的大概储量，开发采矿机械技术、推动环境影响评价方法，并通过私营企业资助的方式将以上成果商业化
	锰结核、富钴结壳与稀土	根据国际海底管理局制定的勘探条约，对锰结核与富钴结壳的资源量与生产技术开展调查研究。稀土作为未来资源，以其潜能开展基础科学调查与研究

续表

重点方向	分支方向	内容
海洋可再生能源	海洋能源（波浪能、潮流能、洋流能、温差能等）	开发出每度电成本为40日元的实用设备，研发降低成本的核心技术；论证促进设备安全的技术；探讨港口原本目的与功能兼顾及高效利用的方案
	推进海洋科技研究开发	重点推进海洋可再生能源开发等5项与政策需求相对应的研究开发
	发展新型海洋产业	培育海洋资源开发产业、海洋能源和矿物资源开发的产业化、海洋可再生能源开发的产业化、发展海洋信息产业、制定综合发展战略
海洋空间资源	孤岛保护	对作为领海基线的孤岛赋予名称；对重要孤岛及其周边海域加强信息收集、监视和警戒，建立岛屿及其周边海域的安全防护体制；加强领海、专属经济区保护等国家安全及海洋资源的保障与利用，尤其要探讨关于重要孤岛的安全、管理及振兴等特别举措，并付诸实施。为支援孤岛航路、航空线路的稳定及确保安全稳定的运送，推进孤岛通道的建设；通过完善定期巡回诊疗、确保医师及与医疗机构合作等体制确保孤岛医疗建设

（6）俄罗斯

俄罗斯的海洋资源也很丰富，由于近代历史的原因，其海洋战略相对于沙俄和苏联时期做了一系列的转变：俄罗斯将重心集中于综合国力的发展，寻求整体海洋综合实力的整体推进，也不再将海权追求置于中心位置，而是将海洋的发展与促进国内社会和经济发展协同起来，其海洋战略的重心也已由海洋通道转向海洋资源的控制利用，并聚焦于北极地区。俄罗斯未来将开采已探明大陆架上的海底资源，保护作为战略储备的海底资源，进一步勘探新的海底资源；勘探俄司法管辖权之外的海底资源；开发潮汐、海风、海浪、水温、水流，以及藻类发电技术；研制新工具和新工艺开发世界海底资源，开发特种船舶。

当前俄罗斯海洋战略体系主要以联邦纲要《世界大洋》（1997年制定，1998年批准，后多次审定），其核心为《2020年前俄联邦海洋学说》（2001年7月），《2020年前俄联邦海洋学说》是俄罗斯的官方总体海洋战略体系，其明确规定："开发世界大洋资源是保持和扩大俄罗斯联邦原料基地、确保俄联邦经济和生产独立性的必要的和必需的条件。"为落实《海洋学说》各项指标的实施，在《2010年前俄联邦海上军事活动的政策原则》（2000年3月）的基础上，俄罗斯政府又相继出台《2010年前后俄联邦国防工业综合体发展政策基础》《2015年前后俄联邦军事技术政策基础》《2020年前后武器装备发展的主要方向》《2020年前俄联邦能源战略》等纲领性文件，完善俄罗斯海洋学说体系。在这一过程中，俄罗斯保持了海洋战略的延续性，并逐步将对争夺海洋的重点由过去的争夺海洋通道转为争夺海洋资源，发布了《2020年前后俄联邦北极国家政策基础》（2008年9月18日）和《2020年前后俄联邦南极行动战略》（2010年10月21日），将极地作为经略海洋的突破口。为了海洋战略更具有可实施性,2010 年 12 月 8 日,俄罗斯出台了《2030 年前俄罗斯联邦海洋活动发展战略》,确定了俄罗斯海洋活动发展的主要问题,规定了俄主要海洋活动发展的战略目标、战略任务、专项发展指标和责任执行单位,并分阶段提出了完整的指标体系(高云,2013)。

俄罗斯海底资源开发的重点主要集中于近海油气资源开发领域;随着深海技术的不断进步,海底资源开发已正式提上了议事日程。俄罗斯主要通过以下几方面进行布局:申请公海海底矿床勘探证书;制定相关法律基础;开发深水技术。

俄罗斯积极准备成立专门的海洋矿业机构,计划到 2020 年实现太平洋海域的铁猛结核和钴猛结壳矿藏的工业开发。

(7)韩国

韩国位于北太平洋渔场南边,其海域十分适合鱼类的繁衍生息,相应的其渔业资源十分丰富。近海海底蕴藏着丰富的锰矿、石油、天然气、盐类矿产资源、可燃冰。海洋的潮汐能、波浪能和海洋热能等也较为丰富。韩国海洋政策主要侧重量方面内容:海洋空间资源和海洋渔业资源。

海洋空间资源方面,韩国未来港口发展的目标是建设国际先进的海港,利用地缘优势,发展成为东北亚地区新的航运补给基地和国际物流枢纽中心,并成为未来我国和日本经济发展的海上桥梁和纽带。港口建设的具体实施步骤是在现有五大港的基础上,按照适应现代航运业发展的要求扩大规模,分类建设(刘均国,2010)。

渔业资源方面,韩国海洋与水产部采取布设人工鱼礁、撒播高质量鱼苗等措施促进渔业资源增长,并严控污染海洋的产业,保证韩国渔业资源和其他海洋生物资源的可持续利用。

(8)加拿大

加拿大的海洋可再生能源在全世界电力市场中都具有很强的竞争力,建立了世界上第一个 2 MW 级潮汐发电站。为保持加拿大在该领域的领先地位,2011 年 11 月,加拿大海洋可再生能源组织(Ocean Renewable Energy Group,OREG)公布《加拿大海洋可再生能源技术路线图》(*Canada's Marine Renewable Energy Technology Roadmap*)(郑文江,2012),提出了 3 个目标、6 种技术途径和 5 个促进条件。其中 3 个目标:①到 2016 年海洋可再生能源发电量达到 75 MW,2020 年达到 250 MW,2030 年达到 2000 MW,实现 2 亿美元的经济效益;②在全球海洋可再生能源技术解决和服务项目中维持领先地位,2020 年市场占有率达到 30%,2030 年达到 50%;③到 2020 年成为世界上集成化、水电转换系统领域的最强开发商(王金平等,2012)。

(9)爱尔兰

2005 年 10 月,爱尔兰通信、海洋和自然资源部发布了《爱尔兰海洋能源》(*Ocean Energy in Ireland*)(王金平等,2012)。该规划旨在改变爱尔兰可再生能源单一依靠风能的现状。主要内容:①明确了海洋可再生能源在国家战略中的地位;②评估了爱尔兰的波浪能、潮汐能和海流能的开发潜力;③结合各种能源的优缺点和成本,得出爱尔兰未来将发展以波浪能为主的海洋能源;④为爱尔兰未来 10 年的海洋能源发展制定了路线图。规划显示，到2020年海洋能发电能力将达119 MW；到2025年将达到383MW。

该战略对2005~2016年爱尔兰海洋能源的发展进行了总体规划。共分4个发展阶段：①2005~2007年示范开发阶段；②2008~2010年前期商用设备开发阶段；③2011~2015年前期商用规模开发阶段；④2016年之后正式进入商业开发阶段（王金平等，2012）。

6.2.1.2 国际政策路线图

综上所述，国际临海国家近年来加强了海洋发展战略的制定和颁布，围绕海洋资源开发、海洋环境安全和海洋权益维护，国际上开展了新一轮的海洋竞争，试图在海洋领域，特别是海洋高技术领域占据制高点，海洋强国战略在此提到临海国家的议事日程，图6-6总结梳理了国际主要临海国家的海洋政策路线图。

图6-6 国际海洋资源政策计划发展路线图

6.2.2 国际海洋资源科技政策成效分析

6.2.2.1 美国海洋资源科技政策

1）政策纵向层次较高。美国海洋政策大多是从宏观层次、国家层面上制定和颁布，有利于实施综合管理和海洋的可持续开发。1969年，发布《美国与海洋》的海洋政策研究报告，全面宣示了美国的海洋国策，科学规划了美国的海洋资源利用。经过20世纪50~80年代海洋资源法律体系的完整构建，为美国海洋资源政策建设定下了较高的基调。2004 年，美国颁布了《21 世纪海洋蓝图》和《美国海洋行动计划》，成立了国家海洋政策委员会，指明了新世纪海洋开发的正确方向（孙悦民，2012）。

2）政策横向内容较全面。美国海洋资源政策体系在横向内容上涵盖了海洋生物、矿产、空间、海水化学及能量等资源政策，内容全面系统，其重点突出表现在海洋资源生态保护、综合性及国际竞争等方面的政策。

3）注重海洋资源保护政策的出台。海洋资源保护政策是美国海洋政策体系中的主体，所有的海洋政策几乎都以海洋资源保护为立法基础。美国在大西洋和太平洋的海洋区域辽阔，并且没有和他国存在海域争端，为了海洋资源的可持续发展和海洋资源种类的多样化，美国在制定海洋资源政策上倾向于海洋资源的保护。主要表现为：一是国内渔业保护法众多；二是同周边国家签订了一系列的渔业保护协议；三是制定渔业资源可持续开发的法律法规（Lester，1994）。近年来立法已经向"保护优先"的可持续发展迈进，注重海洋资源的生态循环。

4）综合性海洋资源政策较多。美国海洋资源政策分别由联邦政府和各州政府制定和实施，分为两个层级。因此，美国海洋资源管理也实行分散和集中相结合的管理体制，各州政府管理离岸 3nmile 领海范围内的海洋资源，联邦政府管理 3 ~ 200nmile 内的各种海洋资源。美国政府针对海洋资源管理相对分散的状况，采取制定海洋综合性政策来协调各部门之间的利益冲突。美国联邦政府制定和颁布海洋资源政策，各州政府执行或制定对应的实施细则、政策，内容呈现出很强的综合性，如《海岸带管理法》等。

5）国际海洋资源政策的国家利益导向。美国海洋资源的国际政策较好地体现了国家利益高于一切的利益导向。在《联合国海洋法公约》的制定和加入上，美国坚持了这种国家利益至上的原则。美国积极参与公约的制定，在公约的促成中占据主导地位。但是，当公约于己无利时，就不加入，美国至今没有签署通过公约，在国内没有生效。但针对国际海底区域却凭借其强大的技术、经济实力进行探测与开发，优先占领，抛弃公约中的约定，坚持自由经济和开发的原则。美国不加入公约也为自己在海洋领域争取国家利益中套上了桎梏，因此，近几年美国国内加入公约的呼声日益高涨。

6）政策过程运行较好。美国海洋资源政策过程运行较好，主要表现为政策制定的及时、统筹规划、公民广泛参与，政策执行的统一执法，独立的监督机制等。

美国海洋资源管理政策制定的与时俱进。美国之前就已经开始了海洋资源管理政策的制定，18 世纪早期正式开始对海洋进行规范管理，20 世纪 40 年代开始颁布一系列海洋资源法律法规实施依据，20 世纪 60 ~ 70 年代，经过长期的立法积累，形成了海洋资源政策管理体系。80 年代至今，美国不断修订海洋法律政策，制订了一系列的海洋远景规划，并关注海洋新能源。1966 年，国会批准成立海洋科学、工程和资源委员会，该委员会又称为斯特拉特顿委员会，负责对美国海洋管理存在的问题进行全面审议，委员会于 1969 年提交《美国与海洋》研究报告，全面研究了美国的海洋政策。2000 年，国会通过《2000年海洋法令》，成立了美国海洋政策委员会，该委员会先后召开了多次会议对美国的海洋政策及法规进行了全面、细致的调研，最终于 2004 年发布了《21 世纪海洋蓝图》

（McBeath，2004），描绘了美国21世纪海洋事业发展的新蓝图。

美国在海洋资源政策的出台上也非常注重公民的广泛参与，建立了公民能够参与海洋政策制定过程的渠道，确保美国海洋事业的健康发展。

7）政策执行充分。联邦政府统一制订规划，联邦政府的各海洋事务管理部门贯彻执行，国家海洋与大气管理局、海岸警备队、美国内政部、能源部、运输部等涉海部门都以各自的权责和方式参与海洋管理活动。

8）政策监督有力。美国的海洋资源政策有相对独立的监督机制。美国海洋资源政策的监督体系主要包括：国会监督、司法监督、政党监督、社会及舆论监督、行政监督等。美国海洋资源政策监督主体拥有较强的独立性，因此无论在监督的内容还是方式上都能够做到全面、严密。

6.2.2.2 英国可再生能源政策

英国的可再生能源科技政策具有显著的特点，在能源需求、产业利益链和低碳发展方面均具有良好的效果预期。在能源需求利益方面。英国在海洋技术方面世界领先，并且拥有三种世界上最丰富的海洋能源：波浪、潮汐流和潮差。英国政府预计到2020年波浪能和潮汐能发电的装机容量将达1GW～2GW。这将为2030年及以后大规模的电力部署提供一个良好的平台。如果大部分潮差能项目能够实现，即便不考虑塞文河口能源项目，到2020年也能实现1GW的发电。保守评估显示英国水域波浪能的可开发资源水平在每年50TW·h[①]（相当于英国约110万户家庭的年用电需求），但这需要更高的技术得以实现。全英国的潮汐能发电量大约为每年17TW·h（相当于英国约400万家庭的年用电需求）。潮差能可满足英国13%的电力供应需求。

在技术产业链利益方面，英国面临着独特机遇，有望获得这一新兴领域给整个供应链所带来的收益。海洋技术发展不但在英国形成了一个巨大的海洋能源产业，更重要的是形成了一个庞大的产业链。如果英国能够保持技术领先，该产业供应链的大部分仍将以英国为基础，同时还将形成一个良好的环境，吸引国内外资本对设备制造的投资。

英国国内设备的开发也将会为技术与知识出口提供重要的契机。从长期就业来看，波浪能源产业提供的潜在就业机会将会继续增加，将在21世纪40年代猛增到1.6万个，其中约25%在支持英国的出口业务。很多领先的设备开发商都来自英国，他们因国内的知识和经验而具有相当的优势。英国拥有电力转化系统所必需的复杂系统的工程制造技能，这些技能都具有很高的价值，并且能够向全世界出口。英国在北海地区海洋能源产业的经验表明，他们具有高水平的波浪设备操作维护技术及工程科学技术。这使英国可以将优秀的人力资源转移到这一发展中的领域，而且可以在近海风能供应链和基础设施的基础上进行开发。

成功开发海洋能源技术将为实现可再生能源和碳减排中长期目标做出重要贡献。到

---

① 1TW·h=10^9kW·h。

2030 年一个中等水平装机容量为 2.6GW 的波浪能或潮汐能项目将减少 17t CO_2 排放。到 2050 年，波浪能和潮汐能将减少 61t CO_2 排放。一个中等水平 950MW 的非塞文河河口的潮差能项目将会进一步减少 9t 的碳排放。

2009 年，英国发布的《低碳转型发展规划》白皮书明确了要利用多种可再生能源技术向低碳电力转型，该规划提出了一个帮助英国向低碳经济转型的机制。实现能源安全的方法就是减少过分依赖于一种技术或燃料而产生的风险。预计到 2020 年海洋能源只占到可再生能源发电的 3%，因此在长期能源战略中海洋能源技术被看作是推动能源多样化的一部分。产生的能源能够增加国内能源供应，减少对进口能源的依赖，从而提高英国的能源供给安全。

由海洋能源及风能组成的多样性可再生能源将减少对储存电量的需求，从而减少化石燃料的使用和 CO_2 的排放。海洋能源的使用将会减少其他可再生能源需求从而减少产出大于需求时所造成的浪费，每年可节省约 9 亿英镑。

为实现以上愿景，英国海洋能源领域面临着种种挑战。英国政府对这些挑战进行了分析，并在几个方面进行了详细分析和阐述。

1）一方面，波浪能和潮汐能的技术潜能仍需证明，在实现大规模实施前仍有很长的路要走；另一方面，虽然目前已经有很多成功的技术案例，但仍需进一步的商业化。

2）虽然新的海洋规划体系将会引导决策，但目前仍需要一个持续的、清晰的规划和批准框架及时对海洋能源领域提供指导以确保该领域发展不会迟滞。海洋能源实施地点的确认和开发也将给本领域以明确的信号和信心，并且也会鼓励新的投资。

3）财政和基金投入：海洋能源领域需要来自公共部门和私营部门的大量财政支持，以保证初始原型系统实施、大规模阵列部署和重要项目的开展。造成海洋技术开发成本较高的原因有多种。例如，海洋环境中的检测和实验成本非常昂贵，而且恶劣的海洋条件也会造成额外的风险和困难。原型系统全面检验的花费可能高达 1000 万英镑甚至更多，因此如果没有进一步的支持，海洋能源领域不可能存在充分利用海洋能源所带来的机遇。即使对海洋能源开发提供额外支持，那么从中长期来看仍需大量的投资。最初的支持主要体现在有针对性的技术开发支持，促进其商业化。之后在商业实施阶段将主要通过市场支持机制提供补助。随着实施的推进，成本也将不断增加，但伴随 2030 年之后的大规模实施，规模效益和学习曲线作用将出现，最初的成本将降低。海洋能源大规模实施面临的一个关键挑战是需要将成本降至与其他可再生能源相当的水平。

4）基础设施、供应链和技能：尽管海洋可再生能源电力系统对应对全球变化来说非常重要，但海洋可再生能源的发展也需要供应链基础设施及相关技能。供应链必须建立在英国传统海洋领域大量可用技术基础之上，在促进国内投资的同时推动技术和知识出口。

6.2.2.3 韩国海洋政策

韩国的海洋政策可以分为港口、海产、海洋资源开发以及海洋污染等范畴，主要的政策导向是积极扶持港口、资产及海洋资源开发；强化渔业资源恢复工程，实现可持续的渔业生产；严格控制污染海洋的实业，创造可持续发展的海岸带环境，促进海洋旅游业发展。同时与中国友好协商，共同开发海洋资源。其未来的发展趋势如下：

1）进一步加强与周边国家的合作。韩国与日本、中国、越南的渔业协定生效后，有大批渔船要退出传统作业渔场，大量渔民面临转产转业的严重形势。要加强与周边国家的合作，延长现有渔业协定中的安排，也可考虑争取建立共同渔业开发区等措施，维护渔船在传统渔场的捕捞利益，减少渔业协定生效造成的损失，为渔民转产转业争取时间。

2）积极参与分享世界共有海洋资源。国际海底区域约占地球表面积的 49%，是地球上具有特殊法律地位的最大的政治地理单元，蕴藏着丰富的多金属结核、钴结壳、热液硫化物、天然气水合物和深海生物基因等资源，是地球上尚未被人类充分认识和开发利用的潜在战略资源基地。

3）发展高科技，促进海洋资源利用。海洋资源开发需要海洋科技支撑，应本着促进资源开发、提高经济贡献率的根本目的，实行高技术先导战略，形成高技术、关键技术、基础性工作相结合的战略部署（刘均国，2010）。

6.2.3 我国政策建议

6.2.3.1 对海洋资源政策制定过程的启示

海洋资源是发展我国海洋事业的重要内容，海洋资源政策的制定也是我国海洋政策的重要组成部分，政策制定过程的科学化和民主化，是后续执行阶段合理有效的关键环节。我国海洋资源政策的制定应重视与国家整体利益的一致性。国家和各职能部门应该充分考虑海洋经济发展与海洋资源可持续有效利用双重导向，制定有利于海洋健康发展和合理利用的各种法律、法规、条例和规章等政策。

美国海洋资源的国际政策较好地体现了国家利益至上的利益导向。美国在《联合国海洋法公约》的起草和制定上积极参与，主导了议题设置、规则确定，是《联合国海洋法公约》的发起国和主要谈判国，但是在《联合国海洋法公约》最终的加入上，美国考虑到如果签署就不能运用其先进的采矿等技术扩大对海底的公共资源开发等因素，美国拒绝加入《联合国海洋法公约》，在一定程度上体现了美国国家利益至上的原则。美国至今没有签署《联合国海洋法公约》，在国内未生效，但是其在国家海底区域利用强大的海洋技术、经济实力进行探测与开发，坚持自由经济和开发的导向占领先机。不过美国不加入《联合国海洋法公约》也在海洋领域争取国家利益中没有政策支持，因此，近年来美国国内对加入《联合国海洋法公约》呼声不断高涨。

2007 年 7 月生效的日本《海洋基本法》，强调了海洋资源对日本的重要性，通过法律手段确立了日本海洋资源保护和开发的地位。其中 6 条直接面向海洋资源开发，主要针对海洋空间拓展和海洋资源开发。随后的《海洋基本计划》直接延续了其国家海洋目标，维护和扩张其海洋资源利益的意图十分明显。

俄罗斯在评估自身国情基础上，适时调整自己的海洋政策，由原来的强调海洋空间资源控制能力转向更为符合当下国情的海洋资源政策，即以国家经济利益为中心，并明确在北极地区及远东地区较为有优势的地区重点布局。

综合国际主要国家的海洋资源政策来看，我国的海洋资源政策应该更加注重在制定的前期做好国家海洋利益最大化的优先方向分析。在一些具有特殊重要性的领域，如海岛权益、海底资源等领域重点进行政策布局。积极参与国家性海洋资源政策的起草和制定，确保我国乃至发展中国家的海洋利益。

6.2.3.2 政策执行和监督

海洋资源政策的执行力尤为重要。这取决于一个国家的整体法制环境，需要在更高层面上创造条件。可以借鉴美国等国的经验，明确各相关机构的责任、权利和义务。重视科技资金的使用规范化，重视研究成果的转移转化。

一方面，在政策执行阶段，应制定出相应的更为细化的实施计划，并将管理部门、商业团体、公众都纳入到政策的执行过程中，使各自发挥特有优势，共同推进政策的实施。另一方面，在海洋资源科技的投入方面应广泛吸纳社会资金的投入，一需要政府积极引导，二需要调动企业和社会的参与积极性。在预期可产生效益的投资领域，核心问题是利益的分配问题。应明确以国家战略导向为主线，以社会经济发展为目标的原则。充分明确各参与方的利益分配，并预先制定可行性方案。

6.2.3.3 海洋可再生能源开发

我国海岸线长，海洋资源丰富，可再生能源储量巨大，$500m^2$ 以上的岛屿有 6961 个，近海风能、潮汐能、波浪能、潮流能、盐差能和温差能理论装机容量超过 20 亿 kW，开发利用潜力极大。各国密集出台海洋可再生能源发展计划，我国对此应高度关注，并应从以下几个方面着手应对（王金平等，2012）。

1）从各国密集出台相关研究计划不难看出，国际海洋可再生能源研究开发的序幕已经拉开。大规模开发研究潮流产生重大技术突破的可能性极大，研究一旦取得突破必将促进人类可持续发展，并有可能改变国际经济格局。我国应实时密切跟踪国际海洋新能源研究开发的新动向，特别是主要国家、主要机构的研发动向，把握研究前沿，以免错失良机。

2）各国海洋可再生能源政策和路线图都是基于本国海洋可再生能源资源储量的基础之上制定。我国应以 908 专项"我国海洋可再生能源调查"成果为基础，对海洋可再生能源的分布和开发潜力进行评估，并在此基础上制定我国发展海洋可再生能源的总体发展路线图，评估开发可能对环境产生的影响。

3）瞄准海洋可再生能源开发的关键核心技术，加大人员和经费的投入，优化研究机制，为研究和开发创造良好的环境。由于海洋可再生能源研发的应用性极强，应在研究机构、企业和政府之间建立密切的合作关系，及时有效地将海洋可再生能源开发技术的研究成果转化为产品，服务于社会经济发展。重视研究成果的专利申请，力争在未来国际竞争中占据有利地位。

4）在对国际海洋新能源研发状况跟踪的基础上，筛选顶尖研究机构和科学家，主动开展合作或直接进行人才引进。注重本土科技人员、科研团队的培养，培养和造就与我国可再生能源状况相配套的、技术布局合理的技术研发力量（王金平等，2012）。

6.2.4 小 结

随着社会经济的发展，人们对资源产生了的巨大需求并伴随着浪费，陆地资源面临着贫乏和遭严重破坏的危险，在食物、能源、矿产、水、空间等资源领域海洋具有广阔的发展前景，是人类生存和发展的资源宝库。

国际上对海洋资源的开发与争夺也是愈演愈烈，科学的政策是实施海洋资源开发的有效保障，因此，世界上各主要国家历来十分重视海洋资源政策的制定。各国均依据本国国情和国家战略需求制定其海洋资源政策，由于国家体制和发展需求的不同，各国海洋资源科技政策也呈现出不同的特点。

从古到今，国际上主要的海洋国家先后出台了海洋领域的诸多科技政策，尤其以美国、欧洲、日本、韩国等重要海洋国家和地区为代表。1945 年，美国发布《关于大陆架的底土和海床的自然资源的政策》，从此以后，大陆架的概念陆续在全球被接受和使用。1958 年，联合国颁布的《大陆架公约》规定，沿海国家可以把自己的管辖海域从领海扩大到大陆架区域。1982 年，联合国最终形成的《联合国海洋法公约》规定，200nmile 专属经济区水域制度确定，突破了"领海之外即公海"的传统观念，扩大了沿海国家的管辖范围。自 1994 年《联合国海洋法公约》生效后，全球海洋资源的开发基本在其准则框架下进行。各国需在《联合国海洋法公约》基础上对各种海洋资源进行研究和开发，制定和实施各自海洋资源开发的法律法规。

国际重要临海国家根据自身的国情和在海洋方面的特殊性制定出了各自的海洋相关的法律法规和科技政策战略规划，不同的法律法规和海洋科技政策规划形成了各国海洋领域各具特色的发展格局。综合各国海洋科技政策的发展，我国可以从以下几点寻求改进和发展。①我国的海洋政策应该更加注重在制定的前期做好国家海洋利益最大化的优先方向分析和规划。在一些具有特殊重要性的领域，如海岛权益、海底资源等领域重点进行政策布局。②在政策执行阶段，应制定出相应的更为细化的实施计划，协同相关部门共同推进政策的实施，并且加强各部门的监管力度。将海洋科技作为一项国家发展的新焦点，广泛吸纳社会资金的投入，加大政府资金投入和政策引导。应明确以国家战略导向为主线，以社会经济发展为目标的原则。充分明确各参与方的利益分配，并预先制订可行性方案。③海洋属于自然环境中的一员，其生态环境的健康平衡对全球气候和环境起到很重要的作用，在发展海洋经济的同时，减少对海洋环境的破坏，确保海洋生态环境长期健康可持续发展，因此我国应该加强海洋可持续发展意识，可持续发展意识也是国际重要海洋国家所具有的优势，鼓励新型海洋科技的研究，增加可再生海洋资源的开发利用，推动海洋观测预报和综合管理，减少生态污染，保证海洋经济的可持续发展。

党的十八大报告提出："提高海洋资源开发能力，发展海洋经济，保护海洋生态环境，坚决维护国家海洋权益，建设海洋强国"。在当前国际海洋局势不稳定的情况下，海洋科技政策的完善工作就亟须提上海洋事业发展的议程。按照国家总的海洋方针，我国应该加强对海洋资源的管理和控制，增强我国在海洋领域的科技能力，制定科学、严密的政策维护我们海洋的合法权益，进一步促进海洋经济的发展。同时借鉴发达国家海洋政策方面的经验和教训，根据我国海洋国情，发展本国特色的海洋科技政策，也将推动海洋经济更合理更科学地发展。

参 考 文 献

陈春，高峰，鲁景亮，等. 2016. 日本海洋科技战略计划与重点研究布局及其对我国的启示. 地球科学进展，31（12）：1247-1254.

陈小方. 2013. 光明网."摸着石头过河"——澳大利亚探索海洋开发新途径.（2013-06-15）[2016-10-11] http://tech.gmw.cn/2013-06/15/content_7965311.htm.

高峰，王金平，汤天波. 2009. 世界主要海洋国家海洋发展战略分析. 世界科技研究与发展，31（5）：973-976.

高云. 2013. 俄罗斯海洋战略研究. 武汉大学博士学位论文.

国家海洋局海洋发展战略研究所. 2006. 联合国海洋法公约. 北京：海洋出版社.

李景光，阎季惠. 2010. 英国海洋事业的新篇章——2009年《英国海洋法》. 海洋开发与管理，27（2）：87-91.

李巧稚. 2008. 国外海洋政策发展趋势及对我国的启示. 海洋开发与管理，12：36-41.

李文凯. 2005. 美国的国家海洋政策. 全球科技经济瞭望，（1）：7-10.

林香红，高健，何广顺，等. 2014. 英国海洋经济与海洋政策研究. 海洋开发与管理，11：110-114.

刘均国. 2010. 浅析韩国的海洋资源开发政策. 科技创新导报，（1）：130.

刘岩，李明杰. 2006. 21世纪的日本海洋政策建议. 中国海洋报，2006-04-07（3）.

刘勇. 2006. 国际海洋环境保护法律体系简论. 华东政法大学硕士学位论文.

乔俊果，王桂青，孟凡涛. 2011. 改革开放以来中国海洋科技政策演变. 中国科技论坛，06：5-10.

石莉. 2006. 美国的新海洋管理体制. 海洋信息，（2）：24-26.

苏纪兰，黄大吉. 2006. 我国的海洋环境科技需求. 海洋开发与管理，05：44-46.

孙悦民. 2012. 美国海洋资源政策建设的经验及启示. 海洋信息，（4）：53-57.

王金平，高峰，唐钦能，等. 2011a. 国际海洋生态系统研究态势及对我国的启示. 科学观察，（6）：19-31.

王金平. 2011b. 世界紧盯海洋资源. 科学新闻，（5）：66-67.

王金平，郑文江，高峰. 2012. 国际海洋可再生能源研究进展及对我国的启示. 可再生能源，11：123-127.

王金平. 2013. 英国海洋科技战略计划及其特点分析. 国际地震动态，（10）：1-3.

王金平，张志强，高峰，等. 2014a. 英国海洋科技计划重点布局及对我国的启示. 地球科学进展，29（7）：865-873.

王金平，季婉婧，高峰，等. 2014b. 海洋酸化的影响及主要国家研究部署. 世界科技研究与发展，（6）：726-731.

王金平，张波，鲁景亮，等. 2016. 美国海洋科技战略研究重点及其对我国的启示. 世界科技研究与发展，38（1）：224-229.

王树文，王琪. 2012. 美日英海洋科技政策发展过程及其对中国的启示. 海洋经济，5：58-64.

伊民. 2013. 日本政府通过未来5年《海洋基本计划》. 中国海洋报，［2013-05-02］.

易明. 2008. 日本海洋基本计划草案. 中国海洋报，2008-03-11（2）.

张树良. 2012. 国际大洋中脊计划组织发布2014—2023年研究规划草案. 科学研究动态监测快报（地球科学专辑），143（17）：3-5.

张松滨. 2013. 我国海洋经济发展的问题及对策. 中国产经，（5）：16.

赵蓓，唐伟，周艳荣. 2008. 英国海洋资源开发利用综述. 海洋开发与管理，25（11）：8-10.

郑文江. 2012. ORECCA欧洲离岸可再生能源路线图. 科学研究动态监测快报（资环环境科学专辑），174（1）：9-11.

中国海洋报. 2013. 加拿大：为海洋可再生能源规划路线图.（2013-08-08）. http：//www. oceanol. com/gjhy/ktx/27623. html［2016-10-11］

中国大洋矿产资源研究开发协会. 2015. 国际海底区域资源探矿和勘探规章. 北京：海洋出版社.

中国大洋协会办公室. 2016. 国际海底区域资源探矿和勘探规章. 北京：海洋出版社.

周怡圃，李宜良. 2007.《日本海洋基本法》系列研究——法律内容分析. 海洋信息，（4）：28-30.

周怡圃，王占坤，羊志洪. 2010. 爱尔兰海洋经济和资源.（1）：113-115.

斥玉友，金永明. 2008. 日本《海洋基本法》（中译本）. 中国海洋法学评论：中英文版，（1）：128-133.

AIMS. 2007. AIMS Research Plan 2007—2011. http：//www. aims. gov. au/docs/publications/research-plan. html［2016-10-11］.

Archer J H. 1989. Resolving intergovernmental conflicts in marine resource management：the US experience. Ocean and Shoreline Management，（3）：253-269.

Australian Government Department of the Environment. 2015. Reef 2050 Long-Term Sustainability Plan. http：//www. environment. gov. au/marine/great-barrier-reef/long-term-sustainability-plan［2016-10-11］.

DEFRA. 2010. UK marine science strategy. https：//www. gov. uk/government/publications/uk-marine-science-strategy［2016-10-11］.

European Commission（EC）. 2008. A European Strategy for Marine and Maritime Research：A coherent European Research Area framework in support of a sustainable use of oceans and seas. https：//ec. europa. eu/research/Participants/portal/doc/call/fp7/fp7-ocean-2011/30283con（2008）534-a_european_strategy_for_marine_and_maritime_research_en. pdf［2016-10-11］.

European Marine Board（EMB）. 2013. Navigating the Future IV. http：//www. marineboard. eu/files/public/publication/Navigating%20 the%20 Future% 20IV-168. pdf［2016-10-11］.

EPA. 2012. Gulf of Mexico Regional Ecosystem Restoration Strategy. http：//www. cpa. gov/gcertf/pdfs/GulfCoastReport_Full_12-04 508-1. pdf［2016-10-11］.

ESF. 2010. Marine reewable energy：research challeges and opportunites for a new energyera in Europe. http：//www. esf. org/research-areas/marine-science marine-board-vision-groups/renewable-oceon-energy. html［2016-10-11］.

Friedheim R L. 1999. Ocean governance at the millennium：where we have been where we should go. Ocean & Coastal Management，（9）：747-76.

ICES. 2009. ICES Science Plan（2009-2013）. http：//groupnet. ices. dk/SciencePlan/Meeting%20documents/ICES_Science_Plan_8%20. pdf［2016-10-11］.

IDOP. 2013. The International Ocean Discovery Program Science Plan for 2013-2023. http：//www. iodp. org/

Science-Plan-for-2013-2023〔2016-10-11〕.

Jack H. Archer. 1989. Resolving intergovemment conflilts in marine resource management：The US experience. ocen and Shoreline magagement，（3）：253-269.

Kantei. 2015. 海洋基本計画. http：//www. kantei. go. jp/jp/singi/kaiyou/kihonkeikaku/130426kihonkeikaku. pdf〔2016-10-11〕.

Lester C. 1994. Continental shelf oil development. Ocean & Coastal Management，23（1）：7-47.

McBeath J. 2004. Management of the commons for biodiversity：lessons from the North Pacific. Marine Policy，（6）：523-539.

Mid Atlantic Ocean Research Plan. 2012. Sea Grant ProjectonDevelopment of a Regional Ocean Research Plan for theMid-Atlantic Region. http：//www. midatlanticoceanresearchplan. org/sites/www. midatlanticoceanr-esearch-plan. org/files/u6/MidAtlanticRegionalOceanResearchPlan-Final. pdf〔2016-10-11〕.

MMO. 2013. Draft East Inshore and East Offshore marine plans. http：//www. marinemanagement. org. uk/marine-planning/areas/documents/east_draftplans. pdf〔2016-10-11〕.

NAP. 2011. Critical Infrastructure for Ocean Research and Societal Needs in 2030. http：//www. nap. edu/catalog. php? record_id=13081〔2016-10-11〕.

NAP. 2014. Gulf Research Program：A Strategic Vision. http：//www. nap. edu/openbook. php? record_id=18962〔2016-10-11〕.

NAP. 2015. Sea Change：2015-2025 Decadal Survey of Ocean Sciences http：//www. nap. edu/catalog/21655/sea-change-2015-2025-decadal-survey-of-ocean-sciences〔2016-10-11〕.

NAS. 2013. Review of the Federal Ocean Acidification Research and Monitoring Plan. http：//dels. nas. edu/Report/Review-Federal-Ocean-Acidification/17018〔2016-10-11〕.

NERC. 2008. Oceans 2025. http：//www. oceans2025. org/〔2016-10-11〕

NERC. 2009. The UK Ocean Acidification Research Programme（2009-2014）. http：//webarchive. nationalar-chives. gov. uk/20110405223930/http：/www. nerc. ac. uk/research/programmes/oceanacidification/events/documents/ocean-acidification-implementation-plan. pdf〔2016-10-11〕.

NOAA. 2009. Commerce Secretary Gary Locke Announces $167 Million in Recovery Act Funding for 50 Coastal Restoration Projects. http：//www. noaanews. noaa. gov/stories2009/20090630_restoration. html〔2016-10-11〕.

NOAA. 2010. NOAA's Next-Generation Strategic Plan. http：//www. ppi. noaa. gov/ngsp/〔2016-10-11〕.

NOAA. 2011. NOAA Releases Final Arctic Vision and Strategy. https：//www. arcus. org/witness-the-arctic/2011/2/article/1659〔2016-10-11〕.

NOAA. 2014a. NOAA's Arctic Action Plan. http：//www. arctic. noaa. gov/NOAAarcticactionplan2014. pdf〔2016-10-11〕.

NOAA. 2014b. NOAA Sea Grant Awards $15. 9 Million for Projects to Build Resilient Coastal Communities. http：//www. noaanews. noaa. gov/stories2014/20141008_noaa_seagrant_resilience_awards. html〔2016-10-11〕.

NOC. 2012. UK Tsunami Threat to be Assessed in £2. 3 Million Research Project. http：//noc. ac. uk/news/uk-tsunami-threat-be-assessed-%C2%A323-million-research-project〔2016-10-11〕.

NSF. 2010. NSF Awards Grants to Study Effects of Ocean Acidification. http：//www. nsf. gov/news/news_summ. jsp? cntn_id=117823&org=ERE&from=news〔2016-10-11〕.

NSF. 2012. Ocean Acidification：Finding New Answers Through National Science Foundation Research Grants. http：//www. nsf. gov/news/news_summ. jsp? cntn_id=125523&org=NSF&from=news〔2016-10-11〕.

NSF. 2014. NSF Awards ＄15 Million in Second Set of Coastal Sustainability Grants. http：//www. nsf. gov/news/ news_summ. jsp？cntn_id＝132637&org＝NSF&from＝news［2016-10-11］.

OceanLeaderShip. 2013. Science For an Ocean Nation：An Update of the Ocean Research Priorities Plan. http：// www. oceanleadership. org/2013/science-for- an- ocean- nation- update- of- the- ocean- research- priorities- plan/ ［2016-10-11］.

OceanLeaderShip. 2015. New York Ocean Action Plan 2015－2025. http：//policy. oceanleadership. org/new- york- ocean-action-plan/［2016-10-11］.

OPSAG- AIMS. 2013. Marine Nation 2025：Marine Science to Support Australia's Blue Economy. http：// www. aims. gov. au/opsag［2016-10-11］.

OEC. 2011. An International Vision for Ocean Energy. http：//www. oean- energy- systerns. org/documents/1405_ brochure_V/8_final. pdf/［2016-10-11］.

Prime Minister of Japan and His Cabinet. 2013. The Basin Ocean Plan. http：//www. kantei. go. jp/jp/singi/ kaiyou/kihonkeikaku/130426kihonkeikaku_je. pdf［2016-10-11］.

Robert L. Fredheim. 1999. Ocean governance at the millennium：where we hove been where we should go. Ocean & Coastal Management，（9）：747-765.

Sea Grant. 2012. Mid Atlantic Ocean Research Plan. http：//seagrant. noaa. gov/Portals/0/Documents/what_we_ do/regional_innitiatives/plans/Mid- Atlantic. pdf［2016-10-11］.

Seas- era. 2013. Towards a Strategic Research Agenda/ Marine Research Plan for the European Atlantic Sea Basin. http：//www. seas- era. eu/np4/248. html［2016-10-11］.

the WhiteHouse. 2007. Charting the course for ocean science in the united states for thenextdecade. https：// www. whitehouse. gov/sites/default/files/microsites/ostp/nstc- orppis. pdf［2016-10-11］.

the WhiteHouse. 2012. Draft National Ocean Policy Implementation Plan. http：//www. whitehouse. gov/sites/ default/files/microsites/ceq/national_ocean_policy_draft_implementation_plan_01-12-12. pdf［2016-10-11］.

the WhiteHouse. 2013. ARCTIC RESEARCH PLAN：FY2013 － 2017. http：//www. whitehouse. gov/sites/ default/files/microsites/ostp/2013_arctic_research_plan. pdf［2016-10-11］.

UK Legislation. 2009 Marine and Coastal Access Act 2009. http：//www. legislation. gov. uk/ukpga/2009/23/ contents［2016-10-11］.

UN. 1982. United Nations Convention on the Law of the sea of 10 December 1982 Overview and full text. http：// www. un. 0rg/Depts/los/conention_agreements/convertion_overview_convention. htm.

UN. 2011. A Blueprint for Ocean and Coastal Sustainability. http：//www. eea. europa. eu/publications/europes- environment- aoa［2016-10-11］.

USGS. 2012. National Assessment of Hurricane- Induced Coastal Erosion Hazards：Gulf of Mexico. http：// pubs. usgs. gov/of/2012/1084/pdf/ofr2012-1084. pdf［2016-10-11］.

第 7 章
科技大国资源环境科技政策特点与趋势预测

通过对主要国家和地区在资源环境领域的一些重要研究方面（重点包括自然资源与可持续利用、污染防治与环境、自然灾害防治与减灾工程、环境变化和可持续发展、海洋资源与环境）的科技政策内容、政策发展路线图，以及政策绩效和未来政策需求与发展趋势的分析，可以看出，各个研究方面由于自身的属性和特征，人类为了解决与此相关的问题采取了不同的政策行动，而这些政策行动一直在不断发展和变化，与此同时，随着人类对相关问题的认识不断深化，应对这些问题的方法手段和实践活动亦在不断发展。

7.1 国际科技政策格局及其特点

自然资源禀赋是资源科技政策的基础，资源禀赋的大小和自身需求的高低是资源科技政策结构中的两个重要因素，由此，美国、日本、俄罗斯三个典型国家形成了各自鲜明的资源政策特征。污染防治和全球化治理呈现全球化特色，综合性政策的主导地位越发凸显，并且越发依赖国家、地区乃至全球协同。自然灾害研究中，对复杂物质特性及其动力学过程的研究一直是灾害机理研究的重点，同时，其也是进行灾害风险评估的前提和基础，相关的监测技术和模拟分析方法不断得到改进和完善。环境变化与可持续发展涉及气候变化、城市化等多个方面，国际科学计划、国际条约与行动计划相互衔接、承前启后，不断推动相关研究的开展和问题的解决。

7.1.1 自然资源与可持续利用

全球资源分布存在很大的不均一性，因而各国有关保障资源供应和发展资源科技的政策也存在很大差异。同时，资源科技政策还具有较强的空间性与时间性。各国政府一般根据本国资源情况、供求情况、国际经济环境等条件，在一定时期内实施特定的资源政策，以促进经济增长和发展。一般情况下，资源科技政策包括资源储备政策、资源勘查政策、资源开发政策、资源保护政策等。总体而言，自然禀赋是资源科技政策的根本基点。根据目前的国际现状，资源科技政策的根本基点分为三种情形：①资源禀赋好，需求量大（相对而言）；②资源禀赋差，需求量大；③资源禀赋好，需求量小。在此三种情形上，形成了不同的政策格局。

（1）资源禀赋好，需求量大

美国国内资源丰富，但消费量大，长期以来仍需要从国际市场进口一定量的资源来满足国内需求，因而其资源政策的重点是提高能源供应的自主性。美国是此类情形的典型代表。

2001年，美国总统布什上台伊始，就下令制定了新的国家能源政策，并将为美国提供可靠的、经济的和有利于环境的能源作为布什政府的能源政策的总体目标。与此同时，2001年，美国制定《国家能源政策》（*National Energy Policy*）致力于为美国的将来提供可靠、价格合理和环境友好的能源。明确提出利用先进技术，加强国内油气资源的勘探与开发，并将北极国家野生动物保护区和美国西部地区列为油气开发的重点区域（郑军卫等，2012）。

（2）资源禀赋差，需求量大

如果自身资源匮乏，则资源来源便主要依赖进口，其资源政策的要点很可能是节能和提高资源效率、发展新能源和可再生资源，以力图逐步摆脱过分依赖的困境。日本等国家是此类情形的典型代表。

除通过采取各种措施降低对国际资源的依赖外，日本积极鼓励本国石油公司参加国际油气资源的开发，提高自主开发的比例。日本历来推行"海外投资立国"战略，其主要措施包括：政府、企业、事业共同努力，各自发挥自己的作用并发挥三者之间的良性互动作用，建立矿产资源全球供应系统，培育具国际竞争力的矿业跨国经营队伍，形成一大批海外矿产资源基地，确保其矿产的稳定、长期和安全供应（郑秉文，2009）。

（3）资源禀赋好，需求量小

对国内资源丰富，需求量相对较小的国家，其资源政策的核心是确保本国资源得以优化利用，注重资源勘探开发的效益和资源管理、加强资源开发过程中的环境保护等问题。俄罗斯、加拿大等国家是此类情形的典型代表。

俄罗斯能源政策的首要任务是形成并可靠地保障社会对能源的合理需求，在互利和有效利用能源的情况下创造条件使俄罗斯的能源短缺地区和能源过剩地区得到综合发展，因为目前俄罗斯未能有效、合理地利用能源是能源综合体和整个经济陷入危机的主要原因之一。此外，还要确保足够的出口能力，因为油气行业是俄罗斯的经济命脉。

7.1.2 污染防治与环境

目前，国际污染防治与环境安全领域科技政策发展总体呈现以下特点：①在整个政策体系方面，国际法层面的区域性、国际性乃至全球性的综合性政策的主导地位越发凸显，这是由污染与环境安全问题越发全球化所决定的；②在国家层面，污染防治与环境安全政策的制定，不仅需要符合本国经济社会发展实际、服务本国利益和现实需求，更要着眼于长期发展和地区乃至全球的共同利益和目标；③在政策实施方面，相关科技计划及政策措施的制定与有效落实，越发依赖国家、地区乃至全球协同，这不仅是由污染防治与环境安全问题的复杂性、面临挑战的全球性所致，而且是实现人类可持续发展目标的根本要求。

在大气污染领域，由于全球大气污染的严重性及其影响的全球化程度更为显著，尤其是受到对气候变化问题关注的促动，全球对大气污染的关注更早、更为密切，这使大气污染领域政策体系发展相对更为成熟。从 20 世纪 50 年代至今，在主要发达国家及国际社会的共同努力下，国际大气污染防治政策及其行动举措日益完善并逐渐获得了普遍认同，已经形成由国际公约与立法、国际约束性规定及标准、区域及国家立法、区域及国家标准、区域及国家战略与计划等构成的较为全面的政策体系。同时，随着从国家、区域到全球层面的政策监管及执行机制的不断完善，大气污染领域政策的实施也取得了令人鼓舞的成效。

7.1.3　自然灾害防治与减灾工程

许多自然灾害过程依赖于复杂的物质特性和了解甚少的动力学过程。例如，火山爆发、滑坡、雪崩和地震涉及复杂的多相混合物（气体、固体、液体），而人类对这些物质的特性的测量或认知还远远不够（ICSU，2008）。在对发生机理进行科学认识的基础上，进行风险评估，即对可能发生的自然灾害的类型、严重程度及灾害影响程度进行测度，以此反映动态化的复杂情景，非常有助于灾害风险战略的制定和灾害区划工作的开展。对灾害风险评估及预报而言，其关键挑战是理解不确定性，这需要理论和实验方法的进步，以及更有效地监测和模型的改进。因此，灾害发生（形成）机理及其风险评估和实时监测（精度需求不断提高）成为灾害科技政策的核心内容。

7.1.4　环境变化与可持续发展

环境变化与可持续发展领域分别选取可持续发展、气候变化、农业政策、城市化作为子领域，详细概述了各子领域科技政策框架、成效分析、需求与发展趋势等方面的内容，并就我国科技政策进行国际比较，进而提出相关政策建议。环境变化与可持续发展领域国际科技政策呈现出以下格局及特点。

1）纵观环境变化与可持续发展领域国际科技政策，可以发现该领域国际科技政策将相关国际科学计划、国际条约与行动计划贯穿始终，各国根据自身社会经济发展现状、科技发展水平等，积极制定与实施相关领域的科技政策。例如，可持续发展和气候变化国际科技政策都是以相应的国际科学计划、国际条约与行动计划为政策基石，各国继而跟进制定相关的科技政策并加以实施。

2）环境变化与可持续发展领域国际科技政策兼顾了科学研究计划与政策行动两方面的考量，科学研究计划的相关进展可以为科技政策制定提供理论基础与科学证据，政策行动相关进展可以进一步拓展科技政策的实施效果。例如，气候变化和城市化国际科技政策遵循了科学研究计划与政策行动相结合的方式，进而推动相关科技政策的实施与发展。

3）由于在自身社会经济发展水平、科技发展水平、公民意识与行动意愿等方面存在一定的差异，发达国家更为重视环境变化与可持续发展领域科技政策的制定与实施，且发达国家制定相关科技政策的时间普遍早于发展中国家。

4）由于环境变化与可持续发展领域科技问题的"公共物品"属性，突显出协调该领域国际行动的紧迫性，因此通过国际科学计划、国际条约与行动等政策途径，弥合发达国家和发展中国家的矛盾与分歧，谋求通过国家间的合作来协调国际行动，缩小发达国家与发展中国家之间的差距，实现多赢、共赢局面。

7.1.5　海洋资源与环境

国际上对海洋资源的开发与争夺也是愈演愈烈，科学的政策是实施海洋资源开发的有效保障，因此，世界上各主要国家历来十分重视海洋资源政策的制定。各国均依据本国国情和国家战略需求制定其海洋资源政策，由于国家体量和发展需求的不同，各国海洋资源科技政策也呈现出不同的特点。

国际重要临海国家根据自身的国情和在海洋方面的特殊性制定出了各自的海洋相关的法律法规和科技政策战略规划，不同的法律法规和海洋科技政策规划形成了各国海洋领域各具特色的管理模式和发展格局。根据其管理模式（赵嵌嵌，2012）将其大致分为三类：

1）相对集中的管理模式：有些国家实现集中管理模式，它的海洋管理职能基本涵盖了海洋管理的各个方面，这代表着海洋管理体制向高级阶段方向发展。具有的特点有以下几点：①具有行政级别较高的管理机构，职能相对全面。②有相对完善的海洋法律体系。③有相对统一的海上执法队伍。这一管理类型的国家有：加拿大、法国、荷兰、英国等。

2）半集中管理型模式：有些国家实行半集中管理型模式，具有的特点是：①全国没有统一的海洋管理职能部门或者设有海洋管理职能部门，但是行政级别不高、海洋管理职能涵盖范围不全，只负责管理海洋事务的某些方面。②有高层次的协调机构，统筹协调海洋事务。③有统一的海上执法队伍。这一管理类型的国家有：美国、韩国、日本、澳大利亚、俄罗斯等。

3）分散管理型模式：有些国家实行分散管理型模式，其特点是：①跟海洋管理相关的部门众多，海洋管理力度不够。②法律体系不完善。③海上执法队伍分散，没有一支强有力的执法队伍。这一类型的国家有中国、马来西亚等。

7.2　国际科技政策发展趋势

资源来源的多元化已经成为保障资源安全的重要科技政策之一，这种多元化不仅体现在供给来源的多样化方面，也体现在资源的勘探开发从陆地转向海洋，从浅部转向深部，从常规资源转向非常规资源等诸多方面。污染的防治与环境治理的政策性质将实现由末端处理的控制政策向预防政策的转变，同时，立法与大气质量控制标准将更加严格，而污染防治将向从属地到区域和国际合作的防治机制转变。自然灾害的防治更加重视灾前的风险评估，以及建筑物、公共设施等的防灾性能的提高，与此同时，灾害预警系统由于其在实践中取得了一些卓有成效的成绩，更加受到重视，未来将得到更大发展。环境变化与可持续发展领域科技政策形成从局地到区域和全球的环环相扣的模式，绿色低碳发展理念在全球迅速扩张，可再生能源发展逐渐成为国际社会的普遍共识，与此同时，环境友好的农业生产模式和绿色有机农业不断得到发展。

7.2.1 自然资源与可持续利用

世界各国，尤其是发达国家（本国资源产量难以满足需求，需要从外部进口），都一直把保障资源安全作为其资源战略的核心内容。因此，多源化成为其各种科技政策和战略的必然选择。整体来看，多源化不仅包括地域上的进口来源分散化，还包括资源种类的多元化（如新能源和非常规能源的开发利用），以及资源开发从陆地走向海洋，从浅表走向深部的来源多样化。

除开发利用好本国的资源外，发达国家不断在全球范围内寻找资源勘探、开发机会，加紧对世界资源的争夺和控制（钱伯章，2002）。这种多源化战略旨在实现资源供应来源的多渠道化或进口源的分散化，未来一段时间内难以发生重大转折。1998年，美国、加拿大和欧洲各国及地区的油气勘探和开发费用占全球的64%，控制着除苏联地区外世界石油约40%的产量（钱伯章，2002），这一战略的目的之一就是在不减少石油进口的前提下，减少对中东石油的依赖。具体来看，以美国为例，其主要采取了以下措施：①与加拿大、墨西哥建立北美地区石油伙伴关系，扩大从周边国家的进口份额；②积极开辟新的海外油气资源基地，实施中亚石油战略，角逐里海油气资源，通过各种方式削减俄罗斯在里海地区的影响力；③增强国内的石油供给能力，如将阿拉斯加自然保护区的油气资源开发列入计划，而近年来美国的页岩革命是这一目标的最佳体现。

石油、天然气是能源的主要构成，近年来新能源的开发利用不断受到重视，这关系到占领未来能源利用制高点、保障国家能源安全的重要措施。日本政府早在1974年就制订并实施了"新能源开发计划"，即"阳光计划"，其核心内容是太阳能开发利用，同时也包括地热能开发、煤炭液化和气化技术、风力发电和大型风电机研制、海洋能源开发和海外清洁能源输送技术。1993年，其又提出了"新阳光计划"，涉及再生能源技术、化石燃料应用技术、能源输送与储存技术、系统化技术、基础性节能技术、高效与革新性能源技术及环境技术（胡小平，2002）。而在美国《国家综合能源战略》中，新能源开发利用的目标是，发展先进的可再生能源技术，开发非常规的 CH_4 资源，发展氢能的储存、分配和转化技术（钱伯章，2002）。

与此同时，非常规油气也开始受到重视。2007年，美国国家石油委员会发布《直面严峻的能源现实——纵观2030年全球石油和天然气前景》（*Facing the Hard Truths about Energy：A Comprehensive View to 2030 of Global Oil and Natural Gas*）报告，指出：在2030年以前，煤炭、石油和天然气在美国和世界能源结构中仍将不可或缺，未来油气供应前景不容乐观，需要不断扩增所有经济的能源资源来降低由于常规油气短缺所带来的风险。除了要通过科学技术的进步加强对常规油气资源的勘探和提高现有油气田的采收率外，还要加强对深水油气及致密砂岩气、油页岩、重油、天然气水合物等非常规油气的研发（郑军卫等，2012）。

此外，为应对突发事件造成的资源供应中断，提前进行战略储备成为一种重要的政策手段。战略石油储备是石油消费国在石油危机时所能动用的最重要手段，所以西方国家都把建立石油战略储备作为保障石油供应安全的首要国家战略。美、日是当今世界建立战略石油储备最早、储备量最多的国家（胡小平，2002）。

7.2.2　污染防治与环境

未来大气污染领域科技政策发展的主要趋势包括：①政策性质将实现由末端处理的控制政策向预防政策的转变；②立法与大气质量控制标准将更加严格；③污染防治将向从属地到区域和国际合作的防治机制转变；④在污染防治战略的制定方面，将更加兼顾气候友好的大气污染防治战略。未来大气污染防治政策的重点领域主要包括：①区域性及跨界大气污染防治；②城市大气污染，特别是大规模城市群大气污染防治；③大气污染与人体健康；④复合型大气污染防治；⑤污染物排放清单及约束标准的细化。

全球对土壤污染防治的行动与努力任重道远。由于污染性质、表现和影响机制的不同，在全球范围内，对土壤污染问题的关注较晚，因而与大气污染领域相比，土壤污染领域科技政策发展要明显滞后。尽管，自20世纪70年代至今，在日本、欧盟及美国等引领国家及地区的推动下，国际土壤污染防治政策体系建设取得了长足进步，也初步建立了从国际立法、国际标准到国家立法、国家标准直至国家战略与计划等的政策体系框架，但与大气污染领域政策体系相比还处于发展完善阶段，其实施成效也有待于进一步检验。

受污染防治新形势和新需求的驱动，未来土壤污染领域科技政策发展趋势主要包括：①服务可持续发展、面向资源可持续利用的土壤保护与土壤污染治理政策的制定；②将更为关注和强调土壤保护与污染防治政策与其他环境安全相关政策的协同；③多层面、跨领域的土壤保护与管理机制；④加强土壤保护与污染政策发展的外部要素协调与相关资本投入；⑤强化国家战略层面的土壤保护与污染政策的制定。未来土壤污染科技政策的重点领域包括：①国家土壤污染立法体系与法律实施监督机制构建；②土壤污染控制和土壤污染修复相关国际标准的制定；③国家土壤监测机制及监测系统建设；④土壤污染状况报告制度和土壤污染应急响应机制的完善；⑤土壤污染风险防控体系的构建。

7.2.3　自然灾害防治与减灾工程

防范灾害和减轻灾害影响是灾害科技政策的核心目标。长期以来，灾害预报、预测一直是灾害科技政策的关键内容。但是，经过多年的努力后，由于没有取得实用性突破，各国开始强调灾害的调查观测，关注风险评估，重视建筑物、公共设施等的防灾性的提高。与此同时，灾害预警系统也开始发展，并得到应用。灾害预警在灾害即将到来之前为人们提供短暂时间以便采取减灾措施，在近年全球一系列巨灾之后，预警系统吸引了更多的注意。

提高地震预报研究的效率和逐步实现地震预报的实用化仍是地震领域需要突破的方向。20 世纪 80 年代末，国际地震预报研究实验场计划开始实施，以期使可行性预报技术及方法得到验证和应用，最后达到提高地震预报研究的效率和逐步实现地震预报的实用化的目的，但结果并不理想。对地震多发国日本而言，其也非常重视地震预报研究，日本进行了多年的地震预报研究计划没有取得实用性进展，但是在开展相关研究中建设的监测设施和观测网络，以及震级、位置等的预测评估方法等，却为此后日本地震预警系统的发展和应用奠定了坚实的基础。

对其他灾害而言，人们也开始注意到了预报或预测的现实困难。2006 年，国际干旱减轻中心和世界银行饮食用水研究小组针对干旱减轻和防范提出行动计划建议，第一条便是提高季节性气候预测的可靠性。由此可见，人们已经注意到了气象预测的准确性问题。同时，很多专家也逐渐认识到，滑坡很难预测，但是如果有监测和预警系统来测量降雨和土壤条件，就能很好地提醒人们预防滑坡灾害。与此同时，其他国家和地区也纷纷加快推进相关工作。欧盟第七框架计划中将"更精确地预测自然灾害，尤其是地质灾害（如地面塌陷、泥石流、火山、地震与海啸），以及气候极端异常反应（森林大火、干旱、洪涝与暴雨），建立预警系统"作为优先研究方向。2007 年，欧洲地球科学联盟（European Geosciences Union，EGU）提出了一个关于地震预警和反应的研究项目——"欧洲地震早期预警"（seismic early warning for Europe，SAFER），以开发出地震发生后的几秒到几分钟的时间内来自地震网络的实时信号分析工具。

7.2.4　环境变化与可持续发展

环境变化与可持续发展领域涉及不同的学科，以及该领域相关科学问题具有资源环境问题"无国界、无边界"的特点，从而影响相关贸易、经济和技术等各方面，并上升为全球性的问题。因此，环境变化与可持续发展领域科技政策形成从局地到区域和全球的环环相扣的模式。环境变化与可持续发展领域国际科技政策呈现出以下的发展趋势。

1）绿色、低碳发展理念在全球发展迅速，使任何一个国家都有可能通过发展与绿色、低碳相关的生活和生产方式，在全球绿色、低碳经济的市场化过程中，不仅获取直接的财务收益，同时也参与到新的国际竞争和国际贸易规则。此外，传统的钢铁、电力生产等行业，都在积极研发新技术，以求实现相关行业的绿色、低碳转型。

2）随着可再生能源发展在应对气候变化和消除能源贫困方面日益发挥着核心作用，可再生能源发展逐渐成为国际社会的普遍共识。全球可再生能源投资屡创新高、全球可再生能源技术呈现快速增长趋势。发展中国家和新兴经济体国家对可再生能源的旺盛需求带动了全球可再生能源的整体发展，可再生能源技术生产成本显著下降将推动可再生能源技术的普及。

3）源于对食品安全的关注，环境友好的农业生产模式和绿色有机农业发展迅速。随着生活水平和环境保护意识的提高，全球民众更愿意为安全的食品支付相应的价格成本。因此，投资环境友好的农业生产模式不仅有利于环境保护和可持续发展，也可以带来更多的投资汇报，必将推动绿色农业技术的发展和创新。

4）环境变化与可持续发展领域科技政策通过引入法律手段与市场机制相结合的方式，加强对环境变化与可持续发展领域问题的应对与处理。一方面，通过相关法律手段直接提高相关科技政策的实施效果；另一方面，通过引入诸如征收碳税、环境税等市场机制手段间接推进相关科技政策的进程。

5）随着新的全球可持续发展目标及《巴黎协定》的通过，环境变化与可持续发展领域科技政策将更加注重评估科技政策的实施效果，并适时根据评估结果对相应的科技政策进行调整。科技政策实施效果评价将可能继环境影响评估工作之后，再次对环境变化与可持续发展领域科技政策产生深远的影响。

7.2.5　海洋资源与环境

国际主要海洋国家根据其海洋资源和环境现状、特点和国情进行海洋资源和环境的科技规划，形成了各国海洋资源开采与环境保护等科技领域不同的发展水平。综合各国海洋资源和环境科技政策的发展，其主要有以下趋势：

（1）注重生态系统的海洋管理模式

从 20 世纪 90 年代末开始，世界各海洋国家的海洋管理领域开始应用基于生态系统的管理理念，认为应当改进现有海洋管理模式，应用生态系统的海洋管理模式，协调海洋资源开发与保护，解决海洋生态危机（李巧稚，2008）。美国、澳大利亚等国家都先后将生态系统的海洋管理模式引入各自的海洋战略政策的规划之中，欧洲在各海洋研究和开发战略中均关注海洋生态系统管理，将人类活动对海洋生态系统的影响作为重点研究主题之一，要求海洋经济发展与增长在保护海洋生态系统安全的前提下进行。

（2）注重海洋环境保护与资源可持续发展

世界主要海洋国家的海洋环境政策非常重视海洋环境保护和资源可持续发展，并制订了相应的措施。美国将海洋的可持续利用和有效管理列入未来十年海洋科学发展路线图，并指出建立海岸和五大湖环境和经济可持续型社区。澳大利亚将生态可持续开发列为在国家海洋政策的基本原则，并围绕其提出了海洋工业生态可持续发展的海洋政策重点。日本在 21 世纪海洋政策建议中强调海洋的可持续开发利用以实现真正的海洋立国目标，并将保护海洋环境的综合措施列入日本海洋基本计划之中。

（3）重视海洋科技创新与高端技术的投入

海洋科技投入是海洋科技发展的保障。海洋数据的获取能力直接决定了海洋科学研究的水平，先进的海洋科研基础设施是保障高质量的海洋数据获取和样品采集的必要手段（王金平等，2014a）。美国从全球战略视角建设海洋科技设施，包括"综合海洋观测系统"（IOOS）、海洋科学考察船队和载人浮动仪器平台等设备。英国自然环境研究委员会（NERC）在 2007～2012 年向"2025 年海洋"战略性科学计划资助 1.2 亿英镑用于提升英国海洋环境知识（NERC，2008），并且英国重点支持"北极光号"欧洲极地研究破冰船、欧洲海洋观测基础设施（EuroArgo）、欧洲多领域海底观测站（EMSO）等海洋基础设施，使其处于融入引领欧洲海洋研究的战略地位（王金平等，2014a）。

参 考 文 献

胡小平 . 2002. 发达国家的能源战略及对我国的启示 . 国土资源，（12）：48-49.

李巧稚 . 2008. 国外海洋政策发展趋势及对我国的启示 . 海洋开发与管理，12：36-41.

钱伯章 . 2002. 发达国家能源战略的五大特点 . 中国能源，（8）：21.

王金平，张志强，高峰，等 . 2014a. 英国海洋科技计划重点布局及对我国的启示 . 地球科学进展，29（7）：865-873.

赵嵌嵌 . 2012. 中外海洋管理体制比较研究 . 上海：上海海洋大学 .

郑秉文 . 2009. 纵观美日两国全球矿产资源战略 . 新远见，（2）：42-53.

郑军卫，张志强，孙德强，等 . 2012. 油气资源科技发展特点与趋势 . 天然气地球科学，23（3）：407-412.

ICSU. 2008. A Science Plan for Integrated Research on Disaster Risk：Addressing the challenge of Natural and Human-induced Environmental Hazards. Paris：ICSU.

NERC. 2008. Oceans 2025. http：//www. oceans2025. org/［2016-10-11］.

第8章
我国资源环境科技政策体系及其特点与需求

科技政策是国家为实现一定历史时期的科技任务而规定的基本行动准则，是确定科技事业发展方向、指导整个科技事业的战略和策略原则。在经济社会快速发展的背景下，我国资源环境问题面临着重大挑战，当前在自然资源开发利用、环境污染防治、自然灾害预防与减轻和环境变化与可持续发展等方面出现了许多复杂的问题，建立完备有效的科技政策体系成为解决这些领域突出问题的必由之路。面对复杂的政策需求，亟须针对我国具体领域的基本国情，在已有政策成果基础上进行积极探索，以补充完善我国资源环境领域科技政策体系。

8.1 我国的资源环境科技政策体系

8.1.1 自然资源与可持续利用

我国具有丰富的自然资源总量，但是人均自然资源量明显不足。因此，如何高效地开发利用自然资源是长久以来我国自然资源开发利用政策的重点。经过多年的发展，我国逐渐形成了一套多层次结构化的政策保障体系，而且在不同类型资源领域内又有明显的区别，这些政策体系在保护和规范我国自然资源开发利用过程中发挥了重要作用。

我国能源矿产资源领域政策主要包括相关法律和规划2个大类，既有综合的能源政策，也有针对某种特定能源品种的政策。就能源领域的相关法律来说，目前已经颁布了《中华人民共和国煤炭法》《中华人民共和国电力法》《中华人民共和国节约能源法》和《中华人民共和国可再生能源法》，以及与之配套的行政法规、规章和地方法规，能源法规体系的框架雏形已基本构建。此外还有《天然气发展"十二五"规划》等一系列短期、中长期的战略规划，紧密配合我国能源法律法规，对有效管理和利用我国能源起到了重要作用。

矿产资源法律法规体系建设是我国社会主义法制建设的重要构成部分，但相对于国际社会，我国矿产资源立法起步较晚。1986年10月1日，我国第一部《中华人民共和国矿产资源法》颁布施行，填补了矿产资源管理法律的空白，使我国矿产资源勘查、开发利用和矿山环境保护步入有法可依的轨道。此后矿产资源法律法规体系不断充实和完善，我国现行的矿产资源法律体系可以分为4个层次，即《中华人民共和国宪法》、矿产资源管理单行法律（即《中华人民共和国矿产资源法》）、矿产资源行政法规和地方性法规、矿产资源部门规章和地方规章。此外，矿产资源规划同样是我国矿产资源勘查和开发利用的指导性文件，是依法审批和监督管理矿产资源勘查、开采活动的重要依据。

我国已颁布水资源的主要政策措施大致分为3类：水灾害管理、水环境管理、水资源管理，涵盖了取水许可和水资源费征收使用、水量调度、城市节约用水、水功能区管理等方面。这些政策的实施，对我国水资源的开发利用、水资源管理制度建设产生深远影响。自20世纪80年代以来，我国在水资源管理领域出台了一系列法律法规文件，包括4部法律、7个行政法规、10个部门规章及地方规章、19个规范性文件（林洪孝，2012）。并且，已从2007年开始对各大小流域进行综合规划修编。为解决日益复杂的水资源管理问题，我国正在从过于依赖政府作为决策和管理主体的传统体制转向现代水治理过渡。

我国海洋资源政策主要由5个层次构成，分别是海洋资源法律、相关行政法规和部委规章、相关的地方性法规和政府规章、相关规范性文件和海洋开发规划。比较有代表性的海洋资源政策有《中华人民共和国海域使用管理法》（2001年）、《中华人民共和国港口法》（2003年）、《中华人民共和国渔业法》（1986年颁布，2000年和2004年修订）、《海域使用权登记办法》（2006年）等。经过50多年的发展，我国已经形成了一套从中央层面到地方层面，从综合到分类的较为完善的海洋资源政策体系。目前，纵向上，中央层面和地方层面的海洋资源政策基本上能够统一协调，能够保证低层级政策对高层级政策目标的忠实，而低层级政策在完成政策目标的措施、手段上又拥有一定的自主权。在横向上，我国海洋资源政策已经基本涵盖了各种海洋资源及其延伸的领域、部门，呈现出一种并列状态，如海洋石油开发政策、海洋渔业政策、海洋能源政策、海域使用政策等。

8.1.2 环境污染防治

环境污染与防治事关国家未来长远发展，但是又呈现出错综复杂特征。我国在环境污染与防治领域的科技政策整体起步较晚，但是，近年来随着环境问题的凸显，政府层面也逐渐加大了对环境问题的重视，污染防治措施密集出台，而且政策力度逐渐向顶层设计集中，注重跨部门、跨区域的全面协同、引导社会共同参与。此外，更加注重利用科技手段实现污染防控，较好地控制了包括大气、土壤及海洋等方面的环境污染问题。

我国大气污染防治法律体系主要包括法律、部门规章、规范性文件、标准和地方性法规。在大气质量的管理上，国家以空气质量标准与排放标准相结合为管理基础。与大气质量相关的国家法律由全国人大负责制定，行政法规由国务院配套制定。环境保护部、住房和城乡建设部、交通运输部、发改委等相关职能部门依据法律、法规和大气质量管理目标，制定相关的部门规章、规范性文件和标准。

我国土壤污染防治科技政策体系建设尚处于探索和完善阶段，截至目前，初步形成了以宏观科技战略规划和综合性法律法规为主，以专门科技规划和相关单行法律法规为补充的政策体系格局。在宏观科技战略规划方面，《国家中长期科学和技术发展规划纲要（2006—2020年）》（2006年2月9日）明确将发展能源、水资源和环境保护技术放在优先位置，大力推动以提高土壤肥力、减少土壤污染、水土流失和退化草场功能恢复为主的生态农业技术的发展。在专门科技规划方面，2011 年 2 月，我国正式颁布首个污染防治专项规划《重金属污染综合防治"十二五"规划》，确立了重金属污染防治目标，对于有效遏制我国土壤及水体重金属污染具有重要意义。在立法方面，我国已经颁布施行的同土壤污染防治有关的综合性立法包括《环境保护法》（1989 年）、《环境影响评价法》（2002 年）等。此外，我国还曾于 1995 年颁布《土壤环境质量标准》，重点针对农业、自然保护区、城市及矿山土壤保护，设置了相应的土壤环境质量标准。

8.1.3　自然灾害防灾减灾

我国幅员辽阔，但是也遭遇着多种类型自然灾害的影响。例如，水灾、旱灾早在古代就时常发生，造成了严重的经济损失和人员伤亡。然而，我国早期自然灾害防灾意识却相对落后。2008 年，汶川地震造成的巨大损失给我国自然灾害防灾减灾工作敲响了警钟。近年来，我国逐渐加快了自然灾害防灾减灾政策体系的建设，逐步形成了从灾害发生机理研究、灾害监测、灾害预警和灾害应急等方面集成化的灾害预防体系，并且在机构设置、法规制定、灾害预防宣传等方面取得了较大的进步。

我国防震减灾工作机构大致可分三个层次：①中国地震局是国务院地震工作主管部门；②省（自治区、直辖市）地震局是辖区省级地震工作主管部门；③地（市）、县（市）地震局（办）是辖区基层地震工作主管部门。中国地震局依据《中华人民共和国防震减灾法》赋予的职责，统一管理和协调全国防震减灾工作。省（自治区、直辖市）地震局在"以中国地震局为主与省、自治区、直辖市政府双重领导"的管理体制下，统一管理和协调辖区防震减灾工作。地（市）、县（市）地震部门在"以地（市）、县（市）政府领导为主、上级地震部门指导"的管理体制下，管理辖区防震减灾工作。

我国政府非常重视滑坡泥石流防治，分别由水利部、国土资源部、中国气象局、民政部等部门负责滑坡泥石流的应急减灾、灾害治理、灾害预报和抢险救助工作，并取得了显著的减灾成效。20 世纪 80 年代以来我国先后出台了《中华人民共和国水法》《中华人民共和国水土保持法》《中华人民共和国环境保护法》《中华人民共和国环境影响评价法》《中华人民共和国气象法》《中华人民共和国城市规划法》《地质灾害防治条例》《中华人民共和国河道管理条例》等，对滑坡泥石流灾害的防治起到了积极的促进作用。相关法律、政策法规有待于进一步完善。滑坡泥石流是一种突发性灾害，与地裂缝、塌陷等地质灾害的成灾特点不同，因此需要建立专门针对滑坡泥石流防治的法律法规，用法律规范人们的生产、生活行为，防止不合理的人类活动加剧或导致灾害的发生（王星等，2005）。

我国自古就是水灾严重的国家，2000 多年来江河防洪策略主要是依靠工程措施对洪水进行约束和疏导。中华人民共和国成立后，我国防洪减灾科技进入了新的发展时期，期间防洪减灾法律法规建设历程大体可以分为起步、快速发展和逐步完善三个阶段。虽然目前防洪法律法规建设取得了很大进展，但是，防洪减灾法规体系中仍然存在若干缺口，根据《水法规体系总体规划》，当前和今后一个时期，我国应紧密围绕水利中心工作，加快立法步伐，提高立法质量，进一步完善防洪法规体系，重点推进《洪水影响评价管理条例》《中华人民共和国河道管理条例（修订)》《蓄滞洪区管理条例》《水库大坝安全管理条例（修订)》等行政法规的制定工作，并做好立法项目储备（刘洁，2009）。

我国旱灾法律法规建设历程大体可以分为起步阶段（20 世纪 80～90 年代）、发展阶段（2000~2008 年）和体系构建阶段（2009 年以来）三个阶段。到 2011 年底，经全国人大常委会通过的相关法律法规主要有《中华人民共和国水法》《中华人民共和国水土保持法》；国务院颁布的有关抗旱的法规和规范性文件主要有《中华人民共和国抗旱条例》《气象灾害防御条例》《国家防汛抗旱应急预案》；2011 年，国务院常务会议讨论通过的《全国抗旱规划》强调要以县乡两级抗旱服务组织为重点，加强抗旱服务体系建设，提高机动送水能力和抗旱浇地能力。水行政主管部门制定的有关抗旱的规章和规范性文件主要有《特大防汛抗旱补助费使用管理办法》《县级抗旱服务队建设管理办法》等。这些法律法规和部门规章初步构成了我国旱灾防治的法律规范体系，对防治旱灾起到了一定的作用。

8.1.4　环境变化与可持续发展

环境变化与可持续发展领域相关政策可以主要从气候变化、可持续发展、农业政策、城市化几个方面来分析。整体来看，我国在环境变化和可持续发展相关问题上的政策体系具有与国际接轨，协调一致的特征，但是，又明显具有基于我国基本国情的特色。在较为一致的国际治理目标框架下，又注重本国特点进行相关政策配套成为环境变化与可持续发展领域政策体系的主要特征。

我国高度重视气候变化问题，并采取了一系列措施积极应对。2013 年以来，中国政府紧紧围绕"十二五"应对气候变化目标任务，全面落实"十二五"控制温室气体排放工作方案，继续通过调整产业结构、节能与提高能效、优化能源结构、增加碳汇、适应气候变化、加强能力建设等综合措施，应对气候变化各项工作取得积极进展，成效显著。先后出台发布了《国民经济和社会发展第十二个五年规划纲要》《"十二五"国家应对气候变化科技发展专项规划》《国家适应气候变化战略》《2014—2015 年节能减排低碳发展行动方案》《国家应对气候变化规划（2014—2020 年)》等一系列政策方案。我国气候变化科技政策从仅由政府倡导，转为不断加大对公众教育宣传力度，让低碳发展、可持续转型理念深入人心；从仅由科学研究到国民经济各部门共同参与，将国家气候变化科技政策立足于国家发展的战略高度。

中国已构建了覆盖全国的可持续发展系统，初步建立了我国可持续发展管理政策体系。对可持续发展的认识也在不断提升。就全球而言，我国同意联合国环境规划署第 15 届理事会通过的《关于可持续发展的声明》，此外，1992 年联合国环境与发展大会后，中国政府以认真负责的态度，履行自己在联合国环境与发展大会上的承诺，在实施《21 世纪议程》方面，采取了一系列重大行动，并取得初步进展，包括提出环境与发展十大对策、建立组织保障体系，制定国家、各部门和地方政府不同层次的可持续发展战略，将可持续发展战略纳入国民经济和社会发展计划中，加快可持续发展的立法进程，加强执法力度等。

农业和城市化发展相关政策具有明显的中国特色。从我国农业管理体制的层面来讲，农业部是我国名义上的农业管理部门。就农业科技政策而言，农业科技政策环境随着经济发生了不同的变化。进入21世纪后，特别是2004年开始连续12年的中央一号文件都把加强农业基础设施建设作为重要内容，此外，我国还大力推进农业科技创新，强化建设现代农业的科技支撑。加大对农业科研的投入，加强国家基地、区域性农业科研中心创新能力建设。

就我国的城市化政策而言，从1980年提出"控制大城市规模、合理发展中等城市、积极发展小城市"的方针，到2013年十八届三中全会确立以人为核心，大中小城市与小城镇协调发展的新型城镇化政策，我国城市化政策的演进呈现出动态性、阶段性和复杂性的特征。城市化速度经过了30年的高速增长，我国的城市化速度开始从递增向递减阶段转变。2006年，全国科学技术大会的召开是我国社会发展科技工作的新起点。在全国科学技术大会上，中共中央、国务院提出实施自主创新战略，到2020年实现建设创新型国家的目标。在国务院发布的《国家中长期科学和技术发展规划纲要（2006—2020年)》确定的11个优先发展的重点领域中，特别关注了能源、水和矿产资源、环境、人口与健康、城镇化与城市发展、公共安全等与社会发展密切相关的领域。

8.1.5　海洋资源与环境

在海洋资源政策方面，我国海洋资源政策主要由五个层次构成，分别是海洋资源法律、相关行政法规和部委规章、相关的地方性法规和政府规章、相关规范性文件和海洋开发规划。比较有代表性的海洋资源政策有《海域使用管理法》（2001年)，《港口法》（2003年)，《渔业法》（1986年颁布，2000年和2004年修订)，《海域使用权登记办法》（2006年）等。经过50多年的发展，我国已经形成了一套从中央层面到地方层面，从综合到分类的较为完善的海洋资源政策体系。目前，纵向上，中央层面和地方层面的海洋资源政策基本上能够统一协调，能够保证低层级政策对高层级政策目标的忠实，而低层级政策在完成政策目标的措施、手段上又拥有一定的自主权。在横向上，我国海洋资源政策已经基本涵盖了各种海洋资源及其延伸的领域、部门，呈现出一种并列状态，如海洋石油开发政策、海洋渔业政策、海洋能源政策、海域使用政策等。

在海洋环境政策方面，我国海洋环境科技政策经历了海洋环境科技政策启动、建设、部署等阶段（乔俊果，2011)。代表性的海洋环境政策包括《中华人民共和国渔业法》（1986)、《全国海洋开发规划》（1995年)、《国家海洋事业发展规划纲要》（2008年）等。总体上，我国海洋环境科技战略可主要分为4个部分：海洋环境观测、海洋环境科学研究、海洋环境评估与预测、海洋环境信息应用与服务（苏纪兰，2006)。近年来我国海洋环境科技政策出现了协调海洋科技政策的力度增强、对海洋科技创新支持领域更加广泛、海洋科技发展战略的指导方针发生变化，以及海洋科技政策工具种类增多和弹性加大等重要的变化（乔俊果，2011）。

8.2 我国与国外资源环境科技政策差异

8.2.1 自然资源开发利用

自然资源具有不可再生的特征，这使其弥足珍贵，同时要求对自然资源的开发和利用过程必须具有全局意识和宏观战略性。然而，同国际发达国家的自然资源政策相比，我国的自然资源开发利用政策明显存在着战略导向缺乏，优先方向不明确的特征。而且，能源矿产、水资源和海洋资源的开发利用政策也明显存在不同。

就能源利用而言，与美、日等国家相比，虽然我国也制定了一些能源法，但目前我国的能源立法主要是调整能源某一领域关系，还缺少全面体现能源战略和政策导向、总体调整能源关系和活动的能源基本法，而且相关法律法规之间也不尽协调，保障能源安全和加强国际合作的法律法规还很不完善，不能适应新形势对能源规制的要求。我国矿产资源政策制定相对于国际社会，起步较晚。

我国的矿产资源政策存在"重行政管理、轻权利保护"等问题。①在矿产资源管理方面，现行的《中华人民共和国矿产资源法》已不适应当前经济社会的发展需要，新一轮的《中华人民共和国矿产资源法》修订工作进展缓慢；②在矿产资源储备方面，国际上已有十几个国家建立了完善的储备制度，而我国在该领域还处于起步阶段，目前还没有制定矿产战略储备法律体系或条例，也没有相应的储备制度；③在矿产保护方面，美国、澳大利亚、印度等国都从矿产保护的角度制定了矿山开发管理规定，我国在2009年出台了《矿山地质环境保护规定》，但是对环境影响评价、矿产监督等领域还存在缺失。目前，国土资源部正在抓紧研究起草修改《中华人民共和国矿产资源法》。

流域是水资源管理最适用的单位，所以流域管理已成为国家（地区）水资源管理的一种行之有效的模式。水资源管理运用法律法规是最有效且最重要的手段。我国近年来在改善水资源管理的法律框架方面取得了很大进展，但其有效性还有待提高。尽管新《水法》明确了水资源实行流域管理与行政区域管理相结合的管理体制，但是没有明确界定地方政府和流域管理机构的权限。

海洋资源政策制定过程重视海洋资源政策与国家整体利益的一致。综合国际主要国家的海洋资源政策来看，我国的海洋政策应该更加注重在制定的前期做好国家海洋利益最大化的优先方向分析。在一些具有特殊重要性的领域，如海岛权益、海底资源等领域重点进行政策布局。

8.2.2 环境污染防治

环境污染防治必须做到制度在前，有法可依。然而，我国在环境污染相关领域的法律法规却出现了明显的滞后性，许多突出问题没有对应的法律法规进行约束管理，使环境污染管理遭受到了挑战。此外，环境污染治理问题又绝非独立的管理问题，其牵扯经济、民生的方方面面，如何在针对性的政策措施基础上加大对配套政策、资金的支撑力度也将对环境污染有效防治发挥不可忽视的作用。

1）在大气污染防治方面，美国的大气污染防治一直以来都以法律为基础，是较早制定保护大气法律的国家，而且美国大气污染立法内容相当具体，有很强的可操作性，对法律规定的执行十分严格，并且不断根据实际需要及时调整法律内容，反应十分灵敏。我国在大气污染防治方面的立法与美国基本相似，但是，我国大气污染防治立法过于原则化，可操作性不强。在管理制度方面，美国构建了以总量控制制度为主线，涵盖环境影响评价制度、排污权交易制度、排污许可证制度等相对完善的大气污染防治体系。在法律制度方面，欧盟除有着同我国类似的环境影响评价制度、排污申报登记制度、排污许可制度、排污权交易制度和大气污染环境税费制度外，还具有区域空气质量监测与评价制度，国家排放上限与核查制度，区、块管理与监督制度，环境空气计划与联控制度这四种较为完善的制度。由于我国环境容量尚不确定，当前的总量控制只是目标总量控制，即依据环保目标要求和技术经济水平来确定的各地区污染物总量控制目标。另外，我国也提出了排污许可和排污收费制度等经济手段来辅助和推动总量控制的进行，但是由于这些制度尚不完善，企业缺少主动进行污染治理的动力。

2）在土壤污染防治方面，与美国、日本等主要发达国家相比，我国的土壤污染防治科技政策体系建设存在一些突出问题：相关政策尚缺乏系统性和可操作性、缺乏污染责任界定和落实的明确法律规定、缺乏与国际接轨的土壤质量控制标准。此外，还缺乏配套制度和管理机制。为确保政策的实施成效，除了建立完善的法律保障外，美国、日本等发达国家还相应出台诸多相配套的政策措施，如建立土壤污染调查和信息公开制度、土壤污染风险评估制度、公众宣传教育制度、污染监督及奖励制度、污染防治基金保障制度等；在管理机制方面，国外依照相关法律设置职责明晰的管理流程、成立专门的工作组、建立建制化的污染应急响应机制及事后处理机制等。我国由于缺乏明确、系统性的法律法规的支持，相关制度和管理机制的建设尚处于探索阶段，权责明晰、统一规范的配套机制的形成还需时日。

8.2.3　自然灾害防灾减灾

要有效地防治自然灾害，就必须清楚地掌握其发生机制机理，建立有效的灾害预警系统，基于宏观的政策支撑，切实落实，才能实现对自然灾害的可知可防。然而，与国际政策相比，我国在自然灾害防灾减灾领域突出存在着灾害基础研究薄弱，政策落实缓慢不到位等问题，这将给我国自然灾害预防工作造成严重隐患。此外，我国自然灾害类型较多，针对性的政策和防治措施的制度化落实也是有效应对不同类型灾害的必要手段。

作为一个发展中国家，与国际先进水平、社会对地震科学技术的迫切需求相比，我国地震科学技术政策还存在明显差距，主要体现在以下几个方面（中国地震局等，2010）：

①合作与开放不够；②基础工作被弱化；③强调技术研发，但发展缓慢；④重视监测能力建设，但仍不能满足需求。

意大利、法国、瑞士及美国的一些州政府，重视滑坡灾害管理的法制建设，通过法制手段，确立了滑坡灾害防御管理政策的重要地位，为开展滑坡灾害防御管理的实施提供了法律保障。因此，我国必须加强法制建设和法律实施。借鉴国外经验，进一步完善《地质灾害防治条例》相关规章和制度及实施细则，将地质灾害危险性（风险）评估制度纳入土地利用总体规划、城市规划、交通规划等各种规划中。尽早建立起滑坡灾害保险机制和滑坡灾害风险转移机制，降低滑坡灾害的潜在损失，保证社会的可持续发展。在我国经济发达的东部沿海自然灾害频发地区，特别是外商投资和大企业聚集地，开展滑坡灾害保险的试点工作。加强我国滑坡泥石流灾害的基础研究，建立滑坡灾害数据库，进行全国风险区域制图研究，实施滑坡灾害制图和风险评估的国家标准等，这一系列基础研究对掌握区域灾害基本情况，进行风险评估和制定应急管理措施至关重要。

就洪水灾害而言，美国经过200多年的防洪历史总结出，人类不可能控制全部洪灾损失，因此必须使工程措施与非工程措施结合起来，要实施泛区管理（相当于我国的防洪区管理），将发展经济与保护生态环境作为防洪的双重目标。加拿大的防洪措施中遵照以下原则：仅仅工程措施不能控制可能的洪水损失，必须实行洪水管理，防洪减灾。几十年来，我国的防洪手段从历史上长期单一的依靠堤防，发展成为堤防-水闸-水库-蓄滞洪区与水土保持相结合，形成了具有一定规模的防洪体系，但与国外发达国家及部分发展中国家相比，无论是防洪体系建设方面，还是防洪体系完善与管理方面还相当薄弱，工程防洪所面临的一系列问题逐步凸现出来。

此外，我国传统的抗旱工作模式是危机管理，即在旱情出现后才对干旱做出反应，临时组织动员广大干部群众投入抗旱减灾，并拿出大量资金和物资投入抗旱工作（王青等，2012）。与国际先进水平、社会对防旱减灾的迫切需求相比，我国抗旱减灾政策还存在明显差距，主要体现在：①旱灾防治法律不完善；②缺乏以预防为主的政策思路和立法理念；③旱灾防治制度体系需要进一步完备；④加强干旱管理政策改革。

8.2.4　环境变化与可持续发展

从环境变化和可持续发展政策的国际比较可以发现，我国在这两个领域的政策呈现出体制建设分散的问题，导致对这种全局性问题的整体控制能力还相对较弱，这对长远地解决环境变化问题及可持续发展和农村、城市发展来说都十分不利。具体体现在以下几方面。

就气候变化问题而言，通过对欧盟、英国、美国、日本、印度和我国气候变化科技政策的分析来看，我国气候变化科技政策与发达国家及地区呈现出以下差异：①从气候变化科技政策的基本出发点来看，欧盟、英国等将发展低碳经济、争夺全球气候变化领域话语权作为首要目标，我国以可持续发展作为根本目标。②从气候变化科技政策的重点领域来看，欧盟和英国关注碳排放贸易、温室气体减排目标、开发可再生能源、提高能源利用效率等方面，我国和印度则聚焦开发可再生能源、优化能源结构、提高能源利用效率。③从气候变化科技政策的管理机制来看，欧盟强调应用市场调控手段，而我国和印度虽然将气候变化科技政策提升到国家战略的高度，但是更注重行政命令手段，尚没有针对气候变化的专门法律。

从中日两国可持续发展开展的情况比较可以发现，20世纪90年代，日本基于可持续发展的创新理念，通过循环经济的发展战略，使日本的"静脉产业"得到快速发展。对照日本在该领域取得的成就（王爱兰，2009），我国应该加强政府对产业发展的调控与引导。应加快产业管理体制的改革，在不同级别政府部门设立再生资源产业管理和综合协调机构，充分发挥行业协会的管理、协调、服务及政府与企业之间的桥梁和纽带作用，加强对再生资源产业的管理，全面协调产业内部各行业之间的关系，最终实现环境友好型产业的健康可持续发展。

针对农村政策，从管理模式来分析国际经验可以发现，美国、欧盟和日本普遍采用了"大一统"的管理模式，即把属于农业的产前、产中、产后相关工作由国家农业部进行管理。相关的各项立法赋予了农业管理部门充分的工作职能和手段。相比之下，我国的农业管理体制则存在着设置分散，缺乏统一协调。而且，我国农业部在实际工作中往往受到其他部委的限制，使其独立开展工作的能力受到了影响，同时也导致了许多资源的不合理分配（翟雪玲，2004）。此外，我国农业管理中仍存在着传统的行政命令制，导致在各部门职能界定、农业项目等诸多领域缺乏限制，这样极易导致农业管理受主观意志的影响（陈香艳等，2009）。

综观国际上城市政策研究的发展，实现我国城镇化的科学与可持续发展，必须从城镇规划、城市经济社会生态统筹发展战略、城市人居环境与生态城市建设、城市洪涝灾害管理、城市综合管理服务、城镇化政策体系等多方面开展系统性研究。我国与先期城镇化国家相比具有时代背景和技术背景上的差异，这需要对我国特定空间背景下的城市社会特征进行专门研究，从社会驱动的角度研判我国在建设智慧城市过程中为应对国情需求而对技术发展需求开展哪些引导。基本国情差异反映到智慧技术的应用上体现为对技术的不同需求，因此，我国的智慧城市必须依照我国自身的社会组织逻辑，对世界上现有的智慧技术进行改造和本地化，使之顺应我国城市发展的需要和国家战略的需求。

8.2.5　海洋资源与环境

在海洋资源利用方面，随着涉海活动日益频繁，人类对海洋资源的开发也几乎掠夺性，但是，对于海洋资源政策的执行却十分缺乏。反观我国的海洋资源实际上也面临一系列问题，具体表现为（赵景坡等，2013）：海洋资源总体利用缺乏整体宏观的科学规划，区域优势不明显，海洋污染势头加剧，海洋资源破坏严重，部分资源权属不清，资源利用秩序混乱；海洋资源综合管理水平不高等问题。总体来，中国海洋资源开发利用不管在科技政策还是管理方法方面，都还有很长的路要走。

在海洋环境科技政策方面，国际海洋环境科技政策与我国海洋环境科技政策相比，存在以下优势：①基于生态系统的管理理念，认为应当改进现有海洋管理模式，协调海洋资源开发与保护，解决海洋生态危机。我国海洋生态环境恶化、海水水质退化、富营养化和赤潮问题突出，但我国的海洋环境管理机制相对滞后，海洋科技政策中对生态系统的保护存在不足。②注重海洋环境保护与资源可持续发展。而我国的海洋科技政策起步较晚，缺乏具有长远的战略性和展望性的规划（王树文，2012），并且海洋环境科技具体指导性建议不足，全国性和地方性法律也不够完善（李巧稚，2008）。③重视海洋科技创新与高端技术的投入。而我国海洋环境科技研究的投资来源较为单一，政府的财政拨款投入与实际需求之间存在较大缺口，社会、企业及民间等参与科技创新的程度较低，对海洋科技创新的支持力度不足（王树文，2012）。

8.3　我国的资源环境科技政策需求

8.3.1　自然资源开发利用

结合对我国自然资源开发利用科技政策现状的分析，对比与国际自然资源相关政策体系的差距，可以看出，我国在自然资源开发利用政策方面，应该加强对科技政策的顶层战略规划和管理的能力，从长远着手，保障自然资源的可持续利用。此外，相关政策措施的落实执行力度也有待加强，应该将每条规定落到实处，使之切实转化为在自然资源利用管理时的行为准则，实现自然资源合理、合法的利用。

1）在能源矿产资源领域，我国的能源立法的主要特征是针对某个能源领域进行调整，但是缺乏整体性的战略政策导向及关于能源的基本法（杨嵘，2011）。此外，相关能源法律之间协调性也有待提高，关于保障能源安全和国际能源合作的法律法规也不完善。

2）在矿产资源利用方面，如何在向自然界索取有限资源的同时，提高利用效率，减少对环境的破坏已经成为我国管理部门必须面对的问题，如何制定行之有效的矿产资源政策成为解决目前矿产资源问题的重中之重。如何实现矿产资源政策从政府的立场为矿业提供指导，为政府部门、管理者、法律制定等提供指导，在政府、企业和私人之间就利益分配关系达成一致的主要功能成为矿产资源政策落地实施的关键。

3）在水资源管理利用领域，高效、专业的政策法规是水资源管理的重要保障。自20世纪80年代以来，我国在水资源管理领域出台了一系列法律法规文件，但是我国在这些领域目前存在诸多的不足。如何从过于依赖政府作为决策和管理主体的传统体制向现代水治理的转型成为水资源利用管理的核心。

8.3.2　环境污染防治

我国环境污染防治方面政策措施制定整体来说已经具有注重协调，着眼长远的优势，但是也明显存在法律法规滞后，配套支撑政策不足的问题。因此，在以后的科技政策制定方面，全面协调落实已有的法律法规政策，利用好现有政策资源，并逐步完善修订，从而让环境污染防治问题在政策制定方面有保障。此外，必须加大对污染防治配套投资的强度，不仅仅针对局部问题进行治理，还应该在全局观的视角下分析解决环境污染难题。

在大气污染防治方面，我国虽然陆续颁布实施了一系列有关大气污染防治的法规和政策。但是，针对复杂多变的污染形式，纷繁复杂的国际舆论，更加科学完备的科技政策体系建立是我国大气污染防治工作的一项重要任务。如何全面协调目前我国包括法律、部门规章、规范性文件、标准和标地方性法规在内的大气污染防治法律体系，补充完善辅助性管理约束条例是进行大气污染综合治理的关键之笔。

土壤资源作为人类赖以生存的不可替代的重要自然资源其所面临的环境与需求压力日益加剧，遏制土壤污染同时也已成为当前及今后时期我国维护环境安全、保障经济社会发展的重大战略需求，而完备的污染防治管理政策体系无疑是有效控制全国土壤污染趋势的基石。

8.3.3 自然灾害防灾减灾

我国灾害基础研究薄弱，相关政策落实缓慢给我国自然灾害防灾减灾工作带来了严重的挑战，因此，在今后防灾减灾科技政策制定中，应该更加强调对灾害机理机制的基础科学研究，利用科技手段揭示自然灾害成因，提出科学有效的预防措施。此外，还需要结合不同灾害类型的特征，进行全方位、多层次的灾害预警系统建设，实现对灾害发生的及时可知，在一定程度减少灾害损失。

1) 对地震灾害而言，自 2008 年汶川地震以来，我国已经开始重视地震预警系统的研究和示范。但是由于我国地震灾害全面的预警、预防科技政策研究起步较晚，我国地震灾害防治中普遍存在合作与开放不够、基础工作被弱化、强调技术研发但发展缓慢、重视监测能力建设但仍不能满足需求等问题。因此，我国急需建立全方位的地震灾害防灾减灾科技政策体系，以确保地震灾害的提前预报、快速应对、灾后恢复等各方面的需求。

2) 对滑坡灾害而言，如何基于健全的科技政策体系，提供在滑坡灾害基础理论研究、完善我国滑坡数据库、加强滑坡形成、起动机理和运动力学模型研究、开展滑坡等山地灾害成灾机理、预测预报、减灾防灾的关键技术研究的深度，形成适合我国的滑坡灾害防治综合系统是有效避免滑坡灾害造成严重损失的必由之路。

3) 对洪涝和旱灾而言，我国目前面临的防洪减灾问题与欧美发达国家在 20 世纪 60 ~ 70 年代经历有类似之处，不断地研究借鉴外国的经验，加强对我国洪涝易发地区的全面核查，建立详细的防治预警系统，才能更好地改进和完善我国的防洪减灾政策的措施。对于抗旱工作，需要实现行政手段为主的传统模式向结合行政、法律、经济、科技等多种手段为主的综合性抗旱救灾政策体系转变（王青等，2012），最终实现能够依靠完备、约束有力的抗旱法规，合理的旱灾救助补偿办法，以及适当的经济调节手段等来综合开展抗旱救灾工作。

8.3.4 环境变化与可持续发展

环境变化和可持续发展政策体系的建制分散，整体控制力明显不足的缺点容易导致对重要问题监管不力，国际谈判话语权不足，城乡规划凌乱无序等突出问题，对长远可持续发展也不宜。未来我国在环境变化和可持续发展关键问题的政策制定上，应该更加注重对环境科技发展水平的提升，加大对复杂问题的科学性、理论性分析，紧密结合我国的基本国情，进行政策的规划设计。在处理城乡规划和可持续发展的问题上，应该更加注重政策措施的长远性和系统性，应该更有未来预见性。

1）在气候变化问题上，我国气候变化科技政策的发展晚于国际气候变化科技政策的发展，一方面源于我国是发展中国家，正处于工业化、城市化快速发展的关键时期，大量减排会限制我国社会经济发展，另一方面也由于我国气候变化科技发展水平仍与发达国家存在一定差距，难以支撑我国气候变化科技政策发展需求。如何在复杂的气候变化利益争取中为我国赢得主动权是系统的气候变化科技政策研究必须承担的任务。

2）在可持续发展问题上，作为世界上最大的发展中国家，全面实施可持续发展战略对我国能否继续保持健康发展的势头具有重要的地位。《中国 21 世纪议程》实施多年来，我国的可持续发展在多个领域取得了可喜的进展，树立了良好的大国形象（颜廷武和张俊飚，2003）。但从总体来看，由于历史经验不足，发展程度不够等诸多问题，我国目前实施可持续发展尚存在一些不完善之处。因此，如何正确地立足基本国情，并且积极借鉴国际社会可持续发展战略丰富的经验、教训将能够对我国贯彻可持续发展战略发挥积极作用。

3）在农业和城市化发展问题上，农业和城市化发展问题更具特殊性。中华人民共和国成立以来，随着国民经济的持续快速增长，我国人民的温饱问题基本得到了解决，但因资本稀缺，采用了优先发展重工业的战略。与之相对应，农业为工业发展提供了大量的资本，在推动我国经济持续快速发展的同时，也引发了一系列问题。美国、欧盟、日本执行农业政策的历史较长，这些国家（或经济体）的经验教训值得我国借鉴。因此，有必要分别从农业政策的演变历史、政策特点、管理特色、支持水平、政策绩效等领域对发达国家（或经济体）的农业政策进行深入系统地比较研究，从而为完善我国农业政策提供参考借鉴。

城市化是我国发展中面临的又一大挑战。实现绿色城镇化最重要的任务是加强绿色治理，这需要政府能够形成一套有效开展环境管理的制度和激励工具。认识到资源消耗和污染已成为城市进一步发展的巨大障碍后，我国已经制定了宏伟目标来控制这个问题。由于大多数有关城市发展的环境政策的制定偏重于狭义的技术和工程解决方案，而不是体制和经济上的解决方法，这一套全面的环保目标、法律和监管规则并没有带来预期的环境质量的改善。因此，建立一套有效的城市管理政策体系对城市的可持续发展意义重大。

8.3.5 海洋资源与环境

在海洋资源方面，我国的海洋政策应该更加注重在制订的前期做好国家海洋利益最大化的优先方向分析。在海洋政策执行阶段，应制定出相应的更为细化的实施计划，并将管理部门、商业团体、公众纳入到政策的执行过程中。在海洋资源科技的投入方面，应广泛吸纳社会资金的投入。明确以国家战略导向为主线，以社会经济发展为目标的原则。充分明确各参与方的利益分配，并预先制定可行性方案。并且，需要高度关注各国密集出台海洋可再生能源发展计划，瞄准海洋可再生能源开发的关键核心技术，加大人员和经费的投入，优化研究机制，为研究和开发创造良好的环境。

在海洋环境方面，我国海洋环境科技存在着海洋环境观测能力薄弱、对海洋规律认识不足、海洋环境的评估和预测能力不足等问题。伴随着海洋资源大范围的勘探和开发引发的海洋环境问题也层出不穷，快速地形成监管有力，治理有方的海洋环境污染治理政策体系成为解决复杂海洋环境问题的当务之急。在未来我国的海洋环境科技政策制定中，需要注意完善海洋环境管理体制，注重对海洋生态环境的影响评价和环境保护，加强海洋环境科技创新与高端技术投入，促进海洋生态环境保护与资源可持续发展，并建立有效的公众参与制度。

参 考 文 献

陈香艳，徐玉恒，孔令国，等 . 2009. 关于农业管理体制的若干思考 . 河北农业科学，13（1）：129-130.

王爱兰 . 2009. 中国与日本"静脉产业"发展比较研究 . 东北亚论坛，5：26-30.

王青，严登华，翁白莎，等 . 2012. 北美洲干旱灾害应对策略及其对中国的启示 . 干旱区地理，35（2）：332-338.

土树文，王琪 . 2012. 美日英海洋科技政策发展过程及其对中国的启示 . 海洋经济，5：58-64.

颜廷武，张俊飚 . 2003. 可持续发展战略的国际比较与借鉴 . 世界经济研究，1：8-13.

杨嵘 . 2011. 美国能源政府规制的经验及借鉴 . 中国石油大学学报（社会科学版），27（1）：1-6.

翟雪玲 . 2004. 中美农业支持比较研究 . 中国农业大学博士学位论文 .

赵景坡，王利国 . 2013. 完善我国海洋资源政策的思考 . 沧州师范学院学报，29（3）：82-84.

林洪孝 . 2012. 水资源管理与实践（第2版）. 中国水利水电出版社北京，104-105.

王星，鲁胜力，周乐群 . 2005. 滑坡泥石流灾害及其防治策略探讨 . 水土保持研究，12（5）：138-145.

刘洁 . 2009. 新中国防洪抗旱法律法规建设 . 中国防汛抗旱，（A01）：11-14.

中国地震局，科技部，国防科工委等 . 2010. 国家地震科学技术发展纲要（2007—2020）［EB/OL］. http：//www. cea. gov. cn/manage/html/8a8587881632fa5c011674a018300cf/_ content/10 _ 01/28/1264640870755. html［2016-10-11］

李巧稚 . 2008. 国外海洋政策发展趋势及对我国的启示 . 海洋开发与管理，12：36-41.

乔俊果 . 王桂青，孟凡涛 . 2011. 改革开放以来中国海洋科技政策演变 . 中国科技论坛，06：5-10.

苏纪兰，黄大吉 . 2006. 我国的海洋环境科技需求 . 海洋开发与管理，05：44-46.